NCS(국가직무능력표준) 식음료접객 직무 기준에 맞춘

호스피탈리티 식음료관리론

박　한, 박경연, 정강국
김임경, 하진영, 김애경　공저
이영주, 박창석, 이혁준

Preface

세계적으로 오랫동안 지속되어온 경기침체와 변화의 소용돌이 속에서도 발전을 거듭해온 업계는 호텔과 관광 그리고 식음료업계 뿐일 것이다.

국내에서도 크고 작은 업체들이 개업과 폐업을 반복하는 과정에서 경쟁력 있는 업체들은 사회적인 반향을 일으키며 성장을 이어가고 있으며 그와 함께 식음료산업은 단순히 식당과 바 그리고 카페를 벗어나 다양한 분야에 접목되어 그 범위를 넓혀가고 있다.

이러한 식음료 시장의 변화와 함께 한국의 호텔관광산업의 시장 확대는 식음료산업에도 그 영향을 미치고 있다.

특히 해외 관광객의 한국방문 증가로 인해 식음료의 전문성을 가진 직원의 채용이 꾸준히 이뤄지고 있으며 이에 호텔, 리조트, 항공, 크루즈, 외식, 면세, 카지노 등의 관광산업 모두가 식음료 서비스 상품을 판매하고 있어 인력의 필요도와 중요도는 높아 질 수밖에 없는 것 또한 현재 실정이다.

이에 본 저서는 호텔관광산업 전반에서 활동하게 될 식음료서비스 전문가를 준비 중인 학생들을 위해 NCS 식음료 접객 직무 기준에 맞춰 내용을 담아내어 호텔관광분야의 식음료관련 산업현장에서 발생할 수 있는 다양한 상황 및 사례들을 중심으로 이론에 맞게 작성하여 구성하였으며, 또한 민간자격인 식음료관리사를 취득을 준비하는 응시생에게 시험 준비를 위한 이론과 출제예상 문제를 함께 실어 자격 시험 지원 시 활용할 수 있도록 하였다.

끝으로 본 서의 저자들은 독자들이 실무에 활용할 수 있는 식음료 공부가 될 수 있도록 향 후 부족한 부분을 개선해 나가며 끊임없는 연구를 이어갈 것을 약속드린다.

저자 일동

Contents

Chapter 01

식음료 영업 준비

식음료 영업 준비는 본격적인 식음료서비스를 제공하기 전 영업장 환경과 비품을 점검함으로써 최선의 서비스가 될 수 있도록 준비하기 위해서 필요한 능력이다.

1.1 테이블 세팅하기
1.2 스테이션 준비하기
1.3 영업장 점검하기

1.1 테이블 세팅하기

수행준거

1. 메뉴에 따른 세팅물품을 숙지하고 정확하게 준비할 수 있다.
2. 집기 취급 방법에 따라 테이블 세팅을 할 수 있다.
3. 집기의 놓는 위치에 따라 정확하게 테이블 세팅을 할 수 있다
4. 테이블 세팅 시에 소음이 나지 않게 할 수 있다.
5. 테이블과 의자의 균형을 조정할 수 있다.
6. 예약현황을 파악하여 요청사항에 따른 준비를 할 수 있다.
7. 영업장의 성격에 맞는 테이블크로스, 냅킨 등 린넨류를 다룰 수 있다.
8. 냅킨을 다양한 방법으로 활용하여 접을 수 있다.

1 세팅물품의 숙지와 준비

1. 세팅물품

세팅물품이란 고객이 식사할 때 필요한 모든 종류의 기물과 비품을 말한다. 식음료 영업장에서 사용되는 세팅물품은 그 식음료 영업장의 분위기와 이미지를 표현하고 있으며, 식음료 영업장의 종류에 따라 완전히 달라질 수 있다. 특히 특급호텔에서는 최고급 품질의 고가 기물을 많이 사용하므로 세심한 주의 및 관리가 필요하다. 하지만 기본적으로 세팅물품들은 실용적이고 관리하기에 불편함이 없어야 하며, 종사원들은 세팅물품들이 영업장의 소중한 자산임을 항상 인지해야한다.

일반적으로 식음료 영업장 세팅물품의 대표적인 것은 양식당에서 사용되는 것들이다. 왜냐하면 양식당 세팅물품은 종류별로 다양할 뿐 아니라 모든 식음료 영업장의 기본적인 세팅물품이라 할 수 있다. 그러므로 다음과 같이 양식당의 세팅물품을 알아보도록 한다.

(1) 은기물류(Silver Ware)

실버웨어는 순은, 은도금 및 스테인리스의 세 종류가 있으며, 대부분 호텔레스토랑에서는 은도금 기물을 사용하고 일반레스토랑에서는 은도금 기물을 사용하는 곳도 많이 있으나 품질이 좋은 스테인리스 기물을 대부분 많이 사용하고 있다.

① 스푼(Spoon)의 종류

스푼은 액체형태나 부드러운 형태의 음식 즉, 수프 · 국 · 디저트 · 커피 · 아이스크림 등을 먹을 때 사용되며, 용도에 따라서 종류가 다양하다.

- 수프 스푼(Soup Spoon)
- 디저트 스푼(Dessert Spoon)
- 아이스 크림 스푼(Ice Cream Spoon)
- 소다 스푼(Soda Spoon)
- 롱 스푼(Long Spoon)
- 데미타스 스푼(Demitasse Spoon)
- 브이용 스푼(Bouillon Spoon)
- 티/커피 스푼(Tea/Coffee Spoon)
- 멜론 스푼(Melon Spoon)
- 스트로베리 스푼(Strawberry Spoon)
- 한식 스푼(Korean Spoon)
- 서빙 스푼(Serving Spoon)

② 나이프(Knife)의 종류

나이프는 요리를 자르는 데 주로 사용하며, 생선 · 육류 · 전채 · 후식 등의 용도에 따라서 종류가 다양하다.

- 애피타이저 나이프(Appetizer Knife)
- 랍스타 나이프(Lobster Knife)
- 미트/앙트레 나이프(Meat/Entree Knife)
- 디너 나이프(Dinner Knife)
- 피시 나이프(Fish Knife)
- 버터 나이프(Butter Knife)
- 디저트 나이프(Dessert Knife)
- 프르츠 나이프(Fruit Knife)
- 샐러드 나이프(Salad Knife)
- 치즈 나이프(Cheese Knife) 등

③ 포크(Fork)의 종류

포크는 제공되는 음식에 따라 사용하는 포크의 길이와 생김새가 다르며, 종류가 다양하다. 이에 포크의 종류별 사용용도와 방법을 잘 숙지해야 정확한 테이블 세팅을 할 수 있다.

- 애피타이저 포크(Appetizer Fork)
- 굴 포크(Oyster Fork/Snail Fork)
- 피시 포크(Fish Fork)
- 미트 포크(Meat Fork)
- 메인 포크(Main Fork)
- 샐러드 포크(Salad Fork)
- 프르츠 포크(Fruit Fork)
- 디저트 포크(Dessert Fork) 등

① 테이블 나이프 ② 테이블 스푼 ③ 테이블 포크 ④ 디저트 스푼 ⑤ 디저트 포크
⑥ 라운드 수프 스푼 ⑦ 서빙 포크 ⑧ 서빙 스푼 ⑨ 버터 나이프 ⑩ 아이스크림 스푼
⑪ 칵테일 포크 ⑫ 슈거 스푼 ⑬ 모카스푼 ⑭ 커피스푼 ⑮ 티스푼
⑯ 샐러드포크 ⑰ 아이스티 스푼

④ 서브류(Serve)

- 접시 & 쟁반(Platter & Tray)
- 서비스 스푼 / 나이프 / 포크(Service Spoon / Knife / Fork)
- 수프 터린 & 국자(Soup Tureen & Ladle)
- 소스보트 & 국자(Sauce Boat(Pot) & Ladle)
- 샐러드 서비스 스푼 & 포크(Salad Service Spoon & Fork)
- 촛대(Candle Stand)
- 설탕 볼(Sugar Bowl)
- 펀치 볼(Punch Bowl)
- 빵 집게(Bread Tong)
- 파이 서버 & 케이크 서버(Pie Server & Cake Server)
- 커피 & 티 주전자(Coffee & Tea Pot)
- 워터 피쳐(Water Pitcher)
- 와인 쿨러 스탠드(Wine Cooler Stand) 등

(2) 도자기류(China Ware)

도자기류는 취급과 운반할 때 깨지지 않도록 상당한 주의를 요하며, 금이 가거나 깨졌는가를 필히 확인한 후 사용하여야 한다. 또한 서로 부딪혀 소리가 나지 않도록 항상 조심성을 가지고 취급해야 하며, 운반할 때 한꺼번에 많은 양을 취급하지 않도록 해야 하며, 종류는 다음과 같다.

▲ Appetizer Plate

▲ Bread Plate

▲ Soup Bowl

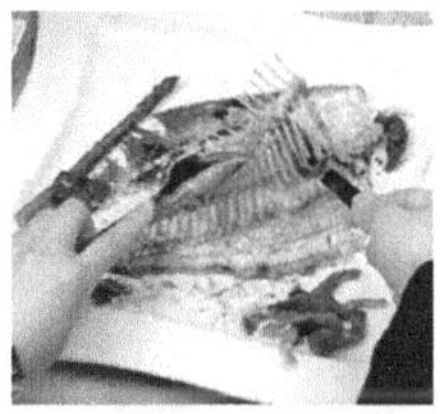

▲ Fish Plate

▲ Entree

▲ Dessert Plate

▲ Coffee Cup

▲ Salad Plate

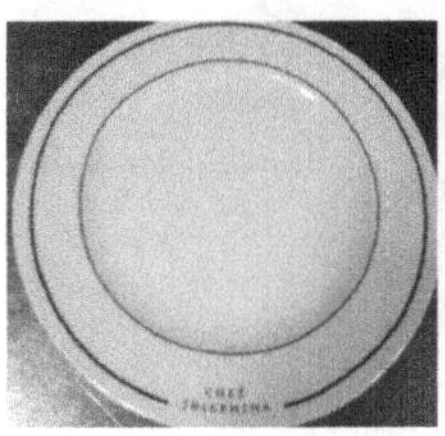

▲ Main Plate(30cm)

▲ Salad Plate(22cm)

▲ Escargot Plate

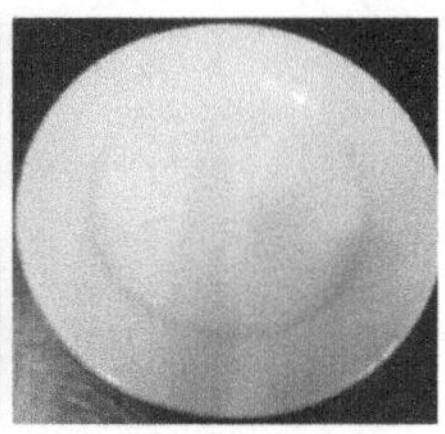

▲ B.B Plate(16cm)

(3) 글라스류(Glass Ware)

글라스류는 크게 두 가지로 나눌 수 있는데, 그 하나는 일반 물 컵과 같이 원통 모양으로 되어 있는 실린드리컬 글라스(Cylindrical Glass)와 또 하나는 와인 글라스(Wine Glass)와 같이 굽이 달린 스템드 글라스(Stemmed Glass)가 있다.

각종의 글라스는 디자인과 용도, 용량에 따라 각기 생산되지만, 생산회사마다 같은 용도의 것이라도 달리 만들어져 나오고 있다. 또한 글라스는 특성상 파손될 염려가 매우 크므로 취급시에는 각별한 주의가 필요하며, 종류는 다음과 같다.

▸ Water Glass(Goblet & Tumbler) ▸ Wine Glass(White & Red)
▸ Champagne Glass ▸ Brandy Snifter ▸ Cocktail Glass
▸ Sherry Wine Glass ▸ Old Fashioned Glass ▸ Highball Glass
▸ Collins Glass ▸ Sour Glass ▸ Liqueur Glass ▸ Pilsner Glass 등

2 영업장의 성격에 맞는 린넨류 준비

1. 린넨(Linen)

린넨이란 아마(亞麻) 실로 짠 직물을 일컫지만 호텔 식음료 영업장에서는 면류나 화학직류로 만든 타월, 냅킨, 시트담요, 유니폼, 커튼 등을 말한다. 식음료 영업장에서 사용되는 린넨류는 물세탁할 수 있는 직물이어야 하며, 비교적 고가품이므로 훼손이 되거나 손실되지 않도록 조심해서 취급하여야 하고, 항상 깨끗하게 세탁하여 사용하여야 한다.

또한 레스토랑에서 영업상의 적절한 필요수량은 최소한 300% 이상을 확보하여 필요수량을 보급 받아 사용한다.

(1) 린넨의 종류

① **테이블 클로스(Table Cloth)** : 식탁의 청결함을 나타내기 위하여 일반적으로 흰색의 클로스가 주종을 이루고 있지만, 최근에는 색과 무늬가 들어있는 다양한 종류의 클로스를 레스토랑의 분위기와 컨셉(Concept)에 맞추어 선택 사용하고 있다.

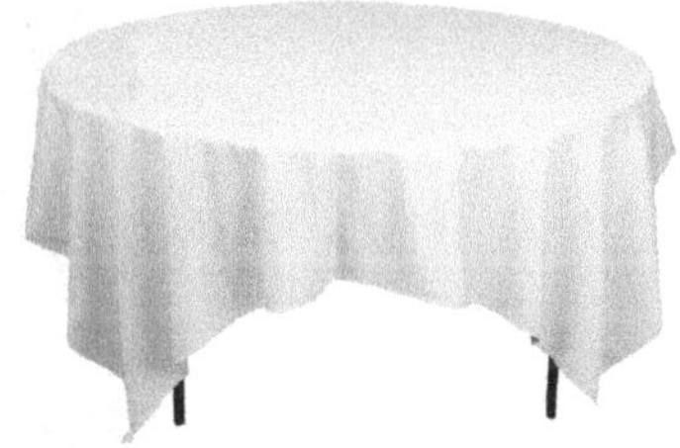

② **언더 클로스(Under Cloth)** : 일명 사이런스 클로스(Silence Cloth)라고도 하며, 테이블 클로스의 수명연장과 식탁 위에 접시나 기물 등을 놓을 때 소리 나는 것을 방지하고 미끄럼을 방지하기 위해 테이블 클로스 밑에 깔아서, 촉감을 부드럽게 하는 목적으로 사용되며, 펠트(Felt), 엷은 스폰지(Sponge), 플란넬(Flannel) 등으로 만들어 테이블 클로스보다 작게 하여 움직이지 않도록 고정시킨다.

③ **탑 클로스(Top Cloth)** : 테이블 클로스 위에 깔아 클로스가 쉽게 더러워지는 것을 예방하고 클로스의 수명연장과 식탁의 품위와 분위기를 화려하게 장식하기 위해 사용한다.

④ **미팅 클로스(Meeting Cloth)** : 회의 및 리셉션 등에 주로 사용되며, 무늬가 없는 색상으로 촉감이 부드러운 털로 다져서 만든 천(Felt)이 주종을 이룬다. 식당에 따라서는 미팅 클로스를 별도 준비하지 않고 테이블 클로스를 같이 사용하기도 한다.

⑤ **서비스 타올(Service Towel)** : 서비스요원들이 뜨거운 음식을 운반하거나 부주의로 음식 등을 쏟았을 경우 신속히 대처하고, 식사 후 테이블 위의 음식 부스러기 등을 쓸어낼 때 등, 접객서비스에 필요한 것으로 암타올(Arm Towel), 또는 핸드타올(Hand Towel)이라고 부른다.

⑥ **워쉬 클로스(Wash Cloth)** : 식당기물이나 집기류 등을 닦을 때 사용하는 것으로 색상이나 모양을 달리하여 사용하기 편리하고 구분하기 쉽게 만든 클로스이다.

⑦ **도일리(Doily)** : 테이블 위에 깔고 세팅을 하기도 하고, 센터피스(Center Pieces)의 밑받침 또는 음료류 등을 제공할 때 밑받침으로 사용하는 작은 조각의 면직류 또는 마직류로서 식당의 분위기, 테이블 클로스의 색상에 잘 어울리는 색과 문양을 넣어 만들어 사용한다.

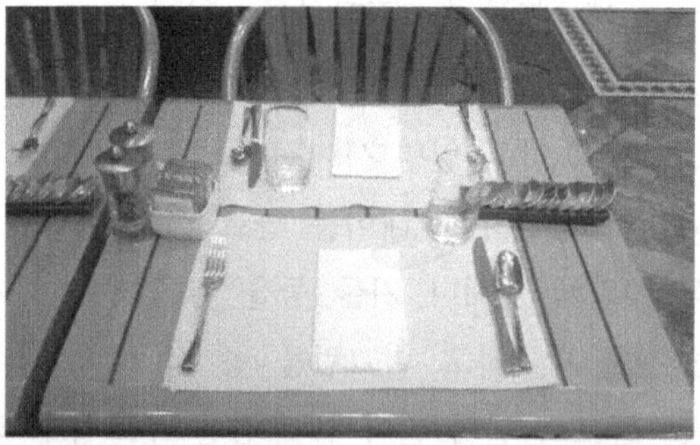

▲ 도일리를 이용한 조식 세팅 모습

⑧ 에이프런(Apron) : 서비스요원이 근무할 때나 갈비구이 등 즉석요리를 제공하거나 어린이용 냅킨으로 사용된다. 모양과 색상, 크기는 식당에 따라 달리 만들어 사용한다.

(2) 린넨 취급방법

① 린넨류는 직접 식탁(Table) 위의 기물과 접하는 경우가 많기 때문에 사용과 보관을 청결하게 해야 하며, 위생적으로 다뤄야 한다.
② 린넨은 사용목적 이외에 절대로 사용하거나 남용해서는 안 되며, 용도와 규격에 맞게 사용해야한다.
③ 린넨을 사용할 때에는 재봉선이 밖으로 보이거나 얼룩이 있는지, 찢어진 곳이 있는지 꼭 확인한다.
④ 린넨은 항상 다림질이 잘 된 상태로 사용한다.
⑤ 세탁된 린넨을 보관할 때는 보기 좋게 접어서 규정된 장소에 종류별로 구분하여, 필요시에 쉽게 찾아 사용할 수 있도록 정리한다.
⑥ 린넨을 보관할 때는 사용이 편리하도록 잘 정돈하여 정리하고 구겨지거나 먼지가 묻지 않도록 주의한다.
⑦ 린넨에 기름이나 음식물 등으로 인한 얼룩이 생기지 않도록 항상 주의한다.
⑧ 사용하고 난 린넨 위에 이물질이 남아있지 않도록 확인하며 세탁이 쉽게 이루어지도록 일정하게 접어놓는다.
⑨ 찢어져 있거나 구멍 또는 얼룩이 있는 린넨을 사용해서는 안 된다.
⑩ 사용하고 난 후의 린넨은 반드시 전용 카트(Cart)에 모아 놓으며 바닥이나 정해진 장소가 아닌 곳에 방치하지 않도록 한다.

2. 냅킨(Napkin)

냅킨은 테이블 세팅의 마지막 단계의 장식으로서 고객이 식사 중 입이나 손을 닦거나, 음식을 흘려 옷이 더러워지는 것을 방지하기 위해 무릎 위에 놓아 사용하는 면직으로 만든 것으로, 다양하게 모양을 내어 접어서 Service Plate 위에나 테이블 위에 세워놓는다.

또한 모양을 내지 않고 납작하게 접은 냅킨은 포크 왼쪽이나 중앙에 눕혀 놓는다. 색상은 흰색이나 밝은 색을 주로 사용하나 식당의 분위기와 테이블 클로스의 색상에 잘 어울리는 색상으로 만들어 사용된다. 규격은 50×50cm 또는 60×60cm 등 식당에 따라 다소 차이가 있다.

3. 테이블 클로스(Table Cloth) 취급방법

테이블 클로스는 반드시 테이블 용도와 규격에 맞는 것으로 사용해야 하며, 통일된 방법에 의해서 정확하게 깔도록 해야 한다. 또한 찢어졌거나 흠집, 얼룩이 있는 것은 사용해서는 안 된다.

(1) 테이블 클로스 취급방법

① 테이블 클로스의 가운데 주름진 부분을 식탁 중앙에 대고 길게 펼치면서 봉제선 자락이 몸 쪽으로 향하도록 엎어서 편다.

② 팔을 몸 안쪽으로 어깨넓이 정도 벌리고 테이블 클로스의 중간에 접힌 부분과 아래의 봉제선 부분을 엄지와 집게, 중지 손가락으로 가볍게 잡는다.

③ 테이블 클로스를 가볍게 들어 올려 손이 닿지 않은 봉제선 자락을 반대쪽 테이블 밑으로 내리도록 한다.

④ 엄지와 집게손가락으로 잡았던 접힌 가장자리 부분을 가볍게 놓으면서 집게와 중지손가락으로 잡은 봉제선 자락을 구겨지지 않게 몸 쪽으로 가볍게 흔들어 당기면서 편다.

⑤ 몸 쪽으로 향한 테이블 클로스의 봉제선 자락을 잡고 주름진 가장자리 선을 기준으로 깔린 상태를 조절하면서 테이블 밑으로 떨어지는 자락의 길이를 사방 30~40cm 정도로 일치되도록 하며 모서리 자락의 길이도 일치되게 한다.

⑥ 완전히 깐 후에는 접혔던 주름이나 구김살을 다림질하여 깨끗하게 펴지도록 한 다음 의자를 배열 한다.

(2) 영업 중 테이블 클로스 교체하는 요령

① 먼저 사용된 테이블 클로스 위에 빵가루 또는 음식물 등을 제거한 다음 좌우 양쪽 모서리 부분의 테이블 클로스를 테이블 중간 정도까지 끌어 당겨 반대쪽 테이블 클로스가 위로 향하도록 겹친다.

② 사용된 테이블 클로스의 겹쳐진 중간에 깨끗한 테이블 클로스의 가운데 접힌 부분을 포개어 길게 펼친 다음 반대쪽 테이블 밑으로 한 꺼풀 펼쳐서 내린다.
③ 양팔을 넓게 벌리고 엄지와 집게손가락으로 깨끗한 테이블 클로스의 위쪽 재봉선 자락을 잡은 다음 중지와 넷째 손가락 사이에 밑에 겹쳐진 사용된 테이블 클로스의 접혀진 부분을 끼워서 잡고 가볍게 흔들어 당기면서 펴는 동작과 벗기는 동작을 같이한다.
④ 깨끗한 테이블 클로스를 몸 앞까지 당겨서 펼친 다음 엄지와 집게손가락으로 잡았던 재봉선 자락을 놓으면서 사용된 테이블 클로스의 나머지 재봉선 자락을 넷째 손가락과 새끼손가락 사이에 끼워서 잡는다.
⑤ 사용된 테이블 클로스를 가볍게 흔들어 당겨서 뺀다.
⑥ 완전히 뺀 다음 4등분으로 접어서 Side Table에 넣어 둔다.
⑦ 몸 쪽의 재봉선 자락을 잡고 접혀진 나머지 부분을 당겨 내린다.
⑧ 테이블 규격에 맞게 깔린 상태가 양호한지 확인하면서 구김살과 주름이 없도록 마무리 손질한다.

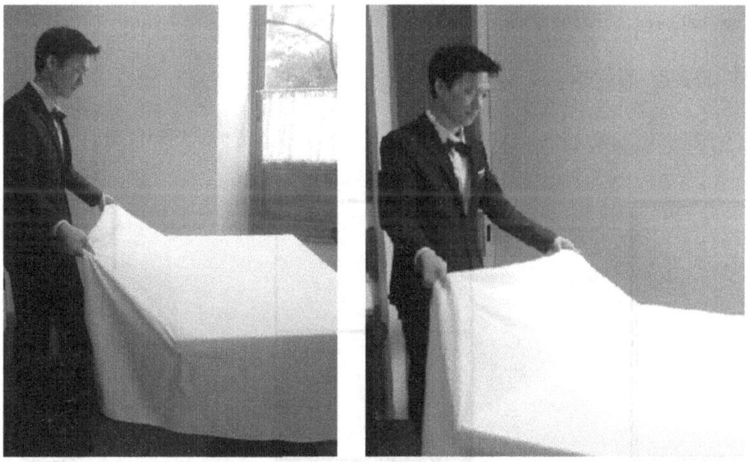

▲ 직원이 업장에서 테이블 클로스 교체하는 모습

4 냅킨 접는 방법

냅킨은 가장 청결하고 위생적으로 취급해야 하며, 접는 모양에 따라 식당의 분위기를 좌우하고 테이블 세팅의 품위를 높여준다. 또한 항상 고객에게 새로운 인상을 주기 위해 다양한 모양으로 접어 변화를 주도록 한다.

냅킨을 접을 때에는 청결한 손으로 구김과 손이 많이 가지 않도록 간단하고 실용적인 방법을 택하여 다양하게 접어 시각적인 효과를 높이도록 한다.

1. 뉘어 놓는 모양의 냅킨 접는 법

(1) 평면 사각형 접기

① 펼친 냅킨을

② 1/4로 접는다.

③ 다시 1/2로 접는다.

〈접지 않은 사각형〉

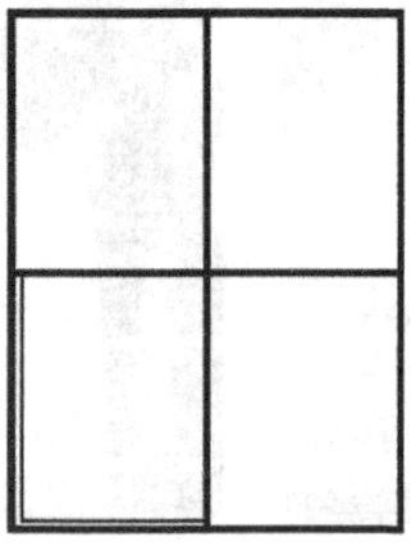

〈냅킨 1/4로 접는다.〉

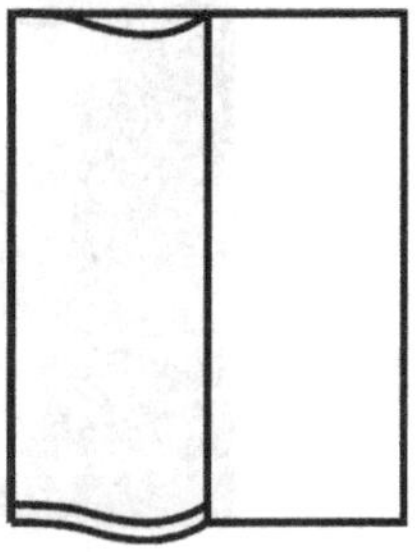

〈오른쪽으로부터 왼쪽으로 접는다.〉

(2) 원통형 접기(Roll)

① 3등분하여 접는다.

② 왼쪽부분이 5cm 정도 남도록 오른쪽 부분을 왼쪽으로 접는다.

③ 나머지 왼쪽 부분을 오른쪽으로 접는다.

④ 둥글게 말아 들어간다.

⑤ 냅킨 Ring을 가운데 오도록 끼운다.

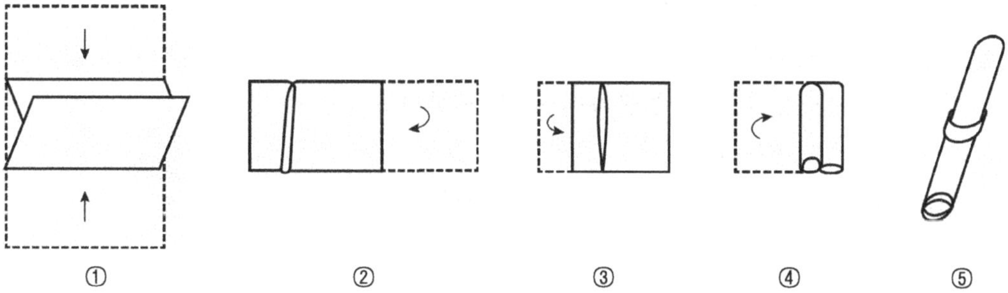

(3) 주머니 형 접기(Pocket)

① 냅킨을 4등분으로 접은 상태에서 위의 귀퉁이 부분을 화살표만큼 접는다.

② 다시 한 번 점선 부분만큼 접는다.

③ 냅킨의 다음 한 꺼풀을 ①과 똑같이 접는다.

④ 점선만큼 다시 접는다.

⑤ 두 번째 접은 부분을 첫 번째 접은 부분 속으로 조금만 끼워 넣는다.

⑥ 냅킨을 3등분하여 점선 부분만큼 뒤로 접는다.

⑦ 뒤의 모서리 부분을 안으로 끼워서 풀리지 않도록 한 다음 기물을 집어넣는다.

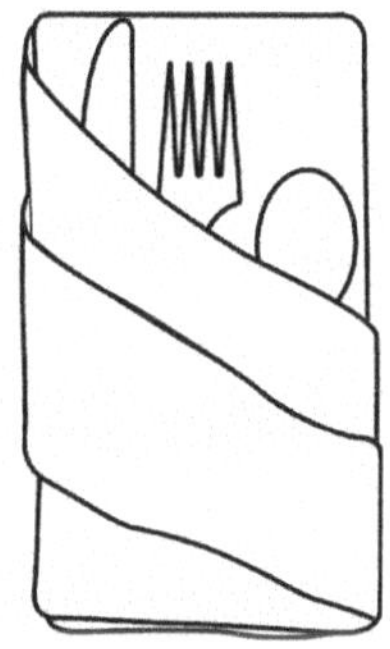

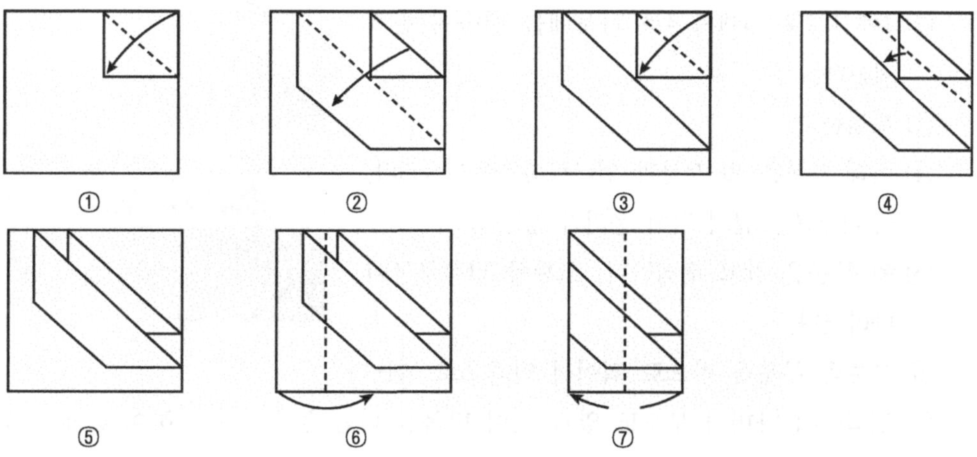

(4) 방패 형 접기(The Shield)

① 4등분이 되도록 접은 다음 마름모꼴로 놓는다.

② 가운데를 기준으로 맨 위에 한 꺼풀만 점선만큼 접어 올린다.

③ 가운데를 중심으로 3등분하여 좌우 귀퉁이부분을 뒤로 접는다.

④ 완전히 접은 다음 중간에 기물을 끼워서 사용한다.

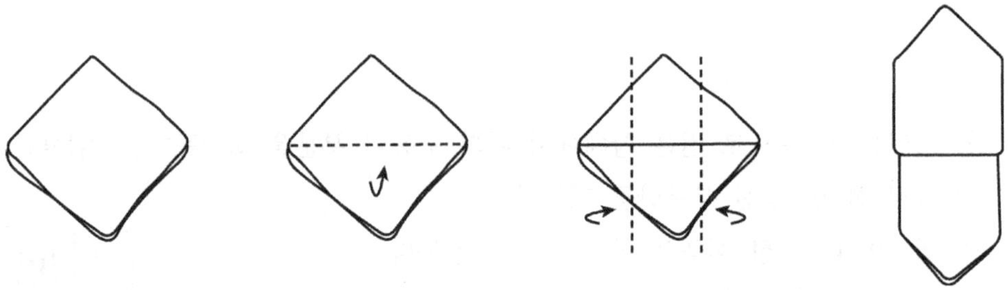

①　　②　　③　　④

2. 세워놓는 모양의 냅킨 접는 법

(1) 주교 모자 형 접기(The Bishop's Hat)

① 반으로 접는다.

② 1에서 2로, 3에서 4로 가운데를 향하여 반씩 접는다.

③ 뒤집는다.

④ 아래 부분을 윗 부분과 만나도록 접어 올린다. (삼각부분은 같이 접어 올리지 않는다)

⑤ 윗 부분을 잡고 뒤집는다. 오른쪽 삼각부분이 나타난다.

⑥ 오른쪽 부분을 반으로 접어서 안쪽으로 넣는다.

⑦ 뒤집어서 나머지 부분도 앞과 같이 반복한 다음 둥글게 손질하여 곧게 세운다.

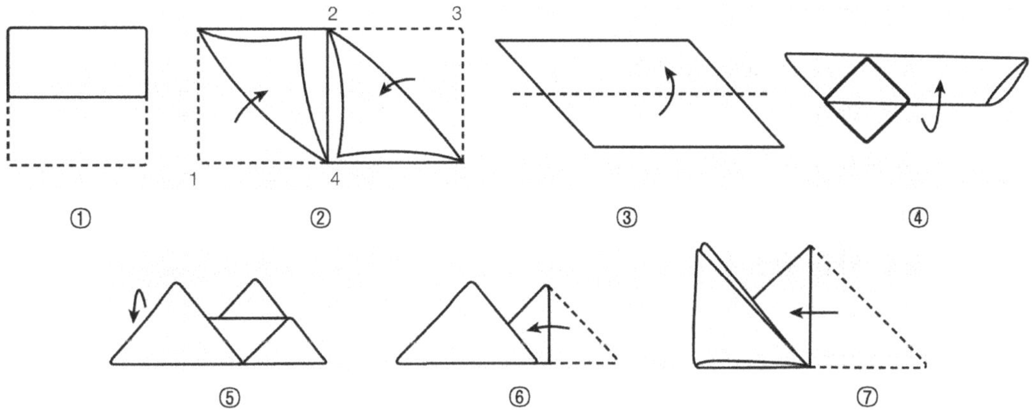

(2) **추기경 모자 형 접기**(Cardinal's Hat)

① 냅킨을 다이아몬드 형으로 펼친 다음 반 접어 올린다.

② 좌우 귀퉁이 부분을 윗 모서리와 만나도록 각각 접어 올려 다이아몬드 형이 되도록 한다.

③ 좌우를 기준으로 뒤로 반 접는다.

④ 양손으로 좌우 모서리 부분을 잡고 뒤로 돌려서 한쪽을 안으로 끼워 둥글게 손질해서 곧게 세운다.

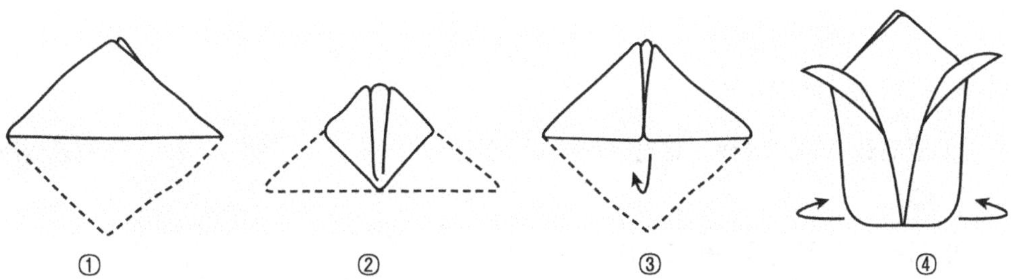

(3) **청지기 모자 형 접기**(The Lazy Butler)

① 3등분이 되도록 접는다.

② 2를 중심으로 양쪽 1부분을 가운데로 접는다.

③ 가운데를 기준으로 양쪽 3부분을 사다리꼴 모양으로 접는다.

④ 뒤집는다.

⑤ 냅킨의 1, 2부분을 양손으로 잡고 원뿔형으로 만다.

⑥ 1부분을 2부분 안쪽으로 집어넣는다.

⑦ 냅킨을 돌려서 세운 다음 냅킨의 바깥부분을 약간 벌린다.

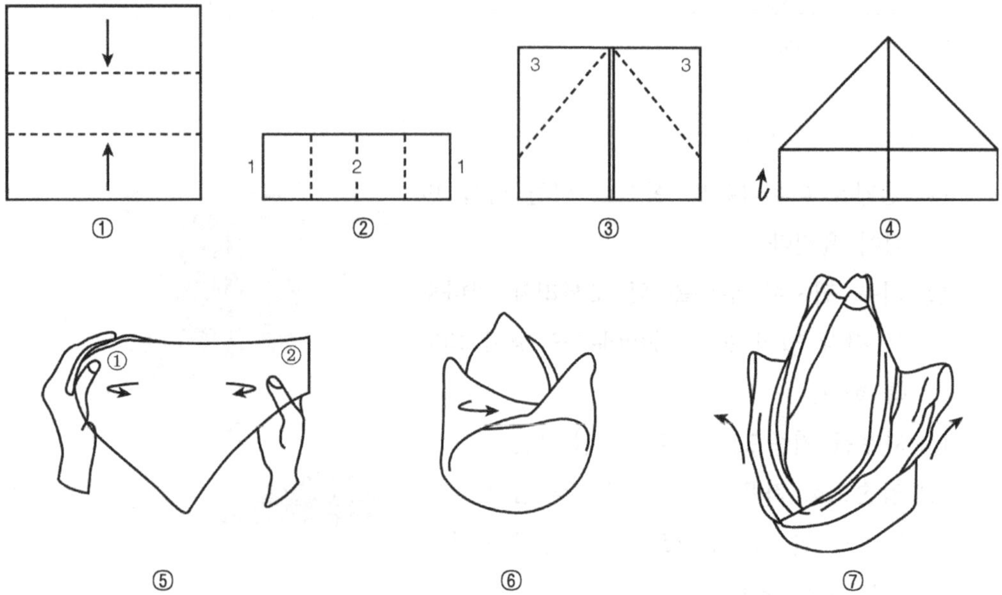

(4) **왕 관형 접기(Crown)**

① 냅킨을 마름모꼴로 펼친 다음 반 접는다.

② 좌우 끝 부분을 윗 모서리와 만나도록 각각 접어 올려 마름모꼴이 되도록 한다.

③ 위에서 3cm정도 아래까지 아래 부분을 접어 올린다.

④ ③번에서 접어 올렸던 부분을 아래 끝 부분까지 접어 내린다.

⑤ 뒤집어 양쪽 모서리 부분을 잡은 다음 한쪽을 안으로 끼운다.

⑥ 돌려서 둥글게 손질하여 곧게 세운 다음 양쪽 모서리부분을 날개 모양으로 펼친다.

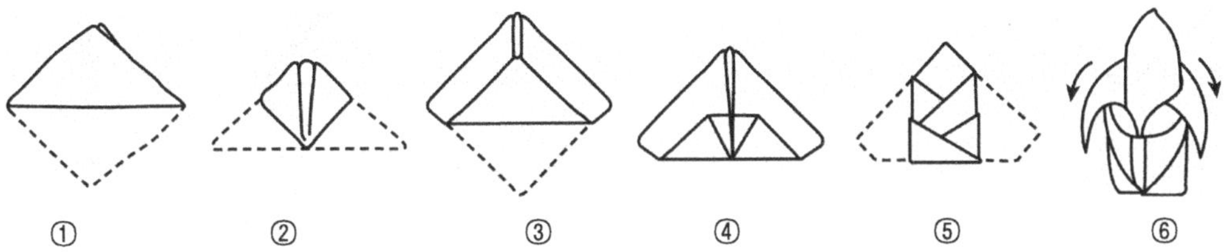

(5) 삼각 모자 형 접기(Cocked Hat)

① 반을 접어 내린다.

② 중심을 기준으로 오른쪽 부분을 반 접는다.

③ 중심을 왼쪽으로 접으면서 주름지지 않도록 한다.

④ 왼쪽 나머지를 접어 내린다.

⑤ 아래쪽 귀퉁이를 몸 쪽으로 향하도록 약간 돌려서 점선부분 만큼 꺾어서 접어 올린다.

⑥ 둥글게 손질하여 곧게 세운다.

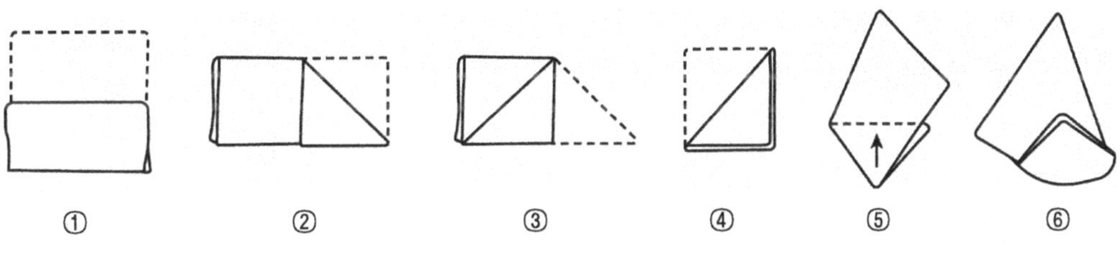

(6) 벼슬 형 접기(Cock's Comb)

① 4등분이 되도록 접는다.

② 다시 반 접어 올린다.

③ 1을 기준으로 양쪽 2를 가운데로 접는다.

④ 아래 양쪽 3부분을 뒤로 꺾어 접는다.

⑤ 주름 접힌 속 부분을 한 꺼풀씩 당겨 올려서 곧게 세운다.

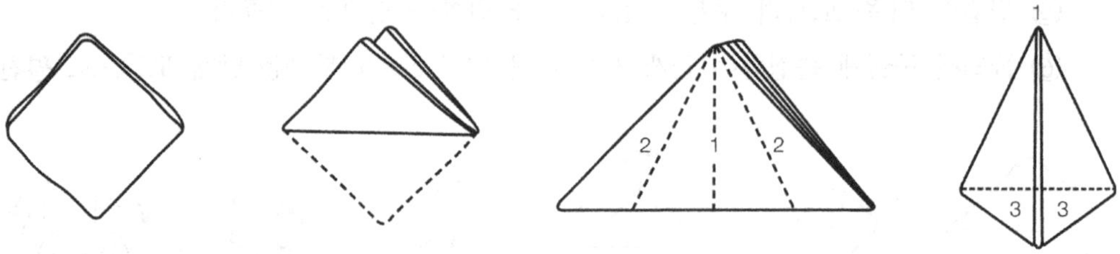

① ② ③ ④

⑤ ⑥

(7) **촛대 형 접기**(The Candle)

① 냅킨을 마름모형으로 펼친 다음 반 접는다.

② 밑 부분을 3cm 정도 접어 올린다.

③ 뒤집는다.

④ 한쪽 끝 부분을 둥글게 말아 들어간다.

⑤ 끝 부분을 끼운 다음 곧게 세운다.

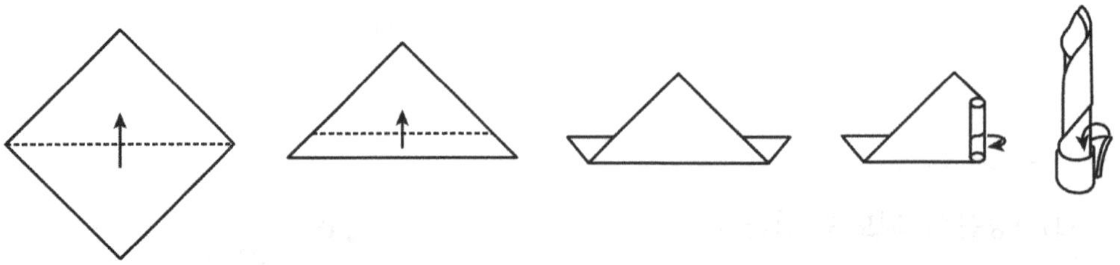

① ② ③ ④ ⑤

(8) **별 형 접기**(Star)

① 2를 중심으로 아래위 1부분을 가운데로 접는다.

② 다시 반 접는다.
③ 주름지게 접는다.
④ 한 손으로 밑 부분을 움켜잡고 고정시킨다.
⑤ 접힌 주름을 한 꺼풀씩 꺾어서 접어 내린다.
⑥ 냅킨을 돌려서 ⑤처럼 똑같이 반복한다.
⑦ 부채모양이 되도록 펼쳐서 세운다.

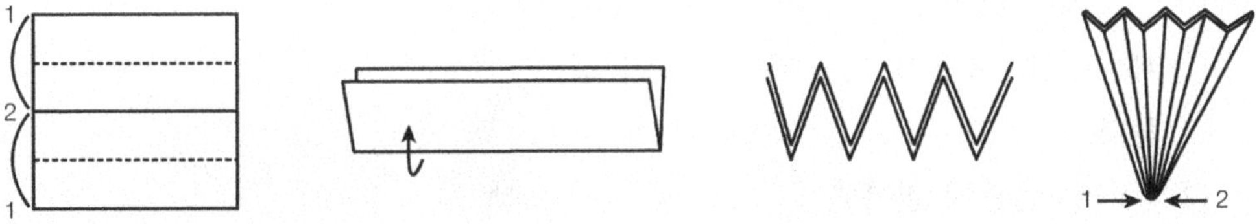

① ② ③ ④

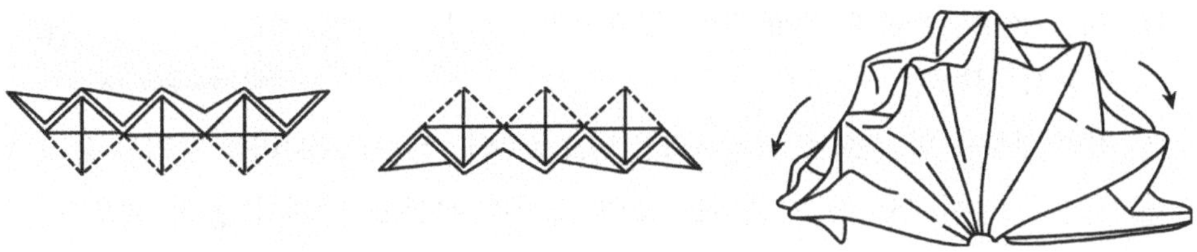

⑤ ⑥ ⑦

(9) 부채 형 접기(Standing Fan)

① 반 접어 올린다.
② 왼쪽부분을 주름지게 접으면서 우측부분을 10cm 정도 남긴다.
③ 주름지지 않은 부분이 안쪽으로 들어가도록 반 접는다. D.Front View(정면에서 본 모습)
④ 주름을 잡지 않은 부분을 반 접어 내린다.
⑤ 꼬리 부분이 바깥쪽으로 향하고 주름 연결부분을 밀착시켜 부채모양이 되도록 펼쳐서 세운다.

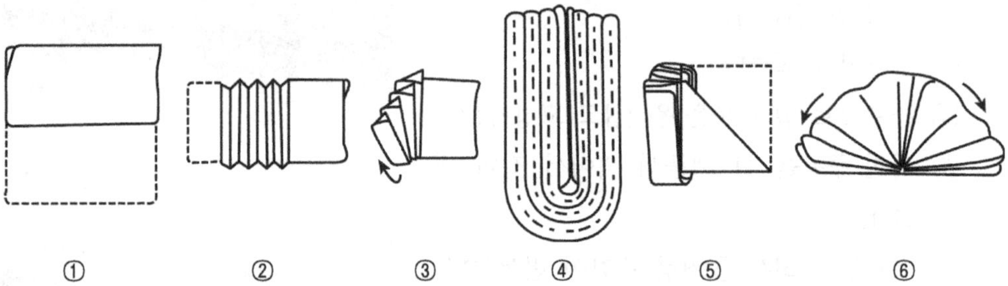

⑽ 장미 형 접기(Rose)

① 네 모서리 부분을 가운데를 향하여 접는다.
② ①처럼 똑같이 반복한다.
③ 뒤집는다.
④ 네 모서리 부분을 가운데를 향하도록 또다시 접는다.
⑤ 접힌 부분을 한 손으로 고정시키고 밑으로부터 각각의 모서리를 당겨서 올려 세운다.
⑥ 꽃잎 모양이 되도록 가운데로 모인 모서리 부분도 당겨서 올려 세운다.

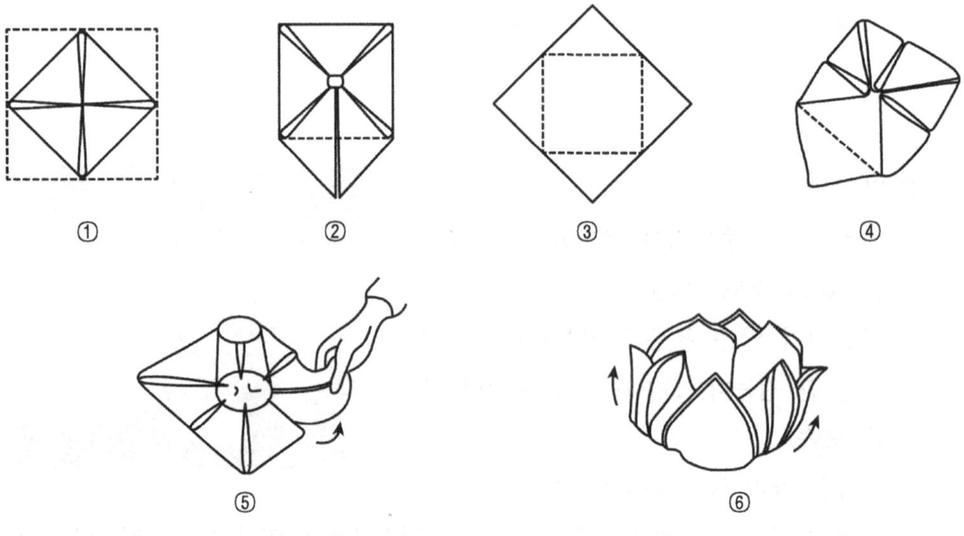

3. 플로우트(Float)형 냅킨 접는 법

(1) 백합 형 접기(Lily)

① 4등분이 되도록 접는다.

② 다시 반 접어 올린다.

③ 뒤집은 다음 가운데를 향하여 양쪽을 다 같이 주름잡는다.

④ 한 손으로 아래 부분을 잡고 윗부분을 한 꺼풀씩 당겨내려 꽃잎 모양이 되도록 펼친다.

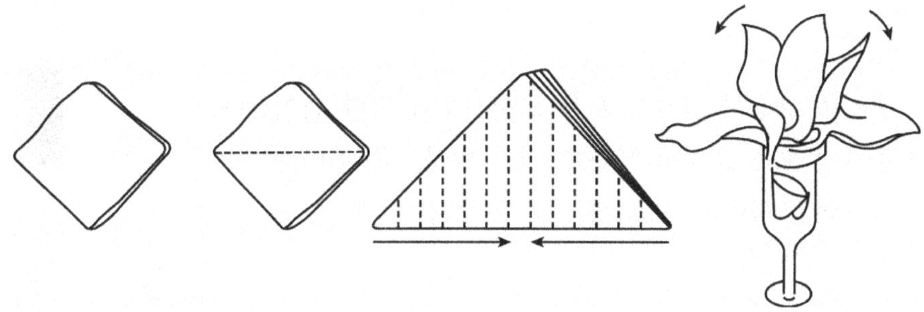

① ② ③ ④

(2) 플룻 형 접기(Flute)

① 3등분이 되도록 접는다.

② 양손의 엄지와 검지로 양쪽 위 모서리 부분을 감아 쥔다.

③ 양손의 손바닥이 밑으로 향하도록 돌린다.

④ 양손을 몸 쪽으로 굽히면서 냅킨을 둥글게 휘감는다.

⑤ 양손을 몸 바깥쪽으로 펴면서 원뿔모양이 되도록 한다.

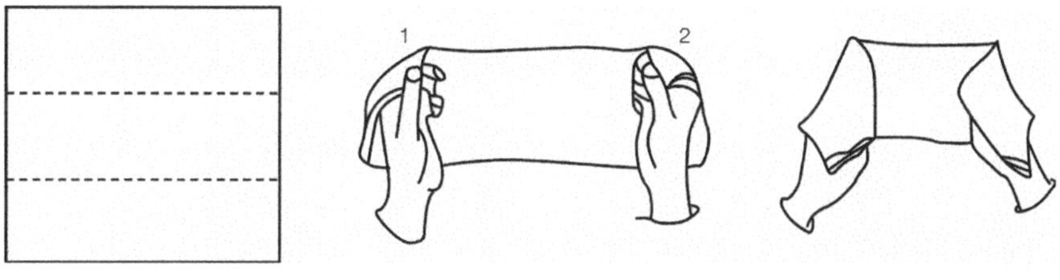

① ② ③

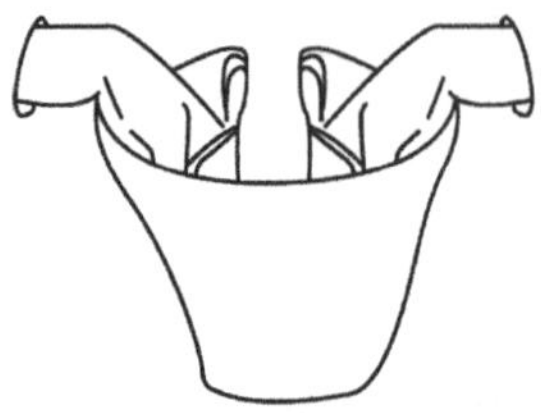

④

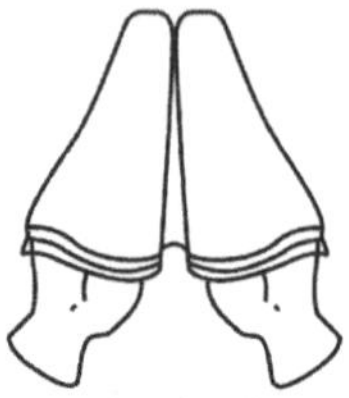

⑤

⑥

(3) **소용돌이 형 접기(Swirl)**

① 냅킨을 완전히 펼쳐서 한쪽 모서리부터 말아 들어간다.

② 중간에 오는 모서리 부분은 위로 향하도록 한다.

③ 가운데를 꺾어서 Glass에 끼워 넣는다.

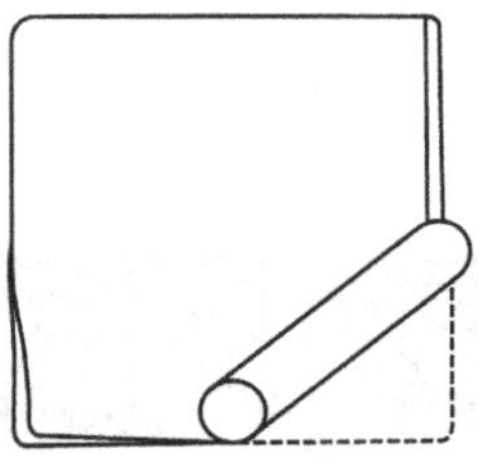

①

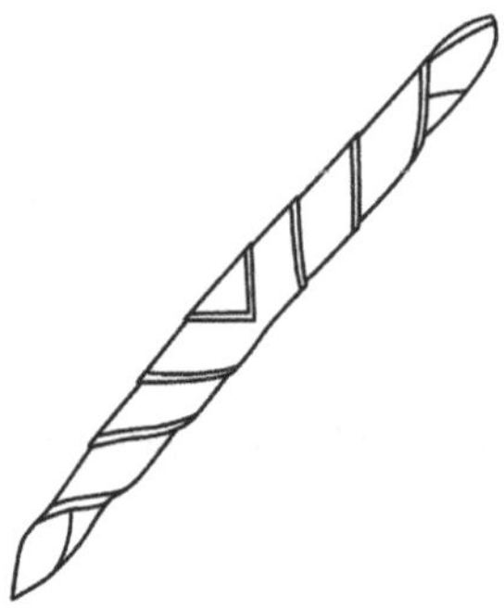

②

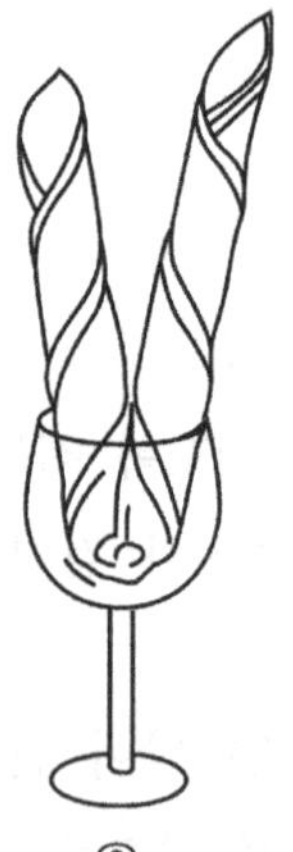

③

5 집기 취급 방법에 따른 테이블 세팅

1. 집기 취급방법

(1) 은기류(Silver Ware)의 취급방법

① 사용된 기물은 지정된 개수통에 모으며, 부딪쳐서 찌그러지거나 흠이 생길 우려가 많으므로 절대로 던지거나 한꺼번에 쏟아 넣어서는 안 된다.

② 실버웨어의 종류와 스테인리스 종류는 반드시 따로 구분하여 기물의 손상을 방지한다.

③ 모인 기물은 세척기(Dish Washer)에서 뜨거운 물로 세척액을 사용하여 충분히 씻어낸다.

④ 세척 후 기물을 종류별로 가지런히 정리한다.

⑤ 뜨거운 물을 따로 용기에 준비한다.

⑥ 종류별로 분류된 기물을 왼손에 쥐고 용기에 든 뜨거운 물에 넣었다가 핸 타올로 기물의 손잡이를 쥐고, 오른손으로 음식이 닿는 부분부터 손잡이 쪽의 순서로 물기가 완전히 제거되도록 신속한 동작으로 깨끗이 닦는다. 특히 Knife를 닦을 때에는 칼날이 바깥쪽으로 향하도록 닦아야 하며, 핸드 타올이 칼날에 스쳐 찢어지지 않도록 주의해야 한다.

⑦ 여러 종류의 기물을 한꺼번에 닦을 때에는 반드시 Fork부터 닦는 것이 용이 하며, 변색된 기물은 광택제로 깨끗하게 광을 내어 사용한다.

⑧ 잘 닦인 기물은 종류별로 가지런히 모아 기물 함 또는 서비스 스테이션 등 지정된 보관 장소에 깨끗하게 비치한다.

⑨ 깨끗하게 준비된 기물로 테이블 세팅을 할 때에는 음식이 닿는 위 부분을 손으로 잡거나 만져서는 절대로 안 되며, 반드시 손잡이 부분을 모로 잡아 가능한 한 손자국이 나지 않도록 취급하며, 운반할 때에는 소음이 나지 않도록 Tray를 사용한다.

(2) 도자기류(China ware)의 취급방법

① 접시를 운반하는 방법에는 2개, 3개, 4개를 드는 법과 여러 개를 한꺼번에 운반

하는 방법이 있는데, 취급 시에는 접시의 테두리(Rim) 안쪽으로 손가락이 들어가지 않도록 잡아야 한다.

② 요리가 담긴 접시를 쥘 때에는 맨 먼저 잡은 접시를 왼손 엄지손가락과 둘째 손가락을 사용하여 접시 위 테두리와 밑바닥 테두리를 가볍게 쥐고, 둘째 접시는 첫째접시 밑으로 접시 끝을 겹쳐 나머지 손가락으로 받쳐 든다.

③ 접시를 잡은 후에는 손목을 약간 안쪽으로 구부리고 둘째 접시 테두리 위와 왼손 팔목 부분에 셋째 접시를 올려놓으면 3개를 들 수 있다.

④ 요리가 담긴 여러 개의 접시를 겹쳐 들 때에는 접시가 요리에 닿지 않도록 조심해야 한다.

⑤ 접시를 들고 운반할 때에는 몸 바깥으로 벌어지지 않도록 몸 안쪽으로 접시를 밀착하여 들어야 하고, 접시든 팔을 흔들면서 걷거나 주변경계를 소홀히 해서는 안 된다.

⑥ 사용한 접시를 치울 때에는 맨 먼저 잡은 접시에 왼손엄지와 새끼손가락을 접시 위에 걸치고 나머지 손가락으로 접시 밑을 받쳐 손가락 사이에 가볍게 낀다.

⑦ 포크는 왼손 엄지손가락과 접시사이에 끼워 잡고, 나이프는 포크 밑으로 가지런히 끼워 바닥에 기물이 떨어지는 것을 방지한다.

⑧ 다음 접시는 왼손 팔목부분 위에 올려놓고, 나이프는 손에 든 접시의 포크 밑으로 가지런히 끼우고, 음식물은 나머지 포크로 밑 접시에 쓸어 담는다.

⑨ 그 다음 접시도 같은 요령으로 처리하여 포개며, 절대 소리 나지 않도록 해야 한다.

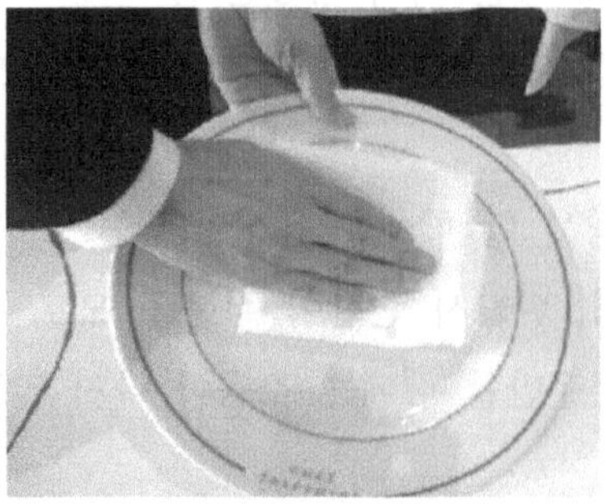

▲ 접시 닦는 방법

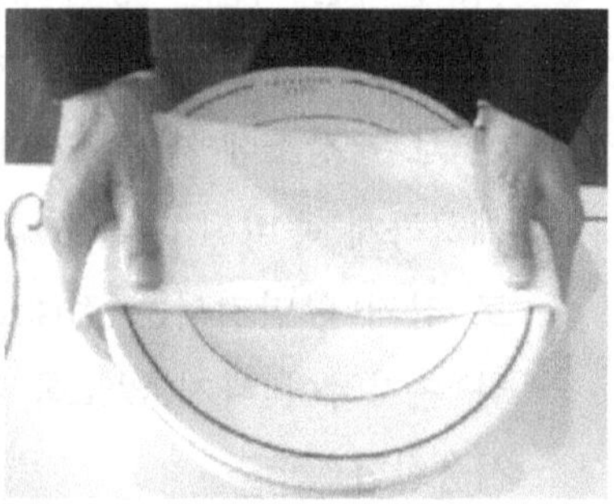

▲ 접시 운반 하는 방법

〈한손으로 3장 들을 때〉

〈두손으로 3장 들을 때〉

〈두손으로 4장 들을 때〉

▲ 접시 운반 법

(3) 글라스류(Glass ware)의 취급방법

① 글라스를 잡을 때에는 반드시 밑 부분을 잡아야 하고 손잡이(Stem)가 달린 글라스는 손잡이 부분을 쥐어야 하며, 위 부분이나 글라스 안에 손가락을 넣어 취급해서는 안 된다.

② 글라스를 운반할 때에는 손으로 운반하는 방법과 트레이로 운반하는 방법이 있으며, 원통모양(Cylindrical)의 글라스웨어는 반드시 트레이를 사용하여 운반한다.

③ 트레이로 운반할 때에는 글라스가 미끄러지지 않도록 트레이에 Mat 또는 냅킨을 깔고 한쪽으로 기울지 않도록 중심 부분부터 글라스를 붙여서 놓으며, 내용물이 담긴 글라스를 운반할 때에는 조심해서 다루고 주변경계를 소홀히 해서는 안 된다.

④ Stemmed Glass를 손으로 운반할 때에는 손잡이(Stem)부분을 손가락 사이에 끼워서 위 부분이 아래쪽으로 향하도록 거꾸로 들고, 글라스끼리 부딪히지 않도록 조심해서 운반하며, 놓을 때에는 맨 마지막에 끼운 글라스부터 역순으로 내려놓는다.

⑤ 한꺼번에 많은 양의 글라스를 운반할 때에는 글라스 랙(Glass Rack)을 사용토록 하며, 용도와 규격에 맞는 Rack을 사용해야 한다.

⑥ 글라스를 세척할 때는 글라스 Rack을 사용하여 세척한다.

⑦ 용기에 뜨거운 물을 따로 준비하여 세척된 글라스를 한 개씩 수증기에 쐬어 깨끗이 닦는다.

⑧ 닦기 전에는 금이 갔거나 깨진 것인지 확인한 후 닦도록 한다.

⑨ 닦을 때에는 Wash Cloth을 펼쳐 잡은 후 엄지손가락과 클로스를 글라스 안쪽으로 넣고 나머지 손가락은 글라스 바깥 부분을 쥐며, 다른 한쪽 손은 글라스 밑바닥을 클로스로 감싸 쥐고 글라스를 가볍게 돌려가며 닦는다.

⑩ 닦는 순서는 위 부분부터 안팎을 닦은 후, 손잡이 부분과 밑 부분을 차례로 물기가 없도록 깨끗하게 닦는다.

⑪ 수증기를 쏘여도 얼룩이나 물 자국 등이 닦이지 않을 때에는 뜨거운 물에 넣었다가 닦는다.

⑫ 닦은 후에는 먼지나 얼룩, 물 자국 등이 깨끗하게 닦였는지 철저히 점검해야 한다.

⑬ 글라스는 특성상 파손될 염려가 매우 크므로 취급 시에는 각별한 주의가 필요하다.

▲ 트레이를 이용하여 글라스를 들고 있는 직원의 모습

O

X

O

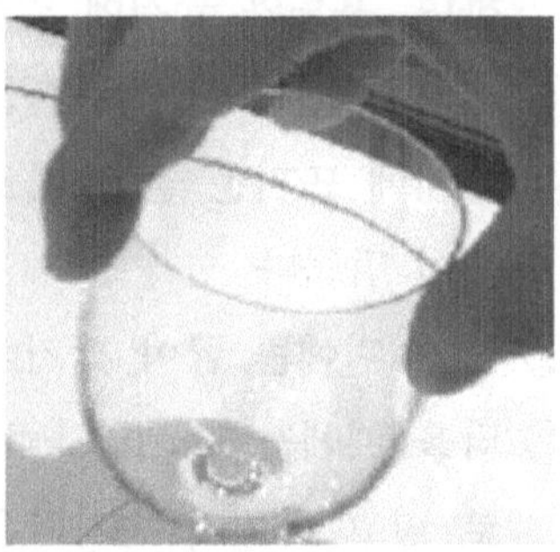

X

O

X

▲ 글라스 바르게 잡는 법

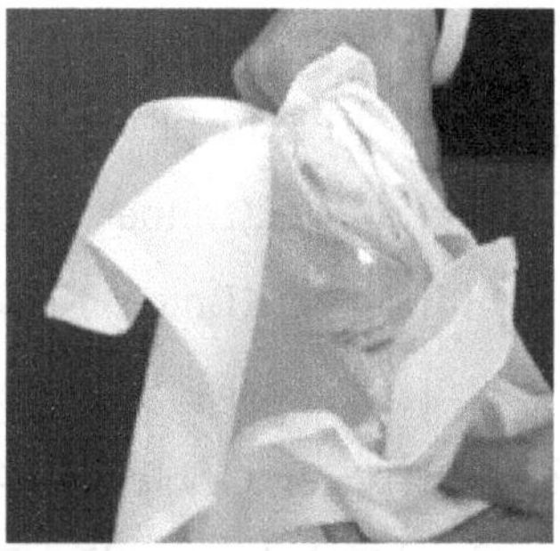

▲ 냅킨을 이용하여 글라스 닦는 요령

〈업장 마감 시에는 글라스에 먼지가 안 들어가도록 뒤집어 놓아야 한다.〉

6 정확한 테이블 세팅

1. 정확한 테이블 세팅(Table Setting)

(1) 테이블 세팅의 기본수칙

① 쇼 플레이트와 은기물류는 식탁 가장자리로부터 2cm 정도의 간격을 두고 놓는다.

② 기물류의 배열은 전체적인 균형을 이룰 수 있도록 적당한 간격으로 보기 좋게 놓는다.

③ 빵 접시(Bread plate)의 중앙선과 쇼 플레이트의 중앙선이 일치 하도록 배열 한다.

④ 디너 나이프(Dinner Knife)는 칼날이 안쪽으로 향하게 한다.

⑤ 버터 나이프(Butter Knife)는 빵 접시 위에 오른쪽으로 1/4정도 되는 부분에 포크의 배열 선과 맞춰 놓는다.

⑥ 물잔(Water Goblet)은 디너 나이프의 끝 쪽 연장선과 디저트 스푼과 포크의 중앙 배열선이 교차되는 곳에 놓는다.

⑦ 와인잔(Wine Glass)은 물잔의 오른쪽 아래쪽으로 45° 대각선상에 놓는다.

⑧ 센터 피스(Center Pieces)의 배열은 테이블의 종류와 세팅 인원에 따라 달라질 수 있겠으나, 일반적으로 좌측부터 후추, 소금, 꽃병의 순으로 배열한다.

⑨ 쇼 플레이트(Show Plate)를 사용하지 않을 때에는 냅킨을 놓아서 기준을 삼는다. 이러한 원칙은 영업장의 특성과 식탁의 종류, 식탁이 배치된 장소, 기물의 종류에 따라 다소 변할 수는 있으나, 테이블 세팅의 근본목적인 고객이 사용하기에 편리하고, 짜임새 있고 모양 좋은 테이블이 되게 하여야 한다.

(2) 테이블 세팅의 순서

식당의 특성과 테이블의 종류에 따라 세팅순서가 달라질 수 있겠으나, 일반적으로 다음과 같은 순서로 세팅을 한다.

① 식탁과 의자를 점검한다.

② 테이블 규격에 맞는 테이블 클로스를 깐다.

③ 센터 피스(Center Pieces)를 놓는다.

④ 쇼 플레이트(Show Plate) 또는 서비스 플레이트(Service Plate)를 놓는다.
⑤ 빵 접시(Bread Plate)를 놓는다.
⑥ 디너 나이프와 포크(Dinner Knife & Fork)를 놓는다.
⑦ 피시 나이프와 포크(Fish Knife & Fork)를 놓는다.
⑧ 수프 스푼과 샐러드 포크(Soup Spoon & Salad Fork)를 놓는다.
⑨ 에피타이저 나이프와 포크(Appetizer Knife & Fork)를 놓는다.
⑩ 버터 나이프(Butter Knife)를 놓는다.
⑪ 디저트 스푼과 포크(Dessert Spoon & Fork)를 Show Plate 위쪽에 놓는다.
⑫ 물잔과 와인잔(Water Goblet, White & Red Wine Glass)을 놓는다.
⑬ 냅킨을 편다.
⑭ 전체적인 조화와 균형을 점검한다.
⑮ 테이블 세팅 이전에 기물의 종류와 기능을 알고 숙지해야 한다.
⑯ 테이블 세팅 상태를 보고 식음료 영업장의 서비스를 평가 할 수 있다.

(3) 테이블 세팅을 위한 준비

① **청소 및 환경 정리** : 즐거운 식사를 하기 위해서는 청결하게 정돈된 주변 환경이 무엇보다도 중요한 역할을 한다. 그러므로 식탁을 꾸미기 전에는 식탁과 의자를 비롯하여 영업장 내의 구석구석 조그만 부분까지 철저한 청소가 이루어져야 한다.

② **식탁 위치의 고정** : 식탁은 고객이 불편을 느끼지 않도록 배치되어야 하며, 흔들리지 않게 바르게 놓여야 한다.

식탁의 높이는 70~75cm, 의자의 높이는 40~45cm가 표준이며, 한 사람이 차지하는 좌석의 폭은 70cm를 기준으로 한다.

③ **테이블 클로스** : 테이블 클로스는 백색을 사용하는 것이 원칙이지만, 요즘에는 색과 무늬가 들어 있는 다양한 종류의 클로스가 사용되고 있다. 테이블 클로스는 깨끗하게 다림질이 되어야 하고, 클로스를 깔 때에는 접었던 선이 식탁의 가로 세로와 평행이 되도록 하여야 한다. 이 때 테이블에서 밑으로 늘어지는 클로스의 길이는 40cm정도가 적당하다. 테이블 클로스 밑에는 언더 클로스(Under Cloth) 또는 사일런스 클로스(Silence Cloth)라고 하는 펠트(Felt : 털로 다져 만든 천)나 플란넬(Frannel) 또는 얇은 스폰지로 된 클로스를 깔아 식탁 위에서 나는

소음을 방지시킨다.

그리고 테이블 클로스 위에 깔아 테이블 클로스가 쉽게 더러워지는 것을 방지하고, 테이블의 품위를 높여주는 탑 클로스가 사용되기도 한다. 테이블 클로스는 얼룩이나 구멍 등 흠이 있는 것은 절대로 사용해서는 안 된다.

④ **냅킨** : 냅킨의 크기는 50×50cm를 표준으로 식당마다 다소의 차이가 날 수도 있다. 색상과 모양은 식당의 분위기와 조화를 이루는 격조 높은 것이라야 하며, 때때로 색상과 모양을 바꾸어 변화 있는 분위기를 만들기도 한다.

⑤ **센터 피스(Center Pieces)** : 센터 피스란 식탁의 중앙에 놓는 집기를 말한다. 즉 식탁을 돋보이게 하기 위해 놓는 꽃병과 소금, 후추 병, 촛대 등이 있으며, 뷔페 테이블의 중앙에 장식물로 놓이는 생선요리, 케이크, 과일용 바스켓, 얼음 조각 등도 이에 속한다. 꽃은 병에 꽂거나 수반을 이용할 수 있으나 꽃의 높이가 너무 높아 상대방의 얼굴을 마주보는데 방해가 되어서는 안 된다. 촛대 역시 손님의 대화에 지장을 주는 높이는 피해야 한다. 소금과 후추 병은 보통 2~3명에 한 세트씩 세팅하며, 내용물이 차 있어야 하고, 응고되거나 구멍이 막히지 않았는지를 확인한다.

⑥ **기물류** : 세팅에 사용할 은기물류, 도자기류, 글라스류를 깨끗하게 세척하여 얼룩진 곳이 없도록 닦아 놓는다. 특히 은기물류를 취급할 때에는 반드시 손잡이를 잡으며, 글라스를 취급할 때에는 밑 부분을 잡아 입이 닿는 부분에 손자국이 나지 않도록 한다.

▲ 양식 코스 셋팅

▲ 양식코스 셋팅 (1)

▲ 양식코스 셋팅 (2)

2. 테이블 세팅(Table Setting)의 종류

(1) 테이블 세팅의 기본도형

ⓐ Show Plate(Service plate)
ⓑ Napkin
ⓒ Dinner Knife(Meat Knife)
ⓓ Dinner Fork(Meat Fork)
ⓔ Bread Plate
ⓕ Butter Knife
ⓖ Water Goblet
ⓗ Wine Glass
ⓘ Dessert Spoon
ⓙ Dessert Fork
ⓚ Pepper Shaker
ⓛ Salt Shaker
ⓜ Flower Vase

▲ Table Setting

(2) 기본세팅(Basic Place Setting)

ⓐ Show Plate　　ⓑ Napkin

ⓒ Dinner Knife　　ⓓ Dinner Fork

ⓔ Water Goblet　　ⓕ Pepper Shaker

ⓖ Salt Shaker

(3) 일품요리 기본세팅(Basic A la Carte Setting)

ⓐ Show Plate　　ⓑ Napkin

ⓒ Dinner Knife　　ⓓ Dinner Fork

ⓔ Bread Plate　　ⓕ Butter Knife

ⓖ Water Goblet　　ⓗ Wine Glass

ⓘ Pepper Shaker　　ⓙ Salt Shake

(4) 정식세팅(Table D'hote Setting)

ⓐ Show Plate ⓑ Napkin
ⓒ Meat Knife ⓓ Fish Knife
ⓔ Soup Spoon ⓕ Appetizer Knife
ⓖ Meat Fork ⓗ Salad Fork
ⓘ Fish Fork ⓙ Appetizer Fork
ⓚ Bread Plat ⓛ Butter Knife
ⓜ Dessert Spoon ⓝ Dessert Fork
ⓞ Water Goblet ⓟ White Wine Glass
ⓠ Red Wine Glass ⓡ Champagne Glass
ⓢ Salt & Pepper Shaker

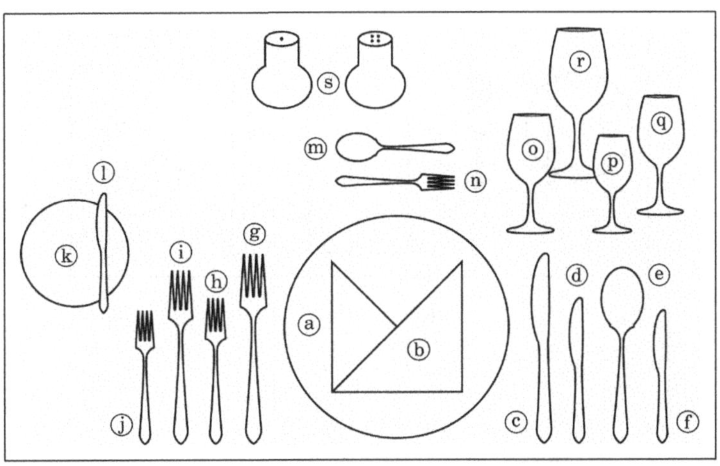

▲ 6코스로 구성된 정식

(5) 아침식사 기본세팅(Basic Breakfast Setting)

ⓐ Napkin　　ⓑ Meat Knife
ⓒ Meat Fork　　ⓓ Bread Plate
ⓔ Butter Knife　　ⓕ Coffee Cup & Saucer
ⓖ Water Goblet　　ⓗ Salt & Pepper Shaker
ⓘ Sugar Bowl　　ⓙ Cream Jug

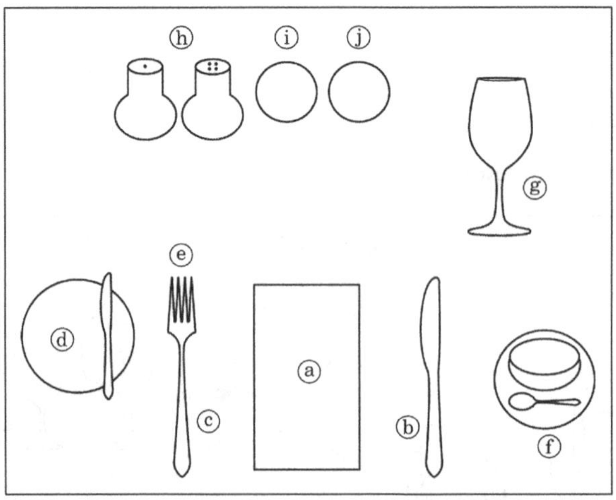

(6) 특별식 세팅(Special Setting)

① 해산물 칵테일(Seafood Cocktail)

ⓐ Tea Spoon
ⓑ Dessert Fork
ⓒ Bread Plate
ⓓ Butter Knife
ⓔ Butter Knife
ⓕ Water Goblet
ⓖ Salt & Pepper Shaker

② 달팽이요리(Snails)

ⓐ Dessert Spoon
ⓑ Snail Fork
ⓒ Snail Tong
ⓓ Bread Plate

ⓔ Butter Knife

ⓕ Water Goblet

ⓖ Salt & Pepper Shaker

③ 개구리 다리 요리(Frog Leg)

ⓐ Appetizer Knife

ⓑ Appetizer Fork

ⓒ Bread Plate

ⓓ Butter Knife

ⓔ Water Goblet

ⓕ Finger Bowl

ⓖ Salt & Pepper Shaker

④ 해산물수프(Bouillabaisse)

ⓐ Fish Knife

ⓑ Fish Fork

ⓒ Soup Spoon

ⓓ Bread Plate

ⓔ Butter Knife ⓕ Water Goblet

ⓖ Salt & Pepper Shaker

⑤ 스파게티(Spaghetti)

ⓐ Dinner Fork ⓑ Soup Spoon

ⓒ Water Goblet ⓓ Salt & Pepper Shaker

⑥ 샌드위치(Sandwich)

ⓐ Dinner Knife ⓑ Dinner Fork

ⓒ Water Goblet ⓓ Salt & Pepper Shaker

⑦ 치즈(Chesse)

ⓐ Appetizer Knife ⓑ Appetizer Fork

ⓒ Water Goblet ⓓ Salt & Pepper Shaker

ⓔ Bread Plate ⓕ Butter Knife

⑧ 피치 멜바(Peach Melba)

ⓐ Tea Spoon ⓑ Dessert Fork

ⓒ Water Goblet

7 정숙한 테이블 세팅

1. 정숙한 테이블 세팅

정숙한 테이블 세팅이란 고객이 식사를 하거나 식음료 서비스를 받고 있을 때나 또는 좌석을 정한 손님으로부터 요리의 주문을 받은 후 요리에 맞추어서 테이블 세팅을 하는 경우에, 종사원들이 기물을 취급하면서 고객들에게 불편을 드리지 않게 하고, 소음을 최소화하는 것을 정숙한 테이블 세팅 또는 조용한 테이블 세팅이라고 한다.

(1) 전혀 세팅이 되어 있지 않았을 때에는 주문에 맞추어서 세팅한다.

(2) 일부가 세팅되어 있으면 주문에 따라서 필요한 기물을 보충한다.

(3) 세팅이 완료된 테이블에서는 주문에 따라 불필요한 기물은 치운다.

(4) 테이블 세팅 시, 항상 정숙한 태도로 소음이 나지 않도록 주의한다.

2. 정숙한 테이블 세팅 시 주의해야 할 점

(1) 기물을 테이블로 옮길 때나 치울 때에는 트레이를 사용하고 손으로 들고 다니지 않는다.

(2) 기물을 세팅할 때 기물이 부딪쳐 소음을 내지 않도록 조심한다.

(3) 나이프, 포크를 세팅할 때나 치울 때에는 나이프나 포크의 끝이 손님의 몸에 닿지 않게 또는 떨어뜨리지 않게 주의한다.

(4) 테이블 배치 상 부득이 손님 앞을 가로막든가, 팔을 뻗어서 세트할 때에는 손님에게 반드시 "실례합니다."라고 양해를 구하고 나서 동작으로 옮긴다.

(5) 테이블 배치에 따라 매우 하기 힘든 경우나 바쁜 경우에라도 세팅을 조잡하게 대충하여서는 안 된다.

(6) 고객에게 불쾌감과 불편함을 주지 않도록 신속하고 정중하게 모든 동작을 취한다.

(7) 기물의 파손을 주의하고 항상 안전사고에 유의한다.

8 예약에 따른 요청사항 준비

1. 예약의 요청사항

(1) 예약은 고객이 식음료 영업장을 직접 방문하거나 전화, 인터넷, 세일즈(Sales) 직원을 통한 대리 예약 등의 방법으로 한다.

(2) 예약은 고객이 계획하고 있는 행사를 차질 없이 진행하기 위한 약속과 같은 것이다.

(3) 식음료업장은 생산과 소비의 동시성을 가지고 있으며 호텔의 객실예약과는 달리 메뉴에 의한 많은 기물을 보관할 공간과 식자재에 대한 재고 발생과 보관의 어려움을 가지고 있다. 그래서 식음료 업장이 예약을 통하여 예약 고객에 대한 사전 준비를 할 수 있게 됨으로써 양질의 서비스를 제공할 수 있다.

(4) 예약 담당자는 고객의 모든 요구사항을 정확히 접수하여 철저한 사전준비와 효율적인 서비스로 고객에게 만족을 주도록 최선을 다해야 한다.

(5) 현재의 예약 상황에 대하여 잘 파악하고 있어야 하며, 고객으로부터 예약이행 여부에 관한 최종 점검 및 확인 업무를 철저하게 수행하여 예약의 취소를 최소화하거나 노쇼(No-Show) 고객 발생을 최소화하여 좌석 회전율을 극대화시켜야 한다.

2. 예약 접수

(1) 예약을 받는 직원의 예약 장부에 고객의 정보를 정확히 기재한다.

① 예약자 성함(고객의 이름 또는 단체 이름)
② 예약 인원(어른과 아이를 구분하여 적어 놓음)
③ 예약 시간과 연락처(지역번호 포함)
④ 회사이름, 주소, 전화번호
⑤ 예약 받은 사람과 예약 받은 날짜
⑥ 고객이 원하는 테이블 레이아웃(Layout) 및 예약 형태
⑦ 고객과 대화한 서비스에 대한 내용(예 케이크, 샴페인 등)
⑧ 고객이 주문한 음식 메뉴

⑨ 특별 요청

⑩ 추가 요청 사항(예 신용카드 정보, 선 지불 또는 예치금 정보, 회사 또는 은행계좌 정보)

(2) 당일 도착 전에 반드시 예약 고객과 연락하여 예약사항을 고객에게 반복하고 확인하며, 변동사항을 점검한다.

3. 예약접수의 유의사항

(1) 예약에 필요한 사항을 표로 만들어 일목요연하게 기록해야 한다.

(2) 예약 대상자가 약속한 예약 시간을 빠뜨리지 않고 기재해야 한다.

(3) 예약별로 알맞은 서비스를 제공하기 위해서 예약 장부를 확인하여 고객의 예약 상황뿐만 아니라 고객의 요청 및 주문 사항까지 기재해야 한다.

(4) 접수 시, 예약 정보 기재의 누락이나 착오 등에 의해 고객이 불편을 겪거나 식음료영업장의 명예가 실추되지 않도록 주의한다.

(5) 고객이 예약하고자 하는 시간에 빈 테이블이 없으면 안을 마련하여 제안(다른 시간 제안, 호텔내의 다른 레스토랑 권유 등)한다.

(6) 예약된 예정시간으로부터 30분 이상 지연되면 반드시 고객과 연락하여 고객의 상황과 예약 유 · 무를 확인한다.

1.2 스테이션 준비하기

수행준거

1. 스테이션의 기물을 용도에 따라 정리할 수 있다.
2. 비품과 소모품의 위치와 수량을 확인하고 재고목록표를 작성할 수 있다.
3. 회전율을 고려한 일일 적정 재고량을 파악하여 부족한 물품이 없도록 확인할 수 있다.
4. 식자재 유통기한과 표시기준을 확인하고 선입선출의 방법에 따라 정돈 사용할 수 있다.

1 비품과 소모품

1. 비품과 소모품

식음료 영업장의 비품이란 일반적으로 소모되지 않는 성질의 물품으로써, 소모품보다 용도상의 중요성이 더 크고, 가격이 더 비싸며, 교체시기를 예측할 수 있는 물품을 지칭한다. 또한 비품을 경쟁 비품이라고 하기도 하며, 비교적 장기간 사용할 수 있는 물품 또는 소모품이라고 하더라도 표본이나 진열품으로 보관되는 물품을 비품이라고 할 수 있다.

식음료 영업장에서 사용하는 비품의 종류는 메뉴 및 서비스 방법에 따라 각각 다르다. 식음료 업장의 비품은 테이블, 의자, 커피 머신, 제빙기, 냅킨, 접시와 글라스(Glass)와 같은 집기류, 실버웨어(Silver Ware), 메뉴 등을 예로 들 수 있다.

고객 서비스를 보조하는 데 필요한 기물들은 서비스 스테이션(Service Station)에 보관하게 되는데, 서비스 스테이션이란 영업에 필요한 모든 준비물(기물, 메뉴, 소모품 등)을 비치하여 접객 서비스를 신속하게 할 수 있도록 식당 내부의 적절한 장소에 배치시켜 직원들만 사용하는 비품함을 말하며, 또한 필요에 따라 이동식으로 꾸며진 Side Table도 활용이 가능하다.

(1) 서비스 스테이션(Service Station)

영업에 필요한 모든 준비물(기물, 메뉴, 소모품 등)을 비치하여 접객서비스를 신속하게 할 수 있도록 식당 내부의 적절한 장소에 배치시켜 종사원들만 사용하는 비품함이다. 또한 필요에 따라 이동식으로 꾸며진 Side Table도 활용한다.

서비스 스테이션(Service Station)에는 다음과 같은 내용물들을 준비한다.

① Table Ware

- Soup Spoon / Tea Spoon
- Meat Knife & Fork / Butter Knife
- Fish Knife & Fork / Sugar Ladle
- Dessert Spoon & Fork / Serving Spoon & Fork
- Ice Cream Spoon / Appetizer Knife & Fork
- Salad Fork 등을 보관

② Linen

- Table Cloth / Top Cloth
- Napkin / Doily
- Hand Towel / Drapes
- Wash Cloth / Apron & Baby Napkin

③ Plate & Glass

- Coffee Cup & Saucer / Bread Plate
- Water Goblet & Tumbler / Wine Glass(White, Red)
- Champagne Glass 등
  Hall에 Cup Warmer가 있을 때에는 Coffee Cup은 Warmer에 별도 보관.

④ Spice & Consumption Item

- Match / Tooth Pick
- Table Mat / Ash Tray
- Bill Holder / Memorandum Paper
- Paper Napkin / Cocktail Napkin
- Salt & Pepper / Mustard

▲ Salt & Pepper

▸ Parmesan Cheese / Tomato Ketchup

▸ Mayonnaise / Hot Sauce

▸ Steak Sauce / Worcestershire Sauce 등을 보관

⑤ Service etc...

▸ Service Tray / Water Pitcher

▸ Range & Alcohol / Cake Knife & Server

▸ Cocktail Pick / Straw & Muddler

▸ Candle & Stand / Coster

▸ Chopsticks & Cover 등을 보관

▲ Service Station

▲ Side Table

(2) 서비스 왜건(Service Wagan)

고객의 요리를 운반 또는 서브할 때 사용하는 이동운반차이며, 영업전에 암 타월(Arm Towel), 서비스 기어(Serving Gear), 스푼 & 포크(Spoon & Fork), 트레이(Tray)를 충분히 준비해 둔다.

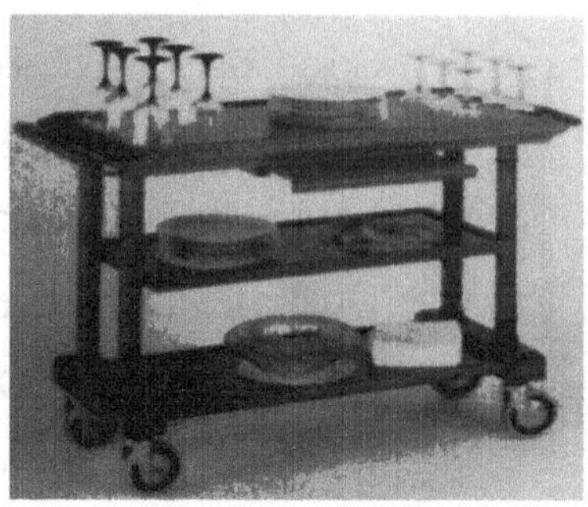

(3) 플람베 카트(Flambee Cart)

고객 앞에서 종사원이 직접 조리하여 요리를 서브하는 알코올(고체) 또는 가스버너(Gas Burner)를 갖춘 카트이다. 영업전에 알코올 또는 가스와 서빙 기어의 충분한 양 및 조리 시 필요한 프라이팬, 양념류, 각종 테이블 소스 등을 고정 비치해 두어야 한다.

(4) 디저트 트롤리(Dessert Trolley)

보관이 용이하도록 냉장설비가 되어 있으며, 여러 가지 후식을 진열하여 고객이 잘 볼 수 있도록 한 전시용 수레이다. 영업전에 Dessert Plate, Dessert Spoon & Fork 등 필요한 기물을 준비하여 즉석에서 서브할 수 있도록 한다.

(5) 애프터 디너 드링크 카트(After Dinner Drink Cart)

여러 종류의 Brandy 및 Liqueur를 진열하여 고객이 선택해서 드실 수 있도록 만들어진 고급식당에서 사용하는 이동식 수레이다. 항상 Brandy Glass와 Liqueur Glass도 같이 비치하여 즉석에서 서브할 수 있어야 한다.

(6) 바 트롤리(Bar Trolley)

각종의 주류 진열과 주조에 필요한 얼음, 글라스, 부재료(체리, 올리브, 토닉, 소다수, 진저엘 등)을 비치하여 고객 앞에서 주문받아 즉석에서 주조하여 서브할 수 있도록 만든 이동식 수레이다.

(7) 트레이(Tray)

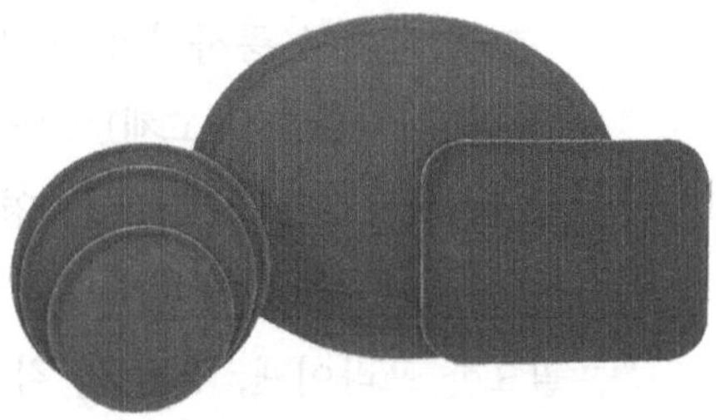

트레이(Tray)는 접객 서비스에 요리나 식기 등을 안전하게 운반하기 위하여 사용되는 기물로서, 용도에 따라 크고 작은 형태로 나누어진다. 일반적으로 은기(Silver)류, 스테인레스 스틸(Stainless Steel)류, 플라스틱(Plastic)류 제품이 많으며, 둥근형(Round), 타원형(Oval), 사각형(Square), 직사각형(Rectangular)의 종류가 있다.

(8) 디쉬 워머(Dish Warmer)

접시를 데우기 위해 전열을 이용해 만든 전열기구로 이동하기 쉽도록 바퀴와 온도조절기가 달려 있다. 디쉬 워머는 주로 프랑스 식당에서 사용하는 비품이다.

(9) 식당 종사원이 갖추어야 할 준비물

① 메모지와 볼펜
② 주문서
③ 핸드 타월(서비스 타월)
④ 성냥 또는 라이터

2. 물품의 취급방법

(1) 비품과 소모품의 취급방법

① 직원들은 비품 취급 요령을 정확히 숙지한다.
② 능률적인 업무 수행과 일관성 있는 서비스 자세를 갖추도록 해야 한다.
③ 비품과 소모품의 위치를 확인 및 숙지해야 한다.
④ 사용한 비품 등은 잘 보관해야 한다.
⑤ 비품의 상태와 수량 등을 비품대장, 비품카드, 비품수량체크리스트 등과 같은 서류로 문서화시켜 관리하여야 한다.

⑥ 비품은 구매 시, 처절한 계획하에 구매부 · 재무부와 논의한 후 구매방법과 비용 처리 방법에 대해 결정한 후 정식으로 물품 구매를 진행한다.

(2) 카트(Cart)류의 취급방법

모든 카트는 청결하게 관리하고, 서비스에 필요한 준비물을 완벽하게 갖추어야 한다. 그리고 고객 앞에서 사용되는 목적 이외에 다른 용도로 사용해서는 안 되며, 사용 시에 종사원들은 다음과 같은 안전관리사항을 준수해야 한다.

① 요리는 반드시 상단에 싣고 그 밖에 다른 준비물은 하단에 싣도록 한다.
② 무리하게 많은 짐을 싣지 않도록 한다.
③ 고체연료나 알코올이 갖춰진 카트를 다룰 때에는 용기가 넘어지거나 쏟아지지 않도록 각별히 조심한다.
④ 연료를 채울 때는 용기에 2/3 정도 담아 흘러넘쳐 불이 붙지 않도록 하며, 항상 안전사고에 유의한다.
⑤ 카트를 험하게 다루지 않으며 안전사고에 유의한다(난폭운전 금지).
⑥ 벽 또는 테이블 등에 부딪치지 않도록 조심한다.
⑦ 절대 카트 앞쪽을 끌고 다녀서는 안 되며 두 손으로 안전하게 뒤쪽을 밀고 다니도록 한다.
⑧ 카트에 체중을 싣지 않는다.
⑨ 사용 후에는 반드시 정해진 장소에 원위치 시켜놓는다.

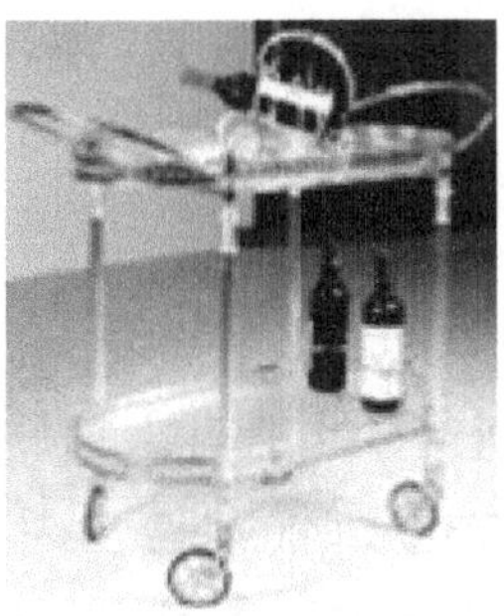

▲ 비품 카트의 종류

(3) 트레이 류의 취급방법

트레이는 접객 서비스 시에 가장 필요로 하는 비품중의 하나이며, 또한 종사원들은 다음과 같이 취급요령을 숙지하여 능률적인 업무수행과 통일된 자세를 갖추도록 해야 한다.

① 트레이를 취급할 때 트레이의 균형을 잡는다. 트레이 중심이 왼손 팔목 쪽의 손바닥에 오도록 하고, 손가락은 끝을 약간 세우고 벌려서 트레이가 안정되게 다루도록 한다.

② 팔을 겨드랑이에 자연스럽게 붙이고 몸 안쪽으로 직각이 되게 팔꿈치를 구부려 트레이가 수평이 되게 다룬다.

③ 트레이를 들고 주문을 받을 시, 정확한 곳에 위치하여 주문을 받고, 주문은 시계방향으로 돌아가며 받는다.

④ 운반 시에는 트레이에 냅킨 또는 종이 매트(Mat)를 깔아 트레이에 놓인 물건이 미끄러지지 않도록 한다.

⑤ 트레이에 물건을 놓을 때는 중심 부분부터 놓는 것이 안전하며, 내려놓을 때는 중심 외부의 물건부터 내려놓는다.

⑥ 트레이를 취급할 때는 왼손으로 들어야 하며 옆구리에 끼거나 한 손으로 잡아 흔들고 다녀서는 안 된다.

⑦ 트레이에 담아 운반할 때는 반드시 전후좌우를 경계하며 걸어야 하고, 부딪치는 일이 발생하지 않도록 항상 조심하여 취급한다.

⑧ 사용된 기물을 트레이에 담을 때는 깨끗한 기물을 취급할 때와 마찬가지로 청결히 다루어야 하며 또한 소음이 나지 않도록 조용히 담아야 한다.

3. 재고목록표(Inventory list)

(1) 재고목록표

재고목록표란 보유하고 있는 자재나 물품의 수량을 파악하여 관리할 때 사용하는 서식으로 자재의 현 수량과 공급 가능한 수량을 기록하여 그에 따른 조치를 취한다. 실제 보유재고와 생산되는 재고의 수량이 일치하도록 작성해야 하고, 재고가 부족하거나 초과되는 양이 많지 않도록 조절해야 한다. 재고목록표는 재고관리계획 및 각종 업무자료로 유용하게 사용할 수 있다.

물품들을 주기적으로 파악하여 주 단위로 재고가 얼마나 남았는지, 불량품은 없는지 조사하여 작성하는 것을 말한다. 작성 시에는 각 항목별로 빠짐없이 작성하여야 한다. 개수를 셀 때는 정확하게 파악하여야 재고량을 파악하는데 어려움이 없다.

(2) 재고목록표 작성 방법

① 재고를 파악하는 것이 목적이므로, 재고품의 개수를 파악할 때는 정확히 셀 수 있도록 한다.

② 재고품을 세면서 바로 작성할 수 있도록 한다.

③ 주 단위로 조사하면 나중에 재고를 파악하기 쉬우니 잘 보관하여 둔다.

④ 각 항목별로 빠짐없이 기재할 수 있도록 한다.

▼ 재고 목록표

Physical Inventory							
Type of product;		Month			Month		
Product	Unit	Amount in Storage	Purchase Price	Total Price	Amount in Storage	Purchase Price	Total Price
1	2	3	4	5	6	7	8
Applesauce	6#10	4 1/3	$15.85	$68.63			
Green Beans	6#10	3 5/6	18.95	72.58			
Flour	25#bag	3	4.85	14.55			
Rice	50#bag	1	12.50	12.50			
			Total	$486.55			

2 일일 적정 재고량 파악

1. 재고관리(Inventory Control)

(1) 재고

재고란 경제적 가치를 지닌 모든 것의 정체(停滯) 또는 저장(貯藏)을 가리킨다.

재고를 보유하는 이유는 경제적 발주(제조)기능, 불확실성 대처기능, 생산평준화기능 등 중요한 기능을 담당하기 때문이다.

이런 재고보유에는 비용이 들므로 재고관리란 재고보유의 이익과 비용의 균형을 유지할 수 있는 적정수준의 재고량 보유와 관련된 관리기능을 일컫는다.

식음료 영업장의 재고관리는 적정량의 식재료를 보유함으로써 연속적인 생산을 촉진시키고 식재료의 유통량이나 가격의 변동에서 오는 불확실성에 대비하는 활동을 말하며, 재고가 적정량 이하가 될 때는 음식생산의 지연과 고객 상실이라는 비용손실을 유발시키고 적정량 이상이 될 때는 과다한 유지비용을 부담하게 만든다. 특히 식재료는 일정기간 내에 판매되지 않으면 상품으로의 가치가 없어지는 특성을 가지고 있기 때문에 식재료의 적정 재고관리는 매우 중요하면서 어려운 문제이다.

(2) 재고관리의 중요성

① 물품부족으로 인한 생산계획의 차질을 없도록 한다.
② 최소의 가격으로 좋은 질의 필요한 물품을 구매하도록 한다.
③ 도난과 부주의 및 부패에 의한 손실을 최소화하도록 한다.
④ 실제 재고조사와 관리 없이는 판매되거나 소비된 식음료의 정확한 원가를 계산하기 어렵다.
⑤ 생산부문에서의 필요량과 일치하는 정도에서 최소한으로 투자가 이루어지도록 한다.
⑥ 재고조사와 구입정보를 판매한 손님 수와 결합시키면 영업활동의 중요한 통찰력이 생기게 한다.

2. 물품 폐기처리

(1) 분리수거

직원은 쓰레기 처리와 정확한 분리수거 방법을 알고 있어야 한다.

분리수거의 관련근거는 「자원의 절약과 재활용 촉진에 관한 법률 시행령 제16조 및 제18조」에 따르며, 세부품목 당 분리배출 요령은 다음 표와 같다.

▼ 세부품목 당 분리배출 요령

세부품목	분리배출 요령
종이팩	• 내용물을 비우고 가급적 물로 헹군 후 반드시 일반폐지와 혼합되지 않게 배출. ※ 분리수거함이 없는 경우 일반 종이류와 구분하여 다른 재활용품(캔, 유리병 등)과 함께 배출.
음료수병, 기타 병류	• 병뚜껑을 제거한 후 내용물을 비우고 배출. • 담배꽁초 등 이물질을 넣지 말 것. ※ 빈 용기보증금 대상 유리병은 소매점 등에서 환불
철캔, 알루미늄캔	• 내용물을 비우고 가능한 압착 • 겉 또는 속의 플라스틱 뚜껑 등 제거 • 담배꽁초 등 이물질을 넣지 말 것
기타 캔류(부탄 가스, 살충제용기 등)	• 구멍을 뚫어 내용물을 비운 후 배출
PET, PVC, PE, PP, PS, PSP재질 등의 용기 · 포장재	• 내용물을 깨끗이 비우고 다른 재질로 된 뚜껑(또는 은박지, 랩 등)이나 부착상표 등을 제거한 후 가능한 압착하여 배출. • 비닐(필름)류는 흩날리지 않도록 배출
스티로폼 완충재 • 전자제품 완충재로 사용되는 발포합성 수지포장재 • 농 · 수 · 축산물 포장용 발포스티렌상	• 전기기기류 등의 제품에 사용되는 발포합성수지 완충재는 제품구입처로 반납 • 내용물을 완전히 비우고 부착상표 등을 제거하고, 이물질이 묻은 경우 깨끗이 씻어서 배출 • 음식물 등 이물질이 많이 묻어 있거나 타 물질로 코팅된 발포스티렌은 제외

3 유통기한 확인과 선입선출의 방법

1. 식자재 유통기한

유통기한이란, 유통업체 입장에서 식품 등의 제품을 소비자에게 판매해도 되는 최종시한을 말하며, 이 기한을 넘긴 식품은 변질 또는 부패되지 않았더라도 판매를 할 수 없어, 제조업체로 반품된다.

식품위생법에 따르면 식품 제조·가공업체는 자체 실험을 통해 각 제품의 유통기한을 정하고, 이를 해당 관청에 신고해 승인을 받는다. 이후 업체들이 낸 보고서·사유서는 지방의 식약청이 검토한다. 외국의 경우 식품회사가 자율로 정하고, 국내처럼 판매할 수 있는 기한인 유통기한 대신 품질유지기한, 소비기한 같은 다양한 표기를 자율적으로 선택해 쓰고 있다. 또 유통기한 위반에 정부가 개입하는 나라가 드문 반면 국내에선 제조사가 유통기한을 넘겨 판매하면 최대 3개월의 영업정지 혹은 3000만원 이하의 과태료를 물도록 되어 있다.

한편 유통기한 표시방식이 안전성 측면에서 장점이 있지만, 소비 가능한 식품의 폐기를 유도한다는 지적이 잇따르자, 보건복지부는 2012년 7월부터 판매할 수 있는 유통기한과 먹어도 안전하다고 판단되는 소비기한을 나눠 표기하는 시범사업을 시행했다. 유통기한이 상품을 판매할 수 있는 시한을 정한 것에 비해, 소비기한은 해당 상품을 소비해도 소비자의 건강이나 안전에 이상이 없을 것으로 인정되는 최종시한을 말한다. 따라서 소비기한은 유통기한보다 긴 것이 일반적이며, 이 소비기한이 지나면 상품의 부패나 변질이 시작될 가능성이 높다. 복지부는 당분간 유통기한과 소비기한을 병행해서 표기하고, 소비기한 표시에 대한 효과를 분석해 최종적으로 소비기한만 사용하도록 법 개정을 추진한다는 계획이다.

2. 식자재 유통기한 관리

유통기한이란, 음식이 만들어지고 나서 유통될 수 있는 기간을 뜻하며, 식품의 신선도를 나타내기도 한다. 일반적으로 가공 식품의 유통 기한이 일반 식품보다 긴 편이고, 냉동식품의 경우 훈제나 연제 식품보다 역시 유통 기한이 길고 통조림이나 병조림의 경우도 유통기한이 긴 편이다. 식품을 구입할 때 유통 기한이 지난 것은 변질의 우려가 있으므로 반드시 확인하고 구입해야 한다. 하지만 유통 기한이 지났다고 섭취할 수 없는 것은 아니다. 유통기한은 제품이 만들어진 날부터 소비자에게 판매가 허용되는 때까지의 기한을 말하는 것이며, 제품의 유통기한 날짜까지만 섭취 가능하다는 의미는 아니다. 즉, 유통기한은 유통될 수 있는 기간을 뜻하기에 섭취기한과 동일한 의미가 될 수 없으며, 유통기한과 섭취기한은 서로 다른 것임을 아는 것이 중요하다.

식자재 유통기한의 관리는 적정한 장소와 보관기간을 지켜 식재료를 보관함으로써 최상의 품질을 유지시키고 부패에 의한 손실과 도난을 방지하려는 활동이다. 식자재 유통기한의 관리는 식음료 영업장에서의 고객에게 서비스로 연결되는 역할을 하고 있기에 판매하고자 하는 식음료의 질에 직접적인 영향을 미치는 중요한 업무이다. 특히 저장 중에 발생할 수 있는 식자재의 변질이나 부패에 의한 손실을 최소화한다.

3. 식자재별 보관

(1) 우유

① **구입요령** : 흰백색을 띄며 덩어리가 없고, 냄새가 없는 것이 좋다. 시중에서 구입하며, 유통기한을 꼭 확인한다.

② **유사재료** : 생크림(우유에서 비중이 적은 지방분만을 원심분리하여 살균충전한 식품이다.)

③ **보관온도** : 유제품류는 0~10℃의 저장 조건을 유지하며 냉장 보관한다(발효유 중 냉동 제품 : -1~5℃ 이하, 가공 치즈 중 냉동 제품 : -18℃ 이하에서 보관)

④ **보관법** : 우유는 개봉 후 가급적 빨리 섭취하며 꼭 냉장 보관한다. 우유는 냄새를 흡수하는 성질이 있어서 냄새를 유발하는 식품과는 가급적 같이 보관하지 않는다.

⑤ **손질법** : 우유는 구입 즉시 바로 섭취 가능하며, 젖소에서 짜낸 직후에는 반드시 살균과정을 거쳐야 한다.

⑥ **산지특성 및 기타정보** : 소가 사육되는 지방에서 많이 생산되며, 초원이 넓은 지역이 유리하다.

(2) 커피

① **구입요령** : 원두커피 본래의 맛과 향을 제대로 즐기기 위해서는 그때그때 필요한 양만 구입하는 것이 가장 중요하다.

② **섭취 방법** : 일단 개봉해서 사용하기 시작한 원두는 가급적 빨리 소모하는 것이 좋다. 볶은 원두커피는 빠른 시일 내에 추출해서 먹는 것이 좋다.

③ **보관방법** : 부득이하게 보관을 하게 될 경우 공기를 차단할 수 있는 밀폐 용기(유리 및 도자기)에 보관하는 것이 좋다. 냉동실에 보관할 경우, 냉동실에서 커피를 꺼내어 덜어내고 다시 냉동실에 넣어두면 온도차로 인해 습기가 생기거나, 냉장고 내에서 커피의 탈취 기능으로 인해 잡다한 향을 빨아들이게 되므로 그때

그때 먹을 만큼 소분하여 보관하는 것이 좋다.

④ **손질법** : 로스팅 과정을 거친 원두커피는 그 직후부터 산화가 시작되고 맛과 향이 차츰 감소되기 마련이다. 따라서 장시간 보관할 때는 다른 식품들처럼 냉동상태로 보존하는 것이 유리하다. 생두(Green Bean)의 수분함량은 12% 내외이며 온도와 습도가 맞추어지면 2~3년의 저장은 가능하고, 커피의 로스팅 조건은 대략 생두를 200~250℃의 고온으로 15~20분간 볶는다.

4. 제품별 유통기한 표기법의 해석 방법

(1) 일반 식품의 유통기한 표시 방법

유통기한은 정부가 식품 생산자와 판매자에게 제품명, 식품의 유형, 업소명 및 소재지, 함량, 영양성분 등에 관한 각종 식품 정보를 제품의 포장이나 용기에 표기하도록 하는 「식품 등의 표시 기준」에 따라 표시하게 되어 있으며, 그 방법은 다음과 같다.

▲ 유통기한 표기의 예

① '○○년 ○○월 ○○일까지', '○○.○○.○○까지', '○○○○년 ○○월 ○○일까지' 또는 '○○○○.○○.○○까지'로 주 표시면 또는 일괄 표시면에 표시하여야 한다.

② 수입되는 식품 등에 표시된 수출국의 유통기간의 '연월일'의 표시 순서가 ①의 기준과 다를 경우에는 소비자가 알아보기 쉽도록 '연월일'의 표시 순서를 예시하여야 하며, '연월'만 표시되었을 경우에는 '연월일' 중 '일' 의 표시는 제품의 표시된 해당 '월'의 1일로 표시하여야 한다.

③ 제조일을 사용하여 유통기한을 표시하는 경우에는 '제조일로부터 ○○일까지', '제조일로부터 ○○월까지' 또는 '제조일로부터 ○○년까지'로 표시할 수 있다 .

④ 즉석 섭취 식품 중 도시락, 샌드위치 등은 '○○월 ○○일 ○○시까지', '○○일 ○○시까지' 또는 '○○.○○.○○ ○○ : ○○까지'로 표시하여야 한다.

⑤ 유통기한이 서로 다른 여러 가지 제품을 함께 포장하였을 경우에는 그 중 가장 짧은 유통기한을 표시하여야 한다.

(2) 수입 식품의 유통기한 영문 표시의 의미

수입 식품은 국내에 수입될 때, 수입국의 표시 기준에 따라 표기되어 들어온다. 그러므로 국내 표시 기준에 따라 한글로 변경하여 표시하여야 한다.

① 제조일을 나타내는 약자

- PRO(P), PROD, PRD ⇒ Product(제품)
- MFG, M ⇒ Manufacture(제조)
- MANUFACTURING DATE(제조일)

② 유통기한을 나타내는 약자

- EXP(E) ⇒ Expire(만기일)
- BE, BBE ⇒ Best Befoere ○○(○○일 이전에 섭취하는 것이 좋음.)
- CONSUME BEFORE ○○(○○일 이전에 섭취하시오)

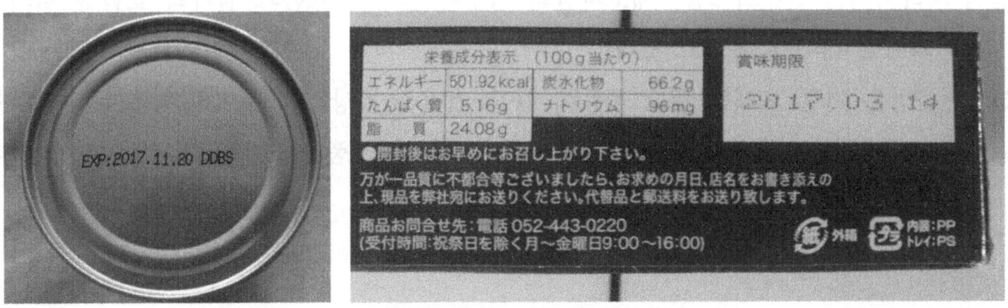

▲ 수입제품 유통기한 표기의 예

5. 식자재 유효기간 관리 시 주의사항

(1) 물건 정리 시 유통기한이 보이도록 정리한다.

(2) 한글로 표시 된 포장 용기는 버리지 말고 보관한다.

(3) 포장 용기가 있는 상태로 보관하기 어려운 품목은 스티커를 이용하여 표기를 한 다음 붙여 준다.

(4) 유통기한이 가까이 다가오는 품목(Item)은 검수과를 통해 업체를 연결하여 교체할 수 있도록 한다.

(5) 수입 제품일 경우 한글 표시가 된 설명표를 같이 첨부한다.

(6) 제품 개봉 전과 개봉 후의 보관 방법이 다른 부분이 있는지 잘 파악한다.

4 선입선출법(First In First Out ; FIFO)

선입선출법은 재고자산 원가 배분 방법 중의 하나로 선입선출은 물량의 실제 흐름과 관계없이 먼저 구입한 상품이 먼저 사용되거나 판매되는 것으로 가정하여 기말 재고액을 결정하므로 기말 재고액은 가장 최근의 매입가로 구성된다. 이런 가정은 장기간 보관될 때 품질이 저하되거나 진부화 되는 재고자산의 경우에 물량의 흐름과 원가의 흐름을 일치시키기 위한 의도로 많이 사용되고 있다.

선입선출법은 가장 오래된 재고 물품이 가장 먼저 조리장소로 출고하며, 모든 제품에 검수날짜를 기록하여 생산에 사용된 품목과 저장고에 있는 품목을 비교할 수 있어야 한다.

1.3 음료 재료 준비하기

수행준거

1. 표준 레시피에 따라 음료제조에 필요한 재료의 종류와 수량을 파악하고 준비할 수 있다.
2. 표준 레시피에 따라 과일 등의 재료를 손질하여 준비할 수 있다.
3. 덜어 쓰는 재료를 적합한 용기에 보관하고 유통기한을 표시할 수 있다.

1 칵테일의 분류

1. 칵테일

칵테일은 두 종류 이상의 알코올성 음료 또는 알코올성 음료와 비알코올성 음료를 혼합하여 즐기는 술의 종류이며, 칵테일은 여러 가지 음료와 부재료를 혼합하여 색, 향, 맛을 조화롭게 만들어 즐기는 술이기 때문에 주재료에 따라 칵테일의 종류가 다양하다.

칵테일의 기본이 되는 주재료는 베이스(Base) 또는 기주라고 하며, 일반적으로 베이스로 가장 많이 사용하는 술은 Whisky, Brandy, Gin, Rum, Vodka, Tequila 등의 6가지이다. 또한 칵테일은 맛뿐만 아니라 아름다운 장식인 가니쉬(Garnish)도 중요하다. 가니쉬는 칵테일과 비슷한 맛의 가니쉬를 사용하는 것이 원칙이며, 신맛의 칵테일에는 레몬을 장식하고 주스가 사용되는 칵테일에는 주스 원료와 같은 종류의 과일을 사용하는 것이 일반적이다.

2. 칵테일의 분류

(1) 기주에 따른 분류

① 진 베이스 칵테일(Gin Base Cocktail)

② 보드카 베이스 칵테일(Vodka Base Cocktail)

③ 럼 베이스 칵테일(Rum Base Cocktail)

④ 테킬라 베이스 칵테일(Tequila Base Cocktail)

⑤ 위스키 베이스 칵테일(Whisky Base Cocktail)

⑥ 브랜디 베이스 칵테일(Brandy Base Cocktail)

⑦ 와인 및 리큐르 베이스 칵테일(Wine, Liqueur Base Cocktail)

⑧ 한국 전통주 베이스 칵테일(Korea Traditional Liquor Base Cocktail)

(2) 시간에 따른 분류

① **식사 전 칵테일(Aperitif Cocktail)** : 애프리티프 칵테일(Aperitif Cocktail)은 식사 전에 입맛을 돋우기 위해 마시는 칵테일로 단맛이 없는 특징이며, 시고 쓴 맛과 향을 가졌으며 소량의 칵테일이 적합하다. 대표적인 칵테일로는 드라이 마티니, 맨하탄, 김렛, 캄파리소다 등이 있다.

② **식사 중 칵테일(Table Cocktail, Main Cocktail)** : 식사 중에 메인 요리의 맛을 극대화하기 위해 마시는 칵테일로 요리의 성격에 맞춰 짜여진 레시피의 칵테일이 적합하다. 칵테일이 정해져 있지는 않지만 메인 요리에 방해가 되는 향이 강하거나 양이 많은 칵테일은 피하는 것이 좋다.

③ **식사 후 칵테일(Digestif Cocktail)** : 애프터 디너 칵테일은 식사 후에 소화를 돕기 위해 마시는 칵테일로 디저트와 곁들이기도 하기 때문에 단맛과 크리미한 맛을 가진 칵테일로써, 디제스티프(Digestif)라고도 한다. 대표적인 칵테일로는 그레스하퍼, 알렉산더, 골든캐딜락 등이 있다.

④ **올데이 칵테일(All-day Cocktail)** : 올데이타입의 칵테일은 식사 상황과는 무관하게 언제나 마실 수 있는 칵테일로 자신의 취향에 따라 다양하게 칵테일을 선택하면 된다. 칵테일이 정해져 있지는 않지만 알코올 도수가 너무 높은 칵테일은 상황에 맞춰서 피하는 것이 좋다. 대표적인 칵테일에는 마가리타, 블루 하와이안, 롱아일랜드아이스티, 피나콜라다, 준벅 등이 있다.

(3) 용량에 따른 분류

① **쇼트 드링크(Short Drink)** : 4oz 미만 용량의 글라스에 제공되는 칵테일이다. 알코올성 음료에 알코올성 음료를 혼합 조주하여 주정이 강한 칵테일이며, 알코올

에 포함된 재료의 비율이 다소 높은 혼합주로써 취기가 짧은 시간에 빨리 오르는 특징을 가지고 있다. 얼음 없이 제공되는 것이 일반적이고, 칵테일 완성 후 10분 정도 지나면 혼합된 재료가 분리되기 시작하여 본래의 맛을 잃을 수 있으므로 되도록 빠른 시간 안에 마시는 것이 좋다.

② **롱 드링크(Long Drink)** : 4~8oz 용량의 글라스에 제공되는 칵테일이다. 베이스인 알코올성 음료에 다양한 부재료나 다량의 비알코올성 음료를 혼합해 희석하여 조주함으로써, 알코올 도수는 결과적으로 낮은 편이다. 또한 얼음이 많이 녹지 않는 정도에서 여유를 두고 마시는 것이 좋다.

(4) 맛에 따른 분류

① **드라이 칵테일(Dry Cocktail)** : 알코올 도수가 강하고 드라이한 맛의 특징을 가지고 있으며, 주로 마티니 스타일의 칵테일들이 여기에 속한다. 또한 알코올 도수가 높은 스트롱 칵테일(Strong Cocktail), 하드 칵테일(Hard Cocktail)과 유사한 개념이다.

② **스위트 앤 사워 칵테일(Sweet & Sour Cocktail)** : 알코올 음료에 시트러스 계열의 과일(예 레몬, 라임 등)을 첨가해 신맛이 많이 나는 칵테일들이 주로 여기에 속한다. 갈증해소에도 영향을 주는 스포츠 칵테일(Sports Cocktail)과도 유사한 개념이다.

③ **스위트 칵테일(Sweet Cocktail)** : 달콤한 맛과 향의 리큐어나 부재료들을 첨가해 만드는 단맛과 향이 느껴지는 칵테일들이 여기에 속한다. 식사 후에 마시는 디저트 칵테일(Desert Cocktail)도 유사한 개념이다.

(5) 서비스 형태에 따른 분류

① **온 더 락스(On The Rocks)** : 올드 패션드 글라스에 얼음을 넣고 그 위에 음료를 따라내어 제공하는 칵테일로 얼음을 바위에 비유하여 바위 위에 붓는다는 의미로 붙여진 이름이다. 온 더 락스는 얼음이 자연스럽게 녹으면서 알코올과 음료를 부드럽게 만들며, 알코올 정도나 맛 그리고 향을 조절하기 위해 한 개 이상의 얼음의 개수를 달리하며 즐긴다.

② 스트레이트 업(Straight Up) : 쉐이커 또는 믹싱글라스에 얼음과 재료를 넣고 차갑게 혼합한 후, 스트레이트 업 스타일의 글라스에 얼음 없이 따라내는 칵테일들을 말한다. 이때 중요한 기준은 최종적으로 얼음과 함께 제공을 했는지의 여부이며, 세계적으로는 마티니 스타일의 칵테일을 말하기도 한다.

(6) 기본 형태에 따른 분류

① 하이볼(High Ball) : 하이볼 글라스에 얼음을 넣고 증류주를 부은 다음, 각종 주스나 소다수 또는 탄산음료 등을 채우면 위로 부풀어 오르는데, 이를 '하이볼'이라고 한다. 대표적인 칵테일로는 스카치 소다, 진토닉, 버번콕, 럼콕, 세븐세븐, 캄파리 소다 등이 있다.

② 피즈(Fizz) : 탄산음료를 개봉할 때 나는 '피~~' 소리에서 착안해 붙여지게 된 이름으로 진을 포함한 증류주와 리큐어를 베이스로하여 시트러스 계열의 과일 주스와 설탕을 혼합 한 뒤 소다로 채워서 만드는 칵테일들을 말한다. 대표적인 칵테일로는 진 피즈, 슬로진 피즈, 카카오 피즈 등이 있다.

③ 사워(Sour) : 이름처럼 '시다' 라는 말뜻에 맞도록 증류주와 리큐어를 베이스로 하여 레몬주스와 설탕을 넣고 혼합해 만드는 칵테일들을 말한다. 대표적인 칵테일로는 위스키 사워, 브랜디 사워, 아마레또 사워, 미도리 사워 등이 있다.

④ 슬링(Sling) : 피즈와 만드는 방법이 비슷하나 피즈 보다 용량이 좀 더 많으며 과일 리큐어를 첨가하여 맛을 부드럽게 하는 기법이며, 과일로 장식하는 것이 다르다. 대표적인 칵테일로 싱가포르 슬링을 들 수 있다.

⑤ 쿨러(Cooler) : 쿨러라는 이름처럼 음료를 차게하여 시원하고 깔끔한 느낌을 갖게 하는 음료를 말한다. 피즈와 슬링처럼 증류주나 와인 등에 레몬과 같은 시트러스 계열의 주스와 설탕을 넣고 혼합한 뒤 탄산음료로 채워서 완성 한다. 대표적인 칵테일은 와인 쿨러, 진 쿨러, 럼 쿨러, 데킬라 쿨러 등이 있다.

⑥ 콜린스(Collins) : 헤밍웨이가 즐겨 마셨다는 모히토에 영감을 불어넣어준 칵테일로 위스키, 진, 럼, 보드카 등의 증류주에 레몬(라임)과 같은 시트러스 계열 주스와 설탕 시럽을 넣고 소다수로 채우는 롱 드링크다. 칵테일 창시자의 이름을 딴 존 콜린스, 톰 콜린스 등이 대표적이다.

⑦ **토디(Toddy)** : 추위를 이기고 오한 발열 증상을 호전시키기 위해 영국에서 전통적인 방식으로 만들어 마시기 시작했던 음료가 칵테일의 형태가 되었다. 올드 패션드나 하이볼과 같은 기본 글라스에 증류주와 뜨거운 물 또는 차를 넣고 꿀과 혼합해 만드는 칵테일이다. 대표적인 칵테일로는 위스키 토디, 핫 버터드 럼 등이 있다.

⑧ **줄렙(Julep)** : 19세기 신대륙의 개척자들이 원기회복과 기력보충을 위해 즐겨 마셨던 칵테일로써, 약에 쓴맛을 없애기 위해 마시는 달콤한 음료라는 뜻의 페르시아어에서 유래된 칵테일이다. 글라스에 민트잎을 넣고 살짝 으깨 향을 추출하고 그것에 얼음과 위스키, 설탕 등을 넣어 만드는 칵테일이다. 대표적인 칵테일로는 민트 줄렙이 있다.

⑨ **스매쉬(Smash)** : 줄렙과 유사한 칵테일로 크러시드 아이스와 증류주 그리고 설탕을 혼합하는 방법은 같으나 소량의 물을 첨가하는 것이 조금 다르다.

⑩ **스위즐(Swizzle)** : 줄렙, 스매쉬와 유사한 칵테일로 다른 점은 사용할 글라스에 서리가 맺히도록 칠링하거나 스터어링 하여 칠링 된 글라스를 사용하며, 알코올 도수가 낮아 마시기 조금 더 편안한 칵테일이다.

⑪ **트로피컬(Tropical)** : 열대성 칵테일을 의미하는 것으로 과일주스, 열대과일 등의 시럽을 이용하여 달콤하고 시원하며 장식이 화려한 칵테일이다. 일반 칵테일보다 양이 많은 롱 드링크로 피냐 콜라다, 마이 타이 등이 대표적이다.

⑫ **펀치(Punch)** : 여러 가지 생과일과 과일 주스를 혼합하여 만들어진다. 펀치는 영국의 인도 식민지배 당시 인도에 주둔해 있던 영국 고위관료의 집에서 열린 연회에 여러 가지 과일 주스로 혼합된 음료를 인도 하인들이 '펀치'라고 부르기 시작한 것에서 유래 되었다. 럼과 설탕을 첨가하여 얼음과 함께 여러 사람이 각자 떠 마시는 형태로 시작된 칵테일이다. 대표적인 칵테일로는 플랜터스 펀치, 후르츠 펀치 등이 있다.

⑬ **프라페(Frappe)** : 프라페는 '냉각이 잘 되어진'이라는 뜻의 프랑스어로 칵테일 글라스 또는 샴페인 글라스에 크러쉬아이스(Crushed Ice)를 채운 다음, 원하는 리큐르를 붓고 빨대를 꽂아 제공하는 기법이다. 잘게 부서진 얼음을 사용하는 만큼 쉽게 녹아 칵테일이 싱거워질 수 있으며 짧은 스트로우 두 개를 꼽아 제공한

다. 민트 프라페, 카카오 프라페, 카시스 프라페 등이 대표적인 칵테일이다.

⑭ 데이지(Daisy) : 다양한 증류주나 리큐어에 시트러스 계열의 주스 그리고 그레나덴 시럽을 넣어 혼합한 뒤 소다수로 채워서 만드는 칵테일이다. 위스키 데이지, 브랜디 데이지, 럼 데이지 등이 대표적인 칵테일이다.

⑮ 코블러(Cobbler) : 쉐리 와인이나 스틸 와인을 베이스로 하여 레몬, 설탕, 얼음과 함께 혼합하여 마시는 칵테일로 와인을 차갑고 다양하게 즐기기 위해 사용되는 칵테일의 형태이다.

⑯ 벅(Buck) : 이름의 뜻은 '톡 쏘는 맛과 강한 느낌'으로 증류주에 시트러스 계열의 주스와 진저엘을 넣어서 만드는 칵테일이다. 대표적인 칵테일로는 진 벅, 럼 벅, 브랜디 벅 등이 있다.

⑰ 리키(Rickey) : 증류주에 신선한 생 라임의 과즙을 직접 짜서 넣은 뒤 얼음과 소다수로 채워내는 칵테일이다. 설탕을 첨가하지 않아 깔끔한 신맛을 내는 것이 특징이다. 진 리키, 보드카 리키 등이 대표적인 칵테일이다.

⑱ 크러스타(Crusta) : 증류주에 시트러스 계열의 주스와 소량의 리큐어 또는 비터(Bitter)류를 넣고 레몬이나 오렌지의 껍질을 함께 넣어 시트러스 과일의 풍미를 더욱 살린 칵테일이다.

⑲ 생거리(Sangaree) : 생거리는 스페인 남부와 동부 지역에서 즐겨 마시던 와인에 레몬주스와 과일 주스를 설탕과 함께 넣어 차갑게 혼합해 마시던 칵테일로 마지막에 소다수로 채워서 완성하며 피처 형태로도 즐긴다. 스페인어로 피를 의미하며, 레드 와인을 묽게 한 것에서 유래되었다. 와인 외에 위스키나 브랜디 등을 사용하기도 한다. 지금은 와인베이스 칵테일의 대표가 될 만큼 즐겨 마시는 타입의 칵테일이 되었다. 대표적인 칵테일로는 상그리아가 있다.

⑳ 스쿼시(Squash) : 생과일을 직접 짜낸 과즙에 설탕과 소다수를 넣어 원재료인 과일의 신선한 느낌과 함께 약간의 청량감을 주는 칵테일이다.

㉑ 에이드(Ade) : 생과일을 직접 짜낸 과즙에 설탕 또는 설탕시럽과 물을 넣어 혼합한 기법으로 원재료인 과일의 신선한 느낌을 그대로 느낄 수 있는 칵테일이다. 일반적으로 스쿼시와 비슷하여 혼돈하기도 한다.

㉒ 후르츠 칵테일(Fruits Cocktail) : 과일의 신선한 느낌을 살릴 수 있는 리큐어나

시럽 또는 생과일, 퓨레 등을 혼합해 만드는 칵테일들이 여기에 속한다. 다양한 과일의 혼합을 통해 만들어지는 트로피칼 칵테일(Tropical Cocktail)과도 유사한 개념이다.

㉓ **스무디(Smoothie)** : 과일, 우유, 크림, 시럽, 퓨레 등의 점성이 있는 재료들과 함께 얼음을 넣어 분쇄 혼합해 만드는 칵테일들이 여기에 속한다. 분쇄 혼합을 통해 만들어지는 프로즌 칵테일(Frozen Cocktail)도 유사한 개념이다.

㉔ **핫 칵테일(Hot Cocktail)** : 재료를 끓여서 조주하거나 뜨거운 커피와 차 그리고 물과 함께 혼합하여 만드는 칵테일들이 여기에 속한다. 아이리쉬커피, 카페로얄, 핫버터드럼, 뱅쇼 등이 대표적인 칵테일이다.

2 재료의 종류

1. 부재료의 종류

(1) 시럽(Syrup)

① **프레인 시럽** : 프레인 시럽(plain syrup)은 백설탕에다 물을 타서 끓인 것으로, 심플 시럽(Simple Syrup) 혹은 캔 슈거 시럽(Can Sugar Syrup)이라고도 한다. 보통 칵테일에 파우더 시럽을 넣어야 할 곳에 프레인 시럽을 넣어 조주하는 시간을 줄여 일의 능률을 높인다.

② **검 시럽** : 검 시럽(Gum Syrup)은 프레인 시럽을 오랫동안 방치해 두면 설탕이 바닥에 가라앉아 덩어리가 생긴다. 이것을 막기 위해 프레인 시럽에다 아라비아 고무의 분말인 검(Gum)을 섞어서 끈기가 있도록 만든 시럽이다.

③ **그레나딘 시럽** : 그레나딘 시럽(Grenadine Syrup)은 당밀에다 석류 열매의 색과 향을 가미시킨 붉은 색의 시럽인데 과일향의 시럽 중 가장 많이 쓰이는 시럽이다.

④ **라즈베리 시럽** : 라즈베리 시럽(Raspberry Syrup)은 당밀에다 딸기나무의 맛을 가미시킨 시럽이며, 검은 딸기의 풍미를 가미시킨 것은 블랙베리 시럽(Blackberry Syrup)이라고 한다.

⑤ **메이플 시럽** : 메이플 시럽(Maple Syrup)은 아메리카, 캐나다 등지에서 재배되고 있는 사탕단풍의 수액을 넣어 만든 시럽으로 칵테일에는 그다지 사용되지 않으나 아침식사 시 핫 케익이나 토스트에 많이 사용된다.

▲ 그레나딘 시럽

▲ 라즈베리 시럽

▲ 검 시럽

▲ 메이플 시럽

(2) 허브와 스파이스(Herb & Spice)

① **시나몬(Cinnamon)** : 시나몬은 우리나라에서는 계피 혹은 육계라고도 하는데 상쾌한 느낌이 들고 매콤한 향기와 감미를 동시에 갖고 있는 향료이다. 계피나무의 껍질을 벗겨 건조시킨 것이며, 건조시킨 모양 그대로 막대로 된 것(Cinnamon Stick)과 분말로 된 것(Cinnamon Powder)의 두 종류가 있다.

② **넛 멕(Nut Meg)** : 육두구라는 열대성 식물의 종류이며, 열매는 약 3cm쯤의 타원형으로 생겼다. 이 열매의 종자 속의 알맹이가 넛 멕으로서 칵테일에서는 분말로 된 것을 사용하는데, 주로 계란 · 크림 · 밀크 · 버터 등 동물성 지방분의 악취를 없애기 위한 향료로써 사용된다.

③ 클로브(Clove) : 클로브는 정향의 꽃봉우리를 따내서 건조 시킨 것인데 진한 갈색을 하고 낱알 모양의 것이며, 주로 핫 드링크(Hot Drink)에 많이 사용되어진다.

④ 민트(Mint) : 박하라고도 하며 청량감 있는 멘톨 향기가 입안을 상쾌하게 해주어 여름에 시원하게 마시는 칵테일의 장식용으로 많이 사용한다. 스피아민트, 쿨민트, 페퍼민트 등이 있다.

⑤ 페퍼(Pepper) : 쓴맛과 자극적인 향기를 가지고 있는데 칵테일에서는 주로 향기가 강한 흰 후추를 사용한다.

(3) 과일과 야채(Fruit & Vegetable)

바에서 사용되는 과실류는 과즙으로서 칵테일에 사용될 뿐만 아니라, 가니쉬로 사용되어 칵테일의 풍미를 더해 주는 역할을 한다. 칵테일에 사용되는 과일은 과즙으로 사용되는 모든 과실과 함께 올리브, 체리, 어니언, 레몬, 오렌지 등이 가장 많이 사용되어진다.

① 올리브(Olive) : 주로 드라이(Dry)한 칵테일의 가니쉬로 사용된다. 올리브(Olive) 나무 열매가 완숙되기 전에 수확하여 가성소다(Caustic Soda)를 넣어 껍질을 연하게 하고, 소금과 식초의 혼합액의 병에 담은 것이다. 드라이한 마티니 등과 같은 칵테일에 많이 사용한다.

② 체리(Cherry) : 체리를 가공하여 만든 것을 주로 많이 사용한다. 적색을 띠며 리큐르(Liqueur)로 향을 나게 만든 매러스키노 체리(Maras-chino Cherry)와 녹색을 띠며 페퍼민트나 퀴라소(Curacao)로 향을 나게 만든 민트 체리(Mint cherry)의 두 종류가 있다. 두 가지 모두 주로 스위트(Sweet)한 칵테일의 가니쉬로 주로 사용된다.

③ 어니언(Onion) : 작은 양파를 소금과 식초로 혼합한 액에 담근 것으로 보통 칵테일 어니언이라고 한다.

④ 레몬(Lemon) : 칵테일을 만들 때 가장 많이 사용되는 부재료로, 즙을 내어 사용하거나 둥글게 썬 홀 슬라이스(Whole Slice)나 하프 슬라이스(Half Slice)로 잘라 가니쉬나 장식에 사용한다.

⑤ 라임(Lime) : 레몬과 비슷하지만 완전히 익은 후에도 녹색을 띄고 있으며 신맛과 쓴맛이 레몬보다 강하고, 라임의 독특한 향이 있다. 과즙을 낼 때에는 알맹이에 들어 있는 신맛의 즙만이 나오도록 하고 껍질에 있는 쓴맛이 나오지 않도록 주의해야 한다.

⑥ 오렌지(Orange) : 주스용은 껍질이 얇아야 하고 장식용은 두꺼운 것이 좋다. 둥글게 썬 홀 슬라이스나 하프 슬라이스로 잘라 사용한다.

⑦ 자몽(Grapefruit) : 과즙을 사용하며 과육이 노란 것과 핑크색인 것이 있는데, 껍질이 매끄럽고 묵직해 보이는 것이 신선하다.

⑧ 파인애플(Pineapple) : 과즙과 장식으로 사용하는데 장식에는 열매를 그대로 사용하거나 통조림을 사용한다.

⑨ 샐러리(Celery) : 스틱을 장식으로 사용한다.

⑩ 사과(Apple) : 사과는 과즙이나 장식으로 사용되는데 미리 손질해 놓으면 색이 변하는 갈변 현상이 있을 수 있으므로 주문과 동시에 준비한다.

(4) 유제품(Dairy Products)

음료의 감칠맛을 내게 하거나 부드럽게 하기 위해 사용하는 것이 유제품이다. 유제품은 신선도가 제일 중요하므로 변질되기 쉬운 것은 특별히 주의하여 사용하고, 남은 것은 반드시 냉장고에 보관하고 며칠이 지난 것은 사용하지 말아야 한다.

① 우유(Milk) : 유지방분이 많은 것이라야 감칠맛이 있다. 저지방(Low Fat) 우유나 첨가물이 든 우유는 커피나 칵테일로는 적당하지 않다. 이에 때때로 우유의 대체 식품으로 두유를 사용하기도 한다.

② 크림(Cream) : 우유에서 유지방분 이외의 성분을 제거한 생크림을 말하며, 우리나라에서는 유지방분 18% 이상인 것을 말한다. 15~18%인 것을 라이트 크림(Light Cream), 45% 전후인 것을 헤비 크림(Heavy Cream)이라고 한다.

(5) 기타 부재료

위에서 살펴본 것 외에도 계란, 꿀, 식초, 우스터스 소스(Worcester Shire Sauce), 타바스코 소스(Tabasco Sauce)등 여러 가지의 부재료가 사용되기 때문에 바에서 항상 준비를 해야 한다.

▲ 우스터스 소스

▲ 타바스코 소스

2. 얼음(Ice)

얼음의 종류는 매우 다양하며 용도에 따라 사용법도 각기 다르다. 또한 얼음은 투명도가 높고 단단한지를 확인하고, 용도에 맞게 크기와 형태, 개수를 조절하여 사용하는 것이 좋다.

(1) 블록 아이스(Block Ice)

1kg 이상의 얼음 덩어리로 대량의 칵테일을 만들 때 사용하거나 쪼개서 사용하는데 파티나 축제 때 대량으로 만들어 놓은 펀치나 컵을 오랜 시간 차갑게 하기 위해 사용한다.

(2) 럼프 아이스(Lump Ice)

블록 아이스 보다는 작은 덩어리로 직경 5인치 정도 크기의 덩어리 얼음으로 최근엔 둥글게 깎아서 사용하기도 하며, 록 아이스(Rock Ice) 라고도 한다. 보통 화채 같은 것을 오랫동안 차갑게 유지시키기 위해 사용한다.

(3) 크랙트 아이스(Cracked Ice)

블록 아이스나 럼프 아이스를 아이스 픽(Ice Pick)으로 거칠게 자르거나 부순 얼음을 말한다. 크기는 큐브드 아이스와 유사하나 아이스픽으로 깨서 모양이 일정하지가 않지만 모서

리가 없는 것이 좋은 얼음이다. 주로 쉐이킹, 스터어링 등의 기법에 사용한다.

(4) 큐브드 아이스(Cubed Ice)

제빙기를 통해 만들어지는 한 면이 약 3cm이며, 육면체 모양의 네모 반듯한 각 형태의 얼음이다. 일반적으로 칵테일 조주 시 가장 많이 이용되는 얼음의 형태이다. 롱 드링크나 주스, 콜라 등을 마실 때도 많이 이용한다.

(5) 크러쉬드 아이스(Crushed Ice)

크러쉬드 아이스는 '부수다', '으깨다'라는 뜻을 가지고 있다. 즉, 큐브드 아이스보다 작은 알맹이로 보통 콩알 크기형태의 으깬 얼음 또는 알갱이 형태로 잘게 부숴낸 얼음이다. 얼음을 타월, 비닐봉지 등에 싸서 망치로 두들겨 깨거나 기계를 이용해 부순 뒤 트로피칼 칵테일을 만들 때 사용한다.

(6) 쉐이브드 아이스(Shaved Ice)

대패로 밀어놓은 듯이 얇게 깎은 형태이거나 크러쉬드 아이스를 더 잘게 부숴놓은 듯 한 고운 얼음으로 가루 얼음이라고도 부른다. 셔벗, 프로즌, 프라페와 같은 스타일의 칵테일에 주로 사용되고 빙수용 얼음이 쉐이브드 아이스이다.

3. 부재료의 보관 기준

(1) 부재료의 보관 기준

① 부재료는 보관 기준에 따라 냉장, 냉동, 실온 보관한다.

② 부재료의 보관 시 냉장고 온도를 정기적으로 확인하여 보관상의 문제가 없는지 점검해야 한다.

③ 시럽류는 개미가 없는 곳에 실온보관하며 당 성분에 의하여 병 입구에 설탕 결

정이 생기지 않았는지 확인하고 늘 청결하게 유지해야 한다.

④ 허브와 스파이스류는 향내가 날아가거나 습기가 스며들지 않도록 밀봉하거나 냉장 · 냉동 보관해야 한다.

⑤ 과일은 냉장 보관하며 바나나 등 냉장 보관이 어려운 재료는 각 보관 기준에 맞추어 보관한다.

⑥ 유제품은 냉장 보관을 원칙으로 하며 개봉 후 유통기간이 남았더라도 변질되기 쉬우므로 며칠이 지난 것은 사용하지 않는다.

(2) 부재료의 준비

① 표준 레시피에 따라 필요한 부재료의 종류와 수량을 파악한다.

② 표준 레시피에 필요한 부재료를 손질한다.

③ 부재료 세척 시 잔여 이물질이 남지 않도록 깨끗하게 세척해야 한다.

④ 과일 등의 재료를 자르는 칼을 다룰 때에는 손이 베이지 않도록 주의해야 한다.

⑤ 세척이 필요한 과일 및 야채는 과일 세정제로 깨끗하게 세척한다.

⑥ 바나나는 냉장 보관하면 변색되므로 실온에 보관 한다.

⑦ 민트는 찬물에 담가 쿨링(Cooling)시킨 후 과일용 타월을 밑에 놓고 적당하게 물기를 제거하여 준비한 뒤 냉장 보관한다.

⑧ 부재료를 용도에 따라 적당한 크기로 손질하여 사용할 만큼 소분한다.

⑨ 소분한 부재료는 각 재료의 보관 기준에 따라 실온, 냉장, 냉동 보관한다.

⑩ 영업장 표준 레시피에 따라 과일 장식을 준비한다.

⑪ 얼음은 녹지 않도록 유의하며, 적당한 크기로 잘라 준비하고 냉동 보관한다.

⑫ 칵테일 장식으로 사용할 설탕이나 소금을 리밍(Rimming)할 수 있도록 글라스 림머(Rimmer)에 재료를 담아 글라스 장식을 준비한다.

⑬ 준비한 칵테일 장식이 마르지 않도록 가니쉬 케이스(Garnish Case)나 전용 용기 등에 넣어 냉장 보관한다.

⑭ 칵테일 장식은 적당한 양만큼만 준비하여 마르거나 변질되지 않도록 유의하고, 시간이 오래 걸리지 않는 장식은 주문과 함께 만든다.

1.4 영업장 점검하기

수행준거

1. 영업장의 청결을 점검할 수 있다.
2. 최적의 조명상태를 유지하기 위해 조명기구들을 점검할 수 있다.
3. 고정 설치물의 적합한 위치와 상태를 유지할 수 있도록 점검할 수 있다.
4. 영업장 테이블 및 의자의 상태를 점검할 수 있다.
5. 일일 메뉴의 특이사항과 재고를 점검할 수 있다.

1 영업장의 청결점검

1. 식음료 영업장의 청소 상태 점검

(1) 영업 준비

영업 준비는 식음료업장에서 고객에게 접객서비스를 하기 위하여 필요로 하는 모든 준비물(집기, 비품, 장비 및 소모품 등)을 사전에 점검을 충분히 확보하여 제자리에 비치하고, 위생 및 청결상태에서부터 영업장 및 환경의 정리정돈, 시설물 등을 완벽하게 재정비하여 서비스에 소홀함이 없도록 하기 위한 사전점검을 말한다.

▲ 직원의 업장 준비 모습

아무리 훌륭한 음식이 제공된다 하여도 청결치 못하고, 기물이나 양념 등이 제대로 제공되지 못하던가 하여 고객에게 불편을 끼친다면 음식의 질은 물론 전체적인 서비스의 가치는 떨어지게 된다. 따라서 종사원들은 영업에 차질이 없도록 일의 진행순서를 숙지하고 철저한 준비로 신속하게 수행해야 한다.

(2) 식음료 영업장의 청결관리 진행 순서

① 업무를 시작하기 전에 영업장내의 이상 유 · 무를 점검 · 확인하고 업무량을 파악한다.

② 청소는 위에서부터 시작하여 아래쪽으로, 입구로부터 안쪽으로 하는 것이 원칙이다.

③ 서비스 웨어(Service Ware ; Silver Ware, China Ware, Glass Ware 등) 세척 및 비품, 소모품 등의 모든 준비물을 확보하여 작업을 원활히 한다.

④ Table Setting은 식당의 특성과 구조, 메뉴 및 서비스형식과 방식에 따라 자체적으로 정해진 기본원칙에 따라 한다.

⑤ Center Piece의 제반물건들을 점검하여 교체할 것은 교체하고, 채울 것은 채워서 보기 좋게 테이블중앙에 배치한다.

⑥ Service Station : Side Board, Side Table의 준비물의 정리정돈과 보충 및 서비스 장비, 시설물 등의 작동여부를 확인 · 점검하여 접객서비스에 불편함이 없도록 한다.

⑦ 전반적인 준비상태의 완료여부를 확인하고, 미비된 사항은 보완 · 보충하여 영업개시 전까지 완벽한 상태를 유지한다.

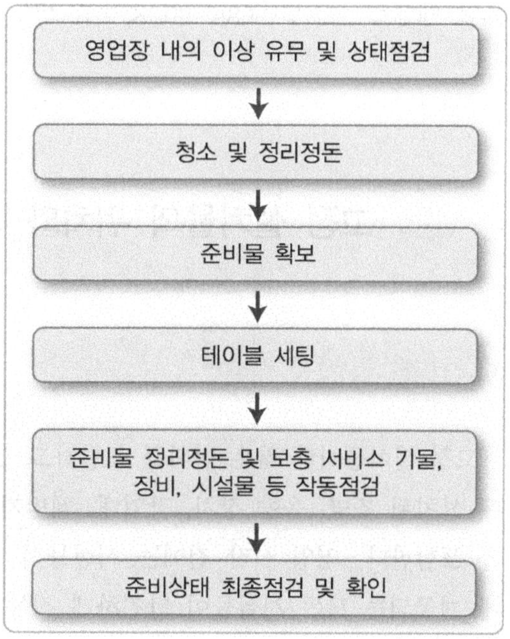

▶ 영업장의 청결 관리 순서

2 조명기구 점검

조명(照明)은 각종 광원을 이용하고, 어떠한 목적을 가지고 특정의 장소를 밝게 하는 행위나 기능이다. 조명은 야간이나 어두운 곳에서 환경을 밝게 하기 위해 많이 이용된다. 대표적인 조명기구로는 등잔이나 횃불 같은 전통 조명기구와 백열등, 형광등, 할로겐과 같은 조명기구가 있다.

조명 중 실내 조명은 밝기가 충분하고 일정해야 시력을 보호할 수 있고 눈의 피로도 줄일 수 있다. 좋은 조명은 눈이 부시지 않아야 하고, 적당한 음영이 있어야 하며, 기분 좋은 색이어야 한다. 방의 기능에 따라 적당한 밝기가 다르므로 목적에 알맞은 조명 기구를 선택해야 한다. 식음료 영업장의 조명은 음식이 맛있게 보이는 것으로 해야 하며, 쉬는 장소에는 적당히 어두운 조명이 필요하다.

특히나 식음료 영업장에서는 조명기구들의 다양한 명암을 통해 고급스럽고 안락한 분위기를 연출하기 때문에 조명은 부드럽고 균일하게 분포해야 하며, 조명방법으로는 자연 광선, 인공 광선이 있으며, 또는 이 두 가지 방법을 병용하는 경우도 있다.

조명도는 작업 수요의 적응과 고객들이 메뉴를 보는데 적당해야 하며, 고객이나 종사원에게 피로감을 느끼지 않게 하여야 한다. 또한, 항상 빛이 흐리거나 켜지지 않는 조명이 있는지 확인 후 문제가 있는 조명은 즉시 교체하도록 한다. 교체가 필요하거나 보수가 필요할 때에는 시설팀(Engineering dept.)에 의뢰하여 교체한다.

3 고정 설치물의 위치와 상태점검

1. 고정 설치물

고정 설치물이란 많은 범위를 포함하고 있지만 특히 식음료 영업장의 시설물에는 영업장에 설치된 조명, 음향 장치, 작업대, 제빙기, 냉장고, 가구, 액자, 장식품 등의 고정 설치물을 포함한다. 영업 시작 전에는 시설물의 상태에 따라 수리에 주의를 기울이고, 고객들에게 제공되는 모든 시설물이 안전하게 작동되는 것을 보장하여, 고객들이 시설물을 안전하고 편리하게 이용할 수 있게 해야 한다. 그러기 위해서는 각종 시설물의 점검이 필요하다. 이러한 시설물의 점검은 시설물의 배치와 설치 현황을 파악 · 운영하고, 예방 점검을 강화하며 유지 · 보수 등을 목적으로 한다.

시설물 점검표에 따라 업장의 조명, 음향 장치 및 BGM(음향), 전화, 제빙기, 커피 머신, 냉장고, 가구, 환풍기, POS(판매 시점 관리 시스템) 등 시설물의 고장, 파손 및 작동상태 이상 여부를 확인할 수 있다. 만약 시설의 문제점이 발견 되었다면 발견 즉시 신속하게 문제점을 해결하고, 이를 위해 조치할 수 있는 행동요령을 숙지한다.

(1) 컴퓨터 시스템

① 컴퓨터 시스템은 식음료 주문에 의한 정확하고 신속하며 원활한 서비스를 위한 것이다.
② 영수증 처리가 가능하게 컴퓨터 시스템을 작동시킨다.
③ 컴퓨터 시스템 주변에 자신의 소지품을 비롯해서 불필요한 물품은 전부 치우도록 한다.
④ 컴퓨터 시스템의 위치는 혼잡하지 않은 곳에 있어야 한다.

(2) 냉장고

① 냉장고와 냉동고는 벽과의 거리를 항상 5~10cm로 유지한다.
② 냉장고의 냉장온도는 적정온도인 2~3°C를 유지한다.
③ 냉동고의 냉동온도는 적정온도인 -15~-18°C를 유지한다.
④ 항상 냉장고와 냉동고 안의 성에 제거 등 청결하고 깨끗하게 유지한다.
⑤ 식자재가 부패되지 않고 위생적으로 제대로 보관되어 있는지 냉장고를 점검하고 확인한다.
⑥ 음료가 최적의 상태를 유지하고 있는지 냉장고를 점검하고 확인한다.

(3) 제빙기(Ice Machine)

① 식음료 영업장에는 얼음물과 청량음료, 아이스 티 등 다양한 주류를 위한 얼음을 제작할 수 있는 제빙기가 적어도 한대 이상 구비되어야 한다.
② 제빙기를 점검하여 청결하고 고장 유 · 무 및 제대로 작동하고 있는지도 확인한다.
③ 얼음의 상태가 고객에게 서비스하기에 적절한지 점검하고 확인한다.

(4) 커피머신

① 고객에게 제공되는 커피와 다양한 차를 따뜻하게 제공하기 위한 기구이다.

② 커피머신 주위를 항상 깨끗이 청소하고, 머신이 제대로 작동하는지 점검하고 확인한다.

③ 커피머신을 작동시키고 고객에게 서비스하기에 적절한 온도(60~70℃)에 맞춰 놓는다.

④ 커피머신은 하루에 한 번씩 청소하고, 청소 시 전용세제와 전용도구를 이용해 세척한다.

⑤ 커피머신은 고객의 동선이나 직원들의 서비스 동선에 방해되지 않는 곳에 위치해야 한다.

(5) BGM(Background Music ; 음향) 기구

① 음향의 볼륨은 적당해야 하고 소음으로 느낄 수 있게 해서는 안 된다.

② 매력 있는 음향을 창출해야 하는 만큼 고객이 불쾌함을 느낄 수 있을 만한 음향이라면 볼륨을 줄이는 것이 좋다.

③ 음향기구의 고장 유 · 무 및 제대로 작동하고 있는지 확인 · 점검한다.

④ 음향 기구는 고객의 동선이나 직원들의 서비스 동선에 방해되지 않는 곳에 위치해야 한다.

(6) 소화기

① 소화기의 작동과 사용법을 정확히 알고 숙지한다.

② 소화기가 제로 작동되는지 점검하고 확인한다.

③ 소화기의 유효기간을 확인한다.

④ 소화기를 소방법에 따라 정해진 곳에 비치한다.

(7) 기타 시설물 및 주변상태

① **가스** : 가스의 밸브상태와 누출되는 부분이 있는지 확인한다.

② **연결문** : 문의 작동이 올바르게 되는지 확인하고, 비상구는 잘 표시되어 있는지 등을 확인하며, 깨끗이 유지한다.

③ 주변에 위험한 물건은 치우거나 손에 닿지 않는 곳에 보관한다.

④ 버려진 물건이나 쓰레기가 있는지 확인하여 버려진 물건은 주인을 찾아주고, 쓰레기는 분리수거하여 깨끗하게 처리한다.

2. 시설물 점검표(Facility Checklist)

시설물 점검표란 특정 시설물의 관리를 위한 점검 항목 및 점검 결과 등을 기재한 표 형식의 문서를 말하며, 시설물의 문제점을 파악하여 이에 신속히 조처하는 데 작성 목적이 있다.

점검 항목으로는 점검일자, 위치, 시설물, 점검내용, 점검결과, 양호, 불량, 불량내용, 담당자 확인 등으로 구성 되어있고, 시설물 점검을 맡은 담당자는 각 점검 항목에 따라 시설물을 점검하고, 그 결과를 빠짐없이 기록해야 한다.

시설물 점검표 작성 시에는 각 시설물 점검 내용에 따른 점검 결과를 비롯하여 검정시설에 문제가 있는 경우에는 불량을 표기 하거나 시정 또는 미비 사항 등을 정확하게 표시해야 하고, 해당 시설물을 교체하거나 수리하여 신속하게 문제를 해결한다. 작성을 마친 후에는 담당자의 확인 서명을 꼭 기재하도록 한다.

정기적으로 점검 및 시설점검표를 작성하면 어떤 시설에 어떤 문제가 발생하고, 반복적으로 동일한 문제 발생 등을 알 수 있어 효과적인 시설물 관리가 이루어 질 수 있다.

▼ 시설물 점검표

NO.	점검일자	위 치	시설물	점검내용	점검결과		불량내용	담당자확인
					양호	불량		

4 테이블과 의자의 상태

1. 테이블과 의자

테이블과 의자는 식음료 영업장의 분위기와 종류에 따라 테이블과 의자의 선택이 중요하다. 또한 테이블과 의자는 영업장에서 중요한 비품으로, 고객이 식사를 하거나 대화를 할 때, 편안하고 즐거운 시간을 보낼 때 이용된다. 그렇기에 식음료 영업장의 이미지와 질적 수준 및 고객의 기대를 염두에 두고 테이블과 의자를 배치하여야 하며, 테이블과 의자의 균형을 맞출 때 중요한 고려요소로는 고객들이 편안하고 안락함을 느낄 수 있도록 배치하는 것이다.

2. 테이블과 의자의 관리

(1) 식탁(Table)

테이블의 재료는 나무, 금속제, 마블(Marble), 나무와 금속제 등 이중 재료를 사용하는 등 여러 종류가 사용되고 있지만, 대부분 나무로 된 테이블을 많이 사용하고 있다. 나무 중에 가장 좋은 품질의 테이블은 단풍나무를 사용한 것이다. 테이블은 가능한 가볍고 청소하기 편리한 것이라야 하며, 식사하기에 아무 불편이 없어야 한다. 국제규격의 식탁의 높이는 72~75cm가 표준이다. 테이블의 종류와 규격은 다음과 같다.

테이블의 종류	구 분	규 격(cm)		
		가로	세로	높이
정사각형(Square)	2 인용	62~90	80~90	72~75
	4 인용	85~90	85~90	72~75
직사각형(Rectangular)	4 인용	150	90	72~75
	6 인용	150	90	72~75
원탁형(Round)	2 인용	지름	80~90	72~75
	4 인용	지름	80~90	72~75

① 테이블의 성격과 용도, 분위기 등에 맞게 먼저 배치한다.

② 수평을 유지하고 흔들리지 않도록 고정시킨다.

③ 테이블 밑에 까는 언더 클로스(Under Cloth)는 주름이 생기지 않도록 평평하게

고정시켜 깐다.

④ 테이블 크로스(Table Cloth)가 한쪽으로 치우치지 않도록 평평하게 깐 다음 전체 적인 균형을 확인한다.

⑤ 테이블 다리나 받침에 먼지와 더러움을 제거하고, 철재 제품인 경우 녹이 슬지 않았는지 확인한다.

⑥ 테이블 위에 남아있는 이물질 또는 음식찌꺼기 때문에 테이블 크로스가 불룩 튀어나오지 않았는지 재확인한다.

⑦ 한 커버(Cover)당 약 70~80cm정도의 사이를 유지하여야 한다.

⑧ 테이블 밑으로 늘어진 클로스의 길이는 40cm가 적당하며, 의자와는 수직이 되도록 한다.

⑨ 테이블과 테이블을 연결했을 때 수평이 맞는가, 이음새가 벌어지지 않았는지 확인한다.

⑩ 고객의 활동과 서비스하는데 불편함이 없도록 배치한다.

▲ 테이블과 의자의 잘 정돈된 모습

(2) 의자(Chair)

대부분 식당에서 테이블은 주의 깊게 관리하면서도 의자는 신경을 덜 쓰는 경우가 많다. 의자도 테이블과 똑같이 취급하여 식사하는데 불편하지 않도록 주의 깊게 신경을 써야 한다. 의자의 높이는 42~45cm로서 앉는 부분의 넓이는 50×50cm가 적당하고 테이블 세팅 시에는 클로스의 늘어진 끝이 의자 높이와 수직을 이루도록 한다.

① 먼저 의자 전체의 먼지를 제거한다.

② 의자 쿠션(Cushion)의 상태와 오물 등이 떨어져 있나 확인하여 쓸어낸다.

③ 흔들림이나 소리가 나는가를 확인하여 교체한다.

④ 다리의 먼지나 오물 등을 확인하여 세척한다.

⑤ 등받이의 쿠션상태를 확인하고, 뒤쪽까지 깨끗이 걸레질한다.

⑥ 이상이 없는 의자는 세팅의 중심에 맞추어 질서 있게 배치해 놓는다.

5 일일메뉴의 특이사항과 메뉴점검

1. 메뉴확인

(1) 정식메뉴(Table d'hôte Menu)

오늘날 숙박기능을 하는 여인숙이나 여관에서 유래된 것으로 숙박자의 편의도모와 여인숙인 여관의 영업적인 면이 고려되어 숙박에 식사를 곁들여 제공하는 Full Pension(Full Board)에서 유래되었다고 볼 수 있다.

정식 메뉴는 아침, 점심, 저녁, 연회 등 모든 식사에 사용할 수 있으며, 미각, 영양, 분량의 균형을 참작하여 전채요리에서부터 디저트까지 식사 전 코스를 묶어 구성된 한 끼분의 식사로 고객의 선택이 용이하다는 장점이 있다. 또한 주기적으로 새로운 메뉴를 작성하여 고객의 욕구와 호기심을 충족시켜 주어야만 한다.

(2) 일품요리 메뉴(à la carte Menu)

이 메뉴의 구성은 정식 메뉴의 순으로 되어 있으며, 각 코스별로 여러 가지 종류를 표기해 놓고 고객이 원하는 요리만을 자유롭게 선택하는 메뉴로서, 메뉴에 표기되어 있는 아이템(Item) 하나하나에 가격이 정해져 있어 고객이 선택한 요리만으로 가격을 지불하면 된다. 이 메뉴는 한 번 작성되면 장기간 사용하게 되므로 요리준비나 재료구입 업무에 있어서는 단순화되어 능률적이라 할 수 있으나, 원가상승에 의해 이익이 줄어들 수 있고, 자주 이용하는 고객에게는 신선한 매력이나 맛을 느낄 수 없게 될 수도 있기 때문에 고객들의 욕구나 호응도를 감안하여 새로운 메뉴 계획을 꾸준히 시도해야 한다.

(3) 특별메뉴(Daily Special Menu)

특별메뉴는 기념일 또는 명절 같은 특별한 날이나 계절에 따라 그에 어울리는 산뜻하고 입맛을 돋우게 하는 요리들로 구성된 메뉴로서 특별 메뉴는 원칙적으로 매일 시장에서 특별한 재료를 구입하여 주방장의 전문적이고 독창적인 조리기술에 의해 조리되어 제공되는 메뉴이다.

2. 일일메뉴의 특이사항과 재고 점검하기

(1) 그 날의 특별 메뉴나 세트 메뉴의 유 · 무를 확인한다.

(2) 깨끗한 메뉴 리스트를 확인하고 준비한다.

(3) 오염되거나 파손된 메뉴 리스트는 폐기하고 새로운 메뉴 리스트로 교체한다.

(4) 음료 메뉴 리스트를 확인하고 당일의 추천음료를 직원들과 공유하며 교육 · 숙지한다.

(5) 당일 고객의 기념일이나 VIP 메뉴를 확인하고 정확히 숙지한다.

(6) 10명 이상 단체고객의 유 · 무를 확인하고 주방과 협의하여 준비 · 점검한다.

(7) 예약 시간별로 고객의 메뉴를 정리하여 주방직원과 협의하고 준비한다.

(8) 예약상황을 확인하고 고객에게 미리 연락하여 확인한다.

(9) 유제품과 같은 유통기한이 짧은 물품의 재고를 확인하고 점검한다.

(10) 식자재의 재고량을 확인하고 점검한다.

(11) 고객의 메뉴 선택을 돕고 매출증대를 위해 노력한다.

연습문제

01. 다음 내용이 설명하는 것은?

> 고객이 식사할 때 필요한 모든 기물과 비품을 말하고 식음료 영업장의 분위기와 이미지를 표현하고 있으며, 식음료 영업장의 종류에 따라 완전히 달라 질 수 있다. 특히 특급호텔에서는 최고급 품질의 고가 기물을 많이 사용하므로 세심한 주의 및 관리가 필요하다.

① 트레이 ② 세팅물품
③ 카트 ④ 바 트롤리

02. 다음 중 은기물류(Silver Ware)들 중 해당되지 않는 것은?

① Ice/Coffee Spoon
② Demitasse Spoon
③ Serving Spoon
④ Plate Spoon

03. 세팅물품의 종류로 사용되지 않는 것은?

① 스푼(Spoon) ② 나이프(Knife)
③ 포크(Fork) ④ 젓가락(Chopsticks)

04. 다음 밑줄 친 곳에 들어갈 내용으로 알맞은 것은?

> 글라스류(Glass Ware)는 크게 두 가지로 나눌 수 있는데, 그 하나는 일반 물 컵과 같이 원통 모양으로 되어 있는 ________________와 또 하나는 와인글라스와 같이 굽이 달린 ________________가 있다.

① 실린드리컬 글라스, 스템드 글라스
② 칼린스 글라스, 쉐리 글라스
③ 하이볼 글라스, 필스너 글라스
④ 실린드리컬 글라스, 샴페인 소서 글라스

05. 식음료업장에서 쓰이는 테이블 중에 나무로 된 품질로 가장 좋은 것은?

① 잎갈나무 ② 단풍나무
③ 분비나무 ④ 전나무

06. 대부분 식음료업장에서 쓰이는 의자의 높이와 앉는 부분의 넓이가 적당한 것은?

① 의자의 높이 : 22~25cm, 넓이 : 30×30cm
② 의자의 높이 : 32~35cm, 넓이 : 40×40cm
③ 의자의 높이 : 42~45cm, 넓이 : 50×50cm
④ 의자의 높이 : 52~55cm, 넓이 : 60×60cm

07. 다음 중 식음료 업장에서 의자를 관리하는 방법 중 잘못된 것은?

① 의자 쿠션(Cushion)의 상태와 오물 등이 떨어져 있나 확인하여 쓸어낸다.
② 등받이의 쿠션상태를 확인하고, 뒤쪽까지 깨끗하게 걸레질한다.
③ 다리의 먼지나 오물 등을 확인하여 세척한다.
④ 흔들림이나 소리가 나는가를 확인하여 수리한다.

08. 다음 내용이 설명하는 것은?

아마(亞麻) 실로 짠 직물을 일컫지만 호텔 식음료 영업장에서는 면류나 화학직류로 만든 타월, 냅킨, 시트담요, 유니폼, 커튼 등을 말한다. 식음료 영업장에서 사용되는 이것은 물세탁할 수 있는 직물이어야 하며, 비교적 고가품이므로 훼손이 되거나 손실되지 않도록 조심해서 취급하여야 하고, 항상 깨끗하게 세탁하여 사용하여야 한다.

① 서비스타월 ② 린넨
③ 글라스타월 ④ 냅킨

09. 다음 중 탑 클로스에 대한 설명으로 알맞는 것은?

① 식당기물이나 집기류 등을 닦을 때 사용하는 것으로 색상이나 모양을 달리하여 사용하기 편리하고 구분하기 쉽게 만든 클로스이다.
② 서비스요원이 근무할 때나 갈비구이 등 즉석요리를 제공하거나 어린이용 냅킨으로 사용된다. 모양과 색상, 크기는 식당에 따라 달리 만들어 사용한다.
③ 식탁의 청결함을 나타내기 위하여 일반적으로 흰색의 클로스가 주종을 이루고 있지만, 최근에는 색과 무늬가 들어있는 다양한 종류의 클로스를 레스토랑의 분위기와 컨셉(Concept)에 맞추어 선택 사용하고 있다.

④ 클로스가 쉽게 더러워지는 것을 예방하고 클로스의 수명연장과 식탁의 품위와 분위기를 화려하게 장식하기 위해 사용한다.

10. 식음료 업장에서 사용되는 냅킨에 대하여 잘못된 것은?

① 테이블 세팅의 마지막 단계의 장식으로서 고객이 식사 중 입이나 손을 닦거나 음식을 흘려 옷이 더러워지는 것을 방지하기 위함이다.

② 다양하게 모양을 내어 접어서 Service Plate 아래 또는 의자 밑에 세워놓는다.

③ 모양을 내지 않고 납작하게 접은 냅킨은 Fork 왼쪽이나 중앙에 눕혀 놓는다.

④ 밝은 색을 주로 사용하나 식당의 분위기와 테이블 클로스의 색상에 잘 어울리는 색상으로 만들어 사용된다.

11. 다음 아래 사진에서 냅킨 접는 방법에 대하여 알맞은 것은?

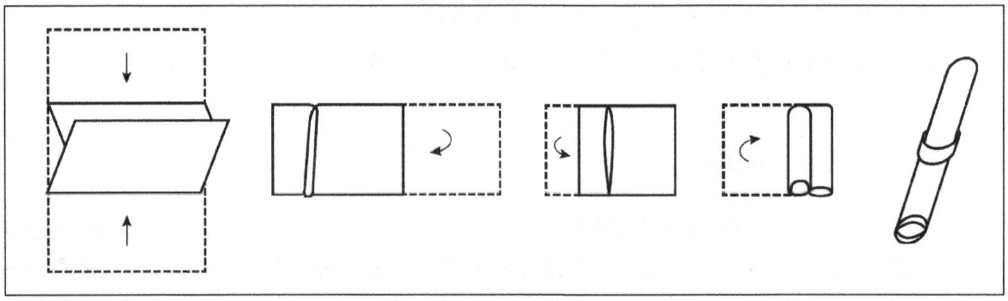

① 평면 사각형 접기　　② 원통형 접기

③ 주머니형 접기　　④ 촛대 형 접기

12. 은기류(Silver Ware)의 취급방법으로 알맞는 것은?

① 사용된 기물은 지정된 개수통에 모으며, 부딪쳐서 찌그러지거나 흠이 생길 우려가 많으므로 절대로 던지거나 한꺼번에 쏟아 넣어서는 안 된다.

② 실버웨어의 종류와 스테인리스 종류는 한 곳에 정리하여 기물의 손상을 방지한다.

③ 여러 종류의 기물을 한꺼번에 닦을 때에는 반드시 스푼(Spoon)부터 닦는 것이 용이하며, 변색된 기물은 발수제로 깨끗하게 광을 내어 사용한다.

④ 모인 기물은 세척기(Dish Washer)에서 차가운 물로 세척액을 사용하여 충분히 씻어낸다.

13. 글라스류(Glass Ware)의 취급방법 중에 한꺼번에 많은 양의 글라스를 운반할 때 쓰이는 기물 이름은?

① Tray　　② Glass Stem
③ Wash Cloth　　④ Glass Rack

14. 테이블 세팅의 기본수칙에 대한 설명으로 잘못된 것은?

① 쇼 플레이트와 은기물류는 식탁 가장자리로부터 2cm 정도의 간격을 두고 놓는다.
② 디너 나이프(Dinner Knife)는 칼날이 안쪽으로 향하게 한다.
③ 와인잔(Wine Glass)은 물잔의 왼쪽 아래쪽으로 45° 대각선상에 놓는다.
④ 빵 접시(Bread Plate)의 중앙선과 쇼 플레이트의 중앙선이 일치 하도록 배열한다.

15. 다음 내용이 설명하는 것은?

> 식탁의 중앙에 놓는 집기를 말한다. 즉, 식탁을 돋보이게 하기 위해 놓는 꽃병과 소금, 후추병, 촛대 등이 있으며 뷔페 테이블의 중앙에 장식물로 놓이는 생선요리, 케이크, 과일용 바스켓, 얼음 조각 등도 이에 속한다.

① 테이블 클로스　　② 도일리
③ 에이프런　　④ 센터피스

16. 예약접수의 유의사항으로 잘못된 것은?

① 예약에 필요한 사항을 표로 만들어 일목요연하게 기록해야 한다.
② 접수 시, 예약 정보 기재의 누락이나 착오 등에 의해 고객이 불편을 겪거나 식음료 영업장의 명예가 실추되지 않도록 주의한다.
③ 고객이 예약하고자 하는 시간에 빈 테이블이 없으면 예약을 받지 않는다.
④ 예약된 예정시간으로부터 30분 이상 지연되면 반드시 고객과 연락하여 고객의 상황과 예약 유 · 무를 확인한다.

17. 다음 중 밑줄 친 곳에 들어갈 내용으로 알맞은 것은?

> 식음료 영업장의 ________이란 일반적으로 소모되지 않는 성질의 물품으로써, 소모품보다 용도상의 중요성이 더 크고, 가격이 더 비싸며, 교체시기를 예측할 수 있는 물품을 지칭한다. 또한 ________을 경쟁________이라고 하기도 하며, 비교적 장기간 사용할 수 있는 물품 또는 소모품이라고 하더라도 표본이나 진열품으로 보관되는 물품을 ________이라고 할 수 있다.

① 비매품　　② 비품
③ 진열품　　④ 증정품

18. 서비스 스테이션(Service Station)에 필요한 준비물 중 Table Ware에 해당 되지 않은 것은?

① Fish Knife & Fork / Sugar Ladle

② Dessert Spoon & Fork / Serving Spoon

③ Ice Cream Spoon / Serving Fork

④ Rice Spoon & Chopsticks / Soup Bowl

19. 고객의 요리를 운반 또는 서브를 할 때 사용하는 이동운반차는?

① 서비스 왜건

② 플람베 카트

③ 디저트 트롤리

④ 디쉬 워머

20. 플람베 카트(Flambee Cart)에 대한 설명으로 알맞은 것은?

① 보관이 용이하도록 냉장설비가 되어 있으며, 여러 가지 후식을 진열하여 고객이 잘 볼 수 있도록 한 전시용 수레이다.

② 여러 종류의 Brandy 및 Liqueur를 진열하여 고객이 선택해서 드실 수 있도록 만들어진 고급식당에서 사용하는 수레이다.

③ 각종의 주류 진열과 주조에 필요한 얼음, 글라스, 부재료를 비치하여 바로 서브할 수 있도록 만든 이동식 수레이다.

④ 고객 앞에서 종사원이 직접 조리하여 요리를 서브하는 알코올 또는 가스버너를 갖춘 카트이다.

21. 비품과 소모품의 취급방법으로 잘못된 것은?

① 능률적인 업무 수행과 일관성 있는 서비스 자세를 갖추도록 해야 한다.

② 직원들은 비품 취급 요령을 정확히 숙지한다.

③ 비품의 상태와 수량 등을 비품대장, 비품카드, 비품수량 체크리스트 등과 같은 서류는 전자 문서화시켜 관리하여야 한다.

④ 비품과 구매 시, 철저한 계획 하에 구매부 · 재무부와 논의한 후 구매방법과 비용 처리 방법에 대해 결정한 후 장식 물품 구매를 진행한다.

22. 다음 중 밑줄 친 곳에 들어갈 내용으로 알맞은 것은?

______는 접객서비스 시에 가장 필요로 하는 비품중의 하나이며, 또한 종사원들은 취급요령을 숙지하여 능률적인 업무수행과 통일된 자세를 갖추도록 해야 한다.

① 트레이(Tray)
② 카트(Cart)
③ 메뉴판(Menu)
④ 글라스(Glass)

23. 다음 내용이 설명하는 것은?

경제적 가치를 지닌 모든 것의 정체 또는 저장을 가리킨다. 이것을 보유하는 이유는 경제적 발주기능, 불확실성 대처기능, 생산평준화기능 등 중요한 기능을 감당하기 때문이다.

① 재고관리
② 매출관리
③ 매입관리
④ 자재관리

24. 다음 중 분리수거를 하는 방법으로 기타 캔류(부탄가스, 살충제용기)를 분리 배출하는 방법으로 알맞은 것은?

① 내용물을 비우고 가급적 물로 헹군 후 반드시 일반폐지와 혼합되지 않게 배출한다.
② 구멍을 뚫어 내용물을 비운 후 배출한다.
③ 내용물을 깨끗이 비우고 다른 재질로 된 뚜껑이나 부착상표 등을 제거한 후 가능한 압착하여 배출한다.
④ 폐건전지 수거함에 동일하게 분리수거하여 배출한다.

25. 우유의 구입요령으로 잘못된 것은?

① 흰백색을 띄어야 한다.
② 냄새가 없는 것이 좋다.
③ 시중에 구입하며 유통기한을 확인한다.
④ −1∼5℃ 이하의 온도로 보관된 우유가 가장 신선하다.

26. 수입 식품의 유통기한을 영문 표시의 약자로 의미가 다른 것은?

① PRO(P), PROD, PRD = Product(제품)
② MFG, M = Manufacture(제조)
③ EXP(E) = Expire(갱신일)

④ CONSUME BEFORE ○○(○○일 이전에 섭취하시오.)

27. 다음 내용이 설명하는 것은?

가장 오래된 재고 물품이 가장 먼저 조리장소로 출고하며, 모든 제품에 검수날짜를 기록하여 생산에 사용된 품목과 저장고에 있는 품목을 비교할 수 있어야 한다.

① 선입선출　　② 선출선입
③ 후입선출　　④ 선입후입

28. 다음 중 고정 설치물에 해당하는 컴퓨터시스템의 상태점검 방법으로 잘못된 것은?

① 컴퓨터 시스템은 식음료 주문에 정확하고 신속하며 원활한 서비스를 위한 것이다.
② 영수증 처리가 가능하게 컴퓨터 시스템을 작동시킨다.
③ 컴퓨터 시스템 주변에 자신의 소지품을 비롯해서 불필요한 물품은 전부 치우도록 한다.
④ 컴퓨터 시스템의 위치는 혼잡한 곳에 있어야 한다.

29. 일일메뉴의 특이사항과 재고 점검하기 중 알맞은 것은?

① 예약상황을 확인하여 고객이 방문할 때까지 기다린다.
② 유제품과 같은 유통기한이 짧은 물품의 재고는 나중에 점검한다.
③ 오염되거나 파손된 메뉴리스트는 재수정하여 기존 리스트에 포함시킨다.
④ 10명 이상 단체고객의 유무를 확인하고 주방과 협의하여 준비 · 점검한다.

30. 다음 식음료 비품 중 주된 목적이 물건의 이동과 쇼윙이 아닌 조리와 쇼윙이 목적인 것은 무엇인가?

① 서비스 웨건(Service Wagan)
② 바 트롤리(Bar Trolley)
③ 플람베 카트(Flambee Cart)
④ 디저트 트롤리(Dessert Trolley)

31. 다음 중 서비스 트레이의 형태별 종류들 중 일반적이지 않은 것은 무엇인가?

① 타원형(Oval)　　② 둥근형(Round)
③ 사각형(Square)　　④ 마름모형(Diamond)

32. 다음 중 칵테일의 서비스 형태에 따른 분류로 옳지 않은 것은?

① 슈터(Shooter) ② 온더락스(On the Rocks)
③ 프로즌(Frozen) ④ 트로피칼(Tropical)

33. 다음 중 칵테일의 맛에 따른 분류로 옳지 않은 것은?

① 드라이 칵테일 ② 스위트 칵테일
③ 라이트 칵테일 ④ 스위트 앤 사워 칵테일

34. 다음 중 칵테일을 만드는데 일반적으로 사용되지 않는 시럽은?

① 다크 시럽 ② 그레나덴 시럽
③ 라즈베리 시럽 ④ 검 시럽

35. 다음 중 칵테일을 만드는데 일반적으로 사용되지 않는 얼음의 형태는?

① 크러쉬드 아이스 ② 쉐이브드 아이스
③ 큐브드 아이스 ④ 드라이 아이스

36. 다음 중 칵테일의 가니쉬가 아닌 것은?

① 올리브 ② 레몬 슬라이스
③ 클로브 ④ 스트로우

37. 다음 중 영업장 점검의 대상으로 옳은 설치물이 아닌 것은?

① 냉장고 ② 출입문
③ 제빙기 ④ 커피머신

정답

1	2	3	4	5	6	7	8	9	10	11	12	13	14	15
②	④	④	①	②	③	④	②	④	②	②	①	④	③	④
16	17	18	19	20	21	22	23	24	25	26	27	28	29	30
③	②	④	①	④	③	①	①	④	④	③	①	④	④	③
31	32	33	34	35	36	37								
④	②	③	①	④	④	②								

Chapter 02

식음료 영업장 예약관리

식음료 영업장 예약 관리는 고객의 예약을 받고 적절한 메뉴를 추천하며 확인하는 능력이다.

2.1 예약받기

수행준거

1. 통신 예약 시 예약절차에 따라 예약을 처리할 수 있다.
2. 방문 예약 시 고객의 요구사항에 대해 응대하고 예약을 받을 수 있다
3. 예약 사항을 예약 장부에 정확히 기록할 수 있다.
4. 예약일을 앞두고 적절한 시기에 고객과 다시 연락하여 최종 확정을 할 수 있다.

1 통신 예약 시 예약절차

1. 예약

교통, 통신 및 정보의 발달로 현대사회가 점점 복잡해지고, 정확한 시간 계획에 의하여 행동하는 현대인에게 모든 면에서 예약의 의미는 상당한 몫을 차지한다고 할 수 있다. 그 중에서도 고객을 접대하거나 사업상 또는 인간관계를 나눔에 있어서 생활의 커다란 한 부분을 차지한다고 할 수 있는 식당의 이용에 있어서 예약의 의미는 더욱 중요하다고 할 수 있다. 좌석을 사전 예약함으로써 고객은 시간, 계획 등을 차질 없이 즐길 수 있는 여유를 가지며, 서비스 담당자는 예약 고객에 대한 사전 준비를 철저히 함으로써 최상의 서비스를 제공할 수 있다.

예약은 고객이 계획하고 있는 행사를 차질 없이 진행하기 위한 약속과 같은 것이다. 식음료업장은 생산과 소비의 동시성을 가지고 있으며 호텔의 객실예약과는 달리 메뉴에 의한 많은 기물을 보관할 공간과 식자재에 대한 재고 발생과 보관의 어려움을 가지고 있다. 그러므로 식음료 업장이 예약을 통하여 예약 고객에 대한 사전 준비를 할 수 있게 됨으로써 양질의 서비스를 제공할 수 있다. 그래서 예약 담당자는 고객의 모든 요구사항을 정확히 접수하여 철저한 사전준비와 효율적인 서비스로 고객에게 만족을 주도록 최선을 다해야 한다. 현재의 예약 상황에 대하여 잘 파악하고 있어야 하며, 고객으로부터 예약이행 여부에

관한 최종 점검 및 확인 업무를 철저하게 수행하여 예약의 취소를 최소화하거나 노쇼(No-Show) 고객 발생을 최소화하여 좌석 회전율을 극대화시켜야 한다.

2. 전화응대

전화 응대란 전화기를 통해 고객과 의사소통하며 예약사항에 응대하는 것이다. 먼저, 전화란 현대에서 굉장히 편리한 것으로 언제, 어디에서든지 곧장 상대방과 연결될 수 있다. 하지만 음성에 의존하기에 상대방이 잘못 들음으로 인해서 사고가 발생할 수 있다. 이런 전화의 특성으로, 고객과 직접 대면하지 않고 목소리와 언어만으로 대화가 이루어지는 전화응대에서도 고객과 커뮤니케이션의 오해와 실수가 생겨 영업장의 이미지가 부정적으로 정해질 수 있다. 예를 들면 아무리 바쁜 일을 하다가 전화를 받았다고 해도 전화를 통해서는 상대방에게 그 바쁜 상황이 보이지 않기 때문에 전화선의 음성을 통해 바쁜 감정이 상대에게 왜곡되어 전해져 오해를 불러일으킬 수 있다.

즉, 전화응대는 얼굴을 대면하는 직접응대가 아닌 음성의 방문인 간접응대라는 점에서 조금 더 주의를 기울여야 하며, 평소 정확하고 신속하게 답할 수 있도록 식음료 서비스에 대해 다양하고 넓은 지식을 습득하고, 친절하고 세련된 말투와 매너로 고객에게 좋은 이미지를 심어줄 수 있어야 한다.

(1) 전화응대의 특징

① 얼굴 없는 만남이다.
② 음성으로 나의 상태가 상대에게 전달된다.
③ 예고 없이 찾아오는 방문객이다.
④ 고객접점의 제1선이며, 식음료 영업장의 이미지이다.

(2) 전화 예약 서비스의 절차

① 전화 응대 지침을 준수하고 밝고 정중한 목소리로 응대한다.
② 고객의 요청에 따라 예약사항을 기록한다.
③ 고객의 예약사항을 재확인한다.
④ 예약에 대한 감사인사를 드린다.

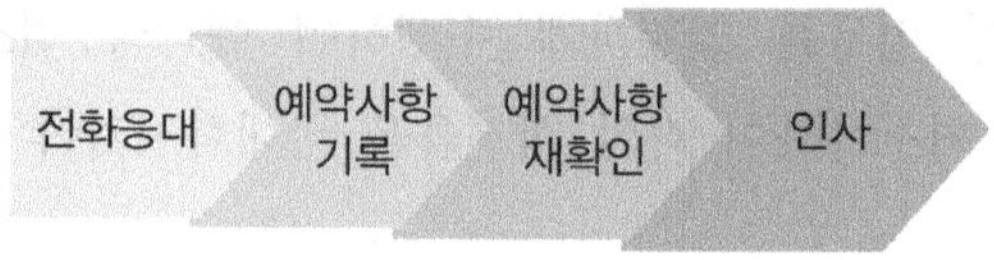

▲ 전화 예약 서비스 절차

3. 전화 예약받기

(1) 바른 전화 응대 자세를 취한다.

① 전화 응대 자세는 고객을 마주한다고 생각하며 밝은 미소와 바른 자세로 받는다.

② 서비스 종사원의 마음가짐과 자세는 목소리 톤과 언어를 통해 고객에게 전달된다.

(2) 벨이 울리면 받는다.

① 첫 번째 벨이 울릴 때 전화를 받아야 하며, 2번 이상 벨이 울리지 않도록 즉시 받는다.

② 밝고 정중하고 적극적인 마음과 목소리로 받는다.

(3) 상황에 따라 응대한다.

① 전화를 받을 때(2회 이내)

▸ "안녕하십니까? ○○업장 ○○○입니다."

② 늦게 받았을 경우 (3회 이상 울렸을 때)

▸ "늦게 받아 죄송합니다. ○○업장 ○○○입니다."

③ 목소리가 작게 들리는 경우

▸ "고객님. 죄송합니다만, 좀 더 큰소리로 말씀해주시겠습니까?"

④ 분명히 들리지 않거나 전화상태가 좋지 않은 경우

▸ "고객님. 죄송합니다만, 전화 상태가 좋지 않은 것 같습니다. 다시 한 번 전화 주시겠습니까?"

▸ 아니면 제가 전화를 드리도록 하겠습니다."

⑤ 잘못 걸려온 경우

▸ "여기는 ○○업장입니다. ○○업장은 ○○○○번입니다. ○○○○번으로 곧바

로 연결해 드리겠습니다."

⑥ 통화 도중 고객이 방문하거나 통화가 길어질 경우

▸ "고객님. 죄송합니다만, 앞에 손님이 기다리고 계셔서 응대하고, 바로 전화 드리겠습니다. 괜찮으시다면 전화번호를 남겨주시겠습니까?" 또는 "이 번호로 다시 전화 드리겠습니다."

⑦ 잘 모르는 내용일 경우

▸ "죄송합니다만, 잠시만 기다려 주시겠습니까? 확인하고 바로 답변 드리겠습니다.

▸ 기다려주셔서 감사합니다. 문의 하신 내용은 ○○○입니다."

⑧ 확인 후 연락하는 경우

▸ "죄송합니다만, 내용을 확인하는 데 다소 시간이 걸릴 것 같습니다.

▸ 연락처와 성함을 남겨주시면 확인하고 ○○분 안으로 연락드리겠습니다."

⑨ 부재중 메모

▸ 부재중 메모를 전달한 후에는 잘 전달하였다는 피드백 전화 또는 문자를 고객에게 줄 수 있다.

▸ "지금 ○○○씨가 잠시 자리를 비웠습니다. 메모를 남겨주시면 제가 전달해 드리겠습니다."

⑩ 기침이나 재채기가 나오는 경우

▸ 수화기를 막거나 급한 경우 고개를 돌린다.

⑪ 위치를 안내할 경우

▸ "고객님. 어떤 교통편을 이용하십니까?" (지하철, 버스, 택시, 자가차량)

⑫ 전화를 바꿔 받은 경우

▸ "전화 바꿨습니다. ○○업장 ○○○입니다."

⑬ 오래 기다리게 한 후 전화를 바 꿔 받은 경우

▸ 오래 기다리게 할 때는 홀드 버튼을 사용한다.

▸ "오래 기다리게 해서 죄송합니다. ○○○입니다."

(4) 예약 장부를 기재한다.

① 즉시 메모하거나 장부를 작성할 수 있도록, 항상 예약 장부와 필기구 또는 메모

지를 준비한다.

② 고객이 요청한 시간과 테이블이 가능한지 확인한다. 가능하지 않을 경우 항상 대안을 염두에 두어야 한다.

▸ 고객이 독립된 룸을 요청하였으나, 현재 가능한 룸이 없을 경우
- 먼저 양해를 구하고 상황에 따라 대안을 제시한다.
- 룸을 사용할 수 있는 다른 날짜 또는 식사시간대 변경을 제시한다.
- 홀 쪽의 조용하고 아늑한 자리 등을 추천한다.

▸ 단체 고객의 경우 예약인원을 수용할 수 있는 룸이 없을 경우,
- 양해를 구하고 다른 좌석의 테이블 배치를 통해 수용할 수 있도록 한다.

③ 식음료 메뉴와 가격, 영업장 및 부대시설에 대한 고객의 질문에 충실하게 대답하며 제안한다.

(5) 예약 장부 기재에 따른 응대

① 예약자 성함

▸ "예약하시는 분 성함을 알려주시겠습니까?"

② 정확한 예약날짜

▸ "원하시는 날짜를 알려주시겠습니까?"

③ 예약 시간

▸ "몇 시에 오시겠습니까?"

④ 예약 인원

▸ "몇 분이 오십니까?"

⑤ 연락처(휴대폰, 집, 회사 등)

▸ "연락처를 알려주시겠습니까?"

⑥ 고객이 원하는 테이블 레이아웃(Layout) 및 예약 형태

▸ "원하시는 ㅇㅇ(Tabel / 예약형태)이 있으시면 알려주시겠습니까?"

⑦ 고객이 주문한 음식 메뉴

▸ "주문하시겠습니까? / 준비 되셨습니까?"

▸ "메뉴는 무엇으로 하시겠습니까?"

▸ "음료는 무엇으로 하시겠습니까?"

▸ "주문해 주셔서 감사합니다."

⑧ 특별 요청

▸ "특별히 요청하실 사항이 있으시면 알려주시겠습니까?"

⑨ 최종적으로 미기재 항목을 확인하여 응대한다.

(6) 예약 사항을 반복하여 확인한다.

① 고객의 예약사항은 필히 복창으로 재확인한다.

▸ "다시 한번 확인하여 알려드리겠습니다."

▸ "ㅇ월 ㅇ일 ㅇ요일, ㅇ시 ㅇ분, ㅇㅇ장소(Table)로 예약해 놓겠습니다. 예약해 주셔서 고맙습니다."

② 이해하기 어려운 점은 고객에게 다시 공손히 여쭙고, 착오를 사전에 방지하기 위해 반드시 반복 확인한다.

③ 취소 통보는 반드시 하루 전에 해야 한다는 사실을 고객에게 인지시킨다.

④ 예약취소는 언제까지 통보해주어야 하는지 설명하고, 예약된 시간으로부터 1시간 이상이 지나면 경우에 따라서 다른 고객에게 판매될 수 있음을 고객에게 숙지시킨다.

⑤ 영업장 내규에 따른 예약금 정책 및 예약금 환불규정에 대해여 충분히 설명한다.

⑥ 통화 종료 시에 우선 고객에게 전화 주셔서 감사하다고 인사한다.

(7) 종료 인사를 한다.

① 종료 인사

▸ "다른 궁금한 점은 없으십니까? 저는 ㅇㅇ업장 ㅇㅇㅇ입니다. 전화 주셔서 감사합니다."

▸ 또는, "감사합니다. 좋은 하루 되십시오."

② 고객이 전화를 끊은 것을 확인한 후 수화기를 내려놓는다.

(8) 전화 예약 응대 종료 후 확인사항

① 예약일과 행사일 사이에 어느 정도의 기간(Term)이 있다면 중간에 확인전화를

한다.

② 고객으로부터 취소통보를 받으면 취소한신 분의 성함과 연락처 등을 기록하여 만일의 상황에 대비한다.

③ 예약상황은 수시로 식음료 영업장의 주방에 확인해 주어야 한다.

2 방문 예약 시 예약절차

1. 방문 예약

방문 예약은 예약의 분류 중 하나인 직접 예약방식으로 고객이 직접 영업장에 내방하여 예약을 진행하는 방식이다. 방문 예약의 경우, 서비스 종사자는 고객과 직접 대면으로 방문 응대 시작부터 환송까지 이루어진다. 그렇기에 종사자는 고객에게 밝은 미소와 적극적인 자세로 임해야하며, 고객이 예약에 대한 만족을 얻고 갈 수 있도록 성심성의껏 최선을 다해야 한다. 또한 서비스 종사원의 용모와 태도, 말, 매너, 커뮤니케이션 스킬 등은 모두 고객과의 의사소통에 중요한 역할을 하며 예약여부에도 영향을 미치기 때문에 항상 주의해야 한다. 특히 방문 고객에게 영업장에 대한 신뢰와 예약을 잘했다는 안도감을 줄 수 있도록 사전 준비를 철저히 하고, 서비스 정신을 살려서 적극적인 자세로 항상 임해야 한다.

(1) 방문 예약 응대의 특징

① 방문 예약은 고객으로부터 가장 정확한 정보를 확인하고 수집할 수 있다.

② 고객에게 영업장 내부 안내와 함께, 보다 구체적인 정보를 제공할 수도 있다.

③ 전화나 인터넷을 이용하는 경우보다 의사소통의 불확실성을 줄일 수 있다.

④ 예약변경이나 취소에 대한 불안을 줄일 수 있다.

⑤ 예약서비스의 정확성을 높일 수 있다.

(2) 방문 예약 서비스의 절차

① 환한 미소로 고객을 맞이한다.

② 독립된 룸 또는 창가 쪽 좋은 자리로 안내한 후 음료를 제공한다.
③ 영업장 및 메뉴에 대한 설명을 한다.
④ 영업장 전체를 안내하고 보여준다.
⑤ 예약 장부에 기록한다.
⑥ 감사한 마음으로 환송한다.

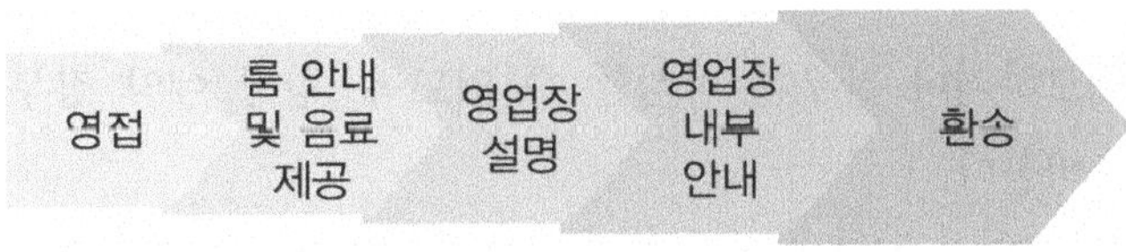

▲ 방문 예약 서비스 절차

2. 방문 예약받기

(1) 바른 방문 응대 자세를 취한다.

① 예약 담당자는 항상 영업장 입구에서 단정한 자세로 대기한다.
② 고객이 입장하면 미소 띤 얼굴과 공손한 자세로 고객에게 접근하여 정중히 맞이한다.
③ "안녕하십니까? 어서 오십시오. 무엇을 도와드릴까요?"라고 말한다.
④ 만약 통화 중에 고객이 업장에 도착하면 고객과의 전화를 잠시 홀드(Hold)하고 고객에게 양해를 구한다.

(2) 업장 내부로 안내한다.

① 우선 조용한 독립된 룸(Private Room)으로 안내한 후에 음료서비스(커피나 주스)를 해드린다. 만약 룸이 없다면 창가 쪽의 경치 좋은 자리로 안내한다.
② 고객을 안내할 때는 손바닥은 펴고 손등이 아래로 오도록 하여 방향을 제시한다.(절대 손가락으로 가리켜서는 안 된다)
③ 고객의 통행에 방해되지 않도록 고객 우측 2~3보 전방에서 고객과 보조를 같이 하며 좌석을 안내한다.
④ 예약 담당자는 업장의 모든 정보(영업시간, 식음료 메뉴, 가격, 이벤트, 주차가능 여부 등)를 항상 숙지하여 고객의 질문에 즉시 답변한다.

⑤ 메뉴 리스트와 태블릿 PC, 노트북 등을 활용하여 다양한 행사사진과 테이블 배치 등을 보여주고 설명한다.

⑥ 단체예약인 경우 적절한 테이블 배치 등을 설명한다.

⑦ 고객이 원하면 영업장 내부를 안내하고 설명한다.

(3) 예약 장부를 기재한다.

① 즉시 메모하거나 장부를 작성할 수 있도록, 항상 예약 장부와 필기구 또는 메모지를 준비한다.

② 고객이 요청한 시간과 테이블이 가능한지 확인한다. 가능하지 않을 경우 항상 대안을 염두에 두어야 한다.

▸ 고객이 독립된 룸을 요청하였으나 현재 가능한 룸이 없을 경우

- 먼저 양해를 구하고 상황에 따라 대안을 제시한다.
- 룸을 사용할 수 있는 다른 날짜 또는 식사시간대 변경을 제시한다.
- 홀 쪽의 조용하고 아늑한 자리 등을 추천한다.

▸ 단체 고객의 경우 예약인원을 수용할 수 있는 룸이 없을 경우

- 양해를 구하고 다른 좌석의 테이블 배치를 통해 수용할 수 있도록 한다.

③ 식음료 메뉴와 가격, 영업장 및 부대시설에 대한 고객의 질문에 충실하게 대답하며 제안한다.

④ 예약 장부 기재에 따른 응대

▸ 예약자 성함

"예약하시는 분 성함을 알려주시겠습니까?"

▸ 정확한 예약날짜

"원하시는 날짜를 알려주시겠습니까?"

▸ 예약 시간

"몇 시에 오시겠습니까?"

▸ 예약 인원

"몇 분이 오십니까?"

▸ 연락처(휴대폰, 집, 회사 등)

"연락처를 알려주시겠습니까?"

▸ 고객이 원하는 테이블 레이아웃(Layout) 및 예약 형태

"원하시는 ○○(Table / 예약형태)이 있으시면 알려주시겠습니까?"

▸ 고객이 주문한 음식 메뉴

- "주문하시겠습니까? / 준비 되셨습니까?"
- "메뉴는 무엇으로 하시겠습니까?"
- "음료는 무엇으로 하시겠습니까?"
- "주문해 주셔서 감사합니다."

▸ 특별 요청

"특별히 요청하실 사항이 있으시면 알려주시겠습니까?"

▸ 최종적으로 미기재 항목을 확인하여 응대한다.

(4) 예약 사항을 반복하여 확인한다.

① 고객의 예약사항은 필히 복창으로 재확인한다.

▸ "다시 한번 확인하여 알려드리겠습니다."

▸ "○월 ○일 ○요일, ○시 ○분, ○○장소(Table)로 예약해 놓겠습니다. 예약해 주셔서 고맙습니다."

② 이해하기 어려운 점은 고객에게 다시 공손히 여쭙고, 착오를 사전에 방지하기 위해 반드시 반복 확인한다.

③ 취소 통보는 반드시 하루 전에 해야 한다는 사실을 고객에게 인지시킨다.

④ 예약취소는 언제까지 통보해주어야 하는지 설명하고, 예약된 시간으로부터 1시간 이상이 지나면 경우에 따라서 다른 고객에게 판매될 수 있음을 고객에게 숙지시킨다.

⑤ 영업장 내규에 따른 예약금 정책 및 예약금 환불규정에 대해여 충분히 설명한다.

(5) 환송한다.

① 고객이 떠날 때에는 고객에게 예약이용과 방문해주신 것에 대한 감사의 인사말을 한다.

② 출구 쪽을 향해 두 손으로 공손하게 방향을 제시하고 정중히 인사를 드리며 고객을 배웅한다.

(6) 종료 후 확인사항

① 예약일과 행사일 사이에 어느 정도의 기간(Term)이 있다면 중간에 확인전화를 한다.

② 고객으로부터 취소통보를 받으면 취소한신 분의 성함과 연락처 등을 기록하여 만일의 상황에 대비한다.

③ 예약상황은 수시로 식음료 영업장의 주방에 확인해 주어야 한다.

3 예약 장부 기록

1. 예약 장부

(1) 예약 장부(Reservation Book)

예약 장부란 예약자와 구두로 약속한 예약 사항을 기록한 장부 형식의 문서로서, 고객의 방문 예약 등을 기록하는 데 사용된다. 예약 장부는 예약을 받은 사람뿐만 아니라 모든 직원이 예약 장부를 보면 알 수 있게 적어 놓아야 한다. 예약 장부를 보고 고객의 요구에 맞게 세팅되어 있는지 확인해야 하며, 예약 장부 작성 시에는 예약에 필요한 사항을 표로 만들어 일목요연하게 기록하고, 예약 대상자가 약속한 예약 시간을 빠뜨리지 않고 기재하는 데 주의하도록 한다.

(2) 예약 장부의 구성 및 기재 내용

① 예약자 성함(고객의 이름 또는 단체 이름)

② 정확한 예약날짜와 시간

③ 예약자 연락처(지역번호 포함)

④ 예약 인원(어른과 아이를 구분하여 적어 놓음)

⑤ 회사이름, 주소, 전화번호

⑥ 예약 받은 사람과 예약 받은 날짜

⑦ 고객이 원하는 테이블 레이아웃(Layout) 및 예약 형태

⑧ 고객과 대화한 서비스에 대한 내용 (예 케이크, 샴페인 등)

⑨ 고객이 주문한 음식 메뉴

⑩ 특별 요청 (예 테이블 메뉴, 음식 알레르기, 채식주의자, 아기의자(Baby Chair), 꽃, 케이크, 안내문 등)

⑪ 추가 요청 사항 (예 신용카드 정보, 선 지불 또는 예치금 정보, 회사 또는 은행 계좌 정보 등)

⑫ 기타 (예 예약 취소 시에는 취소인 성함, 취소 일자, 시간, 연락처, 취소접수자 이름 등)

(3) 예약 장부 기록 시 주의 사항

① 즉시 메모하거나 장부를 작성할 수 있도록 항상 예약 장부와 필기구 또는 메모지를 준비한다.

② 예약에 필요한 사항을 표로 만들어 일목요연하게 기록해야 한다.

③ 예약 대상자가 약속한 예약 시간을 빠뜨리지 않고 기재해야 한다.

④ 예약별로 알맞은 서비스를 제공하기 위해서 예약 장부를 확인하여 고객의 예약 상황뿐만 아니라 고객의 요청 및 주문 사항까지 기재해야 한다.

⑤ 예약 접수 시에는 기재누락, 숫자착오(10은 열, 11은 열하나, 17은 열일곱, 21은 스물 하나 등으로 사용하는 것이 좋다) 등으로 인해 고객의 손실은 물론 업장의 이미지가 실추되지 않도록 정확하게 처리한다.

⑥ 예약 장부 기록 후에 예약 사항을 반복 확인한다.

⑦ 예약된 룸이나 좌석은 예정시간으로부터 1시간이상 경과되면 상황에 따라 다른 고객에게 판매할 수 있음을 예약할 때 반드시 예약자에게 알려드려야 한다.

⑧ 예약 취소인의 성함과 취소 날짜, 취소 접수자의 이름을 적는다. 경우에 따라 지배인의 날인을 받는다.

⑨ 10인 이상의 단체예약일 경우 반드시 인원수 등을 확인하고 재확인된 기록을 남긴다.

⑩ 예약일과 행사일 사이에 어느 정도의 기간(Term)이 있어 중간에 재확인을 했을 경우 기록을 꼭 남긴다.

▼ 예약 장부(Reservation Book)

Date :

No (번호)	Guest Name (고객명)	Persons (인원수)	Tel No. (전화번호)	Table No. (테이블번호)	Taken (예약내용)	Remark (특이사항)

▼ F&B 예약실 예약 장부(Reservation Book)

F&B Reservation Center Report

Date :

Name :

No	F&B outle	DATE	TIME	PAX	NAME	CONTACT NO.	REMARK

F&B Outlet : 업장명

DATE : 날짜

TIME : 시간

PAX : 고객수

CONTACT NO. : 연락처

REMARK : 특이사항

4 예약 확정

1. 예약 확정

예약 확정은 예약 고객과의 예약사항을 다시 확인하고 확실하게 정하는 일을 일컫는다. 식음료 영업장호텔의 객실예약과는 달리 메뉴에 의한 많은 기물을 보관할 공간과 식자재에 대한 재고 발생과 보관의 어려움을 가지고 있다. 그러므로 예약 고객 상황에 따라 신선한 식재료를 준비하며 그에 따른 인력배치를 계획한다. 고객이 예약을 해놓고도 예약 취소의 연락도 없이 예약 날짜에 나타나지 않는 경우를 노쇼(No-Show)라고 하는데, 이러한 고객의 갑작스럽고 일방적인 예약불이행으로 인한 영업장의 손실을 최소화하기 위하여 업장의 예약 담당자는 예약날짜 및 시간을 앞두고 적절한 시기에 고객과 다시 연락하여 확인 및 예약에 변동사항이 없는지 반드시 체크하고 점검해야 한다. 특히 노쇼에 의한 손해 방지 대안으로, 예약확정의 의미로 일부금액을 레스토랑에 미리 지불하도록 하는 예약보증금제도(Deposit : 일반적으로 총 예상금액의 10%를 지불한다)를 사용하기도 하며, 예약 취소 시, 영업장 내규에 따른 예약금 정책 및 예약금 환불규정에 대해여 종사자는 정확히 숙지하여 고객에게 충분히 설명한 후 예약 확정을 한다.

2. 예약 확정 절차

(1) 예약 고객에게 확인 전화나 최종 확정 전화를 걸기 전에 기재된 예약 사항들을 먼저 확인한다.

(2) 고객이 부재중일 시 기재된 번호를 정확하게 확인하여 전화한다.

① 문자 메시지나 이메일을 통해 예약확정 사항을 전달한다.

② 통화가능한 시간대를 확인한다.

▸ "언제쯤 돌아오실 예정이십니까?"

▸ "언제쯤 전화를 다시 드리면 통화가 가능하겠습니까?"

③ 메모를 남길 때

"번거롭겠지만, 메모 좀 부탁드려도 괜찮겠습니까? 저는 ○○업장의 ○○○이라고 합니다. 전화번호는 ○○○-○○○○번이고, 예약 확인 때문에 전화 드렸다고 전해주시겠습니까? 감사합니다."

(3) 예약상황에 따라 1~3회 재확인 전화를 드리고, 추가사항 및 변동사항이 없는지 확인하여 노쇼(No-Show) 방지를 한다.

① 사전에 확인한 예약 메모나 예약 장부를 다시 한번 확인하고 곁에 둔다.

② 일반적인 예약상황의 경우에는 예약일 전날 또는 당일에 확인 전화를 드린다.

③ 특별한 날, 성수기 또는 프로모션기간에는 확인의 횟수를 늘린다.
(예 연말, 크리스마스 시즌, 어버이날, 어린이날, 밸런타인데이 등)

④ 단체예약의 경우에는 준비에 필요한 사항이 있을 때마다 통화하며 전날과 당일 오전에 최종 확인 전화를 한다.

(4) 고객이 전화를 받으면 정중하게 소속과 이름을 밝힌다.
"안녕하십니까? ○○○(식음료 영업장)의 ○○○입니다. ○○○님 계시면 부탁드리겠습니다. 또는 고객님 되십니까?"

(5) 고객에게 육하원칙에 입각하여 용건을 간결하고 쉽게 이야기한다.
"○월 ○일 ○시 ○분에 ○○분 식사 예약 때문에 전화를 드렸습니다."

(6) 예약 장부를 보며 예약 확인에 들어간다.

① 이름 / 예약 날짜와 요일 / 시간 / 인원수 / 좌석 / 특별한 요청 / 연락처

② 모든 예약 사항에 변동이 없는지 확인한다.

③ 예약이 취소된 경우에는 취소내용을 기재하고 예약 취소인의 성함과 취소 날짜, 취소 접수자의 이름을 적는다.

④ 재확인이 필요한 경우에는 메모를 남겨두었다가 다시 최종 확정 전화를 한다.

(7) 변동 사항이 있을 경우에는 고객에게 수정된 정보를 다시 말하고 수집된 정보를 재확인한다.

(8) 예약 확인을 마친 후에는 고객에게 다른 질문 사항이나 궁금한 것이 없는지 확인한다.

(9) 고객의 이름을 언급하며 감사의 인사를 한다.
"○○○ 고객님, 안녕히 계십시오. 감사합니다."
"○○○ 고객님, 바쁘신데 시간을 내어 주셔서 감사합니다. 좋은 하루 되십시오."

(10) 고객이 수화기를 놓은 것을 확인한 뒤 수화기를 내려놓는다.

2.2 메뉴 추천하기

수행준거

1. 영업장의 메뉴에 대하여 설명할 수 있다.
2. 고객의 상황에 적합한 식음료를 추천할 수 있다.
3. 추가판매(Up-Selling) 기법을 활용하여 메뉴를 추천할 수 있다.

1 영업장 메뉴 설명

1. 메뉴(Menu)

메뉴란 단어의 어원은 라틴어의 Minutus에서 온 말로서, 이 말은 영어의 Minute에 해당되며 그 의미는 "상세하게 기록한 것"이다. 「Webster's Dictionary」에 의하면 메뉴란 "A detailed list of the foods served at a meal"이라 설명하고 있으며, 「The Oxford Dictionary」에서는 "A detailed list of the dishes to be served at a banquet or meal"이라 설명하고 있다.

세계 공통어로 사용되고 있는 메뉴라는 말은 우리말로는 "차림표" 또는 "식단" 이라고 단순한 개념으로 정의되고 있는데, 이것은 "판매 상품명과 가격 그리고 상품을 구입하는데 필요한 조건과 정보를 기록한 표"로써 시대의 변화에 따라 외식업이 산업화하면서 "마케팅과 관리 및 통제도구"로 정의되고 있다. 즉, 메뉴란 단순히 상품의 설명이나 안내에만 그치는 것이 아니라 고객과 식당을 연결하는 판매촉진의 매체로서 기업이윤과 직결되며, 식당의 얼굴과도 같은 중요한 역할을 하고 있다.

2. 식사 제공방식에 따른 메뉴 분류

메뉴의 구분은 학자마다 서로 다른 기준을 적용하여 분류하므로 다양하게 분류되기도 한다. 예를 들어 식당의 컨셉이나 특성에 따라 분류하기도 하고, 식사의 내용이나 제공되는 시간에 따라서도 분류할 수 있고, 그리고 메뉴가 고정되었느냐 아니면 정기적으로 교체되는가에 따라서 분류되기도 한다. 또한 상품과 가격형태에 따라서 그런가 하면, 한식, 일식, 양식 등 소위 국가적 분류를 하기도 한다.

(1) 메뉴의 형태별 분류

① 정식 메뉴(Table d'hote Menu) : 오늘날 숙박기능을 하는 여인숙이나 여관에서 유래된 것으로 숙박자의 편의도모와 여인숙인 여관의 영업적인 면이 고려되어 숙박에 식사를 곁들여 제공하는 Full Pension(Full Board)에서 유래되었다고 볼 수 있다.

이 메뉴는 아침, 점심, 저녁, 연회 등 모든 식사에 사용할 수 있으며, 미각, 영양, 분량의 균형을 참작하여 전채요리에서부터 디저트까지 식사 전 코스를 묶어 구성된 한 끼분의 식사로 고객의 선택이 용이하다는 장점이 있다.

또한 주기적으로 새로운 메뉴를 작성하여 고객의 욕구와 호기심을 충족시켜 주어야만 한다.

▸ 일반적인 정식메뉴의 순서

- 전채요리(Hors d'oeuvre : Appetizer)
- 수프(Potage : Soup)
- 생선(Poisson : Fish)
- 샐러드(Salade : Salad)
- 주 요리(Entree : Main Dish)
- 치즈(Fromage : Cheese)
- 후식(Dessert : Dessert)
- 식후 음료(Boisson : Beverage)

▸ 요즘에 와서는 정식메뉴의 순서 중 1~2가지 생략되어 구성된 메뉴가 일반적으로 널리 사용되고 있는데 그 순서는 다음과 같다.

- 전채요리(Hors d'oeuvre : Appetizer)

- 수프(Potage : Soup)
- 생선(Poisson : Fish)
- 주 요리 및 샐러드(Entree et salade : Main dish and Salad)
- 후식(Dessert : Dessert)
- 식후 음료(Boisson : Beverage)

▸ 정식메뉴의 특징

- 가격이 비교적 저렴하다.
- 식자재의 관리가 용이하다.
- 원가가 절감된다.
- 조리과정이 일정하여 노동력이 절감된다.
- 고객의 입장에서 선택의 폭이 좁다.
- 메뉴에 대한 지식이 없어도 주문하기가 쉽다.
- 회계처리가 쉽다.
- 서비스가 단조롭다.

② 일품요리 메뉴(à la carte Menu) : 일품요리 메뉴의 구성은 정식 메뉴의 순으로 되어 있으며, 각 코스별로 여러 가지 종류를 표기해 놓고 고객이 원하는 요리만을 자유롭게 선택하는 메뉴로서, 메뉴에 표기되어 있는 아이템(Item) 하나하나에 가격이 정해져 있어 고객이 선택한 요리만으로 가격을 지불하면 된다. 이 메뉴는 한 번 작성되면 장기간 사용하게 되므로 요리준비나 재료구입 업무에 있어서는 단순화되어 능률적이라 할 수 있으나, 원가상승에 의해 이익이 줄어들 수 있고, 자주 이용하는 고객에게는 신선한 매력이나 맛을 느낄 수 없게 될 수도 있기 때문에 고객들의 욕구나 호응도를 감안하여 새로운 메뉴계획을 꾸준히 시도해야 한다.

일품요리 메뉴의 특징은 다음과 같다.

▸ 고객의 주문에 의해 조리사의 기술로 만들어 제공된다.
▸ 주로 고급 레스토랑에서 많이 이용된다.
▸ 객 단가를 높일 수 있다.
▸ 각 아이템별로 가격이 정해져 있다.
▸ 인건비가 높다.
▸ 다양한 서비스방법을 이용할 수 있다.
▸ 낭비가 많다.

▸ 식자재의 관리가 어렵다.

▸ 메뉴에 대한 지식이 부족한 고객은 주문하기가 어렵다.

③ 컴비네이션 메뉴(Combination Menu) : 요즘 각 식당들이 많이 선호하여 사용되는 메뉴로서 정식메뉴(Table d'hote Menu)와 일품요리(à la carte Menu)의 장점만을 혼합한 메뉴이다.

컴비네이션 메뉴의 특징은 다음과 같다.

▸ 고객의 식습관 및 요구변화에 유연하게 대처할 수 있다.

▸ 메뉴상 아이템의 가격과 종류의 조정으로 식자재 원가의 상승에 대처할 수 있다.

▸ 객 단가를 높일 수 있다.

▸ 고객의 측면에서 선택의 폭이 넓다.

▸ 식자재 관리가 용이하다.

④ 특별메뉴(Daily Special Menu) : 특별메뉴는 기념일 또는 명절 같은 특별한 날이나 계절에 따라 그에 어울리는 산뜻하고 입맛을 돋우게 하는 요리들로 구성된 메뉴로서 특별 메뉴는 원칙적으로 매일 시장에서 특별한 재료를 구입하여 주방장의 전문적이고 독창적인 조리기술에 의해 조리되어 제공되는 메뉴이다.

특별 메뉴를 사용함으로써 다음과 같은 장점을 가져올 수 있다.

▸ 일품요리보다 가격이 저렴하다.

▸ 매일매일 준비된 상품으로 신속한 서비스를 할 수 있다.

▸ 계절에 따라 고객의 풍미와 입맛을 돋우어 줄 수 있다.

▸ 재료의 재고품 관리가 용이하다.

▸ 고객의 선택을 흥미롭게 할 수 있다.

▸ 매출액을 증진시킬 수 있다.

⑤ 뷔페(Buffet) : 뷔페란 일정한 요금을 지불하고 진열해 놓은 요리를 기호에 따라 양껏 먹을 수 있는 셀프서비스(Self-Service) 식사형식으로 연회에 자주 이용되는 형식이다. 메뉴 구성이나 내용, 지불가격은 업장의 경영방침에 따라 다양하게 운영될 수 있으며, 일반적으로 성인요금과 어린이요금으로 구분된다. 또한 이용시간에 따라 평일, 평일저녁, 주말요금 등으로 나뉜다. 뷔페는 연회행사와 같이 사전에 예약된 일정 인원만을 위한 준비된 요리를 제공하는 식사 형식인 클로즈드 뷔페(Closed Buffet)와 불특정 다수의 일반고객을 대상으로 준비된 오픈드 뷔페(Opened Buffet)가 있다.

(2) 식사 제공 시간에 의한 분류

① 아침식사 메뉴(Breakfast Menu)

아침식사 메뉴는 시간적으로 이른 아침 6시부터 오전 10시까지 제공되는 식사로써 하루 일과의 시작으로 신속하고 효율적이며 즐거운 분위기를 조성하는 노력이 필요하다. 또한 메뉴는 비교적 가볍게 구성되어 있으며 자극성이 약한 요리로 꾸며진다. 즉 계란요리, 시리얼류(Cereals), 뜨거운 빵, 신선한 주스나 우유 및 커피 등의 간단한 식사로 구성된다.

아침식사는 일반적으로 다음과 같이 구분된다.

- 미국식 조식(American Breakfast)은 과일, 주스류, 시리얼, 계란 요리, 빵, 감자튀김, 커피 또는 차, 음료가 제공된다.
- 유럽식 조식(Continental Breakfast)은 미국식과 비교하면 달걀요리가 나오지 않는 간단한 식사로 주스, 빵, 음료, 커피 또는 차 등이 주로 제공된다.
- 비엔나 조식(Vienna Breakfast)은 간단한 계란 요리와 롤빵, 커피나 우유가 제공된다.
- 영국식 조식(English Breakfast)은 미국식 조식에 생선요리가 추가된다.
- 한식 조식(Korean Breakfast)은 밥, 국, 생선구이, 반찬으로 구성된 한상차림으로 제공된다.
- 일식 조식(Japanese Breakfast)은 밥과 된장국(미소시루), 간단한 반찬으로 구성된 한상차림 제공된다.
- 중식 조식(Chinese Breakfast)은 수프(Soup), 중국식 죽, 면류, 딤섬류(Dimsum) 등으로 구성된다.
- 건강식 조식(Healthy Breakfast)은 건강식으로 구성된다.

▶ 호텔 조식 뷔페

② 브런치 메뉴(Brunch Menu)

브런치란 요즘에 와서 바쁜 도시생활인들에게 인기가 있는 아침과 점심식사의 중간에 먹는 식사로 Breakfast와 Lunch의 합성어이며, 두 식사가 복합된 메뉴로 구성된다. 또한 브런치 메뉴는 영업장의 시간적 제약을 극복하고 매출을 증진시킬 수 있는 방안으로 영업장의 운영방식에 따라 다양한 시간대로 운영되며, 일부 브런치 메뉴는 전통적으로 아침식사로 인기있는 음식으로 마련이 되지만, 다른 메뉴에서는 과일, 뜨거운 빵, 계란요리, 육류, 커피나 차 등 다양하게 차려진다.

③ 점심메뉴(Lunch Menu)

점심메뉴는 정오식사인데, 일반적으로 저녁메뉴보다 저렴하게 제공되며, 가벼운 음식으로 보통 정식 코스 순서에 따라 3~4코스로 메뉴가 구성되며 경우에 따라서는 수프(Soup) 대신에 과일이나 야채 주스가 서브될 수도 있다. 저녁 메뉴보다 저렴하게 제공된다. 기존의 정식 메뉴나 일품요리 외에도 오늘의 메뉴, 주방장 특선 메뉴 등이 제공 될 수 있다.

BANKFOOT INN
HOTEL RESTAURANT ALEHOUSE

Light Bites
SOUPS + STARTERS
SOUP OF THE DAY • 3.90
served with a warm roll
TASTY BITES PLATTER (V) • 5.75
onion rings, breaded mushrooms & wedges with a garlic mayo dip
NACHOS & SALSA (V) • 6.06
topped with grilled mozzarella, served with jalapeños
NACHOS & CHILLI BEEF • 6.25
topped with grilled mozzarella, served with jalapeños
BREADED MUSHROOMS (V) • 4.95
served with salad leaves and a garlic mayo dip

SIDE DISHES
BOWL OF CHIPS (V) • 2.50
ONION RINGS (V) • 2.50
MIXED SIDE SALAD (V) • 2.50
GARLIC BREAD (V) • 2.50
SPICY POTATO WEDGES (V) • 2.50

LUNCH MENU
Big Bites
ALL DAY BREAKFAST • 8.25
bacon, sausage, fried egg, tomato, mushrooms, black pudding, haggis & a slice of toast
SCOTTISH HADDOCK • 9.45
in a beer batter with chips and salad or peas
BREADED SCAMPI • 9.75
served with chips and a choice of salad or peas
MACARONI CHEESE (V) • 7.95
our famous cheesy macaroni, with salad & chips
CHICKEN & BACON SALAD • 8.95
chicken & bacon in a tossed salad with pine nuts, parmesan and a chilli drizzle
CAESAR SALAD (V) • 6.95
served with chunky shaved parmesan
QUICHE OF THE DAY • 7.45
served with salad & chips
BANGERS & MASH • 8.45
pork butchers sausages served on mash topped with onion gravy
PLOUGHMANS • 8.45
a selection of cheese, chutney, bread, ham and pickled onions
SPAGHETTI BOLOGNESE • 8.45
served with grated parmesan
CHICKEN CURRY • 8.45
served with rice and naan
LASAGNA • 8.45
served with salad and chips
VEGETABLE LASAGNA (V) • 7.95
in a rich tomato sauce, with salad and chips
STEAK & ALE PIE • 9.45
with vegetables, slow cooked with a pastry topping and chips or potatoes
GAMMON STEAK • 9.45
with fried egg & pineapple, peas and chips

BURGERS
served on a toasted bun with salad and chips
BEEF BURGER • 7.25
6oz beef burger, served with salad & chips
VENISON BURGER • 7.25
6oz venison burger, served with salad & chips
SPICY BEAN BURGER (V) • 7.25
served with salad and chips

BURGER TOPPINGS
choose as many as you want
MELTED CHEESE • 90p
BACON • 90p
MELTED STILTON • 90p
RED ONION MARMALADE • 90p

BAKED POTATOES
choose your filling
BAKED POTATO • 6.06
served with salad & chips
CHEESE, TUNA MAYO, CHILLI CON CARNE, BEANS & CHEESE

SUNDAY ROAST
served every Sunday
SUNDAY ROAST • 9.25
Traditional roast with all the trimmings

Senior Citizen Lunches
Wednesday - Friday
Two courses (half portions) • 8.75
(not available on all dishes)

Food Allergies and Intolerances:

SANDWICHES
choose fillings from the list below
SANDWICH • 6.25
served with salad & tortilla chips
BAGUETTE • 6.25
served with salad & tortilla chips
WRAP • 6.25
served with salad & tortilla chips
CLUB • 6.95
served with salad & tortilla chips
BLT • 6.95
served with salad & tortilla chips

TOASTIES + PANINIS
choose fillings from the list below
TOASTIE • 6.45
served with salad & tortilla chips
PANINI • 6.45
served with salad & tortilla chips

FILLINGS
choose up to two fillings
CHEESE, ONION, HAM, TOMATO CHUTNEY, EGG MAYO, CORONATION CHICKEN, TUNA MAYO, CHICKEN, BACON, BASIL PESTO, MOZZARELLA, BRIE

DESSERTS
why not!
CHOCOLATE FUDGE CAKE (V) • 4.95
STICKY TOFFEE PUDDING (V) • 5.75
served with choice of ice cream or pouring cream
APPLE CRUMBLE (V) • 4.95
TRIO OF ICECREAM (V) • 4.95
with Stewart Tower Dairy ice cream
CHEESE SELECTION (V) • 6.25
selection of Scottish cheeses & oatcakes

▲ 호텔 런치 메뉴

④ 저녁메뉴(Dinner Menu)

HOTEL
CHANTELLE
EXECUTIVE CHEF | SETH LEVINE

SHAREABLE
Get to know us, share a bite before your appetizer. Serves 2-3pp
Blistered Shishito Peppers | 7
Fried Pickle Spears | 8
spicy remoulade
NY Steak Bacon | 12
thick-cut slab bacon, maple glaze · Add Slice $4
Deviled Egg Tasting | 12
lobster & caviar / maple bacon & jalapeño / smoked salmon caper crème fraîche
Shrimp Cocktail (6) | 14
cilantro mignonette ~ cocktail sauce
Oysters (6) | 18
cilantro mignonette ~ cocktail sauce
Snow Crab Claws | 15
half dozen snow crab claws served warm, drawn butter, mustard aioli
Rock Shrimp Tempura | 14
crispy shrimp tossed in spicy thai sauce
Mini Lobster Rolls | 19
mini slider buns filled with chunks of maine lobster salad, celery, dill, tarragon
Burger Bash Sliders | 14
trio bacon crusted burgers, stuffed with maytag blue cheese, topped with tomato & house sauce
Consuming raw or undercooked meats, poultry, shellfish, seafood or eggs may increase your risk of food borne illness.
FEB 2018-v1

SALADS
The Chantelle | 13
spring mix, watermelon radish, grape tomatoes, cucumber, sliced pear, crumbled goat cheese, candied walnuts, roasted shallot champagne vinaigrette
Kale Caesar Salad | 14
crisp kale, shaved parmesan, garlic bread croutons, classic caesar dressing
Roasted Beet Salad | 14
golden and red roasted beets, arugula, frisée, shaved ricotta salata, pickled red onions, lemon zest, honey dijon vinaigrette
Salad Additions
grilled chicken $5 / grilled shrimp $7 / sliced steak $8 / seared tuna $9
Burrata | 16
imported italian burrata served over grilled rustic crostini, roasted tomatoes topped with molecular olive oil and balsamic pearls, basil

SIDES
Truffle Mac 'n Cheese | 12
Sweet Potato Fries Salted Maple Sugar | 8
Roasted Brussel Sprouts | 8
Truffle Tator Tots | 9
Sautéed Mushroom & Onions | 7
Pomme Frites | 7

STARTERS
French Onion Soup | 11
buffalo mozzarella & gruyere, topped crock, braised onions in broth
Tomato, Cheddar Bisque | 9
roasted tomato cheddar soup
Ten Dollar Pretzel | 10
because it's that good. oversized, fresh baked, NYC pretzel served with cracker jack whipped butter & lager mustard, chili-infused chocolate & jalapeño jack cheese dip
Grilled Octopus | 19
tomato, capers, olives, diced potatoes, parsley, lemon vinaigrette
Tuna Tartare Cigar | 14
crisp wonton wrapper filled with raw sesame and soy marinated ahi tuna, wasabi dipping sauce
Black Truffle Duck Pâté Jar | 17
duck liver pate, chopped truffles, served with preserves & toasted rustic bread
Baked Clam Pizza | 16
ultra-thin crust pizza, topped with roasted garlic infused mascarpone, little neck clams, italian bread crumbs, parmesan
White Truffle Pizza | 17
ultra-thin crust pizza, fresh sheep's milk ricotta, mascarpone & goat cheese, sautéed mushrooms, arugula, white truffle oil, shaved parmesan

MAINS
Waffle Crusted Fried Chicken | 25
waffle crusted fried chicken, maple syrup cotton candy, served with pomme frites
Wild Mushroom Ravioli | 23
homemade wild mushroom stuffed ravioli, sheep's milk ricotta, parmesan truffle cream sauce
Crispy Fish Tacos | 21
soft tacos, crispy tilapia, pico de gallo, guacamole, cilantro, lime zest infused crème fraîche slaw, chipotle mayo
Crusted Rack of Lamb | 38
truffle honey, crystalized mint, cauliflower purée
Pan Seared Branzino | 27
pan roasted filet of mediterranean sea bass, topped with warm sautéed kale, capers, olives, baby tomatoes
Lobster Pot Pie | 28
crock of classic creamy pot pie filled with chunks of maine lobster, pearl onions, peas, carrots, topped with baked puff pastry
Grilled Hanger Steak | 27
herb rubbed hanger steak, simply grilled topped with bone marrow maitre d' butter
Rotisserie Chicken | 24
herb roasted, free range, organic 1/2 chicken, served with pomme frites

Free WiFi Password "guestwifi"
Follow us on @HotelChantelle

저녁메뉴는 하루 중 가장 중요한 식사이며, 시간적으로 오후6시부터 오후10시까지 제공되는 메뉴이다. 저녁메뉴는 시간의 특성상 여유 있는 시간을 가지고 식사를 하기 때문에 주로 3~4코스 또는 5~6코스로 정식 코스 순서가 구성되는데, 대부분 식당에서는 보통 그날의 주요 식사로 가장 풍성하고 화려하게 차려지며, 메뉴 중 비교적 가격대가 높다.

⑤ 에프터눈 티(Afternoon Tea)

에프터눈 티는 오후 2시~4시경에 마시는 차로 1840년대 영국에서 시작되어 지금까지 이어져 오고 있는 티타임으로 귀족이 즐겨 마셨으며 영국의 전통적인 식사 습관이다. 메뉴는 티 푸드(Tea Food)로 샌드위치, 스콘, 케이크 등을 곁들여 마시는 차이다.

⑥ 심야 정찬(Supper Menu)

만찬(Supper) 또는 심야 정찬은 하루 끼니 중 마지막에 먹는 것으로써 Dinner보다는 덜 격식적이고 규모도 작다. 또한 늦은 저녁행사에 곁들여 먹는 가벼운 식사이기도 하며, 보통 연주회나 음악회, 각종 모임이 끝난 후 제공되는 간단한 식사로 주로 위에 부담을 주지 않는 샌드위치나 수프에 간단한 음료가 제공된다.

(3) 행사내용에 의한 분류

① 축제메뉴(Gala & Festival Menu) : 축제메뉴는 나라별 특정 축제일이나 기념일에 특별히 제공되는 메뉴로 주로 축제 저녁에 쓰인다. 예를 들면 추수감사절의 칠면조 요리 같은 것이 대표적이다. 그러나 최근 특급호텔을 중심으로 특정 기념

일이 아니더라도 호텔 자체적으로 축제를 기획하여 축제 메뉴를 판매하기도 한다. 특히 이 메뉴는 특별한 경우를 위해 제공 되는 메뉴이기에 신경을 써서 주의 깊게 작성되어야 하며 음식과 서비스에 결점이 없어야 한다.

Gala Dinner

Starters

FRESHLY GRILLED PORTABELLO MUSHROOM AND HANDPICKED MESCLUN LETTUCE
Marinated with Fresh Basil and Virgin Olive Oil

AN ARRANGEMENT OF LOUISIANA TIGER PRAWNS
Served with American Cocktail Sauce

NEW ENGLAND CRAB CAKES
Served with Herb Salad and Roasted Pepper Remoulade

GAME CONSOMMÉ WITH JUNIPER BERRIES AND AGED SHERRY
Garnished with Root Vegetable Julienne

CREAM OF GARDEN FRESH BROCCOLI AND WISCONSIN CHEDDAR

CHILLED ZUCCHINI SOUP

Salads

MIXED GARDEN AND FIELD GREENS
Tomatoes, Cucumbers and Carrots with Choice of Dressing

CAESAR SALAD
Hearts of Romaine Lettuce Tossed with our Caesar Dressing
Freshly Grated Parmesan Cheese and Herb Croutons

Main Courses

PENNE SICILIANA
Durum Wheat Pasta, Tossed with a Sauce of Eggplant, Zucchini, Plum Tomatoes, Cream
Pecorino Cheese and Italian Herbs. (Also available as a Starter)

SEARED PIKE PERCH ON MINTED COUSCOUS
Artichoke Foo Yong in Crayfish Vermouth Jus

GRILLED BLACK TIGER JUMBO SHRIMPS
Marinated with Garlic, Hand Crushed Pink Pepper and Virgin Olive Oil
Served with Porcini Risotto, Water Cress Salad and Green Asparagus

ESSENCE OF INDIA
A Sampler of Authentic Indian Cuisine, Grilled Lamb Chops with Green Masala, Chicken Makhani
Dal, Aloo Gobi, Basmati Rice, Papadams and Raita

PEPPER-SEARED SUPREME OF YOUNG LONG ISLAND DUCKLING
Marsala Infused Purple Onion Confit, Steamed Baby Bok Choy

CHATEAUBRIAND WITH SAUCE BÉARNAISE
Sliced, Grilled Aged Beef Tenderloin

STUFFED MEDITERRANEAN VEGETABLES PROVENCALE
Vegetarian Entrée

LCDN76.0404

▲ 갈라 디너 메뉴

② 연회용 메뉴(Banquet Menu) : 연회 행사의 종류와 이용하는 고객에 따라 다양하게 제공되는 메뉴이다. 연회용 메뉴는 행상에 따라 조식 메뉴, 점심 메뉴, 저녁 메뉴, 티파티 메뉴, 칵테일파티 메뉴, 뷔페 메뉴, 한식 메뉴, 일식 메뉴, 중식 메뉴, 출장 케이터링 메뉴, 음료 메뉴, 채식주의자 메뉴 등이 준비 된다.

이에 요리의 종류와 질에 따라 다양한 가격대로 구성되어 있고, 연회메뉴를 세트화하여 고객이 손쉽게 선택하도록 하기도 한다.

Banquet Menu

$75 Per Person
Tax and Gratuity Excluded

Includes a Glass of Tommy's House Wine,
Soft Drinks, Ice Tea & Coffee

First Course
Three appetizers served banquet style:

TOMMY'S SPICY WINGS
CRISP FRIED CALAMARI
MINI TACOS

Second Course
Choice of one:

TOMMY'S HOUSE SALAD
Fresh Greens, Candied Almonds, Fresh Seasonal Fruit, Dried Cranberries, Feta Cheese, Citrus Vinaigrette

SOUP OF THE DAY
Cup of Chef's Choice

Main Course
Choice of one:

BACON WRAPPED FILET
8 oz. Filet with Garlic Mashed Potatoes, topped with Shrimp Scampi

NEW YORK STEAK
8 oz. New York topped with Tomatillo Sauce, Melted Jack Cheese, Pico de Gallo, Tortilla Strips and served with a Shrimp Enchilada

CHICKEN MARSALA
Pan Roasted Chicken, Sauteed Mushrooms in a Marsala Wine served with Wilted Spinach

PASTA OF THE DAY
Chef's Choice, Changes Daily
Vegetarian Available

FRESH CATCH OF THE DAY

Dessert

TOMMY'S BREAD PUDDING
with Warm Praline Sauce

③ 오늘의 메뉴(Daily Special Menu) : 오늘의 메뉴는 주방에서 제공하는 그날의 특별 메뉴로써, 요일별·주별·월별로 메뉴를 다양하게 세트화한 것이다. 원칙적으로 매일 매일 시장에서 특별한 재료를 구매하여 요리장의 아이디어와 기술을 발휘하여, 일품요리의 메뉴에 없는 상품을 조리, 고객에게 새로운 별미로 식욕을 돋우게 하는 메뉴를 말하는 것이다. 즉 계절과 기념일, 명절 그리고 때와 장소에 따라 계절 감각에 어울리게 싱싱하고 입맛을 돋궈주며 고객의 욕구변화에 충족시켜 줄 수 있고, 신속하게 서비스가 제공된다. 또한, 재료의 재고품 판매를 피할 수 있으며, 고객의 흥미를 유발시켜 매출액을 증진시킬 수 있는 운영상의 장점을 가져 올 수 있다.

Saturday December 10th, 2011

KITSILANO daily KITCHEN

daily wines

Our Picks		glass	carafe
2010	White – Chorus, Stoneboat	10	30
2008	Red - Merlot, Township 7	10	30

White Wines		glass	bottle
2008	Sauvignon Blanc, Pentâge	10	50
2010	Hush, Dirty Laundry Vineyard	10	50
2009	Pinot Blanc, Dunham Froese	11	55
2010	Pinot Gris, Burrowing Owl	12	60
2009	Viognier, Black Hills Estates	12	60
2009	Chenin Blanc, Quails' Gate	12	60
2010	Riesling, Ruby Blues	13	65
2008	Chardonnay, Joie Farms	15	75
2008	Pouilly-Fuisse, Trebuchet	16	80
2009	Sancerre, Les Baronnes	18	90

Red Wines		glass	bottle
2008	Merlot, Burrowing Owl	14	70
2006	Petite Verdot, Inniskillin	14	70
2009	Le Volte, Ornellaia	16	80
2009	Cote-du-Rhone, Beaucastel	16	80
2008	Syrah, Burrowing Owl	17	85
2007	Coyam, Vinedos Emiliana	18	90
2006	Voluptuous, Van Westen	18	90
2008	Pinot Noir, Road 13 Jackpot	18	90
2006	Barolo, Batasiolo	18	90
2009	Old Vines Foch, Quails' Gate	19	95
2008	Athene, Burrowing Owl	20	100
2007	Bordello, Dirty Laundry	20	100
2009	Nota Bene, Black Hills		140

daily menu

Winter Campari & Grape Tomato Salad - $12
Berkshire bacon, baby basil, Walla Walla onion, Tomme

Mt Lehman Confit Duckling Miso - $14
dashi miso, chillies, scallion, quail egg

Warm Haida Gwaii Octopus Salad - $15
organic Boston red, tomato, oregano, Dijon vinaigrette

Brown Butter Broiled Fresh Abalone - $22
fresh ginseng vinaigrette, sweet pea leaves, charcoal aioli

* * *

West Coast Seafood Cioppino - $28
heirloom tomato, roasted garlic, lemon balm, nugget potato

Theissen Farms Free Run Pheasant - $30
paella rice, chorizo sausage, tomato-tarragon

Braised Bar M Ranch Lamb Shank - $34
red wine, buttermilk mashed potatoes, creamed spinach

'first of the season' Weathervane Scallops - $36
barley risotto, white truffle lobster broth, braised tendrils

Culinary Adventure Available Tonight for $65pp

④ 계절 메뉴(Seasonal Menu) : 계절 메뉴는 말 그대로 계절별 그 계절의 신선 재료를 선정하여 이용한 메뉴로써 짧게는 1주에서 길게는 2~3개월까지 판매하는 메뉴이다. 예를 들어 봄에는 '딸기 메뉴'라는 이름으로 딸기 뷔페, 딸기로 만든 애피타이저 · 디저트, 딸기 에이드 등 딸기로 만든 음식을 판매하는 경우를 말한다.

▲ 계절 메뉴 프로모션 '살롱 드 딸기(Salon de Ddalki)' 디저트 뷔페 (출처 ; JW 메리어트 동대문 스퀘어 서울)

(4) 제공되는 품목에 의한 분류

① 양식 메뉴(Western Menu) : 양식 메뉴는 양식 요리를 판매하기 위한 메뉴로 프랑스식(French Food), 이태리식(Italian Food), 아메리칸식(American Food), 스페인식(Spanish Food), 멕시코식(Mexican Food) 메뉴 등으로 나누어진다.

② 동양식 메뉴(Oriental Menu)

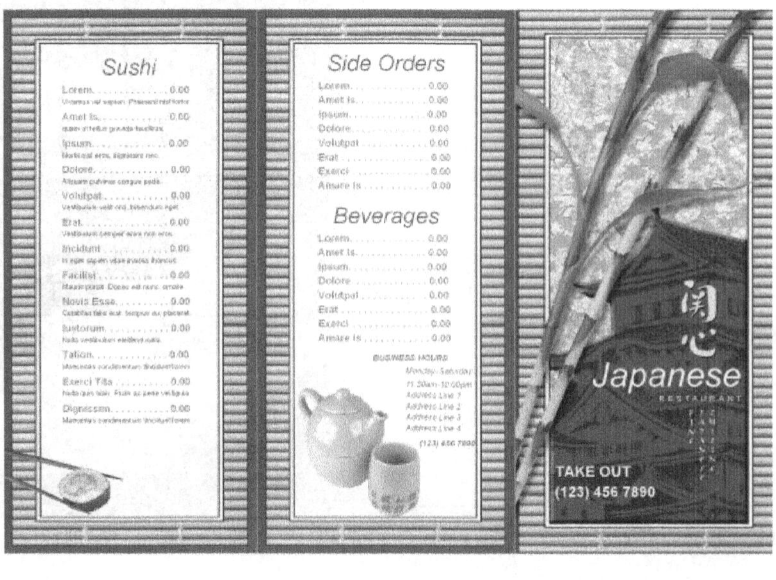

동양식 메뉴는 동양식 요리를 판매하기 위한 메뉴로 한국식(Korean Food), 중국식(China Food), 일본식(Japanese Food), 인도식(India Food) 메뉴 등으로 나누어진다.

③ **후식 메뉴(Dessert Menu)** : 후식 메뉴는 식후의 고객에게 후식을 제공하기 위하여 준비한 디저트 메뉴이다.

④ **채식가를 위한 메뉴(Vegetarian Menu)** : 최근에 와서 건강과 미용에 큰 관심을 갖는 고객들이 늘면서 많이 이용되는 메뉴로 동물성 음식을 제외한 식물성 식품만으로 구성된 메뉴이다. 동물성 음식은 이러한 메뉴에 허용되지는 않지만 경우에 따라서는 달걀과 우유제품은 일부 사용되기도 한다. 모든 식물성 식품, 야채, 과일 등은 이 메뉴에 매우 중요하다.

⑤ **바 메뉴(Bar Menu)** : 바 메뉴는 칵테일과 와인 그리고 음료의 매출을 촉진하기 위해서 바나 커피숍 및 각 식음료 업장에서 특징 있는 다양한 메뉴를 제공하는데 이들의 메뉴를 말한다.

(5) 메뉴변화에 따른 분류

"메뉴의 변화 주기가 있는가?" 또는 "얼마나 자주 변화하는가?"에 따른 분류이다. 여기에는 고정 메뉴와 변동 메뉴가 있다. 식음료 영업장에서는 고정 메뉴와 변동 메뉴의 장점을 살리기 위하여 고정 메뉴를 근간으로 변동 메뉴를 운영하기도 한다.

① **고정 메뉴** : 고정 메뉴는 식음료업장에서 판매할 상품을 결정하고, 메뉴를 구성한 후 디자인 하면 일정기간 그 메뉴를 이용하여 판매하는 것으로써 매일매일 바뀌거나 계절별로 변화하지 않는 메뉴이다.

② **변동 메뉴** : 변동 메뉴는 메뉴의 구성이 주기별로 변화하는 메뉴이다. 요일별, 계절별, 월별 메뉴가 정해져 이를 운영하는 형태이다. 특별메뉴, 사이클메뉴가 여기에 속하는 대표적인 메뉴이다.

▲ 주간 사이클 메뉴

▲ 주간 스페셜 메뉴

2 상황별 식음료 추천

1. 식음료 추천

식음료 영업장을 이용하는 고객은 다양한 모임으로 영업장을 예약하기 때문에 그에 맞게 고객을 응대할 수 있어야 한다. 또한 예약 장부를 확인하여 고객이 요구하는 테이블 방식에 따라 그에 맞는 테이블 세팅을 할 수 있어야 하며, 예약 장부와 로그 북을 확인하여 서비스에 대한 특이 사항이 있는지 확인하고, 업장에서 관리되고 있는 고객 기호에 대한 정보를 활용하여 철저히 준비해야한다.

특히나 식음료 주문은 식음료 영업장 매출에 직접적인 영향을 미치기에 종사자들은 식음료 상품에 대한 전문지식을 기반으로 자부심을 가지고 고객에게 적극적인 자세로 다가가야 하며, 충분한 메뉴 설명과 더불어 고객의 요구와 상황에 따라 적절한 식음료 상품을 추천하고, 한 발 더 나아가 고객의 상황에 맞게 고객이 생각하지 못하는 부분까지 준비하고 도와 줄 수 있다면 고객에게 최상의 서비스를 제공할 수 있을 것이다.

2. 상황별 식음료 추천

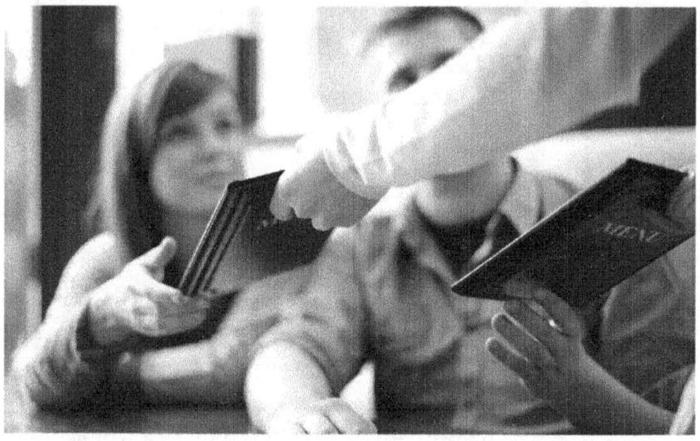

예약 고객이 메뉴를 정하지 못하였거나 직원에게 추천을 원하면 기호와 주최자 및 모임의 취지 등을 파악하여 고객의 요구를 최대한 만족시키고 유발시킬 수 있도록 서비스 종사자들은 능력을 발휘하여 적절한 식음료를 추천하여 고객의 만족도를 높이고 식음료 영업장의 이윤증대에 기여를 한다.

(1) 비즈니스 모임

비즈니스 모임은 회의를 위한 예약 또는 단지 고객 접대를 위한 식사를 하는 예약 두 가지 경우가 있다. 하지만 두 경우 다 비즈니스 목적달성을 위한 미팅의 성격을 가지고 있기 때문에 비교적 객 단가가 높은 메뉴를 추천하며, 음료로는 주로 음식과 조화를 이룰 수 있는 와인을 추천한다. 하지만 고객이 선호하는 음료에 따라 메뉴 추천을 유통성 있게 시행한다.

(2) 가족 모임

가족 모임은 소규모의 식사 위주의 모임과 돌잔치 · 회갑 · 고희 및 큰 규모의 모임들이 있으며, 가족 단위의 예약 손님은 영아부터 어르신들까지 연령대가 다양하기 때문에 각 연령대에 맞는 서비스를 숙지하여야 하며, 가족 소규모의 모임은 장소와 음식 예약 이외에는 별도로 주문 사항이 없기에 단품메뉴를 선택하여 함께 식사를 할 수 있도록 추천하거나, 중저가 코스요리 또는 1인당 책정 가격에 맞추어 메뉴를 구성하고, 큰 규모의 가족 모임에는 부수적으로 요구되는 사항들이 많다. 특히 예약 상황에 맞게 정확하게 세팅하여야 하며 뷔페를 추천하거나 결혼식후 피로

연의 경우에는 주로 선호하는 음료에 맞추어 추천한다.

(3) 상견례

상견례의 경우 특별히 준비할 사항은 없으나 매우 중요한 자리이므로 실수를 하지 않도록 예약 상황을 철저하게 확인해야 한다. 식음료 추천 시 양식의 경우에는 먹기 힘든 음식을 제외한 고기류 코스요리나 일식, 중식 코스요리로 고급스러운 요리를 추천한다.

3. 식음료 추천 요령

(1) 상품 추천을 하기 전에 가능한 한 고객의 유형을 신속히 파악하여 고객으로 하여금 구매의욕을 최대한 유발시킬 수 있도록 자신의 능력을 최대한 발휘해야 한다.

(2) 고객의 주문여하에 따라서 그날의 매상이 결정된다는 생각하에, 사전에 추천하기로 결정한 상품을 집중적이고 효과적으로 설명하여 이윤증대에 기여해야 한다.

(3) 고객으로부터 고가품을 강매하는 인상을 주어서는 안 되므로, 항시 고객의 입장과 식당의 매상을 유념하여 가장 합리적인 주문이 이루어지도록 추천해야 한다.

(4) 추천 상품은 주로 그날의 특별요리, 새로 구입된 식자재 메뉴, 수익성이 높고 재고가 풍부한 상품, 특별행사 메뉴 등이 주종을 이루며 이런 상품들이 수익증대에 크게 이바지한다.

(5) 단골고객인 경우 사전에 기호를 암기하여 고객의 기호에 맞는 추천으로 고정고객과의 호의적인 관계유지를 돈독히 한다. 또한 고객관리 카드(Guest History Card)를 기록 유지하여 고객 이용 시 항상 만족한 서비스가 이루어지도록 한다.

(6) 식음료 영업장의 음료주문과 추가주문은 매출증진과 이익증대에 많은 비중을 차지하므로 적극적인 자세로 추천 판매하도록 한다.

3 추가판매기법 활용

1. 추가판매(Up-selling)기법

추가판매는 고객에게 더 나은 가격 조건을 제안하거나, 상품의 품질을 강조하는 등 고객이 희망했던 상품보다 단가가 높은 상품 판매 구입을 유도하는 판매방법으로 판매 증대는 물론 고객만족을 위해서도 중요한 마케팅 활동이다. 또한 추가판매는 단순히 고객에게 메뉴를 판매하는 것이 아니라, 식음료 영업장의 다양한 메뉴와 음료를 소개하고 추가 주문을 유도해내는 세련되고 상당한 스킬이 필요한 판매기법이다. 이러한 판매기법을 '추천판매(Suggestion Selling)' 또는 '격상판매'라고도 한다. 하지만 서투른 접근의 추가판매는 고객에게 강매한다는 인상을 주어 오히려 부작용이 일어나 식음료 영업장전체 이미지에 악영향을 끼칠 수 있으므로 되도록 직급이 캡틴 이상이나 경험 많은 직원들이 시도하는 것이 좋다.

2. 추가판매 기술의 중요성

(1) 이윤증대를 가져온다.

(2) 식음료 부문의 판매를 증가시킨다.

(3) 고객에게 보다 창의적인 서비스를 제공한다.

(4) 식음료 부서 직원의 능력과 자질을 향상시킨다.

(5) 직원들에게 보다 전문적인 판매기술을 익히게 한다.

3. 추가판매의 기본자세

(1) 손님을 향해 정 자세로 선다.

(2) 머리를 공손히 숙여 인사한다.

(3) 고객의 눈을 쳐다보며 이야기 한다.

(4) 항상 부드럽고 따뜻한 미소를 가진다.

(5) 고객이 편안히 이야기 할 수 있도록 적정한 거리를 유지한다.

(6) 고객에게 진심에서 우러나오는 서비스를 하고 있음을 보인다.

4. 추가판매의 실시 단계

(1) 제안판매(Selling by Suggestions)

(2) 특정품목 추천(Marking Specific Suggestions)

(3) 고객의 구매유도(Encouraging the Guest to Buy)

(4) 구매암시 신호(Silent Buying Signals)

(5) 메뉴설명(Describing Menu Item)

(6) 대안제시(Offering Alternatives)

(7) 고객의사 타진(Asking For A Decision)

(8) 고객 만족도 조사(Checking Guest Satisfaction)

(9) 불만사항 처리(Handling Objections)

연습문제

01. 숙박자의 편의도모와 여인숙인 여관의 영업적인 면이 고려되어 숙박에 식사를 곁들여 제공하는 Full Pension에서 유래된 이것의 순서로 알맞은 것은?

① 수프 - 치즈 - 샐러드 - 주요리
② 전채요리 - 생선 - 샐러드 - 후식
③ 수프 - 생선 - 치즈 - 주요리
④ 전채요리 - 치즈 - 주요리 - 후식

02. 정식메뉴의 특징으로 잘못된 것은?

① 고객의 입장에서 선택의 폭이 넓다.
② 원가가 절감된다.
③ 회계처리가 쉽다.
④ 가격이 비교적 저렴하다.

03. 일품요리 메뉴의 특징으로 알맞은 것은?

① 객 단가를 낮출 수 있다.
② 각 아이템별로 가격이 정해져있지 않다.
③ 낭비가 많다.
④ 식자재의 관리가 쉽다.

04. 요즘 각 식당들이 많이 선호하여 사용되는 메뉴로서 정식메뉴와 일품요리의 장점만을 혼합한 이 메뉴는?

① 뷔페 ② 연회용 메뉴
③ 특별메뉴 ④ 컴비네이션 메뉴

05. 컴비네이션 메뉴의 특징으로 알맞은 것은?

① 고객의 식습관 및 요구변화에 유연하게 대처할 수 없다.
② 객 단가를 낮출 수 있다.

③ 고객의 측면에서 선택의 폭이 좁다.
④ 메뉴상 아이템의 가격과 종류의 조정으로 식자재 원가의 상승에 대처할 수 있다.

06. 특별 메뉴의 장점으로 잘못 설명한 것은?

① 일품요리보다 가격이 저렴하다.
② 주문제작으로 다른 메뉴보다 시간이 오래 걸린다.
③ 고객의 선택을 흥미롭게 할 수 있다.
④ 매출액을 증진시킬 수 있다.

07. 다음 중 미국식 조식에 제공되지 않는 음식은?

① 감자튀김 ② 생선구이
③ 시리얼 ④ 과일

08. 다음 내용은 어느나라 조식을 설명한 것인가?

달걀요리가 나오지 않는 간단한 식사로 주스, 빵, 음료, 커피 또는 차 등이 주로 제공된다.

① 미국식 조식 ② 유럽식 조식
③ 비엔나 조식 ④ 영국식 조식

09. 다음 내용은 어떤 메뉴에 관한 설명인가?

요일별 · 주별 · 월별로 메뉴를 다양하게 세트화한 것으로 요리장의 아이디어와 기술을 발휘하여 일품요리의 메뉴에 없는 상품을 조리, 고객에게 새로운 별미로 식욕을 돋우게 하는 메뉴를 말한다. 또한 재료의 재고품 판매를 꾀할 수 있으며, 고객의 흥미를 유발시켜 매출액을 증진 시킬 수 있는 운영상의 장점을 가져 올 수 있다.

① 오늘의 메뉴 ② 계절 메뉴
③ 연회용 메뉴 ④ 축제 메뉴

10. 다음 중 메뉴의 종류로 옳지 않은 것은?

① 따블도트 ② 쉐프드랑
③ 알라까르뜨 ④ 데일리 스페셜

11. 다음 중 메뉴에 대한 설명으로 잘못된 것은?

① 메뉴란 말의 어원은 라틴어에서 온 말이다.

② 메뉴의 의미는 '상세히 기록한 것'이다.

③ 우리말로는 '차림표' 또는 '식단'이다.

④ 과거 계산서가 현대에 들어서 메뉴로 발전하였다.

12. 다음 중 일반적인 정식메뉴의 내용으로 알맞지 않은 것은?

① 전채요리 ② 샐러드

③ 아이스크림 ④ 주 요리

13. 다음 중 정식메뉴의 특징으로 옳지 않은 것은?

① 원가가 절감된다.

② 회계처리가 쉽다.

③ 고객 입장에서 선택의 폭이 넓다.

④ 식자재 관리가 용이하다.

14. 다음 중 일품요리메뉴의 특징으로 옳지 않은 것은?

① 인건비가 낮다.

② 객 단가를 높일 수 있다.

③ 다양한 서비스 방법을 이용할 수 있다.

④ 주로 고급레스토랑에서 많이 이용 된다.

15. 다음 중 뷔페의 특징으로 옳지 않은 것은?

① 패밀리 레스토랑과 같은 형태로 운영된다.

② 셀프서비스 레스토랑 이다.

③ 클로즈드 뷔페와 오픈 뷔페가 있다.

④ 일정 금액 지불 후 다양한 음식을 마음껏 먹을 수 있다.

16. 다음 중 식사 제공시간에 의한 분류로 옳지 않은 것은?

① Breakfast ② After Lunch

③ Brunch ④ Dinner

17. 다음 중 연회용 메뉴로 옳지 않은 것은?

① 출장 케이터링 메뉴 ② 칵테일 파티 메뉴

③ 티 파티 메뉴 ④ 사이클 메뉴

18. 다음 메뉴 중 제공되는 품목에 의한 분류로 옳지 않은 것은?

① 양식 메뉴 ② 동양식 메뉴

③ 채식가를 위한 메뉴 ④ 고정 메뉴

19. 다음 중 식음료 상품 추가 판매의 실시 단계로 옳지 않은 것은?

① 메뉴제공 ② 제안판매

③ 메뉴설명 ④ 대안제시

정답

1	2	3	4	5	6	7	8	9	10	11	12	13	14	15
②	①	③	④	④	②	②	②	①	②	④	③	③	①	①
16	17	18	19											
②	④	④	①											

Chapter 03

환영 환송

환영 환송은 고객환영과 환송을 위해 개인용모를 갖추어 인사하고,
해당 좌석까지 안내하는데 요구되는 능력이다

3.1 개인 용모 점검하기

수행준거

1. 규정에 맞는 청결한 복장과 두발을 유지할 수 있다.
2. 손과 손톱을 청결하게 유지할 수 있다.
3. 규정에 맞는 액세사리 기준을 유지할 수 있다
4. 지나친 향수 사용을 삼가고 고객에게 불편을 끼칠 수 있는 불편한 냄새가 나지 않게 할 수 있다.
5. 근무 중 흡연, 음주, 취식, 약물복용에 대해 규정을 따를 수 있다.
6. 정기적인 의료검진을 받을 수 있다.

1 용모규정

1. 용모 규정

(1) 개인위생(Individual Hygiene)의 정의

개인위생이란 공중위생에서는 개인을 대상으로 하는 위생이라고 정의하고 있지만 일반적으로는 개인에 관련된 건강의 유지, 증진을 정의하면서 공중위생과 대비해서 사용되는 경우도 있다. 개인위생은 적절한 영양, 심신의 단련, 규칙적인 생활 등을 기본으로 하고 신체의 손을 늘 씻는 것, 청결 등이 포함된다. 또한 세계보건기구(WHO)는 '모든 사람의 건강은 세계의 평화와 안전을 달성하는 기초' 라고 하였고, 그 헌장에서 '건강이란 신체적 · 정신적으로 그리고 사회

적으로도 쾌적한 상태에 있는 것을 말하는 것이지, 단순히 질병에 걸려 있지 않다는 정도를 말하는 것은 아니다'라고 정의하였다.

과거 질병의 원인이 개인의 책임으로 돌아가 개인위생의 중요성이 강조되었다. 하지만 개인의 책임이 아닌 질환(공해 등)이 등장함으로써 사회 또는 환경의 위생 및 공중위생에 중점을 두게 되었지만 개인위생의 중요성은 결코 소홀히 해서는 안 되며, 위생의 실천에 가장 기본이 되는 것임을 명심해야 한다.

특히 식음료 영업장에서의 개인위생은 개인에게 민감하고 사소한 문제이지만 서비스의 안정성에는 결정적인 영향을 끼친다. 특히나 질병은 어는 부분에서도 전파될 수 있음으로 식음료 분야에 종사하는 종사자는 개인위생 관리에 특별히 신경을 써야 한다. 또한 식음료 영업장의 위생 관리에 있어 가장 기본이 되는 것은 업무 종사자들의 개인위생 관리이다.

(2) 용모규정의 정의

용모는 외적인 이미지(Image)만을 전담하는 것이 아니라 개인의 내면적 성향과 소양과 교양의 표현이다. 즉 첫인상을 좌우하는 중요한 요소이며, 일에 대한 성의와 의욕을 나타낸다.

식음료 영업장은 그 자체가 식음료 서비스의 전부이며, 종사원은 식음료 영업장의 인적서비스자원이다. 특히 종사원의 복장과 몸가짐은 식음료 영업장을 방문하는 고객의 눈에 제일 먼저 들어온다. 즉, 식음료 영업장의 이미지는 종사원의 용모와 태도에 의해 좌우 된다고 말할 수 있기에, 종사원이 자신의 용모를 점검하고 관리하는 것은 고객에 대한 기본 예의이며, 좋은 용모를 지니기 위해서는 청결, 절제, 품격의 세 가지 조건을 갖추어야 하다. 이에 용모규정이란 식음료 영업장의 종사자가 갖추어야 할 개인 신체 위생, 의복조건 등의 용모에 관한 내용을 규칙으로 정한 것을 말한다.

① 남자 서비스 종사원의 용모 규정

▸ 두발

- 단정하게 손질되었는지 확인한다.
- 두발은 짧게 귀 부분이 덮이지 않아야 하며, 머리가 흘러 이마를 덥이지 않도록 한다.
- 뒷머리는 짧게 깎아서 와이셔츠 칼라 부분을 덥지 않도록 한다.
- 장발과 파마는 금한다.

- 비듬과 불쾌한 냄새를 예방하기 위해 매일 머리를 감으며 청결상태를 유지한다.

▸ 얼굴

- 면도는 매일하여 상쾌하고 단정한 인상을 주도록 한다.
- 구레나룻은 귀 이하로 내려오지 않도록 깎아야 한다.
- 콧속 털이 밖으로 나오지 않도록 정리한다.
- 향이 강한 화장품이나 향수는 사용을 금한다.
- 얼굴에 난 상처나 피부병은 즉시 치료하고, 가능한 고객과의 접촉을 피한다.
- 식사, 또는 흡연 후에는 반드시 양치질을 하고, 입 냄새가 있는 사람은 적절히 조치한다.
- 미소 띤 밝은 표정을 항상 유지한다.

▸ 손과 입

- 손은 항상 청결을 유지한다.
- 손톱은 짧게 깎고, 불순물이 끼지 않도록 관리한다.
- 특정한 손가락의 손톱을 기르는 것은 금한다.
- 손에 상처가 있는 경우에는 서비스에 임해서는 안 된다.
- 식후에는 반드시 양치질하여 입 냄새에 주의한다.
- 근무 중에는 가능한 흡연을 삼가고 흡연 후에는 반드시 양치질 또는 가글하여 냄새가 나지 않도록 한다.

▸ 근무복(Uniform)

- 근무복은 항상 청결하고, 다림질이 잘 되어진 단정하고 깨끗한 지정된 복장을 착용한다.
- 소매 끝, 깃 등이 더러운 것은 착용하지 않는다.
- 단추가 없거나 바느질이 터진 곳이 없는지 확인한다.
- 근무복의 바지는 무릎이 나오지 않도록 다림질하여 착용한다.
- 바지의 길이는 너무 짧거나 길지 않는 양말이 보이지 않을 정도가 적당하다.
- 먼지나 비듬이 묻지 않은 청결한 복장이 되도록 주의한다.
- 필기도구는 반드시 안주머니에 넣고, 주머니가 볼록하면 보기 흉하므로 불필요한 물건은 주머니에 넣지 않는다.
- 지정된 명찰과 배지는 정 위치에 반듯하게 부착한다.

▸ 와이셔츠와 넥타이
- 지정된 와이셔츠를 착용한다.
- 깨끗하게 세탁된 와이셔츠를 착용한다.
- 소매 끝과 목 주위가 깨끗한지, 구겨지거나 음식물의 자국은 없는지 확인한다.
- 소매길이는 1~2cm 정도 유니폼의 소매보다 조금 더 긴 것이 알맞다.
- 옷자락이 바지 바깥으로 절대 보여선 안 된다.
- 넥타이의 길이와 핀의 위치는 적정한지 확인한다.

▸ 구두
- 구두는 검정 단화가 원칙이다.
- 구두의 모양과 색상은 지정된 것으로 신는 것이 원칙이며, 지정되지 않았다면 가급적 검정색 양복과 같은 계열 색으로 신는다. 특히 흰색은 금물이다.
- 장식이 복잡하게 달린 구두는 피한다.
- 절대 구겨 신어서는 안 된다.
- 구두는 언제나 광택이 나는 것을 착용한다.
- 구두 착용 후에는 잘 손질해서 보관한다.
- 항상 수선되고, 관리 되어진 구두를 신는다.

▸ 양말
- 양말의 색상은 검정, 곤색 등의 무난한 색상을 선택하며, 화려한 색상은 배제한다.
- 양말은 냄새가 나지 않도록 항상 깨끗이 세탁한다.
- 근무 시에는 불결해지기 쉽기에 하루 1회 내지 2회 정도 갈아 신는다.
- 항상 여분을 준비해 둔다.

▸ 액세서리
- 안경은 렌즈의 색상이 짙은 것은 착용을 금지한다.
- 반지는 결혼반지, 약혼반지를 검소한 범위에서 부분적으로 허용한다.
- 목걸이는 유니폼 밖으로 보이면 안 된다.
- 고급시계 착용을 피하고, 지름 5cm 이하의 것을 착용한다.
- 팔찌는 금지한다.
- 귀걸이는 금지 한다.
- 요란한 액세서리는 일체 착용하지 못한다.

② 여자 서비스 종사원의 용모 규정

▸ 두발

- 단정하게 손질 한다.
- 긴 머리는 흘러내리지 않도록 핀이나 끈으로 단정히 묶고, 단발머리는 귀 뒤로 넘기도록 한다.
- 윤기 있는 건강한 머리결을 유지한다.
- 요란한 파마를 해서는 안 된다.
- 검정색 이외에 다른 색으로 염색하지 않도록 한다.

▸ 얼굴 및 화장

- 화장 및 얼굴은 밝고 청결한 느낌으로 너무 진한 화장은 피한다.
- 눈 화장(Eye Shadow, Eye Line)은 자연스런 색상한다.
- 립스틱은 짙은 색상을 피하고 자연스런 색상으로 한다.
- 향이 강한 화장품이나 향수는 금한다.
- 식사 후에는 반드시 양치질을 해야 하며, 입 냄새가 있는 사람은 적절한 조치를 취한다.
- 얼굴에 난 상처나 피부병은 즉시 치료하고, 가능한 고객과의 접촉을 피한다.
- 얼굴은 밝은 표정으로 자연스런 미소를 짓는다.

▸ 손과 손톱

- 손은 항상 청결을 유지한다.
- 손톱은 짧게 깎고, 불순물이 끼지 않도록 관리한다.
- 메니큐어는 자연스럽고 연한 색으로 허용하나 가능한 사용을 금하며 벗겨져 있지 않은지 확인한다.
- 특정한 손가락의 손톱을 기르는 것은 금한다.
- 손에 상처가 있는 경우에는 서비스에 임해서는 안 된다.

▸ 근무복(Uniform)

- 근무복은 항상 청결하고, 다림질이 잘 되어진 단정하고 깨끗한 지정된 복장을 착용한다.
- 소매 끝, 깃 등이 더러운 것은 착용하지 않는다.
- 단추가 없거나 바느질이 터진 곳이 없는지 확인한다.
- 속이 들여다보이지 않는 것을 착용한다.

- 블라우스 밖으로 나오지 않도록 조심한다.
- 스커트의 길이와 폭은 회사 규정에 따르고, 바느질이 터진 곳이 없는지 확인한다.
- 소매 끝, 깃 등이 더러운 블라우스를 입어서는 안 된다.
- 근무복의 바지는 무릎이 나오지 않도록 다림질하여 착용한다.
- 바지의 길이는 너무 짧거나 길지 않는 양말이 보이지 않을 정도가 적당하다.
- 먼지나 비듬이 묻지 않은 청결한 복장이 되도록 주의한다.
- 필기도구는 반드시 안주머니에 넣고, 주머니가 볼록하면 보기 흉하므로 불필요한 물건은 주머니에 넣지 않는다.
- 에이프런(Apron)은 다림질이 잘 된 것으로 사용하고, 매듭을 보기 좋게 묶어 깨끗이 착용한다.
- 한복치마는 땅에 질질 끌리지 않도록 길이를 잘 맞추어 착용하고, 저고리 동정은 수시로 교체하여 깨끗이 입도록 한다.
- 지정된 명찰과 배지는 정 위치에 반듯하게 부착한다.

▸ 양말과 스타킹(Stocking)
- 근무 중에는 항시 스타킹을 착용한다.
- 피부색에 맞는 스타킹과 양말을 선택한다.
- 올이 빠진 것은 착용하지 않으며, 흘러내리지 않도록 주의한다.
- 항상 여분을 준비해 둔다.
- 양말과 스타킹은 냄새가 나지 않도록 항상 깨끗이 세탁한다.

▸ 구두
- 구두는 검정 단화가 원칙이다.
- 구두의 모양과 색상은 지정된 것으로 신는 것이 원칙이며, 지정되지 않았다면 가급적 검정색 양복과 같은 계열 색으로 신는다. 특히 흰색은 금물이다.
- 장식이 복잡하게 달린 구두는 피한다.
- 절대 구겨 신어서는 안 된다.
- 구두는 언제나 광택이 나는 것을 착용한다.
- 구두 착용 후에는 잘 손질해서 보관한다.
- 항상 수선되고, 관리 되어진 구두를 신는다.

▸ 액세서리

- 안경은 렌즈의 색상이 짙은 것은 착용을 금지한다.
- 반지는 결혼반지, 약혼반지를 검소한 범위에서 부분적으로 허용한다.
- 목걸이는 유니폼 밖으로 보이면 안 된다.
- 화려하고, 고급시계는 착용을 피하고, 시계는 단정하고 작은 것을 착용한다.
- 팔찌는 금지하지만 업장별 매뉴얼에 따라 한 개까지 허용하기도 한다.
- 귀걸이는 금지 한다.
- 요란한 액세서리는 일체 착용하지 못한다.

③ 종사자의 위생적인 습관

▸ 매일 머리를 감고 목욕을 한 후에 출근하여야 한다.

▸ 습관적으로 코를 마지거나 헛기침을 하지 말아야 한다.

▸ 업무 중 담배를 피우거나, 껌을 씹거나, 침을 뱉지 말아야 한다.

▸ 휴식을 취할 때에는 휴게실을 이용하여 하며, 휴게실을 항상 청결하게 유지하여야 한다.

2 영업장 위생

1. 위생법

(1) 식품위생법

「식품위생법」은 「식품위생법 제1장, 제1조 식품위생의 목적」에 의거, 식품으로 인하여 생기는 위생상의 위해(危害)를 방지하고 식품 영양 의 질적 향상을 도모하며 식품에 관한 올바른 정보를 제공하여 국민 보건의 증진에 이바지함을 목적으로 한다.

(2) 건강진단

고객에게 위생적이고, 안전한 서비스를 제공하기 위해서는 종사자는 법에서 정하는 바에 따라 정기적으로 건강 진단을 받아야 하며, 건강 진단 결과 문제가 있는 사람은 즉시 식품을 취급하는 서비스 업무에서 제외하여야 한다. 또한 건강 진단을 실시한 결과 이상이 없는 사람에게는 건강 진단 수첩을 발급받아 소지할 수 있어야 한다.

식품위생법에서 건강진단은 「식품위생법 제1장 총칙, 제40조」에 총4가지 항목으로, 개인의 건강진단에 대하여 아래의 내용과 같이 다루고 있다.

① 보건복지가족부령으로 정하는 영업자 및 그 종업원은 건강진단을 받아야 한다. 다만, 다른 법령에 따라 같은 내용의 건강진단을 받는 경우에는 이 법에 따른 건강진단을 받은 것으로 본다.

② 제1항에 따라 건강진단을 받은 결과 타인에게 위해를 끼칠 우려가 있는 질병이 있다고 인정된 자는 그 영업에 종사하지 못한다.

③ 영업자는 제1항을 위반하여 건강진단을 받지 아니한 자나 제2항에 따른 건강진단 결과 타인에게 위해를 끼칠 우려가 있는 질병이 있는 자를 그 영업에 종사시키지 못한다.

④ 제1항에 따른 건강진단의 실시방법 등과 제2항 및 제3항에 따른 타인에게 위해를 끼칠 우려가 있는 질병의 종류는 보건복지가족부령으로 정한다.

(3) 식품위생교육 「식품위생법 제1장 총칙, 제41조」

① 대통령령으로 정하는 영업자 및 유흥종사자를 둘 수 있는 식품접객업 영업자의 종업원은 매년 식품위생에 관한 교육(이하 "식품위생교육"이라 한다)을 받아야 한다.

② 제36조제1항 각 호에 따른 영업을 하려는 자는 미리 식품위생교육을 받아야 한다. 다만, 부득이한 사유로 미리 식품위생교육을 받을 수 없는 경우에는 영업을 시작한 뒤에 보건복지가족부장관이 정하는 바에 따라 식품위생교육을 받을 수 있다.

③ 제1항 및 제2항에 따라 교육을 받아야 하는 자가 영업에 직접 종사하지 아니하거나 두 곳 이상의 장소에서 영업을 하는 경우에는 종업원 중에서 식품위생에 관한 책임자를 지정하여 영업자 대신 교육을 받게 할 수 있다. 다만, 집단급식소에 종사하는 조리사 및 영양사가 식품위생에 관한 책임자로 지정되어 제56조제1항 단서에 따라 교육을 받은 경우에는 제1항 및 제2항에 따른 해당 연도의 식품

위생교육을 받은 것으로 본다.

④ 제2항에도 불구하고 조리사 또는 영양사의 면허를 받은 자가 제36조제1항제3호에 따른 식품접객업을 하려는 경우에는 식품위생교육을 받지 아니하여도 된다.

⑤ 영업자는 특별한 사유가 없는 한 식품위생교육을 받지 아니한 자를 그 영업에 종사하게 하여서는 아니 된다.

⑥ 제1항 및 제2항에 따른 교육의 내용, 교육비 및 교육 실시 기관 등에 관하여 필요한 사항은 보건복지가족부령으로 정한다.

2. 영업장 위생

(1) 청결의 원칙

① 근무 중 개인의 위생을 위하여 자주 손을 닦아 주어야 한다.

② 세균에 노출이 쉬운 손은 따뜻한 물로 비누칠하여 깨끗이 닦아야 한다.

③ 식품, 식품 취급자의 손, 주방 설비, 기구 등은 항상 청결을 유지해야 한다.

④ 알코올 소독제를 사용할 수 있다.

⑤ 흡연 후 또는 음식 섭취 후에는 반드시 양치질을 하여야 한다.

⑥ 위생교육을 통해 개인위생 상태에 대해 점검과 관리 유지 되어야 한다.

(2) 회사의 위생 관리

① 식음료 영업장의 위생 관리 규정은 고객에게 안전하고 위생적인 메뉴를 공급할 수 있게 함을 목적으로 한다.

② 식음료 영업장의 위생 관리 규정은 작업장의 시설 및 환경, 조리 기구, 설비, 보관 및 운송 등의 공정의 단계별로 준수해야 할 모든 위생 관리 규정 및 방법에 대하여 적용한다.

③ 직원 위생은 직원의 청결 상태, 복장 상태, 건강 상태 및 손 세척 상태, 위생적인 행동과 개인별 보건 관리를 포함한다.

④ 개인의 위생 상태는 식음료 영업장의 위생 규정에 따라야 하며, 식음료 영업장의 내부 규정에 따라 점검할 수 있다.

⑤ 조리 및 서빙 시 잡담을 하거나 음식 채취, 껌을 씹는 등 비위생적인 행동을 삼

가야 한다.

⑥ 병원성 질환을 가지고 있는 작업자는 제품과 직접 접촉하는 작업에서 제외한다.

⑦ 위생교육을 실시하여 꾸준하고, 정기적으로 직원들의 위생에 대한 관리와 감독이 되어야 한다.

2. 영업장 위생 수행 요령

(1) 손 씻기

자신과 타인의 건강을 보호하는 아주 쉽고도 간단한 방법이 이 바로 손 씻기이다. 식음료 영업장 서비스종사원의 손 씻기 정의는 종사원이 서비스 행위 시, 필수적인 신체 부위인 손을 통해 유해요소가 고객에게 전달되는 것을 방지와 차단하기 위해서 정해진 과정을 통한 소독과 살균을 하는 행위이다.

(2) 손 씻기 과정 및 요령

① 온수로 적심

- 35~40℃ 온수로 손을 적신다.

② 비누 묻힘

- 항균 성분이 포함된 비누나 세정제를 이용하면 더 효과적이다.
- 비누는 물비누가 좋다. 고형비누의 경우 젖은 상태에서는 오염이 되기 쉽기 때문에 작게 잘라서 사용하거나 잘 말려서 사용하는 것이 좋다.
- 비누를 사용해 흐르는 물로 올바른 방법에 따라 씻는다면 손에 남아 있는 세균의 약 99.8%를 제거할 수 있다.
- 먼저 비누 거품을 충분히 내 손과 팔목까지 꼼꼼히 문질러 닦아야 한다.

③ 손가락 세척

- 흐르는 물에 깨끗하게 헹군다. 손가락 끝과 손가락 사이를 문질러 씻는다.

④ 손톱 세척

- 손톱 밑은 손을 씻을 때 지나치기 쉬운 부위.
- 손톱은 세균의 온상으로 씻을 때는 손톱을 반대쪽 손바닥에 문질러 씻어야 한다.

⑤ 20초간 문지름

▸ 20분간 양손을 비벼서 꼼꼼히 문지른다.

⑥ 깨끗한 물로 헹굼

▸ 깨끗한 온수로 비누거품이 남지 않도록 깨끗이 헹군다.

⑦ 살균 타월 및 건조기로 건조

▸ 손을 씻고 난 다음에는 일회용 종이 타월이나 온열 건조기를 이용해 물기를 완전히 건조시킨다.

▸ 여럿이 사용하는 수건은 균의 또 다른 매개체가 될 수 있기 때문에 1회용 종이타월이나 내부 세정이 잘 되 있는 공기 건조기를 사용한다.

⑧ 만약 공중 화장실 등 비누가 없는 곳이라도 생략하지 말고 물만으로도 손을 씻도록 한다.

▸ 흐르는 물로만 씻어도 세균 제거에 상당한 효과가 있다는 사실이 밝혀졌다.

3. 손 씻기가 필요한 상황

(1) 화장실을 다녀온 경우

(2) 식음료 서비스를 시작하기 전인 상황

(3) 머리카락, 얼굴 및 신체 부위를 만진 경우

(4) 재채기 및 기침을 한 경우

(5) 음식물을 먹거나 마신 경우

(6) 담배를 피우거나 껌을 씹은 경우

(7) 생 식품(돼지고기, 생선 등)을 취급한 경우

(8) 청소를 한 경우

(9) 쓰레기를 치운 경우

(10) 손을 오염시킬 수 있는 물건을 만진 경우

4. 식음료 서비스종사원의 근무를 중지 시켜 할 경우 발생 시 요령

식음료 영영장의 식음료 서비스 종사원은 고객이 취식할 식음료를 다루는 일을 함으로, 사소하고 작은 질병 발생 시에도 바로 격리 시켜야 하며, 질병 증후가 없더라도 보균상태에 의한 감염도 고려해서 근무로 중지 시키거나 가택 휴식을 취하게 해야 한다.

(1) 관리자에게 즉시 보고하게 한다.

(2) 근무자의 상태가 오염시킬 우려가 있는 경우 업무를 중지시키고 병원에 가도록 한다.

(3) 상처 난 손, 덴 곳, 설사 증상, 피부 가려움증, 콧물, 발진, 구토, 감기 증상이 있는 사람은 근무에서 제외시킨다.

(4) 구급약품을 항시 비치한다.

(5) 오염 음식 및 오염 예상 음식을 별도 폐기해야 한다.

3.2 인사하기

수행준거

1. 시간, 장소, 상황에 맞는 인사말을 구사할 수 있다.
2. 고객을 환대하는 표정을 연출할 수 있다.
3. 예의 있고 바른 태도로 인사할 수 있다.

1 환영 · 환송 인사 표정 연출

1. 환영 · 환송 인사 표정의 중요성

얼굴은 사람의 신체 가운데 가장 표현력이 뛰어나고 눈에 쉽게 띄는 부분이다. 사람의 얼굴에는 무려 80여 개의 근육조직으로 구성되어 7,000가지 이상의 표정을 만들 수 있다고 한다. 그 수천 가지의 표정 중 우리는 주위에서 몇 가지 표정들을 볼 수 있는가? 표정 있는 사람들보다는 표정없는 사람들이 더 많은 것이 이 시대 우리 사회이다. 밝고 명랑한 표정은 분위기를 부드럽게 하여 상대의 마음을 열리게 하며, 편하게 해준다. 따라서 인간관계를 원활하게 함으로써 주위의 많은 사람들을 모이게 한다.

웃는 얼굴, 미소 띤 밝은 표정, 명랑한 표정은 상대방의 마음까지 즐겁고 유쾌하게 만드는 마력을 발휘한다. 상대에게 좋은 표정으로 첫 인상을 좋게 호감을 갖게 하는 것은 매우 중요한 것으로 성공의 요건 중 하나이다. 좋은 표정의 얼굴은 호감을 살 수 있는 만국공통어이며, 돈 안들이고 자신을 홍보할 수 있는 수단임을 잊어서는 안 된다. 그리고 고객을 응대하는 서비스 종사원의 의무이자 기본요건이다.

(1) 환영 · 환송 인사 표정 연출

① 표정의 중요성

▸ 표정은 인격 형성에도 영향을 미친다.

▸ 표정은 첫인상, 이미지를 결정짓는 중요한 요소이다.
▸ 표정은 기분이나 감정을 표현하는 비언어적 소통수단이다.
▸ 첫인상은 처음 대면 후 5초 내외에 80%가 결정된다.
▸ 첫인상이 좋아야 그 이후의 대면이 호감있게 이루어지며 기억에 오래 남는다.
▸ 밝은 표정은 인간관계의 기본이다.
▸ 밝은 표정이 긍정적 사고를 가져오고 바른 행동이 나온다.

② 눈의 표정

▸ 눈은 사람의 심리상태를 그대로 반영한다. 항상 맑고 밝은 눈을 유지한다.
▸ 자연스럽고 부드러운 시선으로 상대를 본다.
▸ 가급적 고객의 눈높이와 맞춘다.
▸ 다정한 표정, 사랑이 담긴 눈빛으로 상대에게 좋은 이미지를 심어준다
▸ 고객이 싫어하는 시선
- 위로 치켜뜨는 눈
- 눈을 자주 깜박이는 버릇. 눈동자를 좌, 우, 상, 하 굴리는 눈
- 아래로 뜨는 눈
- 힐끔 힐끔 곁눈질하는 눈
- 아래, 위로 훑어보는 눈
- 한곳만 응시하는 눈
- 초점을 잃은 눈

③ 미소

여러 가지 표정 중 가장 아름다운 표정은 미소를 담은 표정이다. 나이팅게일은 "여성에게 있어서 최고의 화장술은 웃는 것이다"라고 했다. 마음에서 우러나오는 진정한 미소는 이 세상에서 가장 값진 보물이다. 미소 띤 표정은 첫 인상을 좋게하며, 상대를 편하게 해주며, 여유가 있어 보이고 상대로 하여금 호감을 갖게하는 현대사회의 기본 매너이자 접객서비스의 기초이다.

▸ 미소는 대인관계나 사업성공의 기본이다.
▸ 입 꼬리가 올라가게 웃는 미소가 매력적이며 아름답다.
▸ 미소는 세계 공통어이며, 국제매너의 기본이다.
▸ 미소가 있는 밝은 표정은 자신의 가치를 만드는 것이다.

(2) 표정 훈련연습

서비스 종사자들은 좋은 표정을 항상 유지하기 위해서는 얼굴근육을 풀어주는 얼굴근육풀기 준비 운동이 필요하며, 자연스럽고 다양한 표정을 연출을 위해서는 연습을 통해 가능하도록 한다.

① 얼굴근육풀기

▸ 눈썹 : 눈을 크게 뜨고 눈썹을 치켜 올렸다 내렸다 한다.

▸ 눈
- 뜨면서 정면을 보고 바로 위나 아래를 올려 본 후 눈을 감는다.
- 뜨면서 정면을 보고 바로 오른쪽이나 왼쪽을 본 후 눈을 감는다.
- 뜨면서 정면을 본다.

▸ 눈빛 : 눈빛은 사람의 감정의 나타내기에 '나는 당신을 사랑합니다.'라는 눈빛을 옆 사람에게 보내며 눈빛 연습을 한다.

▸ 코 : 콧등을 위로 끌어 올렸다 내린다.

▸ 볼 : 양쪽 볼에 바람을 넣은 후 입을 다물고 오른쪽, 왼쪽으로 바람을 이동시키며 연습한다.

▸ 입 : 입을 크게 동작하면서 "하, 히, 후, 헤, 호"라고 크게 외쳐 본다.

▸ 얼굴 디스코 : 얼굴을 최대한 크게 마음대로 움직여 본다.

② 미소 훈련법

골뱅이....... 김치....... 위스키...... 등 「이」 모음이 끝에 오는 단어를 발음하면서 웃는 연습을 한다.

③ 미소 훈련 시 체크사항

▸ 입술모양이 초승달처럼, 입술 양끝이 위로 올라가는가?

▸ 눈이 웃고 있는가?

▸ 윗니가 드러나는가? (윗몸이 2mm이상 보이면 안 된다.)

▸ 쓴웃음, 마지못해 웃는 웃음은 아닌가?

▸ 표정 전체가 밝은가?

▲ 밝은 모습의 호텔리어

(3) 종사원의 환영 · 환송 인사 표정의 기본자세

① 접객 종사원의 표정은 고객을 위하여 관리되어야 한다.
② 상황에 맞는 표정연출을 할 수 있어야 한다.
③ 고객에게 환대, 친절, 감사와 같은 진심어린 감정을 표현할 수 있어야 한다.
④ 고객이 오면 친절히 정성을 다하여 모시겠다는 의미를 보여야 한다.
⑤ 고객이 나갈 때는 고객에 대한 감사의 표시를 인사와 표정에 담아야 한다.
⑥ 고객을 진심으로 환대하는 마음이 전달되어야 한다.
⑦ 정중하고 예의 바르게 밝고 상냥하게 해야 한다.

2 환영 · 환송 인사 자세

1. 인사

사람이 존재하는 곳에서는 인사가 모든 예절의 기본이며, 인간관계의 시작이다. 인사는 서비스의 첫 동작이며 마지막 동작이다. 인사는 존경과 경애의 표시로서 고객에게는 프로정신의 표현이며, 웃어른에게는 존경심의 표현이고, 친구 간에는 우애의 상징이며, 서비스 종사원의 자격을 가늠하는 기준이 되며, 인간됨을 잘 나타내는 바로미터이자 서비스의 중요기법이다.

(1) 인사의 중요성

① 인사는 서비스의 근원이다.
② 인사는 고객과 만나는 관문이다.
③ 인사는 고객에 대한 마음가짐의 표현이다.
④ 인사는 고객에 대한 서비스정신의 표시이다.

▲ 바른 자세의 인사 모습

(2) 인사의 마음가짐

① 정성과 감사의 마음으로 한다.

② 예절바르고 정중하게 한다.

③ 밝고 상냥한 미소로 한다.

④ 경쾌하고 겸손한 인사말과 함께 한다.

▲ 고객에게 인사할 때는 마음속에서도 감사하는 마음을 갖는 것이 진정한 인사하고 할 수 있다.

(3) 인사의 종류와 동작요령

① 15° 인사(반절)

- ▸고객과 마주칠 때의 가벼운 인사에 주로 사용.
- ▸고객의 이야기를 들을 때.
- ▸악수를 나눌 때.
- ▸명함을 교환할 때.

② 30° 인사(보통 절)

- ▸고객에 대한 정식 인사로 주로 사용.

③ 45° 인사(최경례)

- ▸고객에 대한 정중한 인사에 주로 사용.
- ▸감사나 고마움을 표할 때.
- ▸사과나 용서를 구할 때.
- ▸고객을 배웅할 때.

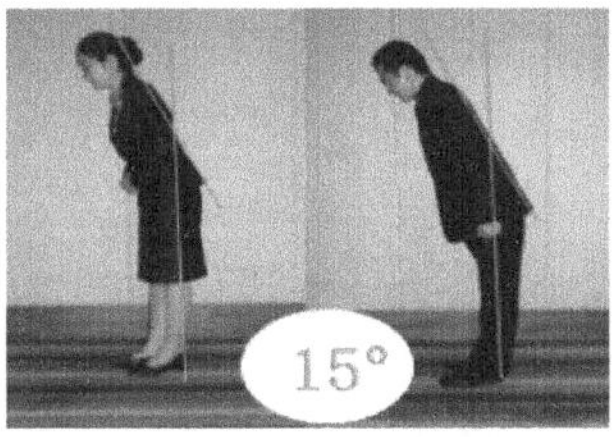

▲ 15° 인사(반절)

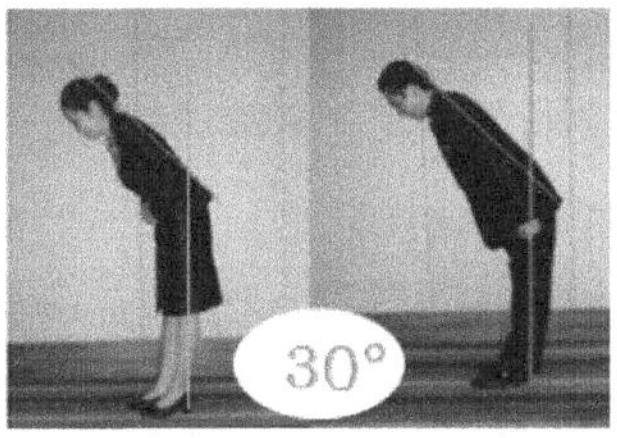

▲ 30° 인사(보통 절)

▲ 45° 인사(최경례)

▼ 인사의 종류와 방법

구 분	반 절	보 통 절	최 경 례
인사의 속도	• 하나 : 구부림 • 둘 : 폄	• 하나 : 구부림 • 둘 : 멈춤 • 셋 : 폄	• 하나, 둘 : 구부림 • 셋 : 멈춤 • 넷, 다섯 : 폄
인사의 각도	15~20°	30°	45°
시선	발 1m 전방	발 2m 전방	발 5~6m 전방
양손의 위치	• 남성 : 손을 편 채로 엄지손가락을 감싸서 바지 재봉 선에 댄다. • 여성 : 왼손으로 오른손을 감싸서 아랫배에 가볍게 댄다.		
발	• 뒷꿈치를 맞 닿고 앞은 30°로 벌린다.		
표정	• 가벼운 미소		
허리, 머리	• 허리에서 머리까지 일직선 유지(머리만 숙이거나 허리만 굽히지 않는다)		
인사말	• "안녕하십니까?" 등의 인사말은 구부리는 동안에 한다.		
다리	• 곧게 펴고 무릎을 붙인다.		
엉덩이	• 엉덩이가 뒤로 빠지지 않도록 한다.		
주의	• 눈을 치켜뜨지 않는다.		

2. 인사훈련의 방법

(1) 인사의 기본 훈련 방법

① 기본자세로 바로 선다.

② 시선을 상대와 맞추고 얼굴에는 미소를 띤다.

③ 미소 띤 얼굴로 먼저 상냥하게, 상대방이 알아듣게, 밝고 명랑한 목소리로 인사말을 한다.

④ 15°, 30°, 45° 등 정해진 각도에 따라 상체를 굽힌다(허리를 굽히고 목과 등을 반

듯하게 한다).

⑤ 천천히 허리를 편다.

⑥ 바른 자세가 될 때까지 반복한다.

(2) 잘못된 인사

① 고개만 끄덕이는 인사.

② 표정이 없는 인사.

③ 눈 맞춤(Eye Contact)이 없는 인사.

④ 인사말이 분명치 않은 성의 없는 인사.

(3) 공수 방법(손 맞잡는 방법)

① 남자 : 평상시 공수는 왼손이 위로 가도록 한다. 흉사 시 공수는 오른손이 위로 가도록 한다.

② 여자 : 평상시 여자는 오른손이 위로 가도록 한다. 흉사 시 공수는 왼손이 위로 가도록 한다.

3 접객용어

1. 바른 언어

(1) 언어사용의 중요성

일반적으로 의사소통을 할 때에는 주로 언어를 대화의 도구로 하여 서로의 의사를 전달한다. 즉 대화란 혼자 하는 것이 아닌 서로 간에 이루

어지는 것으로 정확한 의사표현뿐만 아니라 상대의 입장이나 감정을 이해하도록 노력하는 것이 중요하다. 제 아무리 친절한 마음, 봉사하려는 마음을 가지고 있다 하여도 말 한마디 못하고 속으로만 끙끙거려서야 누가 알아줄리 없고, 고마움을 느끼지도 못할 것이다.

언어를 사용하여 말을 주고받아 서로의 의사를 전달하고 이해시킴으로써 감동을 불러일으켜 행동의 변화를 유발하는 것이 대화의 목적이며, 그런 말을 할 줄 아는 사람이 바로 말 잘하는 훌륭한 서비스 종사원인 것이다.

올바른 언어의 사용여부에 따라 그 사람의 인품이나 교양 등을 짐작할 수 있듯이 "말은 곧 인격의 표현"이라 할 수 있다. 따라서 대화의 상대가 누구이든 간에 상대의 입장이나 생각을 이해하고 존중하며 바른 언어를 사용하여 호감을 얻도록 하며, 성심성의껏 상대의 말을 듣는 자세도 중요하다. 잘 듣는 것이 대화의 기본이기 때문이다.

(2) 대화의 요령

① 대화의 3원칙

- 대화는 명확하고 상냥하고 부드럽게 하라.
- 열의, 성의, 호의를 가지고 진심으로 말하라.
- 작은 소리로 간결하고 명료하게 말하라.

② 말할 때의 요령

- 항상 부드러운 미소를 띠고, 밝고 명랑한 표정으로 말한다.
- 정확한 발음과 상냥하고 맑은 목소리로 1분에 350자의 속도를 기준으로 하여 말의 속도를 시간, 장소, 상황에 따라 변화 있게 말한다.
- 말을 할 때에는 상대방의 눈을 차분하게 바라보며 말을 하되, 상대 얼굴의 흉터나 결함에 시선을 두지 않는다.
- 이해하기 쉬운 언어를 사용하여 알아듣기 쉽고 이해하기 쉽도록 말한다.
- 가능한 한 상대의 관심과 흥미에 초점을 맞춰 말을 한다.
- 불필요한 말버릇은 듣기에 거북하므로 고치도록 노력한다.
- 바른 언어의 사용은 곧 인품의 고상함을 나타낸다. 예의바른 존대어를 사용하여 말을 한다.

③ 들을 때의 요령

- ▸상대의 얼굴을 바라보며 진지한 표정과 자세로 듣는다.
- ▸맞장구치며 듣는 것 또한 말을 잘하는 것 이상으로 중요하다.
- ▸편안한 자세를 취하되 바른 자세에서 취해야 할 팔짱을 끼거나, 뒷짐을 지거나, 다리를 떠는 행위는 삼간다.
- ▸상대의 시선을 보지 않으면 상대의 말에 관심 없는 것, 또는 무시하게 되는 것이므로 가끔씩 상대의 시선을 마주친다.

④ 대화 시의 요령

- ▸상대와 대화하면서 시계를 보거나 주위를 두리번거리지 않는다.
- ▸상대가 말한 것은 반드시 다시 한 번 복창하는 것을 습관화한다.
- ▸분명하게 알아듣지 못하였으면 다시 물어본다.
- ▸상대가 싫어하는 화제는 사용하지 않으며, 모두가 공감할 수 있는 화제 소재를 준비해 둔다.
- ▸상대의 직함이나 이름을 함께 불러준다.
- ▸저속한 말이나 유행어는 사용하지 않으며, 표준어 사용을 원칙으로 한다.
- ▸부정적인 말, 푸념이나 짜증 섞인 말은 절대 사용하지 않는다.
- ▸항상 열의와 호의를 가지고 진실된 자세로 대화를 나눈다.
- ▸다른 사람의 사생활에 대한 지나친 관심을 절대 삼간다.
- ▸여성의 나이나 체중, 신체치수 및 신체적 특징 등을 화재로 삼는 것은 좋지 않다.
- ▸상대의 말에 맞장구를 치는 것은 좋으나, 야단법석을 떠는 일은 삼간다.
- ▸말끝마다 "아시겠습니까.", "알아들었지요.", "알겠어요." 라고 계속 되풀이하며 말하는 것은 삼간한다.
- ▸자기 혼자 계속 말을 하여 상대는 한 마디도 말할 기회를 주지 않는 것은 큰 실례이다.
- ▸반대로 상대의 말이 끝나기 전에 중간에 끼어드는 것은 삼간다.

2. 접객용어

접객용어란 종사원이 고객을 향한 배려와 정성이 담긴 긍정적인 언어를 말한다. 접객서비스 종사자는 고객에게 최대한 공손한 표준말을 써야하며, 고객을 존중하는 경어사용과 시간 · 장소 · 상황에 맞는 대화예절로 식음료 영업장의 품격과 이미지를 높이며, 고객의 만족을 최대로 이끌어낼 수 있어야 한다.

(1) 접객태도

고객과 대화를 할 때는 눈, 입, 몸과 마음이 바른 기본자세를 취하여야 한다. 고객을 정면으로 부드럽게 주시하고, 적절한 표정 · 자세 · 동작을 취하며 대화한다. 음성과 말투는 친절하여야 하며, 성의와 선의의 마음자세를 갖추어야 한다.

(2) 접객용어

언어는 고객과 서비스 종사원 사이의 소통을 위한 기초도구로 마음을 나타내는 수단이므로 바르고 공손하며 정중한 말씨를 구사하여 고객에게 좋은 평판을 받도록 한다. 특히 종사원의 말씨나 사용용어들이 투박하거나 경박스러우면 그 식음료 영업장의 이미지는 낮아지게 될 것이기에 서비스 종사원은 항상 밝게 웃는 얼굴로 고객의 입장을 생각하며, 바른 언어를 사용하도록 노력하고 실천해야 한다.

3. 접객용어 사용의 원칙

(1) 호칭과 경어의 사용

① **바른 호칭** : 호칭은 말의 첫인상이다. 대인관계에서 첫인상이 매우 중요한 것처럼 대화에서는 호칭의 선택에 따라 대화의 격과 분위기가 상이하게 달라질 수 있다. 적절하고 호감 가는 호칭을 사용한다면 상대에게 좋은 인상을 줄 뿐 아니라 호감을 갖게 될 것이다.

② **경어사용** : 경어는 인간관계를 원활하게 하며 올바른 대화법 중의 하나로서 우리가 습관화해야 할 기본 매너이다. 동등한 관계에 있다고 해서 함부로 말을 해서는 안 된다. 사회에서나 직장에서 인간관계가 대등할지는 몰라도 연령, 직위 또는 위치 등의 차이는 있다. 이러한 차이를 메우기 위해서 경어를 사용하는 것이다.

▸ 경어사용의 주의 점

- 너무 거리감을 두거나, 무례하게 대하지 않는다.
- 예의가 없는 태도의 경어사용은 오해를 불러일으킨다.

- 자기의 동작, 물건에 대하여는 낮춤말을 사용한다.
- 잘못된 경어를 사용하지 않도록 주의한다.

▸경어의 바람직한 용어

- 나 자신 → 저
- 너, 너희들 → 당신, 당신들
- 누구 → 어느 분
- 저 사람 → 저 분
- 같이 온 사람 → 같이 오신 분, 함께 오신 분
- 없습니다. → 안 계십니다.
- 누구세요? → 실례지만 어떻게 되십니까?
- 안됩니다. → 어렵습니다.
- 좋습니다. → 잘 알겠습니다.
- 빨리 해주세요. → 빨리 좀 부탁드립니다.
- 조금만 기다리세요. → 죄송합니다. 잠시만 기다려 주시겠습니까?
- 전화 해주세요. → 전화 부탁드립니다.
- 자리에 없습니다. → 지금 자리를 비웠습니다.
- 무슨 일입니까? → 무엇을 도와 드릴까요?
  → 괜찮다면 용건을 말씀해 주실 수 있으십니까?
- 합니다. → 하십니다.
- 모르겠는데요. → 저는 잘 모르지만 곧 담당자를 불러오겠습니다.
- 미안합니다. → 대단히 죄송합니다.

(2) 서비스 용어

① 서비스의 3대 접객용어

고객과의 대화에서 그리고 서비스 제공 시 가장 많이 사용해야 할 접객용어가 바로 3대 접객용어다. 가장 간단하며 쉬운 말로 고객을 사로잡고 최대의 응대효과를 가져 올 수 있는 접객용어이다.

다음의 3대 접객 용어를 적절하게 사용함으로써 대화 전체를 부드럽게 이끌어 갈 수 있고, 고객의 기분을 즐겁고 만족하게 만드는 효과를 가져 온다.

▸"예" 또는 "네" : 가장 기본적이자 대표적인 접객용어이다.

"예"는 비록 아주 짧은 한마디의 용어이지만, 이 말이 있고 없음에 따라 대화의 분위기, 서비스의 질 등이 전혀 다르게 고객이 인식한다. "예"는 고객의 뜻을 이해한다는 뜻이고, 정성을 다해 도와주겠다는 뜻이며, 고객의 의사에 순종하겠다는 뜻이다.

▸ "고맙습니다." "감사합니다." : 우리가 일상생활에서 생활화되고 습관화되어 때와 장소와 상황에 관계없이 자주 사용해야 할 용어 중의 하나이다. 그러나 가장 아끼는 말 중의 하나가 고마움의 표현이다. 고객의 요구를 받거나 들어주면서, 돈을 받거나 거스름돈을 내주면서, 고객이 왔을 때나 돌아 갈 때는 물론, 칭찬의 소리를 들었을 때나 도움을 받았을 때 등의 상황에 항상 "고맙습니다." "감사합니다."가 입에서 저절로 나와야 한다.

서비스란 곧 감사의 표시이며, 고마움의 행동표현이라 할 수 있다. 가장 많이 들어야 할 용어이기도 하지만, 가장 많이 사용해야 할 접객용어이다.

▸ 죄송합니다. : 고객에게 조금이라도 폐를 끼쳤거나 실수를 저질렀다면, 또는 고객의 요구에 조금이라도 만족하게 들어주지 못했다면 정중히 머리 숙여 "죄송합니다."라고 말을 해야 될 것이다.

그리고 고객을 기다리게 하거나 고객에게 무엇을 의뢰 또는 부탁해야 할 경우에는 반드시 용건 앞에 "죄송합니다."를 붙여 말함으로써 대화를 훨씬 부드럽고 공손하게 이끌어 갈 수 있다.

② 식당에서의 서비스용어

▸ 기물을 치울 때의 용어
- 실례하겠습니다.
- 오늘의 요리는 어떠셨습니까?
- 제가 추천한 요리는 어떠셨습니까?
- 맛있게 드셨습니까? : 그릇을 치워드리겠습니다.
- 맛있게 드셨습니까? : 그릇을 치워도 되겠습니까?

▸ 계산할 때의 용어
- 안녕하십니까? 계산하시겠습니까?
- 맛있게 드셨습니까? / 즐거운 시간 되셨습니까?
- 2만 5천원입니다.
- 감사합니다. 3만원 받았습니다.

- 거스름돈 5천원 여기 있습니다. 감사합니다.
- 수표에 / 전표에 사인 좀 부탁드립니다.
- 감사합니다.

▸ 전송 시의 용어

- 감사합니다. / 고맙습니다. 즐거운 시간 되셨습니까?
- 감사합니다. / 고맙습니다. 불편한 점은 없으셨습니까?
- 감사합니다. / 고맙습니다. 또 오십시오.
- 감사합니다. / 고맙습니다. 안녕히 가십시오.
- 항상 이용해 주셔서 감사합니다.

▸ 기타

- 실례하겠습니다. 재떨이를 갈아 드리겠습니다.
- 어떤 종류의 계란요리를 원하십니까?
- 샐러드 드레싱은 어떤 것을 원하십니까?
- 고기는 어느 정도로 구워드릴까요?
- 커피 / 와인 / 더 드시겠습니까?

(3) 서비스용어의 기본 화법

① 기다리게 할 때 : "죄송합니다. 잠시만 기다려 주시겠습니까?"

② 기다리고 난 후 : "오래 기다리게 해서 죄송합니다."

③ 물어 볼 때 : "죄송합니다만, ~ 입니까?"

④ 용무 처리가 안 될 때 : "죄송합니다만, ..."

⑤ 부탁이나 의뢰할 때 : "죄송합니다만, ~해 주시겠습니까?"

⑥ 다시 물어 볼 때 : "죄송합니다만, 한 번 더 말씀해 주시겠습니까?"

⑦ 고객의 의견을 물을 때 : "감사합니다. ~원 받았습니다."

⑧ 담당자를 바꿔 줄 때 : "담당자를 바꿔 드리겠습니다. 잠시만 기다려 주시겠습니까?"

⑨ 현금을 받았을 때 : "감사합니다. ~원 받았습니다."

⑩ 안내를 해줄 때 : "죄송합니다만, 2층으로 가 주시겠습니까?"

⑪ 돈이나 물건을 내줄 때 : "~원 여기 있습니다. 고맙습니다."

(4) 피해야 할 용어

① 잘 모르겠습니다.
② 글쎄요.
③ 안 됩니다.
④ 제 담당이 아닙니다.
⑤ 영업시간이 끝났습니다.
⑥ 다른 부서에서 알아보세요.
⑦ 제 권한이 아닙니다.
⑧ 지금은 바쁩니다.
⑨ 곤란합니다.
⑩ 알아는 보겠습니다.

3.3 안내하기

수행준거

1. 지정된 좌석이나 규정에 따라 좌석을 안내할 수 있다.
2. 단골고객의 기호와 성격을 기억하여 자리를 배정할 수 있다.
3. 안내 후 고객의 착석을 도울 수 있다.

1 예약확인

1. 응대서비스

고객 응대에 있어서 중요한 것은 고객에게 자신이 귀찮은 존재가 되지 않고, 필요한 사람, 무엇인가 도움을 줄 수 있는 존재가 되어야 한다. 그러기 위해서는 고객으로 하여금 인간적 믿음과 호감을 갖게 하여야 한다. 즉, 진심어린 마음으로 성의와 정성을 다해야 한다는 뜻이다. 마음에서 우러나오는 친절한 응대야말로 고객의 마음을 사로잡는다. 미소를 띤 밝은 표정으로 시선을 마주치며 상냥한 목소리로 인사말과 함께 접근하는 직원을 미워라하고 기피할 고객은 없다. 또한 응대란, 돈 낭비, 시간낭비 하며 내 집에 찾아온 손님을 정성스레 접대하는 마음으로 맞이하는 것이다. 예를 갖춘 바른 자세로, 웃는 얼굴로, 반갑게 맞이하는 것이 고객응대의 기본자세이다.

(1) 눈 맞춤

고객과의 처음 접촉하는 과정에서 최초의 단계는 고객과의 눈 맞춤이다.

눈 맞춤 없는 인사는 성의 없는 인사요, 눈 맞춤 없는 응대는 고객을 무시하는 행위이며, 불친절 서비스 시작의 첫 단계라 할 수 있다. 즉, 눈 맞춤의 응대 서비스는 친절 서비스의 시작을 예고하는 것이며, 고객만족 서비스의 기본요건이다.

① 고객이 온 것을 알았다면 바로 눈을 마주쳐야 한다.
② 고객과의 눈 맞춤은 부드럽고 다정한 눈빛으로 마주친다.
③ 고객이 자기 쪽을 향해 오는데 오히려 외면하며 딴전을 피우는 사람이 있는데 이는 금물이다.
④ 고객이 바로 앞에 와 있는데도 하던 일을 계속한다면 이는 바른 응대태도가 아니다. 무엇 보다 먼저 고객을 바라보는 것이 중요하다.
⑤ 고객과 눈이 마주치면 정중히 인사를 한다. 이때의 인사는 보통례로 하는 것이 좋다.
⑥ 고객이 입구에서 머뭇거리고 서 있으면 다가가서 먼저 인사를 하며 묻는다.

(2) 미 소

마음에서 우러나오는 미소여야 한다. 중요한 것은 형식보다 내용이 중요하다는 것이다. 친절한 서비스란 봉사하겠다는 환대정신과 욕망이 더해졌을 때 더욱 쉽게 표현된다.

① 고객과 눈이 마주치면 얼른 미소를 지어야 한다. 가만히 있게 되면 분위기가 어색하게 될 것이며, 자칫 잘못하면 무시당하는 느낌을 받게 되며, 차가운 인상을 주게 되어 고객을 잃게 된다.
② 웃음 그 자체가 훌륭한 대화이자 서비스이다.

(3) 음색 · 말

위에서 설명한 눈 맞춤과 미소만 가지고는 원만한 응대서비스가 이루어졌다고 말할 수 없다. 특히 아무런 표정 없이 고객과 눈을 맞추는 것만으로는 미소 띈 얼굴이라 말할 수 없다. 따라서 미소와 동시에 소리를 내어 말을 해야 한다.

① "어서 오십시오." "안녕하세요." "무엇을 도와드릴까요." "잠시만 기다려 주십시

오." 등

② 항상 부드러운 미소를 띠고 상냥하게 말한다.

③ 고객과 대화 시에는 시선은 고객에 둔다.

④ 예의바른 존대어를 사용하고, 사투리는 사용하지 않는다.

⑤ 성의를 가지고 진심으로 말을 해야 고객을 움직일 수 있다.

2. 예약고객

예약의 목적은 고객이 식음료 영업장에게 사전에 영업장 방문을 고지함으로써, 식음료 영업장은 그 예약을 통하여 예약 고객에 대한 사전 준비를 하며, 좌석확보 및 원활한 서비스 진행을 계획하고 점검하게 됨으로써 예약 고객은 그에 따른 양질의 서비스를 제공받을 수 있도록 하는 것이다.

(1) 예약고객 응대

영접 담당자나 입구 담당자는 예약고객 리스트 상의 내용을 사전에 충분히 숙지하여 예약고객의 기대에 부응하여야 한다. 즉, 영접 담당자는 예약고객에게 준비된 영접 서비스를 제공하기 위해 예약에 따른 모든 요구 사항을 사전에 확인하여 숙지하는 것이 아주 중요하다.

(2) 예약 확인

① 입장하는 고객에게 정중한 환영 인사를 건넨 후 예약 여부를 묻는다. 영접 담당자는 고객의 예약 여부를 밝고 따뜻한 미소를 지으며, 친절하고 정확하게 확인하여야 한다.

② 예약의 확인은 지체와 혼선 없이 수행해야 한다.

③ 예약고객 이름을 묻는다. 고객의 이름을 처음으로 부르는 순간이므로 특히 예의바른 태도와 응대가 요구된다.

④ 예약 리스트 상에 예약고객 이름으로 예약된 인원수를 고객에게 확인한다.
- 예약고객 중 간혹 예약 내용 변동이 있음에도 알리지 않고 입장하는 경우.
- 인원 변동의 경우, 즉시 처리할 수 있도록 예약되어 있지 않는 테이블 상황까지 정확히 파악하고 있어야 신속히 응할 수 있다.

⑤ 동명이인이 있을 경우 예약자의 연락번호 등을 확인하여 혼선이 없도록 한다.
⑥ 예약 리스트를 숙지하지 못하여 고객을 기다리게 하거나 잘못된 좌석으로 안내를 할 경우 고객 불만을 야기할 수 있으므로 주의하여야 한다.
⑦ 특별 요청사항이 기재되어 있을 경우 예약자에게 준비되었음을 언급한다.
⑧ 영접 담당자의 친절하고 차분한 예약 확인 서비스는 고객에게 제공 되어질 서비스에 대한 신뢰감 형성에 기여할 수 있다.

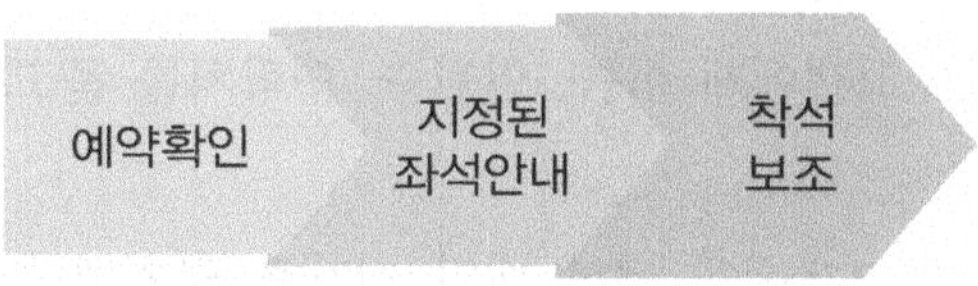

▲ 예약 고객의 예약 확인 과정

3. 예약하지 않은 고객(Walk-In)

예약을 하지 않고 고객이 식음료 영업장에 도착하여 입장할 경우, 영접 담당자는 안내 가능한 좌석을 신속히 파악하여 안내하는 것이 중요하다. 만약 빈 좌석이 없을 때 고객이 웨이팅 룸(Waiting Room)이나 적당한 공간에서 기다릴 수 있도록 담당자는 영업전에 좌석 현황뿐만 아니라 영업 중 좌석 현황을 수시로 체크하여 원활한 좌석회전이 이루어지도록 하여야 한다.

(1) 고객 대기 안내

좌석이 만석인 경우에는 고객에게 정중히 양해를 구한 후, 기다리실 지의 여부를 여쭈어 보고 고객에게 큰 불편을 야기하지 않는 한도 내에서 대기를 유도함으로써 업장의 매출 증대를 도모하도록 한다. 만약 기다리신다고 할 경우 이용 가능한 시간을 말씀 드린 후, 영접 담당자는 대기 고객들이 웨이팅 룸(Waiting Room)이나 적당한 공간에서 자리가 마련될 때까지 드링크 마시며 큰 불편 없이 기다릴 수 있도록 세심한 배려를 하여야 하며, 또한 최대한 빠른 좌석안내가 되도록 홀과의 원활한 소통과 확인이 요구된다.

(2) 예약하지 않은 고객에 대한 응대

① 입장하는 고객에게 정중한 환영 인사를 건넨 후에 예약 여부를 묻는다.
② 예약하지 않은 고객에게는 인원수를 묻는다.
③ 안내 가능한 좌석이 있을 경우, 정중하고 신속하게 좌석으로 안내한다.
④ 만석일 경우, 사과의 말과 함께 만석임을 안내한다.
⑤ 고객에게 대기 희망 여부를 묻는다.
⑥ 대기를 원하지 않는 고객에게는 사과의 말과 방문에 대한 감사의 인사를 드린다. 더불어 차후 방문을 부탁드린다.
⑦ 대기를 희망하는 고객에게 이름, 인원수, 연락처를 묻고 대기자 예약리스트에 기입한다.
⑧ 대기를 희망하는 고객에게 예상 대기 시간을 공지해 드리며 양해를 구한다.
⑨ 대기표나 호출 벨이 있을 경우 대기 고객에게 사용 설명과 함께 드린다.
⑩ 대기실이 있을 경우 대기실로 친절하고 정중히 안내한다.
⑪ 대기실에서 기다리는 고객에게는 미리 메뉴를 선택할 수 있도록 메뉴를 제공하여 입장 후에 빠른 서비스를 받을 수 있도록 배려한다.
⑫ 담당자는 홀에 계속해서 확인하여 홀과의 원활한 소통을 유지해야 한다.
⑬ 대기 고객의 좌석이 준비된 것을 확인한 후, 대기 고객을 호출한다.
⑭ 대기한 고객에게 기다려 주신 것에 대한 감사의 인사를 진심을 담아 전한다.
⑮ 대기한 고객을 준비 된 좌석으로 안내한다.

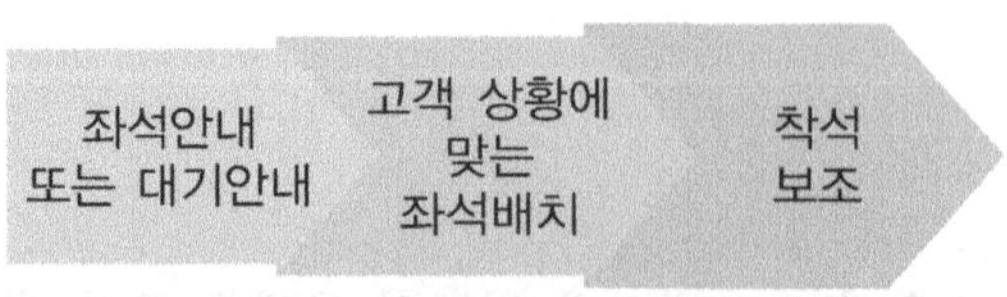

▲ 예약하지 않은 고객의 예약 확인 과정

2 좌석배정

1. 좌석배정

영접 담당자는 고객이 선호하는 환경에서 식사를 할 수 있도록 좌석을 배정하도록 해야 한다. 좌석 배정과 그에 따른 좌석의 위치는 식음료 영업장 상황에 따라 중요한 영향을 미치는 요소가 된다.

좌석 배정은 식당 분위기와 좌우되므로 고객의 특성(외국인, 젊은 층, 노약자, 지체부자유자, 단체손님, 시선을 주목받을 수 있는 고객 등)을 잘 파악하여 적절한 장소에 배치한다. 예를 들면 외국인의 경우 식당 중앙이나 다른 고객에게 잘 보이는 곳으로 배정하고, 노약자와 신체가 부자연스러운 고객은 출입이 용이하도록 입구 가까운 쪽으로 모시도록 하며, 젊은 남녀 고객과 혼자 오신 손님은 전망이 좋은 창가 쪽으로 배정하여 조용하고 안정된 분위기를 제공하도록 한다. 또한 단체손님의 경우 식당 분위기가 산만해지고 다른 고객에게 불쾌감을 초래할 우려가 많으므로 구석진 곳 또는 다른 고객에게 방해가 되지 않도록 분리된 장소로 배치하도록 하며, 저명인사 및 남의 시선을 주목받을 수 있는 고객은 다른 고객의 이목에 신경이 쓰이지 않는 곳으로 모신다. 한쪽 Station으로 고객이 몰리지 않도록 골고루 자리를 배정해야 하고, 합석은 원칙적으로 금한다.

(1) 예약고객 좌석배정

예약고객인 경우 사전에 성명, 예약사항을 숙지하여 영접 시, 성명(ㅇㅇㅇ회장님, ㅇㅇㅇ사장님 등)을 불러줌으로써 고객으로 하여금 친밀감을 갖도록 하며, 영업 전 예약에 따른 장소(Room), 테이블(Table) 및 모든 준비사항 등을 확인하여 좌석 배치를 최종 확정지어야 한다.

(2) 예약하지 않은 고객 좌석배정

예약고객이 아닌 경우 먼저 인원수를 물어본 후 고객이 원하는 장소(Room) 또는 좌석으로 유도한다. 좌석이 없을 경우는 정중히 양해를 구하고 대기실(Waiting Room) 또는 칵테일 코너로 모시고, 사용가능한 시간을 알려드림과 아울러 대기자

명단(Waiting List)에 기록한 후, 자리가 마련되면 순서에 입각하여 차례대로 좌석을 배정한다. 이때 담당자는 좌석 현황을 수시로 확인하도록 해야 하며, 좌석배정 시에는 고객의 특성과 주변 고객과의 관계를 파악하여 원하는 테이블에서 서비스를 제공받을 수 있도록 하는 것이 매우 중요하다.

2. 좌석안내

(1) 좌석 안내의 기본 원칙

① 지정 된 좌석을 확인한다.

② 복잡하지 않은 편리한 동선을 이용하여 즉시 안내한다.

③ 고객을 살피고 고객의 2보 앞에서 정중하게 안내한다.

④ 노약자, 여성, 어린이 순으로 착석을 돕는다.

⑤ 업장의 안내 매뉴얼에 맞는 몸동작, 보행을 하도록 주의한다.

(2) 안 내

① 안내 담당자는 호텔 내의 모든 정보(각종행사, 연예공연시간, 각 업장영업시간 일반적인 사항 등)을 숙지하여 고객의 문의 시 즉시 제공할 수 있도록 만반의 준비를 갖추어야 한다.

② 좌석 안내 시 정중한 동작을 한다.

③ 지정된 장소로 모실 때 손바닥은 펴고 손등이 아래로 오도록 하여 방향을 제시한다. (안내 제시에 따른 손모양은 모두 동일하며 절대 손가락으로 가리켜서는 안 된다).

④ 우측을 가리킬 경우에는 오른손, 좌측을 가리킬 경우에는 왼손을 사용하며, 뒤쪽을 지시할 경우에는 몸의 방향도 뒤로하여 가리킨다.

⑤ 고객의 통행에 방해되지 않도록 고객 우측 2~3보 전방에서 고객과 보조를 같이 하며 자리로 안내한다.

⑥ 좌우 발은 평행으로 하여 일직선으로 걸으며, 보폭은 본인의 어깨 넓이 정도가 적당하며, 일정하게 유지한다.

⑦ 발소리는 되도록 내지 않으며 뒤꿈치를 끌지 않으며, 고객이 걷는 속도에 본인

의 걷는 속도를 맞추어 걷는다.

⑧ 안내 담당자는 안내하는 동안 고객과 적절한 대화를 나눈다.

⑨ 모퉁이를 돌 때에는 방향을 고객에게 미리 안내한다.

⑩ 안내 시, 노약자나 몸이 불편한 고객에 대해 정중히 배려하며 주의하여 안내 한다.

⑪ 룸으로 안내 할 경우

- 당겨서 여는 문일 경우, 문을 먼저 당겨 열고 서서 고객이 먼저 입장하도 한다.
- 밀고 들어가는 문일 경우, 안내자가 먼저 통과한 후에 문을 잡고 고객을 입장하도록 한다.

⑫ 좌석에 도착하면 고객에게 "이곳입니다."라고 말한 후, 정중하게 좌석에 대한 만족도를 확인한다.

⑬ 고객이 소지한 소지품이나 외투는 고객이 원할 경우에 정중히 받아 보관하도록 한다.

⑭ 예약 고객의 지정 된 좌석의 테이블이 깨끗이 치워져야 하며, 치워지지 않고 세팅이 완료되지 않은 테이블에 고객을 안내해서는 절대 안 된다.

⑮ 한 장소에 너무 많은 고객이 몰리지 않도록 적절히 안내한다.

⑯ 한 장소로 몰릴 경우 종사원의 수를 조정하여 고객이 이용함에 불편이 없도록 한다.

3 착석 보조

1. 착석 보조(Seating Service)

고객은 식음료 영업장에 도착 후, 영접 담당자에 의해 예약 된 자리까지 안내를 받게 되고, 지정된 좌석에 도착하게 되면 착석을 해야 한다. 이때 담당자는 고객이 좌석에 앉기 편하도록 의자를 뒤로 빼서 고객을 착석시키고 고객의 소지품을 안전하게 보관하여 고객이 식사동안 편안함을 가질 수 있도록 하는 것이 착석 보조라고 한다.

(1) 고객의 상황 파악

서비스 담당자는 착석 보조 서비스를 제공할 때는 고객의 유형과 상황에 따라 적절하게 대처할 수 있어야 한다.

① 보조 의자나 어린이 의자가 필요한 경우 즉시 제공한다.
② 몸이 불편한 고객이 있을 경우 적합한 의자로 교체를 하거나 필요한 등받이 혹은 방석 등을 제공한다.
③ 어린이 고객과 몸이 불편한 고객의 좌석은 사람들의 이동이 많지 않은 쪽으로 배치한다.
④ 귀빈이 누구인지 파악하여 귀빈부터 상석으로 안내하여 착석을 유도한다.
⑤ 서양 고객일 경우 여성 먼저 착석 후, 남성 순으로 착석을 유도한다.
⑥ 국내 고객일 경우 노약자, 어린이, 여성, 남성 순으로 착석을 유도한다.
⑦ 착석 전 고객이 코트나 외투를 벗을 경우 벗기 편하도록 도와준다.
⑧ 담당자의 시선은 항상 고객들을 응시하며 상황에 맞춰 발 빠르게 대응하도록 한다.

(2) 착석의 스킬(Skill)

① 상황에 따라 적절한 상석을 정한다.
② 정중하고 적당한 접객용어를 사용한다.
③ 상황에 적절한 미소와 보디 랭귀지(Body Language)를 사용한다.

(3) 착석 보조 서비스

① 고객이 자리에 앉기 쉽게 두 손으로 의자 등받이를 잡아 가볍게 뺀다.
② 고객이 앉으실 때 두 손과 한쪽 무릎을 사용하여 살며시 밀어드린다.
③ 고객이 다시 한 번 자리를 고쳐 앉을 때까지 의자를 잡고 도와준다.
④ 고객이 착석하였을 때 테이블과 고객 사이에 주먹하나 들어갈 정도의 여유를 둔다.
⑤ 착석순서는 노약자, 어린이, 지체부자유자 또는 여성 순으로 앉도록 돕고, 호스트(Host)가 마지막으로 착석하도록 돕는다.
⑥ 착석이 끝나면 테이블(Table) 담당자에게 인계하고 즐거운 시간이 되시기를 바란다는 정중한 인사를 한 후 제 위치로 돌아온다.

▲ 고객에서 의자 서비스를 하고 있는 직원의 모습 : 좌(1), 우(2)

2. 보관 서비스와 마무리

(1) 보관 서비스

일반적으로 고객을 좌석으로 안내하기 전에 고객이 소지한 물품이나 벗어둔 옷 등을 테이블 주위에 놓기에 불편하거나 소지하기 어려운 경우에 고객의 소지품과 옷 등을 보관해 주는 서비스를 말한다. 이는 고객이 식사동안 편안하게 식사를 즐길 수 있도록 배려하는 서비스이다.

보관서비스는 업장 입구에서의 보관서비스 외에도 보조테이블이나 전용 받침대를 제공한다.

① 고객의 소지품 및 옷 등의 보관을 원하는지 묻는다.

② 보관을 원할 경우 정중히 받아 매뉴얼에 따라 지정된 장소에 보관한다.

③ 고객의 물품은 분실하거나 바뀌지 않도록 주의해야 한다.

④ 고객의 물품을 함부로 다루지 않도록 주의하며, 소중히 다룬다.

⑤ 테이블 번호로 구별하여 보관하거나 보관표(Tag)를 반드시 고객에게 전달한다.

⑥ 여성고객의 핸드백 등 소지품은 전용걸이나 받침대를 제공하도록 한다.

⑦ 착석 보조 시에는 고객의 앉는 속도에 맞추어 보관 서비스를 제공하도록 한다.

⑧ 고객이 나가실 때에는 필히 보관표의 번호를 확인 대조하고 다른 보관물품과 바뀌지 않게 돌려 드린다.

(2) 마무리

착석보조 서비스를 완료한 후에 고객에게 좌석이 편안한지 문의하여 식사를 시작하기 전 고객의 만족도를 확인하여 불편함이 없이 편안하게 식사를 할 수 있도록 한다.

① 시선은 고객들을 응시하며, 고객이 모두 착석할 때까지 자리를 뜨지 않는다.

② 착석보조 후 고객이 편안한지 확인하도록 한다.

③ 착석이 끝나면 고객들에게 즐거운 식사가 되기를 진심어린 마음으로 표현한 후 자리를 뜬다.

④ 고객의 특별한 요구나 중요사항(생일, 기념일, 채식주의자, 알레르기 등)을 테이블 서비스 담당자에게 전달한다.

연습문제

01. 다음 중 반절을 해야 할 상황에 적절하지 않은 것은?

① 고객에 대한 정식 인사를 할 때
② 명함을 교환할 때
③ 고객의 이야기를 들을 때
④ 악수를 할 때

02. 다음 중 최경례(45° 인사)를 해야 하는 상황에 적절하지 않은 것은?

① 감사나 고마움을 표할 때
② 고객을 배웅할 때
③ 고객의 이야기를 들을 때
④ 사과나 용서를 구할 때

03. 인사 방법에 대해 맞게 설명한 것은?

① 양손의 위치 : 여성의 경우 오른손으로 왼손을 감싸서 아랫배에 가볍게 댄다.
② 엉덩이 : 엉덩이를 뒤로 살짝 빠지게끔 인사한다.
③ 다리 : 무릎을 붙이고 살짝 구부린다.
④ 인사말 : "안녕하십니까?" 등의 인사말은 구부리는 동안에 한다.

04. 대화 시의 요령에 대해 잘못 설명한 것은?

① 상대가 말한 것은 반드시 다시 한 번 복창하는 것을 습관화한다.
② 상대의 직함이나 이름을 함께 불러준다.
③ 부정적인 말, 푸념이나 짜증 섞인 말은 절대 사용하지 않는다.
④ "아시겠습니까.", "알아들었지요.", "알겠어요." 라고 계속 되풀이하며 확인한다.

05. 경어의 바람직한 용어가 아닌 것은?

① 미안합니다. → 대단히 죄송합니다.
② 안됩니다. → 안되십니다.

③ 무슨 일입니까? → 무엇을 도와 드릴까요?

④ 없습니다. → 안 계십니다.

06. 경어사용의 주의 점에 대해 잘못 설명한 것은?

① 거리감을 두되, 무례하게 대하지 않는다.

② 예의가 없는 태도의 경어사용은 오해를 불러일으킨다.

③ 자기의 동작, 물건에 대하여는 낮춤말을 사용한다.

④ 잘못된 경어를 사용하지 않도록 주의한다.

07. 남자 서비스 종사원의 용모 규정에 맞지 않는 것은?

① 단정하게 손질되었는지 확인한다.

② 두발은 짧게 귀 부분이 덮이지 않아야 하며, 앞머리가 이마를 덮어야 한다.

③ 장발과 파마는 금한다.

④ 비듬과 불쾌한 냄새를 예방하기 위해 매일 머리를 감으며 청결상태를 유지한다.

08. 고객에게 위생적이고, 안전한 서비스를 제공하기 위해서는 종사자는 법에서 정하는 바에 따라 정기적으로 건강 진단을 받아야 한다. 다음 보기에서 [식품위생법 제1장 총칙, 제40조]에 대한 설명으로 바르지 않는 것은?

① 보건복지가족부령으로 정하는 영업자 및 그 종업원은 건강진단을 받아야 한다. 만약, 다른 법령에 따라 같은 내용의 건강진단을 받는 경우에는 내용이 같다 할지라도 다시 건강진단을 받아야 한다.

② 제1항에 따라 건강진단을 받은 결과 타인에게 위해를 끼칠 우려가 있는 질병이 있다고 인정된 자는 그 영업에 종사하지 못한다.

③ 영업자는 제1항을 위반하여 건강진단을 받지 아니한 자나 제2항에 따른 건강진단 결과 타인에게 위해를 끼칠 우려가 있는 질병이 있는 자를 그 영업에 종사시키지 못한다.

④ 제1항에 따른 건강진단의 실시방법 등과 제2항 및 제3항에 따른 타인에게 위해를 끼칠 우려가 있는 질병의 종류는 보건복지가족부령으로 정한다.

09. 청결의 원칙으로 바르지 않는 것은?

① 근무 중 개인의 위생을 위하여 자주 손을 닦아 주어야 한다.

② 식품, 식품 취급자의 손, 주방 설비, 기구 등은 항상 청결을 유지해야 한다.
③ 알코올 소독제를 사용해서는 안 된다.
④ 흡연 후 또는 음식 섭취 후에는 반드시 양치질을 하여야 한다.

10. 다음 중 남여 서비스 종사원의 용모 규정 항목으로 옳지 않은 것은?
① 근무복 ② 두발
③ 구두 ④ 안경

11. 다음 중 잘못된 인사가 아닌 것은?
① 고개만 끄덕이는 인사
② 인사말이 분명하고 성의 있는 인사
③ 표정이 없는 인사
④ 눈 맞춤이 없는 인사

12. 다음 중 대화의 3대 원칙이 아닌 것은?
① 대화는 명확하고 상냥하고 부드럽게 한다.
② 하이톤으로 밝고 크게 말한다.
③ 작은 소리로 간결하고 명료하게 말한다.
④ 열의, 성의, 호의를 가지고 진심으로 말한다.

13. 다음 중 대화에서 피해야 할 용어가 아닌 것은?
① 잘 모르겠습니다.
② 제 권한이 아닙니다.
③ 다른 부서에 알아보고 연락드리겠습니다.
④ 알아는 보겠습니다.

14. 다음 중 좌석 안내 시 기본 원칙이 아닌 것은?
① 지정 된 좌석을 확인한다.
② 복잡하지 않은 편리한 동선을 이용하여 즉시 안내한다.
③ 노약자, 여성, 어린이 순으로 착석을 돕는다.

④ 고객 뒤를 바짝 붙어 따라간다.

15. 다음 중 착석의 스킬로 옳지 않은 것은?

① 고객이 착석 서비스를 원하는지 물어본다.

② 상황에 따라 적절한 상석을 정한다.

③ 정중하고 적당한 접객 용어를 사용한다.

④ 상황에 적절한 미소와 바디 랭귀지를 사용한다.

정답

1	2	3	4	5	6	7	8	9	10	11	12	13	14	15
①	③	④	④	②	①	②	①	③	④	②	②	③	④	①

Chapter

04

식음료 주문

식음료 주문은 메뉴를 제공하고 메뉴를 추천하여 고객의 요구에 따른 식음료를 주문받는 능력이다.

4.1 식음료 추천하기

수행준거

1. 주방장의 특별 메뉴를 설명하고 추천할 수 있다.
2. 고객 상황을 파악하여 식음료를 추천할 수 있다.
3. 프로모션 식음료 상품을 설명하고 추천할 수 있다.

1 식사메뉴 추천

1. 식음료의 특성

식음료란 음식(Food)과 음료(Beverage)의 합성어로써 고객에게 식욕과 가치를 충족시켜 주는 수단을 판매되는 상품을 말하며, 제조업 · 소매업 · 서비스업으로서의 복합적인 특성을 지니고 있다. 또한 식음료 상품은 식음료, 인적 서비스, 영업장의 시설이나 분위기 등의 요소가 유기적으로 잘 통합되어야 완전한 상품이 된다. 이러한 통합된 상품이 고객의 니즈(Needs)를 충족시켜 줄 때 고객은 식음료 상품의 구매에 만족할 수 있다. 즉, 아무리 맛있는 음식을 주방에서 만들어도 인적 서비스가 불만족스럽거나 영업장이 청결하지 못하여 정신적인 만족감을 주지 못했다면 고객은 식사에 불만족했다고 평가할 것이다.

특히 현대의 빠른 산업의 변화로 인해 식음료 영업장 역시 상품구성이 복잡해지고, 시장과 고객의 욕구변화로 상품 그 자체가 소멸되기도 하며, 생산과 운영방법에 따라 경영성과도 달라지기에 식음료 상품을 생산하고 운영하는 데 있어서 식음료는 타 사업에 비해 어려운 점이 많다. 그래서 학자들에 따라 식음료의 특성은 상이하게 나눠지며, 지금도 계속해서 연구되고 변화되고 있지만, 식음료의 특성을 크게 생산과 판매의 두 가지 측면에서 살펴보도록 한다.

(1) 생산 측면에서의 특성

① **생산과 판매가 동시에 발생** : 제조업이나 소매업에서는 공장에서 생산하고 생산된 상품을 도매상이나 소매상을 통해서 판매하는 등 생산과 판매가 따로 이뤄지지만 식음료 상품들은 식음료 영업장에서 식자재를 구입하고 조리하여 생산하고 판매하는 등 모든 생산과 판매 절차가 식음료 영업장에서 동시에 이루어진다.

② **주문 생산이 원칙** : 일반 제조 상품들은 수요예측의 생산이 가능하지만 식음료 영업장의 경우 고객이 영업장을 찾아와 주문할 경우에 한해서 식음료 상품이 제조 · 생산이 될 수 있다.

③ **수요 예측이 곤란(계획생산의 불가능)** : 식음료 상품의 생산은 일반적으로 고객에 의한 주문 생산만이 가능하여 생산에 관한 계획이나 예측이 불가능하다. 즉, 식음료 상품은 고객의 주문 후 생산에 착수하는 관계로 수요예측을 할 수 없으며, 주문 시 신속한 서비스를 위해 단시간 내에 고객에게 식음료 상품을 제공해야하는 시간적 제약까지 따르는 어려움이 있다.

④ **상품의 단일화 및 표준화가 곤란** : 고객마다 개성과 취향 요구사항이 달라 식음료 상품을 표준화하기는 매우 어렵다. 또한 종사원이 아무리 똑같은 서비스를 고객에게 한다 하더라도 받아들이는 고객의 상황에 따라 평가가 달라지며, 고객의 취향에 따라 음식이나 음료가 다양하게 만들어지므로 상품의 단일화나 표준화가 어렵고 곤란하다.

(2) 판매 측면에서의 특성

① **시간과 공간의 제약** : 일반적으로 식음료 영업장은 고객이 스스로 영업장을 찾아와서 구매행위를 하지 않으면 상품을 판매 할 수 없기에 식음료 영업은 아침, 점심, 저녁으로 한정되어 매출이 발생하며, 한정된 장소와 수용 가능한 테이블 수를 이용하여 상품을 판매하므로 장소적인 한계를 가지고 있다. 따라서 영업장은 적절한 인력관리와 함께 시간 및 공간의 활용을 철저히 해야 한다.

② **상품 식재료의 부패성** : 식음료 상품은 미리 판매하기 위해서 만들어 놓았다면 단 시간 내에 판매해야한다. 왜냐하면 식음료 상품에 사용되는 식재료는 장기간 저장이 불가능하고 보존기간이 짧기 때문에 일시적으로 소비해야하며, 부패의

위험성이 매우 높아 비용지출이 따르고, 부패한 식재료를 사용할 때는 위생에 따른 문제도 발생하기 쉽다. 그러므로 가능한 정확한 수요예측에 의해서 적정한 양의 식재료를 구입하여 상품 생산 준비를 해야 한다.

③ **인적 서비스의 높은 의존도** : 식음료 영업장의 모든 상품은 좋은 품질의 제품만으로는 불완전하다는 특징을 갖고 있어 양질의 제품 이외도 양질의 서비스가 함께 제공되어 질 때 완벽한 상품으로의 기능을 할 수 있다. 식음료 영업은 서비스 산업이다. 즉, 제조업은 기술, 자본집약적인데 비해 식음료 영업은 생산부문 자동화와 서비스 부문의 규격화의 한계로 인해 인적 서비스의 의존성이 높은 노동집약적 상품이다.

④ **메뉴에 의한 판매** : 식음료 상품은 음식과 음료의 종류와 가격을 적은 메뉴에 의하여 판매를 하게 된다. 메뉴는 시장변동에 따른 고객의 취향을 가지고 있으며, 고객의 주문을 위한 수단이 되며, 식음료 상품의 구매 결정을 위한 정보를 제공함으로써, 식음료 영업장의 판매의 도구로서 영업장과 고객을 연결하는 대화의 도구이다.

2. 식사 메뉴의 개요

(1) 메뉴의 개념

메뉴는 오늘날 전 세계적으로 차림표 또는 식단이라는 뜻으로 공통으로 사용되는 용어이다. 메뉴의 어원은 라틴어 미누트스(Minuts)에서 유래된 말로써 "상세하게 기록하는 것"이라는 의미를 지니고 있으며, 원래의 의미는 요리하는 곳에서 요리의 재료와 요리 방법을 설명하는 것이었다.

1541년 프랑스 앙리(Henri) 8세 시절 브랑위그 공작이 많은 종류의 요리를 제공하는 만찬회에 복잡함을 해소하기 위하여 식탁에 요리명과 순서를 기입한 리스트를 작성하여 배치해 놓았는데, 참석한 손님들이 그 편리함을 알고 이후 널리 전파되어 사용하게 되었다. '메뉴'라는 명칭은 19세기 파리의 팔레스 로얄(Palace Royal)에서부터 일반화되었고 또한 영국에서는 메뉴를 또 다른 표현으로 "Bill of Fare"라고 한다. Fare는 음식을 뜻하고, Bill은 상품목록을 의미하는 것으로 "음식의 상품목록"의 뜻을 지니고 있다. 독일에서는 '슈파이제카르테(Speisekarte)', 일본에서는 '콘다테효',

프랑스에서는 Menu란 말 이외에도 'Carte(카트)'라고도 한다.

현대 산업에서 메뉴는 단순한 가격, 품명, 구매조건의 제시에만 그치는 것이 아니라 고객과 업장을 연결 해주는 판매촉진의 매체(Sales Tool)로서의 역할을 하고 있으며, 시대의 변화에 따라 외식 산업화에 의해 메뉴는 '판매 상품명과 가격 그리고 상품을 구입하는 데 필요한 조건과 정보를 기록한 표'로써 '마케팅과 관리 및 통제 도구'로 정의되고 있다. 지금 이 순간에도 곳곳에서 메뉴에 대한 연구가 꾸준히 계속되고 있다.

(2) 메뉴의 역할 및 기능

식음료 영업장에서 메뉴는 영업장의 얼굴의 역할을 한다. 먼저 메뉴는 세 가지의 의미를 내포하고 있는데 첫째, 식음료 영업장에서 제공되는 다양한 음식 품목의 범위이고, 둘째 음식 품목이 제공되는 정열표이며, 셋째 고객의 선택을 도와드리는 물리적 실체이다. 즉, 제공될 요리의 명칭과 요리법을 기입한 요리를 준비하여 테이블에 세팅하며, 이것은 요리의 순서와 양 그리고 요리법을 고객에게 알리고 고객이 식사를 훌륭하게 즐길 수 있도록 고객의 선택을 도와주는 물리적 형태를 가지고 있는 도구의 역할을 한다.

고객이 메뉴를 접했을 때 식음료 영업장의 영업의 형태, 가격의 구성, 품질 등을 직접 또는 간접적으로 느끼고 판단할 수 있기에 메뉴는 식음료 영업장과 고객과의 중요한 커뮤니케이션 수단이 된다. 즉, 메뉴에는 많은 정보가 들어 있고 이 정보를 매개체로 식음료영업장과 고객은 커뮤니케이션을 하는 것이기 때문에 가장 강력한 커뮤니케이션 수단이 되고 식음료 영업장에서 가장 중요한 판매도구이다. 그래서 메뉴의 구성은 고객의 메뉴선택에 영향을 주며 식음료 영업장의 서비스방법과 경영방법 등을 결정하는 중요한 요소이다.

이러한 메뉴의 기능과 역할을 구체적으로 보면 다음과 같다.

① **식음료 영업장을 대표하는 얼굴** : 우리는 흔히 타인과의 만남의 시작의 가장 중요한 역할을 하는 것을 얼굴이라 표현한다. "식음료 영업장의 현관은 그 영업장의 얼굴이다."라는 이야기는 현관이 고객이 처음으로 식음료 영업장의 이미지를 결정하는 공간이기 때문일 것이다. 그리고 고객이 식음료업장에 들어와 "메뉴판 주세요." 또는 "어떤 메뉴가 제일 맛있어요?"라고 질문하는 것은 메뉴에 대한 고

객의 관심도를 나타내는 것이기 때문에 식음료 영업장에서 고객을 영접하고 자리를 안내한 후 먼저 물과 메뉴를 제공하는 것이다. 그래서 메뉴는 식음료 영업장의 이미지를 창출하는 물리적 증거에 속하는 것으로써 그 구성과 디자인에 각별히 관심을 기울이고 시장의 트랜드를 충분히 반영할 수 있도록 설계되어야 한다.

② **최초의 판매도구** : 메뉴에는 판매 가능한 품목과 가격 그리고 서비스 방법과 원산지, 요리방법 등이 상세히 기록되어 있고, 고객은 메뉴를 통하여 방문한 식음료 영업장의 분위기와 레벨 및 영업형태를 판단할 수 있다. 따라서 메뉴에는 고객을 위하여 품목의 상세하고 명료한 설명과 관련된 사항을 섬세하게 설명하여야 하며, 이를 통해 고객이 유용한 의사결정과정의 정보로 이용할 수 있어야 한다. 메뉴는 다양한 정보의 제공을 통하여 고객의 의사결정을 도울 뿐만 아니라 고객의 욕구를 해결할 수 있는 메뉴를 구성함으로 영업장의 매출향상에 이바지 하여야 한다.

③ **고객과의 커뮤니케이션 수단** : 메뉴는 식음료 영업장과 고객을 연결시키는 커뮤니케이션 수단의 한 방법으로써, 메뉴에는 고객을 위한 각종 정보가 포함되어 있고 고객은 이 정보를 식음료 영업장과의 약속으로 인식한다. 즉 메뉴에 기입된 사항들은 접객종사자가 고객에게 약속한 것과 마찬가지로 "어떠한 재료를 이용하여, 어떠한 요리방법으로, 어떻게 제공하겠다."라는 약속과 같으며, 그 가치를 보장한다는 고객과의 중요한 약속의 매개수단이기도하다. 또한 메뉴에 열거된 품목들에 대한 판매빈도분석(ABC분석)을 통하여 나타난 결과는 고객들의 기호이자 고객들의 입맛을 식음료업장에 알리는 신호이기도 하다.

④ **식음료 영업장의 분위기를 표현** : 메뉴는 메뉴의 디자인 즉, 메뉴의 색과 형태 그리고 문자의 크기, 배열과 구성 등이 식음료 영업장의 분위기 및 이미지에 훌륭히 매치될 수 있도록 계획되어야 한다. 따라서 훌륭하게 디자인된 메뉴는 식음료 업장의 분위기를 대변할 수 있다.

⑤ **식음료업장의 제품과 서비스의 전달** : 메뉴의 기능에서 식음료 영업장을 대표하는 얼굴에서 영업장의 분위기 표현을 통하여 메뉴는 식음료 영업장의 제품과 식음료 서비스를 고객에게 전달하는 기능을 가지고 있다. 메뉴는 판매 가능한 제품과 가격을 고객과 종사원에게 알리고, 필요한 주방의 규모와 설비 및 필요한

식자재, 식음료 서비스 조직의 형태와 규모 및 직원의 수 등을 알리는 기능을 수행하고 있다.

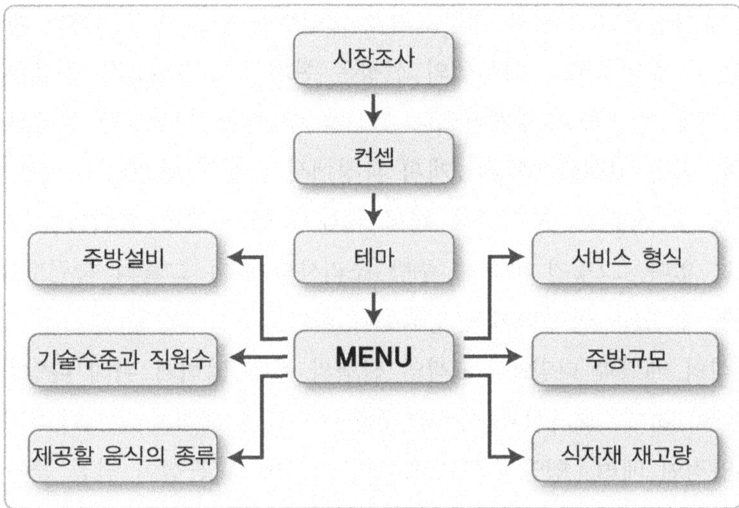

▲ 메뉴의 계획 및 작성방법

(3) 메뉴계획 및 작성방법

① 메뉴계획 시 고려해야 할 기본적 사항

- 업소의 형태 : 메뉴계획에서 제일 먼저 고려되어야 할 사항은 업소의 형태이다. 각 메뉴의 초점은 먹는 사람에게 맞추어야 한다.
- 식당경영의 목표와 목적 : 식당경영의 궁극적인 목표는 가능한 모든 자원을 합리적으로 이용하여 경제적으로 고객을 만족시키고 비용을 최소화하며, 이윤을 극대화하는 데 있다는 것을 명심하고 계획한다.
- 시장조사 : 고객들의 만족감을 충족시키기 위해서는 먼저 시장조사를 통하여 어느 계층의 고객을 대상으로 계획할 것이며, 고객의 연령, 성별, 직종, 경제, 상대, 그리고 그들이 좋아하는 것이 무엇인가를 분석해야 한다.
- 원가의 수익성 : 적절한 수익성과 동시에 매출을 늘리기 위해서는 원가의 목표율을 염두에 두고 계획한다.
- 식자재의 공급시장 : 원식자재의 공급시장과 시장의 위치 등 시장조건에 대한 정보를 충분히 확보하는 것은 메뉴계획 과정에서 고려되어야 할 중요한 요소

중의 하나이다.

▸ 저장고 및 재고상황 : 한국의 경우 수입 식자재의 의존도가 높기 때문에 원식자재를 보관할 수 있는 저장고의 필요성이 강조되기 때문에 메뉴계획 과정에서 공급시장의 상황과 저장고의 재고상황을 반드시 고려해야 한다.

▸ 시설과 장비 : 메뉴 아이템의 선정은 현재의 조리시설과 종업원의 기술수준에서 가장 신속하고 경제적으로 생산할 수 있는 아이템을 선정하여야 한다. 이러한 점을 고려할 때 메뉴계획 과정에서 시설과 장비의 고려는 절대적이다.

▸ 인원 및 숙련도 : 조리사라 해서 메뉴에 있는 모든 요리를 제대로 만들어 낼 수는 없다. 그렇기 때문에 주방 조리사의 수와 그들의 숙련도를 감안하여 생산할 수 있는 아이템이 선정되어야 한다.

▸ 음식의 매력과 다양성 : 고객의 선택의 폭을 넓히기 위해 다양한 아이템을 갖추어야 하며, 호기심과 식욕을 돋울 수 있는 매력이 있어야 한다.

▸ 영양적인 배려 : 영양적 요소에 대한 고객들의 관심이 점점 높아지므로 음식의 균형과 다이어트, 신선도와 영양 및 양에 관한 사항 등은 메뉴계획 시 중요한 요인이다.

▸ 연중의 호황기 : 연중의 계절은 음식의 선호에 큰 영향을 미친다. 추운 겨울철에는 중량음식(Heavier Dishes)의 소비가 늘 것이고, 더운 여름철에는 차가운 음식이 일반적으로 인기이다. 어떤 장소에서 어떠한 음식의 이용가능성은 계절과 함께 변하게 된다.

▸ 맛의 조화 : 이것은 음식의 맛에 영향을 주는 가장 중요한 인자이다.

메뉴 계획자는 단맛, 짠맛, 쓴맛, 신맛뿐만 아니라 향과 계절의 수확기 등을 고려해야 한다.

② 메뉴 작성 시의 원칙

▸ 같은 재료의 요리를 중복시키지 않는다.

▸ 같은 색의 요리를 반복시키지 않는다.

▸ 비슷한 소스(Sauce)를 중복해서 사용하지 않는다.

▸ 같은 조리방법을 두 가지 이상 같은 요리에 사용하지 않는다.

▸ 요리 제공의 순서는 경식(Light Dish)에서 중식(Heavier Dish)으로 균형을 맞춘다.

▸ 요리와 곁들여지는 요리(Garniture)와의 배합과 배색에 유의한다.

▸ 계절감각과 용도별 성격, 특산물을 고려하여 작성한다.

▸ 메뉴의 표기문자는 요리의 내용에 따라 각국의 고유문자를 사용하나, 양식인 경우 불어표기를 원칙으로 하여 나라 명, 지명, 사람의 이름 등 고유명사는 대문자로 표기한다.

▲ 라운지 바의 이색적인 아이패드 메뉴판(프라자호텔)

3. 메뉴의 분류

메뉴는 학자마다 나라마다 각각의 서로 다른 기준을 적용하여 메뉴를 분류하므로 굉장히 다양하게 나누어진다. 식음료 영업장의 특성에 따라 분류하기도 하고, 국가적으로 분류하기도 하고, 식사의 내용, 제공되는 시간에 따라서도 분류할 수 있으며, 메뉴가 고정되었느냐 아니면 정기적으로 교체되는가에 따라서 분류되기도 한다. 이러한 메뉴의 분류에 대한 자세한 설명은 「식음료 영업장 예약 관리」의 '영업장 메뉴 설명'에서 자세하게 다루고 있다.

4. 메뉴의 추천

메뉴의 추천은 앞서 「식음료 영업장 예약 관리」의 '상황별 메뉴 추천'에서 자세하게 다루고 있으니 다시 확인하여 메뉴 추천 및 추천 요령 등을 숙지해보자. 또한 다음은 메뉴 추천시 기본 사항에 대하여 간략하게 정리해 보았다.

(1) 레스토랑의 메뉴를 파악하고 추천한다.

(2) 메뉴를 추천하기 전에 고객의 취향을 파악하여 고객이 구매의욕을 일으킬 수 있도록 종사원 자신의 능력을 최대한 발휘한다.

(3) 고객의 입장과 영업장의 매출을 고려하여 추천한다.

(4) 수익성이 높거나 재고가 풍부한 메뉴, 새로 들어온 식재료의 메뉴, 그날의 특별요리, 특별행사 메뉴 등을 추천한다.

Piatto Unico

Timballo di riso Venere con verdure
di stagione e mozzarella
&
Pesce spada con battuto di peperoni
e basilico

Servito con un calice di vino
e un dessert dal carrello
47.00

Le Specialità Lombarde

Riso al salto con pistilli di zafferano e asparagi
25.00

Costoletta di vitello alla Milanese
con patate, rucola e pomodori
39.50

Ossobuco di vitello in gremolata
e risotto allo zafferano
41.50

Antipasti

Zucchine in fiore farcite con ricotta e menta al pesto leggero
27.00

Carpaccio di filetto di manzo con insalata di rucola e grana
30.00

Mozzarella di bufala con selezione di pomodori alla Caprese
28.00

Culatello di Zibello con crostini di pane al pomodoro
29.50

Uovo cotto a bassa temperatura su crema di patate e asparagi
26.00

Insalata di astice con finocchio, crescione e mango
31.00

Primi Piatti

Spaghetti artigianali Verrigni al pomodoro e basilico
25.00

Linguine alle vongole veraci con broccoletti e pane fritto
28.00

Lasagna classica alla Bolognese con crema di parmigiano
26.00

Tortelli di ricotta e menta con verdure primaverili
25.50

Rigatoni con zucchine, seppie e bottarga
26.00

▲ 포시즌호텔 레스토랑 메뉴

5. 메뉴의 추천기법

(1) 서비스 종사원으로서의 역량을 키운다.

(2) 고객에게 메뉴를 설명할 때 '신선한', '인기 있는', '일반적인' 등과 같은 단어를 사용하여 고객의 식욕과 욕구를 불러일으킨다.

(3) 고객의 요구가 무엇인지 정확하게 파악하기 위하여 고객에게 질문을 한다.

(4) 정확하고 명료하게 메뉴 항목을 설명하고 제공한다.

(5) 종사원 본인이 제일 좋아하는 메뉴를 권한다.

(6) 고객에게 항상 선택할 기회를 준다.

(7) 독특한 메뉴나 새로운 메뉴를 추천한다.

(8) 자연스럽게 서로 어울릴 수 있는 음식과 음료를 권한다.

(9) 선택의 만족감을 느낄 수 있게 고객의 선택을 칭찬한다.

(10) 판매를 위해서 메뉴 추천 후 고객에게 추천 메뉴가 좋은지 물어본다. 즉, 항상 선택적인 질문하는 것을 기억한다.

(11) 고객에게 항상 집중한다.

(12) 고객에게 동질감을 가지게 하여 편안하고 친근하게 느끼게 한다.

6. 메뉴의 준비 및 제공

식음료 영업장의 메뉴 리스트는 그 식음료 영업장을 대표할 수 있는 가장 중요한 요소이므로 고객에게 제공되는 메뉴 리스트에 각별히 주의를 기울여야 한다. 메뉴를 제공하는 순간부터 메뉴의 추천이 시작된다고 볼 수 있다.

(1) 메뉴 리스트(Menu list)는 깨끗이 취급해야 한다.

메뉴 리스트는 고객에게 그 식음료 영업장을 직 · 간접적으로 보여주는 것이기 때문에 좋은 인상과 이미지를 줄 수 있도록 깨끗하게, 깔끔하게 관리하고 취급해야 한다.

(2) 고객에게 메뉴 리스트를 제공하기 전에 반드시 메뉴의 이상 유 · 무를 꼼꼼히 확인해야 한다.

메뉴 리스트는 고객들에게 그 식음료 영업장에서 판매되고 있는 메뉴에 대한 정확한 정보들과 식재료의 원산지 표기와 가격 등을 알려주기 때문에 정확히 확인해서 제공되어야 한다.

(3) **메뉴 제공 시 매뉴얼(Manual)에 맞게 제공한다.**

메뉴 리스트 제공 시에는 각각의 식음료 영업장의 서비스 매뉴얼에 맞게 제공하여야 한다.

2 음료 추천

1. 음료(Beverage)의 정의

음료란 '마실 수 있는 모든 것'을 말하며, 그 기본은 '물'이며, 알코올성 음료와 비알코올성 음료를 모두 포함한다. 음료는 삶을 영위하는 필수적인 요소이며, 일상생활과 밀접한 관련이 있고 인류의 역사와 함께 음료는 발전하였다.

가장 기본이 되는 음료는 물이다. 과거 우리는 주변의 많은 모든 물을 음용할 수 있었으나, 기술의 발달을 통한 산업화로 인해 우리 주변의 많은 물들이 오염되어 자연 상태의 물을 화학처리하지 않으면 음용할 수 없는 상태에 이르게 되었다. 이러한 환경에서 소비자들은 건강을 위하여 깨끗한 물과 건강에 도움이 되는 물을 음용하고자 하는 욕구가 발생하였으며, 기업체는 이들 소비자의 욕구에 부응하여 다양한 음용수 상품을 개발하였다.

최초의 인류는 자연에 존재하는 물 자체를 섭취하여 갈증을 해소하였을 것이다. 그러나 세월이 흐르면서 물이 오염되어 인류는 그 나름대로의 방법으로 마실 물을 구하기 시작하였을 것이다. 기술의 발달과 생활수준의 향상으로 인간의 욕구는 다양화 되어지고 가치관이 변화되어 인류가 마시는 물에 대한 가치관과 욕구도 변화되고 다양화 되어졌다. 이러한 욕구에 부응하기 위하여 다양한 음료가 발견 또는 개발되었다. 다양한 음료의 개발과 발견으로 현대인은 커피, 차, 청량음료, 주스, 우유 등의 다양한 형태로 인체에 필요한 수분을 섭취하고 있다.

일반적으로 '음료'는 주스, 우유, 콜라, 사이다, 커피, 차 등은 비알코올성 음료로 인식되고, 소주, 맥주, 위스키 등의 알코올성 음료는 '술'이라고 일컬으면서 음료와 구분되어 사용하고 있다. 그러나 엄격히 구분하면 '음료'는 알코올성 음료와 비알코올성 음료를 통칭하는 말이다.

음료는 인간에게 아주 중요한 요소이다. 이유인즉, 음료를 통한 수분의 섭취는 인간의 생명 유지를 위하여 필수적인 것이다. 인간의 신체를 구성하는 물질 중 2/3 이상이 물로 구성되어 있으며, 신체 내 수분의 균형이 15% 이하로 감소하면 생명이 위협받게 되기 때문이다. 그렇기에 음료는 인간에게는 필수불가결한 존재이다.

▼ 음료의 분류

<table>
<tr><td rowspan="25">알코올성 음료 : 술 (Alcoholic Beverage) : 1% 이상의 알콜 성분이 있는 음료를 뜻함.)</td><td rowspan="13">양조주 : 발효주 (Fermented Liquor)</td><td rowspan="6">과실주 (Fruits)</td><td rowspan="5">와인 (Wine)</td><td colspan="2">식전용 와인(Aperitif wine)</td></tr>
<tr><td colspan="2">테이블 와인(Table Wine)</td></tr>
<tr><td colspan="2">식후용 와인(Dessert Wine)</td></tr>
<tr><td colspan="2">발포성 와인(Sparkling Wine)</td></tr>
<tr><td colspan="2">주정강화 와인(Fortified Wine)</td></tr>
<tr><td colspan="3">사과주(Cider), 귤(Citrus), 배(Perry), 복분자주, 등등 other Fruits</td></tr>
<tr><td rowspan="5">곡주 (Grain)</td><td rowspan="3">맥주 (Beer)</td><td>상면발효맥주</td><td>에일(Ale), 포터(Porter), 스타우트(Stout)</td></tr>
<tr><td>하면발효맥주</td><td>필스너(Pilsener), 보크(Bock), 뮌헨(Munchen), 도르트문트(Dortmunt)</td></tr>
<tr><td>자연발효맥주</td><td>람빅(Lambic)</td></tr>
<tr><td colspan="3">사케(Sake)</td></tr>
<tr><td colspan="3">막걸리, 동동주, 탁주 등</td></tr>
<tr><td rowspan="2">기타 (Miscellaneous)</td><td colspan="3">종려나무, 야자나무(Palm)</td></tr>
<tr><td colspan="3">풀케(Pulque : 용설란)</td></tr>
<tr><td rowspan="12">증류주 : 스피릿 (Distilled Liquor)</td><td rowspan="7">과일 (Fruits)</td><td rowspan="7">Brandy (브랜디)</td><td rowspan="2">Grape</td><td>Armagnac</td></tr>
<tr><td>Cognac</td></tr>
<tr><td>Apple</td><td>Apple Jack, Calvados</td></tr>
<tr><td>Cheery</td><td>Kirsch</td></tr>
<tr><td>pear</td><td>Poire</td></tr>
<tr><td>Plum</td><td>Mirabelle, Quetsch, Slivoitz</td></tr>
<tr><td>Raspberry</td><td>Framboise</td></tr>
<tr><td rowspan="5">곡식 (Grain)</td><td rowspan="5">위스키 (Whisky)</td><td colspan="2">Scotch Whisky(스카치 위스키) - 스코틀랜드</td></tr>
<tr><td colspan="2">Irish Whiskey(아이리쉬 위스키) - 아일랜드</td></tr>
<tr><td colspan="2">American Whiskey(아메리칸 위스키) - 미국 : Bourbon Whiskey, Tennessee Whiskey</td></tr>
<tr><td colspan="2">Canadian Whiskey(캐나디언 위스키) - 캐나다</td></tr>
<tr><td colspan="2">Japanese Whiskey(케패니스 위스키) - 일본</td></tr>
</table>

<table>
<tr><td rowspan="11"></td><td rowspan="11"></td><td rowspan="7"></td><td rowspan="5">진
(Gin)</td><td>네덜란드 진(Holland Gin, Geneva Gin)</td></tr>
<tr><td>런던 드라이 진(London Dry Gin)</td></tr>
<tr><td>아메리칸 드라이 진(American Dry Gin)</td></tr>
<tr><td>올드 탐 진(Old Tom Gin)</td></tr>
<tr><td>플레이버드 진(Flavored Gin)</td></tr>
<tr><td>보드카
(Vodka)</td><td>감자와 곡물(러시아, 아메리칸, 네덜란드, 잉글랜드)</td></tr>
<tr><td rowspan="4">기타</td><td rowspan="3">Rum
(럼 :
당밀과
사탕수수)</td><td>Lingt Rum(라이트 럼), White Rum(화이트 럼)</td></tr>
<tr><td>Medium Rum(미디움 럼), Gold Rum(골드 럼)</td></tr>
<tr><td>Heavy Rum(헤비 럼)</td></tr>
<tr><td colspan="2">용설란(메즈칼, 데킬라)</td></tr>
<tr></tr>
<tr><td rowspan="16">비알코올성
음료 :
(Non
Alcoholic
Beverage)</td><td colspan="4"> </td></tr>
</table>

<table>
<tr><td rowspan="5">혼성주 : 리큐르 :
코디알
(Compounded
Liquor)</td><td>과일
(Fruits)</td><td colspan="2">체리, 메론, 피치, 애플, 카시스, 오렌지, 살구, 리치, 딸기</td></tr>
<tr><td rowspan="2">약초,
향초</td><td>약초,
향초</td><td>민트, 갈리아노, 베네딕틴, 압상트, 베르뭇,
예거마에스터 등</td></tr>
<tr><td>Bitter</td><td>앙고스트라비터, 운더베르그 등</td></tr>
<tr><td>종자</td><td colspan="2">깔루아(커피), 카카오(카카오) 등</td></tr>
<tr><td>기타</td><td colspan="2">드람뷔(꿀), 베일리스(크림), 아드보카트(계란과 꿀)</td></tr>
</table>

<table>
<tr><td rowspan="9">비알코올성
음료 :
(Non
Alcoholic
Beverage)</td><td rowspan="2">탄산음료 : 청량음료(Carbonated Beverage)</td><td>탄산음료</td><td>콜라, 사이다, 진저엘, 토닉워터, 환타, 칼린스믹스</td></tr>
<tr><td>무탄산
음료</td><td>물, 광천수</td></tr>
<tr><td rowspan="3">영양음료
(Nutrition
Beverage)</td><td>주스</td><td>오렌지, 파인애플, 레몬, 라임, 그랜베리, 토마토, 자몽 등</td></tr>
<tr><td>우유</td><td>일반, 로우(Low Fat), 제로(Zero Fat) 등</td></tr>
<tr><td>크림</td><td>라이트(Light), 헤비(Heavy) 등</td></tr>
<tr><td rowspan="2">기호음료
(Taste Beverage)</td><td>커피</td><td>아라비카, 로부스타 등</td></tr>
<tr><td>차류</td><td>완전발효, 반발효, 불발효, 후발효</td></tr>
<tr><td>기능성음료
(Functionality
Beverage)</td><td colspan="2">스포츠, 비타민, 다이어트, 식이섬유, 이온, 알카리 음료 등</td></tr>
<tr><td>전통음료
(Traditional
Beverage)</td><td colspan="2">식혜, 수정과, 홍삼 등</td></tr>
</table>

2. 음료의 분류

음료는 알코올성 음료와 비알코올성 음료 등 크게 두 가지로 분류할 수 있다. 하지만 마실 수 있는 음식물 모두를 통상 '음료'라고 하며 어떤 의미로는 알코올성 음료로 더 강하게 표현되기도 한다. 알코올성 음료는 알코올이 포함되어 있는 음료로써 일반적으로 '술'이라 불리는 음료이며, 하드 드링크(Hard Drink), 또는 스트롱 드링크(Strong Drink)라 한다. 비알코올성 음료는 알코올이 포함되어 있지 않은 음료를 말하며, 소프트 드링크(Soft Drink)라고 불리기도 한다. 알코올성 음료에는 양조주, 증류주, 혼성주가 있으며, 비알코올성 음료에는 청량음료, 기호음료 그리고 영양음료가 있다.

(1) 알코올성 음료(Alcoholic Beverage, Liquor)

알코올성 음료는 알코올과 물이 혼합된 것으로써 우리나라 주세법에서는 알코올성 음료는 주정(酒精 ; 희석하여 음료로 할 수 있는 에틸알코올을 말하며, 불순물이 포함되어 있어서 직접 음료로 할 수는 없으나 정제하면 음료로 할 수 있는 조주정(粗酒精)을 포함한다.) 1% 이상의 알코올성분이 포함되어 있는 음료라 규정짓고 있다.

즉, 알코올분(에틸알코올이 섭씨 15도에서 0.7947의 비중을 가진 것을 말한다.) 1% 이상의 음료들이며, 용해(鎔解)하여 음료로 할 수 있는 가루 상태인 것을 포함하되, 「약사법」에 따른 의약품으로서 알코올분이 6% 미만인 것과 국세청장이 「제5조의2」에 따른 주류판정심의위원회의 심의를 거쳐 주류가 아닌 것으로 결정한 것은 제외하고 있다.

① **양조주(Fermented Liquor)** : 양조주는 곡류 또는 과실류를 원료로 하여 발효시킨 술이다. 발효는 설탕과 포도당 같은 당분이 효모와 화학 작용하여 알코올과 탄산가스로 변하는 과정이다. 과실류는 당분이 함유되어 과실에 효모를 첨가하여 발효시키면 와인, 사과주 등의 양조주가 탄생하고, 곡류 속에 포함되어 있는 전분을 당화효소로 당화시켜 다시 발효공정을 거치면 맥주, 청주, 막걸리 등의 양조주가 탄생한다.

양조주는 발효주라고도 하며, 알코올 함량은 1~18%이나 21%까지 강화된 것도 있다. 증류주와 달라서 알코올 발효에 따르는 휘발성 향기에 관계가 있는 여러 성분 이외에 맛과 관계가 있는 당분 · 아미노산 · 불휘발산을 2~8%나 함유하고 있어 맛과 향미가 뛰어나다.

② **증류주(Distilled Liquor)** : 증류주는 순도가 높은 주정을 만들기 위하여 발효된 양조주를 다시 증류하여 알코올 도수를 높인 술이다. 증류는 혼합물을 구성하는 성분을 서로 다른 기화점(액체가 기체로 변화하는 온도 또는 비등점(액체가 끓기 시작하는 온도))을 이용하여 혼합물을 분리하는 방법이다. 물과 알코올이 혼합되어 있는 양조주를 가열하면 알코올은 섭씨 80°에서 수증기로 기화하며, 물은 100°에서 기화한다. 때문에 양조주를 80°에서 100° 사이의 온도를 유지하면서 가열하면 알코올만 기화하고 기화된 수증기를 모아 다시 80° 이하로 냉각시키면 순도가 높은 알코올을 얻을 수 있다. 증류주에는 위스키, 브랜디, 보드카, 럼 그리고 진 등이 있다.

③ **혼성주(Compounded Liquor)** : 리큐어(Liquor)는 중세의 연금술사들이 증류주를 만드는 기법을 터득하는 과정에서 우연히 생성되어 탄생되었다. 그것은 과일이나 곡류를 발효시킨 술을 기초로 하여 증류한 증류주(Brandy, Whisky, Rum, Gin 등)에 당분을 더하고 과일이나 과즙, 꽃, 약초, 향료 등 초근목피, 식물의 뿌리, 열매, 과즙, 색소 등을 더해서 색다른 풍미의 술로 다시 만든 술이다. 혼성주의 제조법으로는 증류법, 에센스법, 침출법 등이 있으며, 혼성주는 식물의 원료에 따라 약초, 향초류, 과실류, 종자류 등으로 구분할 수 있다.

(2) 비알코올성 음료(Non Alcoholic Beverage)

비알코올성 음료는 알코올 성분이 포함되어 있지 않은 음료이며, 주세법상 알코올분 1% 미만의 모든 음료를 비알코올성 음료라고 할 수 있다. 즉, 0.9%의 알코올분을 가지고 있는 맥주음료는 비알코올성 음료가 된다. 비알코올성 음료는 청량음료, 영양음료, 기호음료 등 세 가지 종류로 구분할 수 있다.

① **청량음료(Soft Drink)** : 청량음료는 탄산음료와 무탄산음료로 구분되며, 칵테일 조주 시 청량감을 주기 위한 재료인 보조 음료로 많이 사용된다. 탄산음료는 탄산가스가 포함되어 있는 음료로써 음료에 청량감을 주고, 미생물의 발육을 억제하며, 향기의 변화를 예방할 수 있다. 대표적은 탄산음료는 콜라, 사이다, 환타, 토닉워터, 소다수, 칼린스믹스, 진젤 등이 있고 무탄산음료는 생수가 대표적이다. 대표적으로 순수 물(Pure Water)과 광천수(Mineral Water) 등이 있으며 비시 생수(Vichy Water), 에비앙 생수(Evian Water), 셀처 생수(Seltzer Water), 페리에 생수(Perrier Water) 등이 있다.

② **영양음료(Nutritious Drink)** : 영양음료는 영양성분이 많이 함유되어 있어 건강에 도움을 주는 음료이다. 우유, 주스 등이 대표적인 영양음료이다. 주스류는 과일의 즙을 짜서 만든 과즙에 과당을 첨가 · 가공하여 만든 음료이며, 우유는 유백색의 불투명한 액체로 물(87.1%)과 지방(3.9%), 단백질(Protein), 락토스(Lactose) 등의 성분으로 분만 후 7일 이내의 초유와 정상유로 나눌 수 있다. 정상유는 원유, 살균유, 멸균유 등이 있다.

③ **기호음료(Favorite Drink)** : 기호음료는 기호에 따라 즐기는 음료로써 대표적인 음료가 커피와 차다.

- 커피(Coffee)류 : 커피는 아프리카 원산의 꼭두서니과 코페아속에 속하는 다년생 쌍록 쌍떡잎식물로 커피의 종은 약 60여 가지가 있으나, 과거 주요 품종으로 아라비카(Arabica), 로부스타(Robusta) 리베리카(Liberica)종을 언급하였으나 현재의 커피 산지에 따라 다양한 품종들이 개발 · 생산되어 다양한 커피품종들이 사용되고 있다.
- 차(Tea)류 : 차는 차나무에서 딴 잎으로 만들어 뜨거운 물에 우린 것으로, 차의 생산 방법에 따라 불발효차(녹차), 반발효차(중국의 오룡차, 재스민차), 완전 발효차(홍차), 후발효차(보이차)로 나눈다.

3. 음료 추천

「식음료 영업장 예약 관리」에서 다뤘던 '식음료 추천'과 같이 음료의 추천도 식음료 영업장 매출에 직접적인 영향을 미친다. 특히나 음료의 추천에서 고객이 음료를 주문할 때 고객의 취향과 지불능력이 중요하지만 서비스 담당자들은 식음료 상품에 대한 풍부한 전문지식을 기반으로 자부심과 세련된 매너, 적극적인 자세, 능숙한 판매기술로 다가가야 하며, 이를 위해 종사원들은 자신들의 능력을 끊임없이 계발하고 발전시켜 고객에게 충분한 설명과 음료를 추천해야 한다. 이에 고객의 만족도와 고객의 영업장에 대한 충성도에 크게 영향을 주어 식음료 영업장의 매출 증대에까지 영향을 준다.

(1) 특선 음료 추천

각 식음료 영업장마다 그 영업장의 메뉴와 잘 어울리는 음료나 계절에 따른 음료, 고객의 특별한 날에 추천하는 음료를 특선 음료하고 하며, 특선 음료 판매는 각 식음료 영업장의 특성과 유형에 따라 다르며, 고객이 식사메뉴를 정하기 위해 메뉴를 볼 때 식사 메뉴를 추천하면서 그날의 특선 음료를 제안·추천하도록 한다.

(2) 고가의 음료 추천

추천 판매기법인 업-세일링(Up Selling)은 더 고급스러운 품목을 제안함으로써 서버가 영업장의 판매량을 증가시키는 데 사용되는 기술이다. 그러므로 서비스 직원은 항상 가장 잘 팔리는 음료가 무엇인지 또 어떤 것이 가장 이익이 많은지 파악하여 숙지해서 식음료 서비스 시에 모임의 특성과 고객의 취향 및 요구 상황을 빠르게 파악하여 고가 음료를 추천할 수 있어야 한다.

(3) 메뉴와 잘 어울리는 음료 추천

서비스 종사원은 고객에게 식음료 영업장의 메뉴와 잘 어울리는 음료를 추천해야 한다. 항상 메뉴와 잘 어울리는 음료를 파악하여 숙지하고 있어야 하며, 음료 추천 시 고객에게 흥미를 유발할 수 있도록 항상 연습하고 자연스럽게 추천할 수 있도록 스킬을 익혀야 한다.

(4) 식음료 영업장의 음료메뉴 숙지

서비스 종사원이 가져야 할 가장 기초적인 것으로 음료를 효과적으로 추천하기 위해서 음료 리스트의 모든 품목과 가격이나 음료와 칵테일의 발음을 정확히 알고 숙지해야 하며, 어떻게 매력적으로 음료를 설명할 것인지와 각 음료의 특징마다 어떻게 제공할 것인지 등의 특별한 방법을 알아야 한다.

(5) 모든 고객에게 추천

서비스 종사원은 모든 고객에게 음료를 추천해야 한다. 고객이 음료를 주문하지 않으려는 의도가 있더라도 상황에 따라 즉, 식음료 영업장의 분위기나 모임의 특성과 구성원의 취향에 따라 음료를 주문을 할 수도 있기 때문이다.

4.2 식음료 주문받기

수행준거

1. 주문용 메뉴를 제공할 수 있다.
2. 고객의 주문사항을 반복해서 확인하고 기록할 수 있다.
3. 주문 완료 시 고객 주문 사항을 확인하고 음식 제공에 소요되는 시간을 고객에게 설명할 수 있다.
4. POS 사용법에 따라 주문 내용을 POS에 입력하고 그 내용을 확인할 수 있다.

1 주문사항 확인 및 기록

1. 식음료 주문

(1) 주문의 개념

주문(注文)이란 어떤 상품을 만들거나 파는 사람에게 품명, 수량, 모양, 크기 등을 일러주고 제작 의뢰하는 것을 의미하며, 그 상품의 생산이나 수송, 또는 서비스의 제공을 요구하는 것을 일컫는 것이다. 하지만, 식음료 영업장에서의 주문이란 고객의 기호와 취향에 맞게 판매 가능한 식음료 상품을 제공하기 위한 고객과의 계약행위라고 할 수 있다. 따라서 종사원들은 주문 접수에 필요한 충분한 상품의 전문적 지식과 세련된 판매기법을 습득하여 효과적인 상품홍보와 적극적인 판매활동 등을 할 수 있는 자세를 갖추어 항시 고객이 만족한 주문을 할 수 있도록 도와드리며, 고객으로부터 유능한 종사원으로 호평을 받을 수 있도록 연구 노력하는 자세를 가져야 한다.

(2) 판매자의 필수조건

① 고객에게 상품(요리, 음료)을 팔기 전에 자신을 팔아야 한다.
② 항상 미소 띤 얼굴로써 서비스와 친절을 판다는 것을 잊어서는 안 된다.

③ 가격을 파는 것이 아니라 가치를 팔아야 한다.

④ 식음료 영업장의 전체적인 분위기를 함께 팔아야 한다.

2. 식음료 주문 순서

아래 식음료 주문순서는 양식당의 Full Course(Table d'hote Menu)주문을 기준으로 한 순서이며, 식당의 종류, 메뉴의 종류 및 내용, 고객의 선택 등에 따라 주문순서와 서비스가 달라진다.

식전음료(Aperitif) ▶ 전체요리(Apperizer) ▶ 수프(Soup) ▶ 생선요리(Fish)
▶ 육류요리(주요리 : Meat & Poultry) ▶ 샐러드(Salad) ▶ 와인(Wine)
▶ 주 요리가 끝난 후 ▶ 치즈(Cheese) ▶ 후식(Dessert)
▶ 커피 또는 차(Coffee or Tea) ▶ 식후 주(After Drink)

▲ 양식당의 Full Course(Table d'hote Menu) 주문 순서

3. 식음료 주문 확인 및 기록

(1) 주문받는 요령

① 메뉴는 고객의 우측에서 드리고, 주문받을 때에는 고객의 좌측에 위치한다. (경우에 따라선 유동적일 때도 있다.)

② 항상 메모용지와 볼펜을 지참하여 즉시 주문내용을 받아 적는다.

③ 주문기록은 통일된 약자로 정확히 기재하며 반드시 복창하여 확인한다.

④ 주문 받을 때에는 양발을 모으고 양팔은 겨드랑이에 자연스럽게 붙이며, 양손은 주문서와 볼펜을 쥐고 가슴 앞으로 하여 허리를 15° 정도 숙이고 고객의 좌측에서 얼굴을 주시하며 공손히 주문받는다.

⑤ 주문받는 순서는 시계 정 방향으로 고객인 여자, 남자, Hostess, Host 순으로 받는다.

⑥ 고객의 특별한 주문요청이 있을 경우 주방과 신속히 연락하여 가능 여부를 확인

한 후 주문을 결정 한다.

⑦ 시간이 오래 걸리는 요리는 주문받을 때 반드시 소요시간을 말씀드린다.

⑧ 요리주문이 끝나면 Wine List를 고객의 우측에서 드린다.

⑨ 와인은 주로 주문된 요리에 잘 어울리는 품목으로 권유하여 주문받는다.

⑩ 주 요리(Entree) 식사가 끝나면 후식주문과 음료주문을 받는다.

⑪ 주문이 끝나면 감사의 표시로 정중하게 인사드린 후 물러난다.

(2) 주문의 확인

① 주문 확인의 필요성은 사전에 문제요인을 예방하기 위해 고객으로부터 주문내용은 확실한 언약을 받기 위함이다.

② 확실한 주문을 받는 것은 고객에게 정확하고 신속하게 상품을 제공할 수 있는 수단이 된다.

③ 항시 종사원들은 고객 주문 시 복창을 하면서 주문서에 기재하고 주문이 끝난 후에는 반복하여 주문내용을 확인시켜 드린다.

④ 요리를 주문받을 때 반드시 품목별 유형을 재확인해야 한다.

- Egg : Fried, Scrambled, Poached, Boiled…
- Fried Eggs : Sunny side up, Over easy, Over hard
- Meat : Rare, Medium rare, Medium, Well done
- Salad : Type of dressing, Which of choice
- Bread : Type of bread
- Sauce : On the side
- Vegetable : Which of choice

(3) 주문받을 때의 유의사항

① 종사원은 영업전에 주방과 긴밀한 연락으로 판매품목 중의 품절상품 및 그 날의 특별요리(Daily Special)를 숙지하여 주문 시에 착오가 없도록 한다.

② 차림표(Menu)는 식당의 얼굴이므로 항시 소중하게 깨끗이 취급해야 하며, 고객에게 드리기 전에 메뉴 속의 이상 유 · 무를 확인 후 드린다.

③ 메뉴 설명 시 고객이 이해하기 힘든 전문용어를 사용해서는 안 된다.

④ 메뉴 설명 시에 절대 손가락으로 가리켜선 안 되며, 손을 펴서 손바닥이 위로

오도록 하여 메뉴 품명을 가리킨다.

⑤ 주문서 작성 시 날짜, 식탁번호, 고객 수(외, 내국인 구분), 담당자 고유번호, 요리품명, 수량, 변동가격, 단가, 특별주문 내용 등이 틀리지 않도록 정확히 기록하여 접객 서비스에 실수가 없도록 한다. 또한 요리와 음료는 각기 따로 작성해야 하고 되도록 정정 또는 이중 기입을 해서는 안 된다.

⑥ 육류 주문 시 굽는 정도, 계란 주문 시 익히는 정도, 샐러드 드레싱 종류 등 고객의 기호에 맞게 선택하도록 반드시 물어 보고 주문서에 정확히 기입하여 주방에 건네준다.

⑦ 주문 받을 때에는 메뉴 구성의 순서대로 주문 받도록 하며, 고객의 특징 또는 번호를 표기함으로써 정확한 서비스를 할 수 있으며 고객에게 호감을 받을 수 있다.

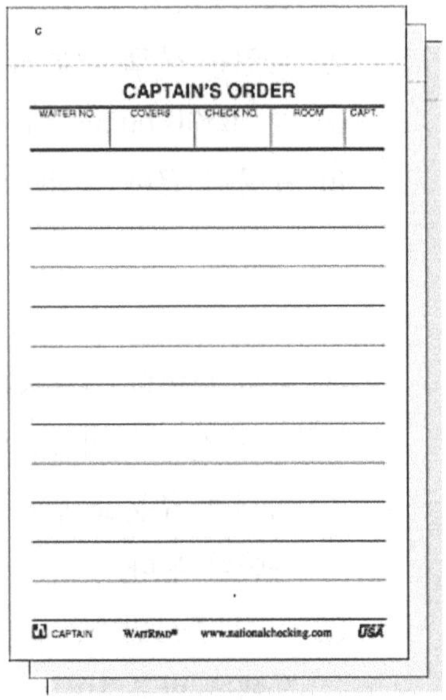

▲ 캡틴 오더

(4) 주문 기록

① 주문 기록 시 주의 사항

- 주문 기록 시 주방의 조리사가 잘 알 수 있도록 알기 쉽게 깨끗하게 기재한다.
- 글씨를 휘갈겨 쓰거나 이중으로 기재하지 않는다.
- 주문지의 지정된 칸에 테이블번호 · 인원수 · 날짜 · 주문사항 · 주문자 이름을 기입하고 서비스 근무자 번호 혹은 이름을 반드시 기록한다.
- 서비스 담당자에게 주방에서 인정되는 있는 약어(Abbreviation)를 사용한다.
- 조리상 특별 주문을 할 경우 가능한 그 품목의 오른쪽에 약어로 기입하거나 줄을 그어 주방에서 쉽게 알 수 있도록 자세히 쓴다.
- 조리상 설명이 복잡할 경우 주방에 직접 구두로 설명한다.
- 확실치 못한 사항은 고객에게 양해를 구하고 다시 물어보고 반복 확인한다.
- 주문서에 기입 시, 주문사항을 복창하여 고객에게 확인시켜 주면서 기록한다.
- 전표(주문서) 3매 중 원본은 주방이나 바(Bar)로 보내고, 복사지 하나는 고객, 다른 하나는 계산원에게 보낸다.

② 주문 약어(Abbreviation)

식음료 영업장에서 편리하고 신속하게 서비스를 제공하기 위하여 사용되는 약어는 대개 대문자로 기록하며, 야채, 소스, 가니쉬 등은 소문자로 기록한다.

하지만 약어는 요리의 종류가 다양하고, 식음료 영업장마다 약속이 달라 정하기 나름이므로, 공식화되어 있지 않지만 일반적인 기준은 주요리 중심으로 정하며, 부수적으로 곁들이는 요리의 설명을 생략한다.

▼ 약어의 실례

COURSE	MENU	Abbreviation
Appetizer	Fruit Cocktail	FrC
	Orange Juice	OJ
	Tomato Juice	TJ
Salad	Tossed Green Salad	Sal
	Lettuce and Tomato	LT
Main Dish	Roast Beef	RB
	Barbecue Beef	BBQ
	Chateaubraind	Chat
	Filet Mignon	Mig
	Sirloin Steak	SS
	Pork Chops	PC
Dressing	Russian	r
	Thousand Island	t
Vegetable	French Fried Potatoes	ff
	Carrots	c
	Mashed Potatoes	mash
Dessert	Apple Pie	A Pie
	Chocolate Cake	C Cak
	Danish Pastry	Dan
	Vanilla Pudding	V Pud
	Strawberry	Str
	Ice Cream	IC
Beverage	Coffee	Cof
	Tea	T
	Orange Drink	Od

4. 주문 시의 용어

(1) 주문 시의 용어

① 안녕하십니까?

② 메뉴 여기 있습니다.

③ 주문하시겠습니까? / 준비 되셨습니까?

④ 음료는 무엇으로 하시겠습니까?

⑤ 주문해 주셔서 감사합니다.

⑥ 맛있게 준비해 드리겠습니다.

⑦ 잠시만 기다려 주십시오. 곧 준비해 드리겠습니다.

⑧ 더 필요한 것은 없으십니까?

▲ 직원의 주문 받는 모습, Stand By

▲ 직원의 주문 받는 모습, 메뉴 설명

▲ 직원의 주문 받는 모습, 주문 받기

(2) 주문한 음식 제공 시의 용어

① 늦어서 죄송합니다.

② 기다리게 해서 대단히 죄송합니다.

③ 주문하신 "바닷가재"요리입니다. / 주문하신 음식입니다.

④ 맛있게 드십시오. / 즐겁게 드십시오. / 즐거운 시간 되십시오.

(3) 물 보충과 음료 추가 주문 시의 용어

① 실례하겠습니다. 물 좀 더 드시겠습니까? / 물을 따라 드리겠습니다.

② 실례하겠습니다. 한잔 더 드시겠습니까?

▲ 고객에게 물을 따라드리는 모습

2 주문내용 POS 입력 및 확인

1. 포스 시스템(POS)

POS는 'Point Of Sales'의 약어로써 판매시점 정보관리시스템이라 일컫는다. POS는 판매와 동시에 품목, 가격, 수량 등을 기호로 표시해 두고 유통 정보를 컴퓨터에 입력시켜 정보를 분석 · 활용하는 시스템이다. 각 영업장에서 발생된 모든 현황을 한 시점에서 보고서 형식으로 파악 · 분석할 수 있도록 구성되어 있으며 호텔, 외식업체 및 유통 관련 업소, 항공사, 은행 등의 경영관리를 위한 정보기기 시스템이다.

POS 시스템의 처리 방식은 상품에 붙은 레이블의 판독 기구와 금전 등록기가 일체인 장치를 사용하여 판독한 트랜잭션을 다른 데이터 매체 상에 기록하든가 데이터 링크를 거쳐서 중앙측의 컴퓨터 시스템에 전송하여 처리하는 방식을 취한다. 이러한 포스 시스템의 효율성과 신속성으로 인해 영업장 및 업체 간의 발주나 납품 데이터 처리를 간소화하는 이점이 있다.

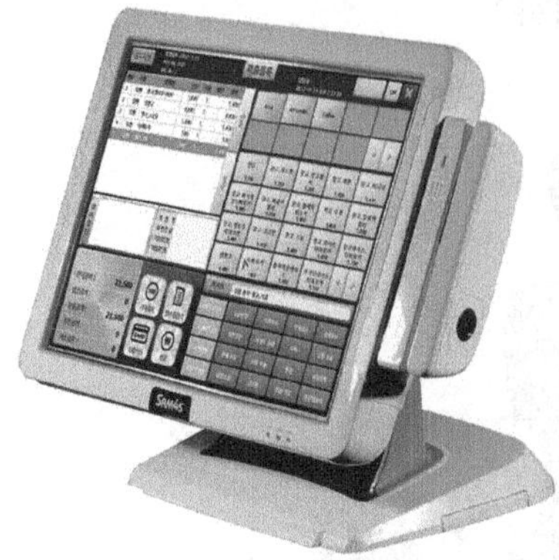

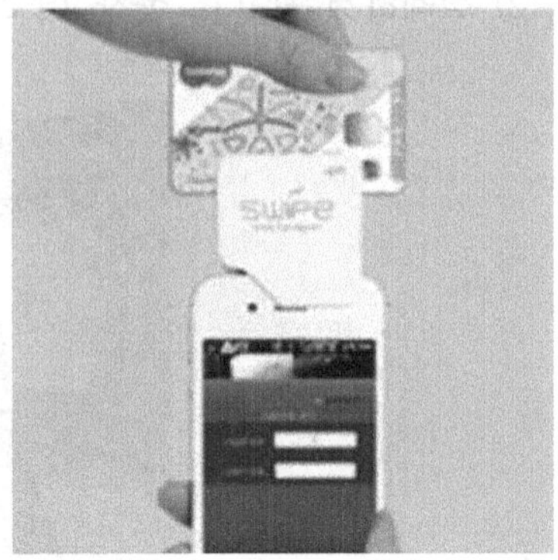

▲ POS 시스템 [출처 · 제공 : 솔비포스(SOLBLPOS)]

(1) 포스 시스템의 광의적 역할

광의적으로 포스 시스템을 보면 호텔레스토랑, 외식사업체, 백화점 등의 점포 자동화를 위한 경영의 종합정보시스템으로 인식되고 있다. 이 경우 판매 정보만이 아니라, 전반적인 유통관리와 매입, 발주, 배송, 재고 등 소매업체에서 발생하는 모든 정보를 종합적으로 관리하는 것을 의미한다.

정보 시스템이란 조직에서 의사결정과 통제를 지원하기 위하여 정보를 수집하고, 처리하고, 저장하고, 분배하는 상호 연관된 요소의 집합이다.

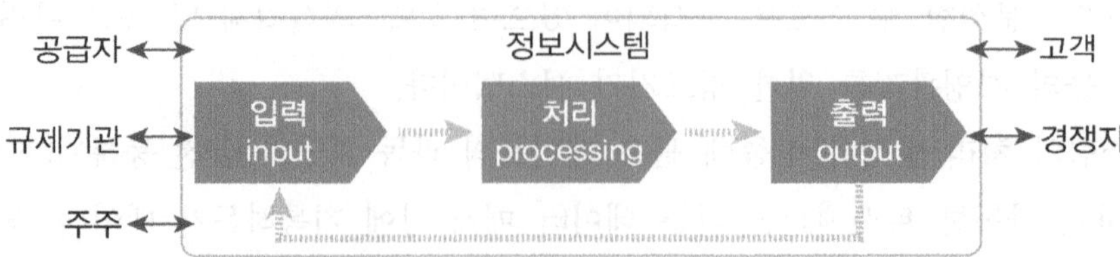

정보시스템은 조직과 조직의 주변 환경정보를 담는다.

▲ 정보 시스템의 흐름도

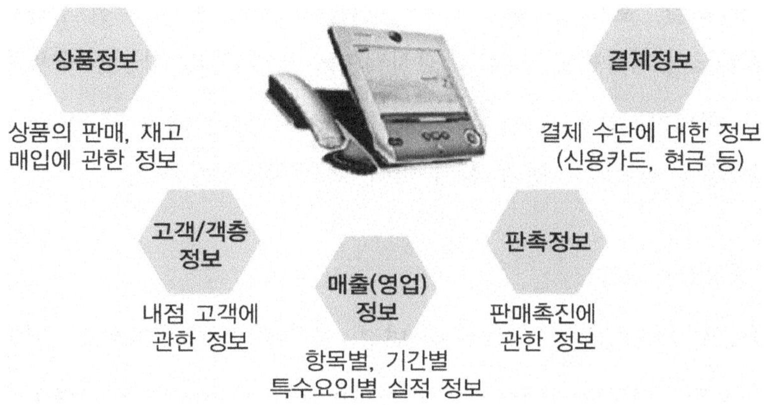

▲ 매장에서 발생하는 정보의 종류

(2) POS 시스템의 특징

① **온라인 시스템** : 영업장에서의 거래 발생과 동시에 각종 발생데이터를 서버에 입력하고 필요한 정보를 즉시 수록할 수 있다.

② **실시간 시스템(리얼타임 시스템)** : 필요한 모든 데이터를 판매 시점에서 실시간으로 파악하여 활용할 수 있고, 정보 변화에 즉시 대응할 수 있다.

③ **분산 · 집중 관리 시스템** : 여러 대의 POS 단말기를 운용하는 경우, 매장 POS 단말기의 가동 상태와 고장 및 정산상황, 각종 판매 정보 등을 영업장에서 관리하고 회계부서에서 필요로 하는 정보는 메인 서버에서 집중 관리할 수 있다.

④ **거래 정보 수집** : 누가, 언제, 어느 영업장에서 얼마에, 어떤 방법으로 판매되고 있는지 또한, 현금, 신용카드, 후불, 취소 및 할인 등의 거래 내용에 관한 모든 정보 및 상품별 정보를 실시간으로 파악이 가능하다.

⑤ **종합정보시스템으로서의 발전** : POS 시스템은 영업정보에 제한되지 않고 매출데이터, 인사데이터, 회계데이터 등을 포함하는 종합정보시스템으로 다양한 업종의 종합정보시스템으로 발전 할 것이다.

(3) POS 시스템의 구성기기

① **자동판독 장치인 스캐너** : 포스터미널에 접속되어 있는 스캐너는 상품 포장이나 라벨이 인쇄되어 있는 바코드를 읽어서 숫자로 풀이하는 기능을 한다.

② **포스터미널** : 포스터미널은 점포의 컴퓨터 단말기로서 금전 등록, 영수증 발행, 신용카드의 자동판독, 그리고 감사케이프 작성 등의 기능을 수행한다.

③ **점포 통제기** : 점포 통제기는 매장에 설치된 여러 대의 포스터미널을 통제하여, 각종 경영 정보의 수집과 함께 여러 보고서를 발행한다.

(4) POS 시스템의 용어

① REPORT PROCS : 기간(Period) 변경, 기간별, 품목별 매출 및 판매 아이템 확인.

② PICK-UP SCREEN : 테이블별 포스팅(Posting)된 아이템과 금액을 확인 시 사용.

③ BEGIN CHECK# : 고객의 주문사항을 입력하기 위해 테이블을 열기 위해 사용.

④ RE-OPEN CLOSED CHECK : 이미 마감된 계산서(Bill)를 다시 오픈(Open)할 때나 할인(DC : Discount)이나 품목 취소(Item Void) 등 금액이 변경될 경우 사용.

⑤ ADJ CLOSED CHECK : 이미 마감된 계산서(Bill)를 다시 오픈(Open)할 때 사용하거나 금액 변화 없이 지불방법(Payment)을 변경하거나 회원(Member) 조회 시 사용.

⑥ ROOM : 객실(Room) 조회 시 사용.

⑦ MEMBER : 휘트니스 센터 회원, 기타 호텔의 회원제 멤버(Member) 조회 시 사용.

⑧ OPEN DRAW : 자금(Fund)이 들어 있는 현금 서랍을 오픈(Open) 할 때 사용.

⑨ →RVC : 모든 POS기기는 타 업장으로 호환이 가능함.

2. 식음료 영업장의 포스 시스템

식음료 영업장에서의 포스 시스템은 메뉴 평가, 매출 예측, 좌석 회전율 관리, 식재료 및 인건비, 원가관리 등의 다양한 경영도구로 활용할 수 있다.

(1) 판매식음료 상품정보 관리용이

(2) 사무 자동화에 의한 원활한 업무지원

(3) 재고 삭감 및 재고 회전율 향상

(4) 식음료 상품구성의 적정화와 개성화

3. POS기기의 주요 키(Key)

(1) BEGIN TABLE

고객이 테이블 좌석에 앉아서 주문을 한 후 담당 서비스 직원이 테이블을 생성하는 기능.

(2) CLEAR

Clear 키는 POS기기 화면에 나타난 숫자나 주문을 포스팅(Posting)하기 전, 지우는 기능.

(3) COVER

고객의 인원수를 입력하는 기능.

(4) DONE

모든 화면에서 바로 전의 화면으로 갈 때 사용

(5) ENTER

엔터(ENTER)키는 모든 명령어 입력 시 사용.

(6) FOOD SCREEN

메뉴 창으로 이동할 때 사용.

(7) ORDER

고객의 주문을 입력할 때 메뉴화면을 불러오는 기능을 가짐.
이 키를 누르면 메뉴창이 나타남.

(8) SEND

고객의 주문을 모두 입력했을 때, 고객의 주문을 만들기 위해 주방이나 바 쪽으로 주문서를 보내는 기능

(9) VOID

고객의 주문 변경이나 잘못된 포스팅(Posting)을 했을 때 주문명목(Menu item)을 메뉴취소(Void)할 경우, 취소할 주문 창에서 취소할 메뉴를 터치해서 선택한 후 명령 창에서 메뉴취소(VOID)를 누른다.

연습문제

01. 다음 중 생산 측면에서의 특성에 대한 것으로 올바르지 않은 것은?

① 생산과 판매가 동시에 발생 ② 주문 생산이 원칙
③ 수요 예측이 곤란 ④ 시간과 공간의 제약

02. 다음 중 식사 메뉴의 개요 중 메뉴의 개념에 대한 설명으로 올바른 것은?

① 라틴어 미누트스에서 유래된 말로써 '상세하게 기록하는 것'이라는 의미를 가지고 있다.
② 고객에게 식욕과 가치를 충족시켜 주는 수단을 판매하는 상품을 얘기한다.
③ 어떤 상품을 만들거나 파는 사람에게 품명, 수량, 모양, 크기 등을 일러주고 제작 의뢰하는 것을 말한다.
④ 고객의 기호와 취향에 맞게 판매 가능한 식음료 상품을 제공하기 위한 고객과의 계약 행위라고 할 수 있다.

03. 메뉴 작성시의 원칙으로 올바른 것을 짝지은 것은?

㉠ 요리제공의 순서는 중식에서 경식으로 균형을 맞춘다. ㉡ 비슷한 소스를 중복해서 사용한다. ㉢ 요리와 곁들여지는 요리와의 배합과 배색에 유의한다. ㉣ 계절감각과 용도별 성격, 특산물을 고려하여 작성한다. ㉤ 같은 재료의 요리를 중복시키지 않는다. ㉥ 같은 조리방법을 두 가지 이상 같은 요리에 사용한다.

① ㉠, ㉢, ㉣ ② ㉡, ㉢, ㉣
③ ㉢, ㉣, ㉤ ④ ㉡, ㉤, ㉥

04. 메뉴 계획 시 고려해야 할 기본적 사항으로 해당되지 않는 것은?

① 시장조사 ② 식자재의 공급시장
③ 저장고 및 재고상황 ④ 고객의 만족도

05. 메뉴의 추천으로 종사원이 가져야 할 기본사항이 아닌 것은?

① 레스토랑의 메뉴를 파악하고 추천한다.

② 메뉴를 추천하기 전에 고객의 취향을 파악하여 고객이 구매의욕을 일으킬 수 있도록 사원 자신의 능력을 최대한 발휘한다.

③ 영업장의 매출보다는 고객의 입장을 고려하여 추천한다.

④ 수익성이 높거나 재고가 풍부한 메뉴, 새로 들여온 식재료의 메뉴, 그날의 특별요리, 특별 행사 메뉴 등을 추천한다.

06. 다음 중 음료의 정의로 올바르지 않은 것은?

① 음료의 가장 기본이 되는 음료는 물이다.

② 술은 음료(Beverage)가 아니다.

③ 인간의 신체를 구성하는 물질 중 2/3 이상은 물로 구성되어 있다.

④ 일반적으로 음료는 크게 알코올성 음료와 비알코올성 음료로 통칭한다.

07. 우리나라 주세법에 근거하여 알코올성 음료는 알코올이 몇% 포함되어 있는가?

① 1% ② 0.1%

③ 0.5% ④ 0.9%

08. 다음 내용이 설명하는 것은?

> 곡류 또는 과실류를 원료로 하여 발효시킨 술이다. 발효는 설탕과 포도당 같은 당분이 효모와 화학 작용하여 알코올과 탄산가스로 변하는 과정이다. 과실류는 당분이 함유되어 과실에 효모를 첨가하여 발효시키면 와인, 사과주 등의 양조주가 탄생하고 곡류 속에 포함되어 있는 전분을 당화효소로 당화시켜 다시 발효공정을 거치면 맥주, 청주, 막걸리 등의 양조주가 탄생한다.

① 양조주 ② 증류주

③ 혼성주 ④ 혼합주

09. 다음 중 증류주가 아닌 것은?

① 위스키 ② 브랜디

③ 럼 ④ 청주

10. 럼을 만드는 원료로 알맞은 것은?

① 사탕수수 ② 용설란

③ 과실 ④ 곡류

11. 다음 기호음료 중 차류의 분류로 해당되지 않는 것은?

① 불발효차 ② 반발효차

③ 완전발효차 ④ 가향홍차

12. 다음 중 밑줄 친 곳에 들어갈 내용으로 알맞은 것은?

________이란 어떤 상품을 만들거나 파는 사람에게 품명, 수량, 모양, 크기 등을 일러주고 제작 의뢰하는 것을 의미하며, 그 상품의 생산이나 수송, 또는 서비스의 제공을 요구하는 것을 일컫는 것이다.

① 구매 ② 유통

③ 주문 ④ 기획

13. 식 · 음료 주문 순서로 가장 알맞은 것은?

① 식전음료 → 전채요리 → 생선요리 → 육류요리 → 와인 → 커피 또는 차

② 식전음료 → 생선요리 → 전채요리 → 육류요리 → 와인 → 커피 또는 차

③ 식전음료 → 전채요리 → 생선요리 → 와인 → 육류요리 → 커피 또는 차

④ 전채요리 → 식전음료 → 생선요리 → 육류요리 → 와인 → 커피 또는 차

14. 주문받을 때의 유의사항으로 올바르지 않은 것은?

① 종사원은 영업전에 주방과 긴밀한 연락으로 판매품목 중의 품절상품 및 그 날의 특별요리(Daily Special)를 숙지하여 주문 시에 착오가 없도록 한다.

② 메뉴 설명 시 고객에게 전문용어를 사용하여 주문욕구를 촉진시킨다.

③ 메뉴 설명 시에 절대 손가락으로 가리켜선 안 되며, 손을 펴서 손바닥이 위로 오도록 하여 메뉴 품명을 가리킨다.

④ 차림표(Menu)는 식당의 얼굴이므로 항시 소중하게 깨끗이 취급해야 하며, 고객에게 드리기 전에 메뉴 속의 이상 유무를 확인 후 드린다.

15. 주문 기록 시 주의사항으로 올바른 것은?

① 주문량이 많을 시에는 글씨를 휘갈겨 쓰거나 이중으로 기재해도 허용한다.

② 조리상 설명이 복잡할 경우 주방에 직접 구두로 설명한다.

③ 주문서에 기입 시, 주문사항은 되도록 복창하지 않고 고객에게 확인만 시켜주면서 기록 한다.

④ 주방에서 인정되는 약어(Abbreviation)는 서비스 담당자가 사용할 수 없다.

16. 다음 내용이 설명하는 것은?

식음료 영업장에서 편리하고 신속하게 서비스를 제공하기 위하여 사용되며 대개 대문자로 기록하고 야채, 소스, 가니쉬 등은 소문자로 기록한다.

① 숙어　　② 약자
③ 약어　　④ 합어

17. 다음 중 포스 시스템의 특징으로 올바르지 않은 것은?

① 필요한 모든 데이터를 판매 시점에서 실시간으로 파악하여 활용할 수 있고 정보 변화에 즉시 대응할 수 있다.
② 영업장에서의 거래 발생과 동시에 각종 발생데이터를 서버에 입력하고 필요한 정보를 즉시 수록할 수 있다.
③ 실시간으로 거래내용에 따른 모든 정보를 파악할 수 있을 뿐만 아니라 고객의 개인정보 또한 파악이 가능하다.
④ POS 시스템은 영업정보에 제한되지 않고 매출데이터, 인사데이터, 회계데이터 등을 포함하는 다양한 업종의 종합정보시스템으로 발전 할 것이다.

18. 다음 내용이 설명하는 포스 시스템의 구성기기는?

점포의 컴퓨터 단말기로서 금전 등록, 영수증 발행, 신용카드의 자동판독, 그리고 감사케이프 작성 등의 기능을 수행한다.

① 자동판독 장치인 스캐너　　② 포스터미널
③ 점포 통제기　　④ 자동판독 통제기

19. 다음 중 포스 시스템의 용어의 설명으로 올바르지 않은 것은?

① REPORT PROCS : 기간변경, 기간별, 품목별 매출 및 판매 아이템 확인
② ROOM : 객실(Room) 조회 시 사용
③ OPEN DRAW : 자금이 들어 있는 현금 서랍을 오픈 할 때 사용
④ BEGIN CHECK : 테이블별 포스팅 된 아이템과 금액을 확인 시 사용

20. 포스기기의 키(Key) 중 COVER에 대한 설명으로 올바른 것은?

① 고객의 인원수를 입력하는 기능
② 메뉴 창으로 이동할 때 사용
③ 모든 화면에서 바로 전의 화면으로 갈 때 사용
④ 고객의 주문을 모두 입력했을 때, 고객의 주문을 만들기 위해 주방이나 바 쪽으로 주문서를 보내는 기능

21. 다음 중 식음료의 생산측면에의 특성으로 옳지 않은 것은?

① 상품의 단일화 표준화가 가능 ② 생산과 판매가 동시에 발생
③ 주문 생산이 원칙 ④ 수요 예측이 곤란

22. 다음 중 식음료의 판매측면에의 특성으로 옳지 않은 것은?

① 상품 식재료의 부패성 ② 시간과 공간의 제약
③ 인적 서비스의 낮은 의존도 ④ 메뉴에 의한 판매

23. 다음 중 메뉴의 역할과 기능으로 옳지 않은 것은?

① 식음료 영업장을 대표하는 얼굴 ② 최초의 판매도구
③ 식음료 영업장의 품위 결정 ④ 고객과의 커뮤니케이션 수단

24. 다음 중 알코올성 음료의 분류로 옳지 않은 것은?

① 가양주 ② 양조주
③ 증류주 ④ 혼성주

25. 다음 중 비알코올성 음료의 분류로 옳지 않은 것은?

① 탄산음료 ② 영양음료
③ 이온음료 ④ 기호음료

26. 다음 중 음료의 추천 방법으로 옳지 않은 것은?

① 특선음료 추천 ② 고가의 음료 추천
③ 메뉴와 잘 어울리는 음료 추천 ④ 고객을 가려서 추천

27. 다음 중 식음료 주문시의 용어로 옳지 않은 것은?

① 주문하시겠습니까?

② 결재는 카드로 하시겠습니까?

③ 음료는 무엇으로 하시겠습니까?

④ 더 필요한 것은 없으십니까?

정답

1	2	3	4	5	6	7	8	9	10	11	12	13	14	15
④	①	③	④	③	②	①	①	④	①	④	③	①	②	②
16	17	18	19	20	21	22	23	24	25	26	27			
③	③	②	④	①	①	③	③	①	③	④	②			

Chapter

05

음료 서비스

음료 서비스는 주문받은 음료를 준비된 재료를 활용하여
제조하고 제공하는 능력이다.

5.1 음료 제조하기

수행준거

1. 고객의 주문품목을 확인하고 표준 레시피에 따라 음료를 제조할 수 있다.
2. 커피 머신의 사용법에 따라 고객 주문에 맞춰 커피를 추출할 수 있다.
3. 표준 레시피에 따라 주문 받은 음료를 적합한 온도의 글라스나 컵에 준비할 수 있다.

1 음료 제조

1. 칵테일의 기본 기법

(1) 직접 혼합하기(Build)

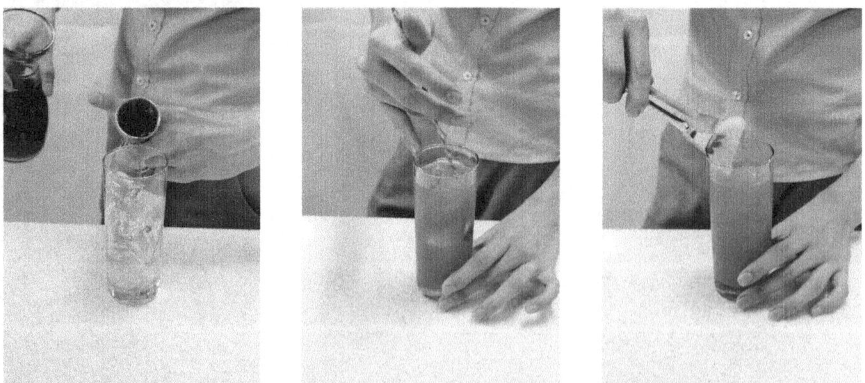

빌드(Build)는 쉐이킹(Shaking)이나 스터링(Stirring)을 하지 않고 글라스에 직접 얼음과 재료를 부어 넣는 기법이다. 마무리로 바 스푼으로 약 3~5회 정도 휘저어 만든다. 재료의 비중이 가볍고 잘 섞이는 두 가지 이상의 음료를 혼합할 때 사용하는 기법이다. 부재료로 탄산음료가 들어갈 경우에는 청량감을 살리기 위해 저어 주는 횟수를 좀 더 줄여서 제공해야 한다. 하이볼류가 이 방법에 의해 조주된다.

(2) 저어서 혼합하기(Stir)

스터링(Stir)는 '휘젓다'라는 뜻으로 믹싱 글라스(Mixing Glass)에 얼음과 술을 넣고 바 스푼으로 잘 저어서 잔에 따르는 방법으로 원래의 맛이 나게 섞거나 차게 할 때 이용하는 조주 방법이다.

올바른 스터링은 바스푼의 볼록한 부분(스푼 뒷면)이 계속해서 믹싱글라스의 벽면을 향하도록 저어 준다. 이때 바스푼 자체를 회전시키면서 저어야만 얼음끼리 부딪히는 현상을 방지할 수 있으며, 얼음이 믹싱글라스 내부 벽면을 부딪쳐 깨지지 않고, 회전하면서 냉각이 된다. 스터링 횟수는 10~20회 정도 저어 주는 것이 좋으나 칵테일의 용량과 재료의 특성에 따라 달라질 수 있다.

(3) 흔들어 혼합하기(Shake)

쉐이킹(Shaking)은 쉐이커(Shaker)에 얼음과 술을 넣고 흔들어서 만드는 방법으로 점성이 있는 Liqueur류나 Egg, Juice, Syrup, Powder 등 비교적 비중이 크고 잘 섞

이지 않는 재료를 사용한 칵테일을 만들 때 사용하는 조주 기법이다. 세이킹하는 방법은 양손 파지법과 한 손 파지법이 있으며, 쉐이커에 재료를 넣는 순서는 기호에 따라 약간씩 다를 수 있으나 보통은 얼음을 맨 처음 넣고 다음 기본이 되는 술 그리고 주스 등의 부재료를 나중에 넣는다.

(4) 띄우기(Float)

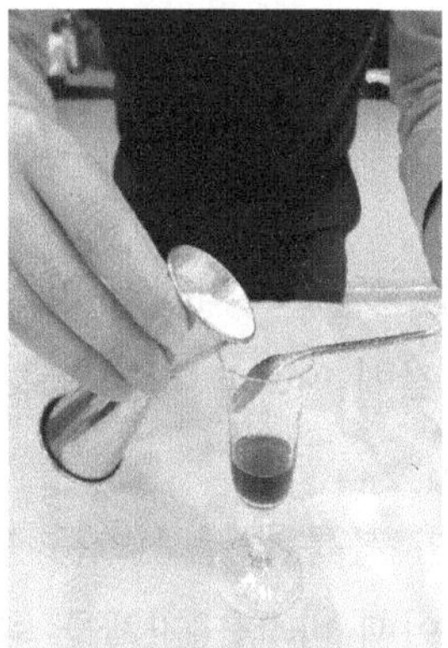

플로팅(Floating)은 음료나 재료의 비중을 이용하여 내용물을 띄우거나 차례로 쌓이도록 하는 방법으로 비중이 높은 음료부터 비중이 낮은 음료 순으로 층을 만들어 띄우는 기법이다. 플로팅 시 바 스푼을 뒤집어 글라스 림 안쪽의 끝부분에서 약간 밑으로 대고 글라스 안의 다른 재료와 섞이지 않게 하며, 대표적으로 Pousse Cafe, Angel's Kiss, B-52 등이 이러한 기법의 칵테일에 속한다.

(5) 분쇄하여 혼합하기(Blend)

블랜드는 전기 블랜더에 재료와 크러쉬드 아이스(Crushed Ice)를 함께 넣고 전동으로 돌려 만드는 방법으로 소다와 같은 발포성 음료는 블랜더에 직접 넣지 말고 블랜딩이 끝난 후에 별도로 첨가해 저어 준다. 블랜딩 때 얼음은 큐브드 아이스보다 크러쉬드 아이스를 사용하여 블랜더의 날이 상하지 않도록 하며, 대표적은 칵테일은 Mai-Tai, Chi Chi 등이 이런 기법으로 만든다.

(6) 묻히기(Frost)

플로스트는 잔의 가장자리에 설탕이나 소금 등의 가루를 묻히는 방법으로 스노우 스타일(Snow Style)이라고도 하며, Margarita와 Kiss of Fire 등의 칵테일이 이러한 기법의 칵테일에 속한다.

(7) 짓 이기기(Muddle)

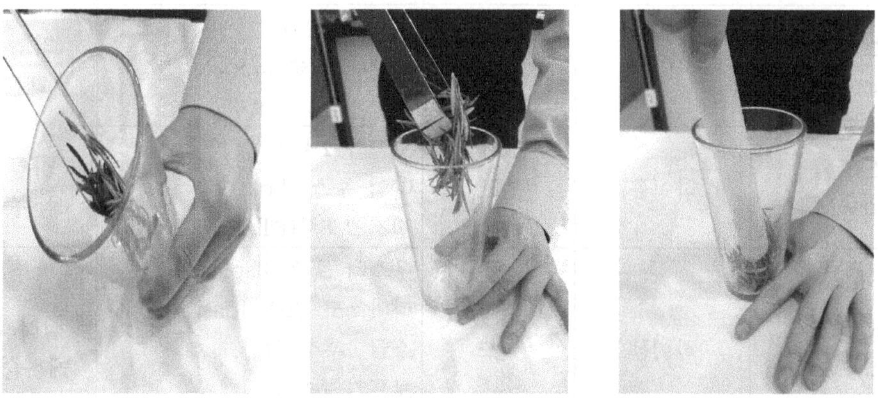

머들링은 과일이나 허브류 등의 맛과 향을 더욱 강해지도록 나무, 유리, 플라스틱

등의 재질로 된 막대기로 짓이겨 으깨서 즙을 내는 조주 방법이다. 럼을 베이스로 한 모히토(Mojito), 브라질의 국민 칵테일인 까이삐리냐(Caipirinha) 등이 머들링 기법을 사용하는 대표적인 칵테일이다.

2. 칵테일의 표준 레시피

(1) 보드카 베이스 칵테일

칵테일명	글라스	조주기법	레시피	가니쉬
블랙 러시안 (Black Russian)	올드패션드	빌드	보드카 1oz, 커피 리큐르 ½oz	없음
애플 마티니 (Apple Martini)	칵테일	쉐이크	보드카 1oz, 애플 퍼커 1oz, 라임 주스 ½oz	사과 슬라이스
코스모폴리탄 (Cosmopolitan)	칵테일	쉐이크	보드카 1oz, 트리플 섹 ½oz, 라임주스 ½oz, 크랜베리 주스 ½oz	레몬필
키스 오브 화이어 (Kiss of Fire)	칵테일	쉐이크	보드카 1oz, 슬로 진 ½oz, 드라이 버무스 ½oz, 레몬 주스 1tsp	설탕 리밍
하비 월뱅어 (Harvey Wallbanger)	칼린스	빌드 후 플로팅	보드카 1½oz, 오렌지 주스 8부(Fill), 갈리아노 ½oz	없음
시브리즈 (Seabreeze)	하이볼	빌드	보드카 1½oz, 크랜베리 주스 3oz, 자몽 주스 ½oz	라임 또는 레몬웨지
모스코 뮬 (Moscow Mule)	하이볼	빌드	보드카 1½oz, 라임 주스 ½oz, 진저엘 8부(Fill),	라임 또는 레몬슬라이스
블러디 메리 (Bloody Mary)	하이볼	빌드	우스터 소스 1tsp, 타바스코 소스 1dash, 소금 · 후추 약간, 보드카 1½oz, 토마토 주스 8부(Fill),	샐러리 또는 레몬슬라이스

(2) 진 베이스 칵테일

칵테일명	글라스	조주기법	레시피	가니쉬
드라이 마티니 (Dry Martini)	칵테일	스터	드라이진 2oz, 드라이버무스 $\frac{1}{3}$oz	그린올리브
네그로니 (Negroni)	올드패션드	빌드	라이진 $\frac{3}{4}$oz, 스위트버무스 $\frac{3}{4}$oz, 캄파리 $\frac{3}{4}$oz	레몬필
싱가폴 슬링 (Singapore Sling)	필스너	쉐이크 후 빌드	드라이진 $1\frac{1}{2}$oz, 레몬 주스 $\frac{1}{2}$oz, 설탕 1tsp, 소다수 8부, 체리브랜디 $\frac{1}{2}$oz	오렌지슬라이스와 체리
롱 아일랜드 아이스 티 (Long Island Iced Tea)	칼린스	빌드	드라이진 $\frac{1}{2}$oz, 보드카 $\frac{1}{2}$oz, 라이트럼 $\frac{1}{2}$oz, 테킬라 $\frac{1}{2}$oz, 트리플섹 $\frac{1}{2}$oz, 스위트 앤 사워믹스 $1\frac{1}{2}$oz, 콜라 8부(Fill)	라임 또는 레몬웨지

(3) 데킬라 베이스 칵테일

칵테일명	글라스	조주기법	레시피	가니쉬
마가리타 (Margarita)	칵테일	쉐이크	테킬라 $1\frac{1}{2}$oz, 트리플 섹 $\frac{1}{2}$oz, 라임 주스 $\frac{1}{2}$oz	소금 리밍
데킬라 선라이즈 (Tequila Sunrise)	필스너	빌드 후 플로트	데킬라 $1\frac{1}{2}$oz, 오렌지 주스 8부(Fill), 그레나딘 시럽 $\frac{1}{2}$oz	없음

(4) 럼 베이스 칵테일

칵테일명	글라스	조주기법	레시피	가니쉬
쿠바 리브레 (Cuba Libre)	하이볼	빌드	라이트 럼 $1\frac{1}{2}$oz, 라임 주스 $\frac{1}{2}$oz, 콜라 8부(Fill),	레몬웨지

다이퀴리 (Daiquiri)	칵테일	쉐이크	라이트 럼 $1\frac{3}{4}$oz, 라임 주스 $\frac{3}{4}$oz, 설탕 1tsp	없음
바카디 (Bacardi)	칵테일	쉐이크	라이트 럼 $1\frac{3}{4}$oz, 라임 주스 $\frac{3}{4}$oz, 그레나딘 시럽 1tsp	없음
피나 콜라다 (Pina Colada)	필스너	블랜드	라이트 럼 $1\frac{1}{4}$oz, 피나 콜라다 믹스 2oz, 파인애플 주스 2oz	파인애플웨지와 체리
블루 하와이안 (Blue Hawaiian)	필스너	블랜드	라이트 럼 1oz, 블루 큐라소 1oz, 코코넛 플레이버드 럼 1oz, 파인애플 주스 $2\frac{1}{2}$oz	파인애플웨지와 체리
마이-타이 (Mai-Tai)	필스너	블랜드	라이트 럼 $1\frac{1}{4}$oz, 트리플 섹 $\frac{3}{4}$oz, 라임 주스 1oz, 파인애플 주스 1oz, 오렌지 주스 1oz, 그레나딘 시럽 $\frac{1}{4}$oz	파인애플웨지와 체리 또는 오렌지웨지와 체리

(5) 브랜디 베이스 칵테일

칵테일명	글라스	조주기법	레시피	가니쉬
사이드카 (Sidecar)	칵테일	쉐이크	브랜디 1oz, 꼬앵뜨로 또는 트리플섹 1oz, 레몬 주스 $\frac{1}{4}$oz	없음
브랜디 알렉산더 (Brandy Alexander)	칵테일	쉐이크	브랜디 $\frac{3}{4}$oz, 크렘 드 카카오 브라운 $\frac{3}{4}$oz, 우유 $\frac{3}{4}$oz	넛맥 가루
허니문 (Honeymoon)	칵테일	쉐이크	애플브랜디 $\frac{3}{4}$oz, 베네딕틴 DOM $\frac{3}{4}$oz, 트리플 섹 $\frac{1}{4}$oz, 레몬 주스 $\frac{1}{2}$oz	없음

(6) 위스키 베이스 칵테일

칵테일명	글라스	조주기법	레시피	가니쉬
러스티 네일 (Rusty Nail)	올드패션드	빌드	스카치 위스키 1oz, 드람뷔이 $\frac{1}{2}$oz	없음
올드 패션드 (Old Fashioned)	올드패션드	빌드	각설탕 한개, 앙고스트라비터 1dash, 소다수 $\frac{1}{2}$oz, 버번 위스키 1$\frac{1}{2}$oz	오렌지슬라이스와 체리
맨해튼 (Manhattan)	칵테일	스터링	버번 위스키 1$\frac{1}{2}$oz, 스위트 버무스 $\frac{3}{4}$oz, 앙고스트라비터 1dash	체리
뉴욕 (New York)	칵테일	쉐이크	버번 위스키 1$\frac{1}{2}$oz, 라임 주스 $\frac{1}{2}$oz, 설탕 1tsp, 그레나딘 시럽 $\frac{1}{2}$tsp	레몬필
위스키 사워 (Whiskey Sour)	사워	쉐이크 후 빌드	버번 위스키 1$\frac{1}{2}$oz, 레몬 주스 $\frac{1}{2}$oz, 설탕 1tsp, 소다수 1oz	레몬슬라이스와 체리

(7) 와인 및 리큐르 베이스 칵테일

칵테일명	글라스	조주기법	레시피	가니쉬
키르 (Kir)	화이트 와인	빌드	화이트 와인 3oz, 크렘 드 카시스 $\frac{1}{2}$oz	레몬필
Apricot (애프리콧)	칵테일	쉐이크	애프리콧 플레이버드 브랜디 1$\frac{1}{2}$oz, 드라이 진 1tsp, 레몬 주스 $\frac{1}{2}$oz, 오렌지 주스 $\frac{1}{2}$oz	없음
준벅 (June Bug)	칼린스	쉐이크	미도리 1oz, 코코넛 플레이버드 럼 $\frac{1}{2}$oz, 바나나 리큐르 $\frac{1}{2}$oz, 파인애플 주스 2oz, 스위트 앤 사워믹스 2oz	파인애플웨지 와 체리

그래스하퍼 (Grasshopper)	소서형 샴페인	쉐이크	크렘 드 민트 그린 1oz, 크렘 드 카카오 화이트 1oz, 우유 1oz.	없음
슬로 진 피즈 (Sloe Gin Fizz)	하이볼	쉐이크 후 빌드	슬로 진 $1\frac{1}{2}$oz, 레몬 주스 $\frac{1}{2}$oz, 설탕 1tsp, 소다수 8부(Fill),	레몬슬라이스
푸스카페 (Pousse Cafe)	리큐르 (스템형) 또는 코디얼	플로트	그레나딘 시럽 $\frac{1}{3}$part, 크렘 드 민트그린 $\frac{1}{3}$part, 브랜디 $\frac{1}{3}$part	없음
비-오십이 (B-52)	셰리	플로트	커피 리큐르 $\frac{1}{3}$part, 베일리스 아이리쉬 크림 $\frac{1}{3}$part, 그랑 마니에르 $\frac{1}{3}$part,	없음

(8) 한국 전통주 베이스 칵테일

칵테일명	글라스	조주기법	레시피	가니쉬
힐링 (Healing)	칵테일	쉐이크	감홍로(40°) $1\frac{1}{2}$oz, 베네딕틴 $\frac{1}{3}$oz, 크렘 드 카시스 $\frac{1}{3}$oz, 스위트 앤 사워 믹스 1oz	레몬 필
진도 (Jindo)	칵테일	쉐이크	진도 홍주(40°) 1oz, 크렘 드 민트 화이트 $\frac{1}{2}$oz, 청포도 주스 $\frac{3}{4}$oz, 라즈베리 시럽 $\frac{1}{2}$oz	없음
풋사랑 (Puppy Love)	칵테일	쉐이크	안동 소주(35°) 1oz, 트리플 섹 $\frac{1}{3}$oz, 애플 퍼커 1oz, 라임 주스 $\frac{1}{3}$oz	사과 슬라이스
금산 (Geumsan)	칵테일	쉐이크	금산 인삼주(43°) $1\frac{1}{2}$oz, 커피 리큐르 $\frac{1}{2}$oz, 애플 퍼커 $\frac{1}{2}$oz, 라임 주스 1tsp	없음
고창 (Gochang)	플루트 샴페인	스터 후 빌드	선운산 복분자주 2oz, 꼬앵뜨로 또는 트리플섹 $\frac{1}{2}$oz, 스프라이트 2oz	없음

2 커피머신 사용법

1. 반자동 에스프레소 머신의 외부 구조

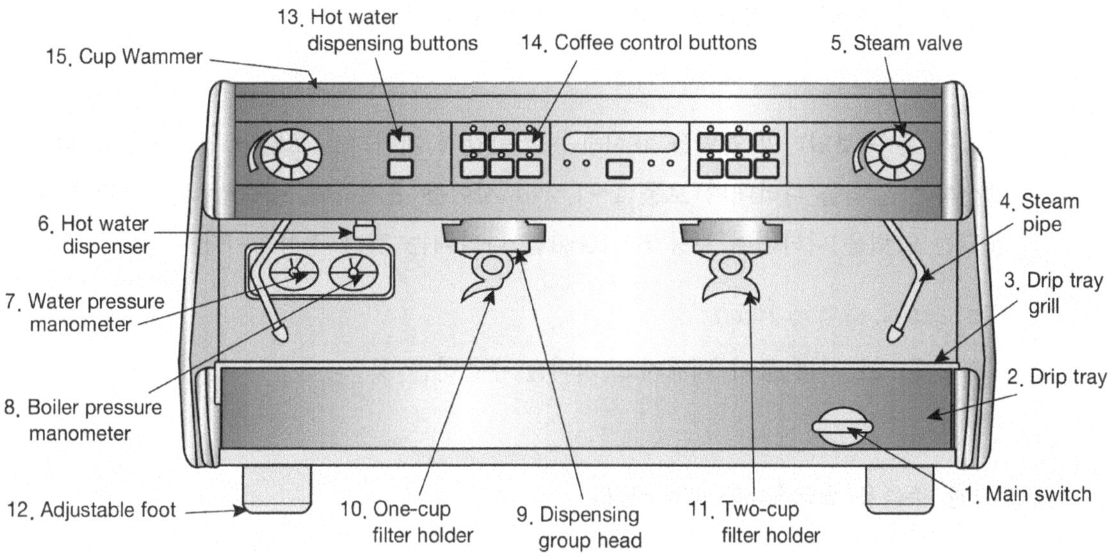

1. Main Switch

   기계에 전원을 공급하는 스위치

2. Drip Tray

   기계에서 떨어지는 물을 받아 배수로 흘려주는 배수 받침대

3. Drip Tray Grill

   커피 추출 시 컵을 놓는 컵 받침대

4. Steam Pipe

   스팀이 나오는 스팀노즐

5. Steam Valve

   스팀 사용 시 스팀을 열어주는 밸브로 스팀 밸브를 돌려서 작동하는 다이얼식과

위 · 아래로 작동하는 레버식이 있다.

6. Hot Water Dispenser

추출 시 온수가 떨어지는 추출구

7. Water Pressure Manometer

추출 시 펌프의 압력을 표시해 주는 펌프압력 게이지

8. Boiler Pressure Manometer

스팀 온수 보일러의 압력을 표시하는 스팀압력 게이지로 보일러 압력계는 스팀을 생산하는 압력을 나타내며 보통 1~1.5bar 사이를 유지하며, 추출압력은 커피가 추출되는 압력을 나타내며 보통 8~10bar를 나타내는 것이 정상적이다.

9. Dispensing Group Head

그룹헤드로 커피 물이 데워지고 커피를 추출하는 곳

10. One-Cup Filter Holder

1잔 추출용 필터홀더(6~7g 사용)

11. Two-Cup Filter Holder

2잔 추출용 필터홀더(12~14g 사용)

12. Adjustable Foot

기계 받침 발

13. Hot Water Dispensing Buttons

온수 추출버튼

14. Coffee Control Buttons

커피 추출버튼. 추출 시간 타이머를 설정할 수 있고, 연속추출버튼을 통해 수동으로 추출을 제어할 수 있다. 기계에 따라 추출버튼과 온수버튼이 분리되어 있는 머신도 있다.

15. Cup Wammer

내부의 보일러 열을 통해 컵을 데우는 기계의 상부

2. 에스프레소 추출하기

에스프레소의 추출에 앞서 신선하고 향미가 좋은 원두 선택과 그라인더 및 머신에 대한 이해와 유지 관리에 신경 쓰고, 사전 점검을 통하여 추출온도, 추출압력, 분쇄입도 등을 확인하여 항상 균일한 맛을 유지하기 위해 노력해야 한다. 에스프레소가 담길 잔은 항상 따뜻하게 데워 놓는 것이 커피의 맛과 향을 보존하는데 도움이 되며, 추출단계는 크게 분쇄(Grinding), 담기(Dosing), 다지기(Tamping), 추출(Extraction) 4단계로 구성된다.

(1) 포터필터의 물기 제거

포터필터를 그룹헤드에서 분리하여 내부에 있는 물기를 깨끗한 린넨으로 제거한다. 만약 포터필터에 물기가 남아 있으면 과다추출이 될 우려가 있다. 포터필터의 온도를 유지하기 위해 빠른 작업이 중요하다.

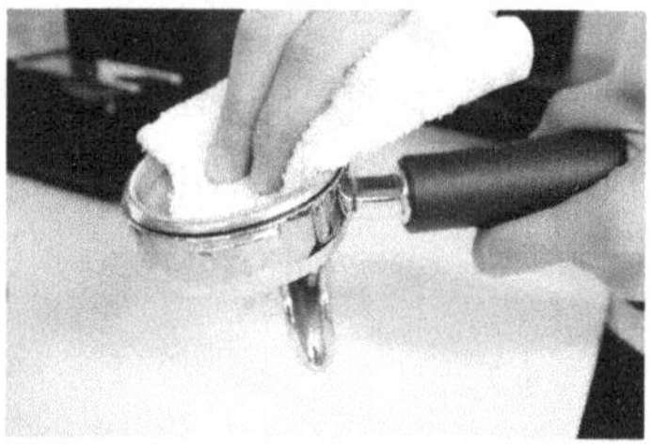

(2) 분쇄 커피 담기

추출 직전에 바로 그라인딩하고 필요한 양 만큼 포터필터에 담아내는 과정이다. 불필요한 원두를 절감하고 오버 분쇄한 원두가 향미가 떨어지는 것을 방지하기 위해 바리스타는 끊임없이 정확한 양을 얻기 위해 노력해야 한다.

(3) 표면고르기

포터필터에 담긴 원두를 고르는 방법은 탬핑 동작으로 분쇄 원두의 위치를 고르게 위치 시켜주거나 도구를 이용하여 분쇄원두가 포터필터의 한쪽으로 모이지 않도록 표면을 고르게 맞춰준다.

⑷ 다지기

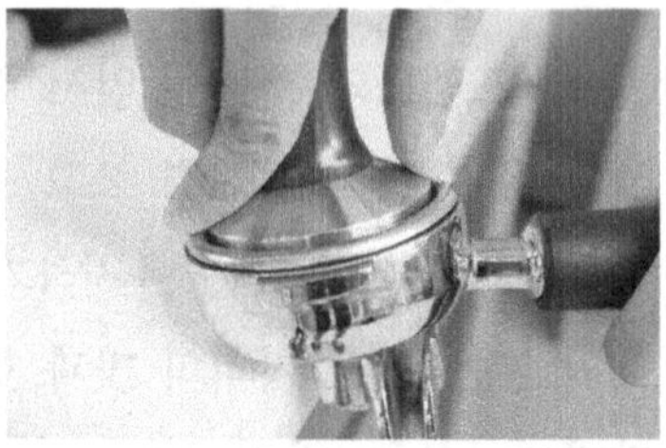

탬핑이란 포터필터 안에 담긴 분쇄원두에 일정한 압력을 주기위한 동작으로, 탬퍼라는 도구를 사용한다. 탬핑을 통하여 분쇄원두간의 밀도와 전체 수평을 다져주어 추출 시에도 분쇄원두가 일정한 압력으로 균일한 성분이 추출되도록 돕는다.

⑸ 포터필터 주변 잔여물 정리

탬핑 후 포터필터 테두리에 묻은 커피가루를 털어주어 그룹헤드에 결합 시 부드럽게 결합되도록 하고, 개스킷이 딱딱하게 굳어버리는 경화현상을 늦출 수 있기도 하다.

⑹ 추출

포터필터를 그룹헤드에 결합하여 추출버튼을 눌러 미리 데워놓은 잔에 추출을 한다. 이때 결합 즉시 추출버튼을 눌러 추출하는 것이 좋으며 결합시간이 경과됨에 따라 쓴맛과 탄맛이 강해질 수 있다. 추출 시 압력계를 통해 적절한 압력으로 추출되는지 확인한다. 약 25±5초에 25±5㎖의 에스프레소를 추출한다.

⑺ 정리

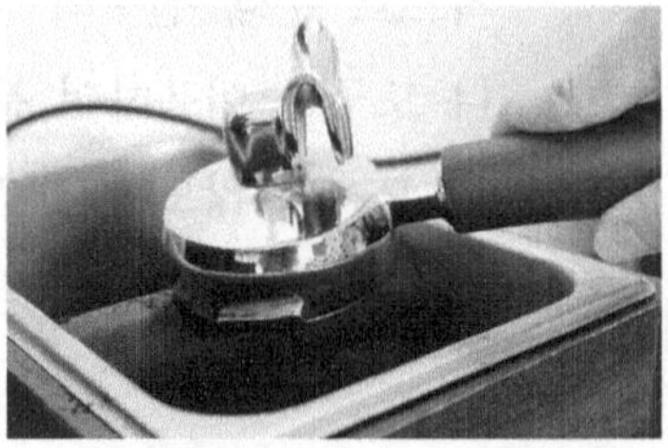

추출이 끝나면 장착된 포터필터를 분리하고 내부의 커피 찌꺼기를 털어준다. 그룹헤드의 샤워에 남은 커피 잔여물과 필터바스켓의 남은 잔여물을 완벽히 제거하기 위하여 추출 버튼을 눌러 물로 헹구어 낸다.

3 커피 추출

1. 에스프레소 기본 메뉴

커피메뉴를 구성하는 가장 기본은 에스프레소이다. 에스프레소는 높은 압력에 의해 빠르게 뽑아낸 커피 농축액이라 할 수 있다. 이 진한 커피액에 무엇을 첨가 하느냐에 따라 다양한 메뉴가 탄생하는 것이다. 에스프레소는 추출 시간과 양에 따라 리스트레또, 룽고, 도피오로 나뉜다. 간단한 변수를 통해 손님이 원하는 맛의 포인트를 살려줄 수 있기 때문에 그 개념과 차이를 잘 이해하고 응용한다면 훌륭한 메뉴를 더할 수 있다.

(1) 에스프레소(Espresso)

이탈리아에서 커피는 바로 에스프레소를 말한다. 커피의 가장 기본이며 바리스타가 메뉴를 구성함에 있어 모든 추출의 시작이 된다.

에스프레소는 1온스(25~30㎖)의 양을 지름 50~60mm잔에 담아 물과 우유 30㎖, 설탕 5g을 같이 제공한다. 온도는 65~70℃ 정도가 좋다. 서버할 때 에스프레소용 티스푼을 잔 받침 위에 손잡이 방향과 일치하게 놓고 손님의 오른쪽에 손잡이가 놓이도록 한다. 에스프레소는 가늘게 분쇄한 원두 7~9g을 포터필터에 담아 탬핑하여 약 25~30초 사이에 25~30㎖를 추출하는데 이때 크레마(crema)라고 하는 갈색의 층이 생긴다. 향미를 가진 오일 성분이 위에서 막을 형성해 커피가 빨리 식는 것을 방지하고 향이 날라 가지 않도록 하는 역할을 한다. 크레마의 색과 향, 맛을 통해 추출상태를 평가할 수 있다.

(2) 리스트레또(Ristretto)

리스트레또는 '농축하다, 짧다'라는 이탈리아어로 기본이 되는 에스프레소보다 추출 시간을 짧게 하여 커피의 가장 맛있는 부분만 추출하여 더 강한 향미를 느낄 수 있는 커피이다. 작지만 훌륭하다는

의미의 '포코마 부오노(pocoma buono)'라 불리며 진한 커피를 즐기는 이탈리아인들에게 인기가 많은 메뉴이다. 포터필터에 곱게 분쇄한 원두가루를 7~9g 담고 탬핑한 후 20~25초 사이에 15~20㎖를 추출한다. 보통 추출이 시작되면 커피의 농도는 점점 진해지다 다시 연해지는데 리스트레또는 농도가 가장 진한 시점에서 추출을 멈추기 때문에 가장 농후하면서도 아주 부드러운 맛을 갖게 된다.

(3) 룽고(Lungo)

'길다long(롱)'의 뜻을 가진 이탈리아어로 추출시간을 길게 함으로써 연하고 쓴맛이 강조된 커피를 즐길 수 있다. 에스프레소용 보다 약간 굵게 분쇄하여 7~9g의 원두를 포터필터에 담아 약 30~35초 동안 35~40㎖의 커피를 추출한다. 길게 추출한 에스프레소를 말한다. 맛이 에스프레소보다 연하고 쌉싸름한 맛을 느낄 수 있어 이후 아메리카노에 응용되기도 했다.

▼ 에스프레소의 종류별 특징

종류	리스트레또	에스프레소	룽고
용량	15~20㎖	25~30㎖	35~40㎖
맛	신맛이 강하고 진하다.	신맛, 단맛, 쓴맛이 조화롭다.	쓴맛이 강하고 비교적 연하다.

(4) 도피오(Dopio)

도피오는 '두 배(Double)'라는 의미의 이탈리아어로 조건을 동일하게 추출한 것의 양적인 두 배 개념이기 때문에 에스프레소, 리스트레또, 룽고 모두 동일하다. 에스프레소 더블의 경우 14g의 분쇄커피를 한잔에 받아 50~60㎖ 제공하기 때문에 한잔이 부족한 사람들을 위한 메뉴라 하겠다. 아이스메뉴에 사용하여 맛을 강화하기도 한다. 도피오는 분쇄입도를 굵게 하여 추출양을 늘리는 룽고와 달리 에스프레소와 동일한 분쇄입자와 조건으로 추출하기 때문에 농도에 차이가 없다.

(5) 아이스 에스프레소(Ice Espresso)

믹싱틴이나 믹싱글라스에 얼음을 담고 그 위에 샷을 부어 시원하게 마시는 메뉴이다. 뜨거운 샷을 얼음에 붓기 때문에 기본적으로 2샷을 이용해 재빨리 셰이킹(Shaking)하여 급랭시키는 것이 중요하다. 셰이킹을 빠르고 힘차게 해 주어야 공기가 많이 혼합된 부드러운 거품이 생긴다. 셰이커를 이용하기 때문에 '샤커레토(Shakerretto)'라 부르기도 한다. 커피의 진한 향과 부드러운 거품을 함께 즐길 수 있으며, 셰이커를 이용하지 않고 그냥 얼음을 넣어 만드는 방법도 있다. 커피를 차게 만들 때는 신맛이 더 강하게 느껴지기 때문에 시럽을 약간 첨가하면 풍미가 살아나 기분 좋은 쓴맛과 쌉싸래한 맛을 더 잘 느낄 수 있다.

2. 에스프레소 커피음료 만들기

(1) 카페 아메리카노(Caffe Americano)

에스프레소에 뜨거운 물을 첨가하여 묽게 희석한 커피로 미국에서 '커피'라고 하면 바로 이 아메리카노를 말한다. 에스프레소의 향은 즐기되 농도를 떨어뜨려 부드럽게 마시기 때문에 아침식사에 베이글, 머핀, 쿠키 등과 함께 마신다. 에스프레소와 뜨거운 물을 1 : 2 정도의 비율로 희석하지만 기호에 따라 물 넣는 양은 조절된다. 150~180㎖ 잔을 이용하며, 각종 향 시럽을 첨가하거나 리스트레또, 룽고, 도피오 등으로 농도를 조절하여 다양하게 즐길 수 있다.

준비물 에스프레소 1shot, 뜨거운 물 150㎖

만들기 ① 잔 데우기
② 뜨거운 물을 잔에 담는다.
③ 추출한 에스프레소를 잔에 붓는다.

(2) 카페라떼(Caffe Latte)

에스프레소(Caffe)와 우유(Latte)의 합성어로 300~360㎖ 잔에 샷과 70℃ 정도로 데운 우유를 넣어 우유의 부드럽고 고소한 맛을 살린 커피이다. 에스프레소와 우유의 비율은 1 : 3 또는 1 : 4 정도로 1 : 1의 비율을 갖는 까페오레(cafe au lait)와 차이가 있다. 우유의 영양가가 커피와 상호보완하여 아침 식사대용으로도 많이 마시는 메뉴이다.

준비물 에스프레소 1shot, 스팀밀크 150~200㎖

만들기 ① 잔 데우기
② 에스프레소 추출
③ 추출한 에스프레소 위에 부드러운 스팀밀크를 잘 섞어서 붓는다.

(3) 카푸치노(Caffe Cappuccino)

카푸치노라는 명칭은 진한 갈색의 거품 위에 우유거품을 얹은 모습이 이탈리아 프란체스코회에 카푸친 수도회 수도사들이 머리를 감추기 위해 쓴 '카푸초'와 닮았다고 하여 카푸치노라고 이름이 붙여졌다는 설이 있다. 독일어로 카푸치너(kapuziner)라고 하며, 토스카나 지방에서는 캅푸쵸(cappuccio)라고 한다. 처음 카푸치노를 만들어 먹을 때에는 계핏가루나 초콜릿 가루를 뿌려먹지 않았으나 현재는 카푸치노 위에 기호에 따라 계핏가루나 초콜릿 가루를 뿌려 먹거나 레몬이나 오렌지의 껍질을 갈아서 얹기도 한다.

에스프레소와 우유, 우유거품이 높이 기준 1 : 1 : 1, 양 기준 1 : 2 : 3의 비율로 들어간다. 우유와 우유거품이 분리되지 않고 잘 섞여야 부드럽고 진한 맛을 제대로 느낄 수 있다. 150~180㎖의 잔을 주로 사용하고 에스프레소의 갈색과 우유거품의 흰색이 잘 조화 되도록 거품을 올려주고 최소 1cm 이상은 덮일 수 있도록 한다.

준비물 에스프레소 1shot, 스팀밀크 100~150㎖

만들기
① 잔 데우기
② 에스프레소 추출
③ 에스프레소 위에 스팀밀크를 우유와 거품을 잘 섞어서 붓는다.
④ 기호에 따라 쵸코파우더나 시나몬파우더를 뿌려준다.

(4) 에스프레소 마끼아또(Espresso Macchiato)

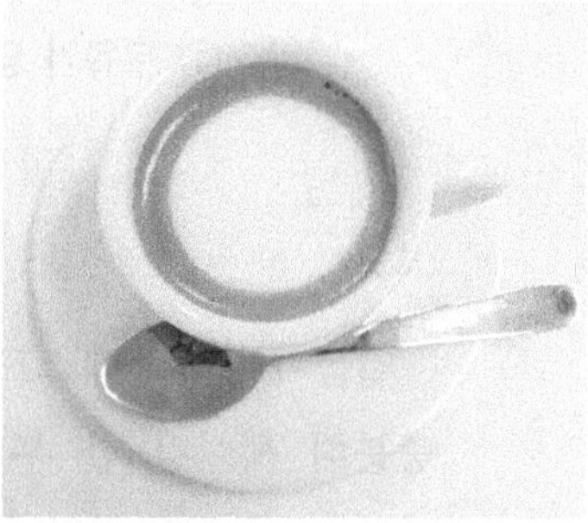

진한 에스프레소를 부드럽게 즐기는 이탈리아 정통 커피 메뉴로 '점을 찍다', '얼룩진'이라는 마키아또(Macchiato) 이름처럼 에스프레소에 우유거품을 2~3스푼 올려 둥근 모양을 만들어주는 것이 포인트이다. 이탈리아에서는 에스프레소 잔에 우유 거품만 첨가하여 에스프레소 본연의 맛을 강조하는 반면 국내에서는 우유와 거품의 양을 늘려 부드러운 맛을 살린다. 기호에 따라 캐러멜 시럽을 이용한 캐러멜 마키아또(Caramel Macchiato), 우유를 좀 더 첨가한 라테 마키아또(Latte Macchiato) 등의 메뉴가 있다.

준비물 에스프레소 1shot, 스팀밀크 40㎖

만들기
① 잔 데우기
② 에스프레소 추출
③ 추출한 에스프레소 위에 부드러운 우유거품을 얹는다.

(5) 라떼 마끼아또(Latte Macchiato)

에스프레소에 우유거품으로 점을 찍는 에스프레소 마끼아또와 반대로 우유에 에스프레소를 부어서 부드러운 맛을 살린 커피 메뉴이다. 200~250㎖의 손잡이가 있는 유리잔에 먼저 우유 1/2과 설탕시럽 15~20㎖을 섞어준 후 나머지 우유를 부어 우유와 우유 거품이 분리될 시간을 준다. 마지막에 에스프레소를 잔 가운데 부어 마무리 한다. 우유의 흰 색에 갈색 커피 점을 찍고 우유와 우유 거품 사이로 커피 층을 내는 모양이 포인트이다. 라테 마끼아또를 맛있게 즐기려면 젓지 않고 그냥 마셔 우유와 우유거품, 에스프레소, 시럽을 입안에서 혼합시킨다. 설탕시럽 대신에 캐러멜, 헤이즐럿, 딸기, 바닐라, 아이리쉬 등 여러 시럽을 첨가할 수 있다.

준비물 에스프레소 1shot, 스팀밀크 100~150㎖, 시럽 10㎖

만들기
① 잔 데우기
② 잔에 시럽을 넣은 스팀밀크를 따른다.
③ 에스프레소 추출
④ 우유가 담긴 잔 정 중앙에 에스프레소를 따른다.

(6) 아이스 에스프레소(Iced Espresso) / 샤케레토(Shkerratto)

얼음과 설탕, 에스프레소를 믹싱틴과 믹싱볼을 이용하여 충분히 셰이킹 한 후 에스프레소와 에스프레소의 거품을 즐기는 커피로 이탈리아어로 '흔들다'라는 뜻을 가지고 있다. 칵테일 잔을 이용해 커피와 크레마 거품층의 선명함을 보여줄 수 있다.

준비물 에스프레소 2oz, 설탕시럽 15㎖, 물 200㎖, 얼음

만들기
① 믹싱틴과 믹싱볼을 준비하고 믹싱틴에 얼음을 7부 정도 담는다.
② 에스프레소 2잔을 추출한다. 그리고 찬물과 설탕시럽을 준비한다.
③ 얼음이 담긴 믹싱볼에 설탕시럽 15㎖ 를 붓고 에스프레소 2잔과 찬물을 첨가한다.
④ 믹싱볼을 결합하고 천천히 흔들면 거친 거품이 생기므로 곱게 만들기 위해 빠르게 흔들어 준다. 약 10번 정도를 흔들면 된다. 다 만들어지면 믹싱틴과 믹싱볼을 분리하여 테이블에 두드리고 돌려주기를 반복하면 아주 고운 거품이 만들어진다.
⑤ 준비된 아이스 잔을 약간 기울인 상태에서 믹싱틴을 흔들면서 얼음과 같이 부어주면 된다.

(7) 아이스 아메리카노(Iced Americano)

샷을 얼음에 부어 급속 냉각시킴으로써 시원하게 즐길 수 있는 아메리카노이다. 얼음이 들어가기 때문에 아이스 메뉴는 샷의 농도를 진하게 하거나 양을 늘리는 것이 좋다.

준비물 에스프레소 1oz, 물, 얼음

만들기 ① 400~450㎖의 아이스 아메리카노잔에 얼음을 가득 담는다.
② 스테인레스 시럽볼을 이용해서 에스프레소를 추출한다.
③ 얼음이 채워진 아이스 잔에 에스프레소를 붓는다. 에스프레소를 부을 때는 얼음 위에 직접 부어 급속냉각시킴으로써 맛과 향의 변화를 최소화한다. 잔에 9부가 되도록 찬물을 부어준다.

(8) 아이스 카페라떼(Iced Caffe Latte)

아이스 카페라테를 만들 때 우유의 고소한 맛을 살리고 얼음이 녹는 것을 방지하기 위해 샷을 먼저 붓고 우유를 채우는 경우와, 시각적 효과를 살리기 위해 우유를 먼저 채우고 나중에 샷을 부어 그라데이션 효과를 주는 방법이 있다.

준비물 에스프레소 1oz, 차가운 우유, 얼음

만들기 ① 400~450㎖의 아이스 카페라테 잔에 얼음을 가득 담는다.
② 스테인레스 시럽볼을 이용해서 에스프레소를 추출한다. 에스프레소와 찬 우유 200㎖를 준비한 상태에서 혼합한다. 먼저 우유를 준비된 잔에 8부 정도가 되게 붓는다. 우유를 부은 다음 에스프레소를 얼음 위에 부어준다.
③ 완성되면 설탕시럽, 물, 스트로우, 롱 스푼과 같이 제공한다.

(9) 아이스 카푸치노(Iced Cappuccino)

시원하게 카푸치노를 즐기기 위해 우유거품을 너무 뜨겁지 않게 만드는 것이 관건이다. 우유거품기를 이용할 경우 풍부한 거품을 얻기에 용의하나 거친 거품이 생성되므로 수저로 잘 저어 올려준다. 스팀을 이용해 거품을 얻을 경우 공기주입 및 혼합시간을 반으로 줄여야 미지근한 온도를 유지할 수 있기 때문에 각별히 주의 한다. 더운 우유가 들어가면 아이스 음료의 청량감이 떨어지므로 큰 스푼을 이용해 잔에 9부 정도가 올라가도록 떠 넣는다. 기호에 따라 초콜릿 가루나 시나몬가루를 뿌려서 마신다.

준비물 에스프레소 2oz, 차가운 우유, 얼음, 우유거품

만들기
① 아이스 카푸치노 잔에 얼음을 8부 정도 담는다.
② 에스프레소는 2잔을 추출한다.
③ 아이스 카푸치노 잔에 찬 우유 100㎖를 반 정도가 되게 붓는다.
④ 곱게 만들어진 우유거품을 큰 스푼을 이용해서 잔에 9부 정도가 되도록 담는다.
⑤ 우유와 우유거품이 준비된 잔 위에 에스프레소를 부어준다.

3. 응용 에스프레소 커피음료 만들기

(1) 콘파나(Con Panna)

콘파냐는 이탈리아어로 '~을 넣은'이라는 의미의 콘(Con)과, '생크림'을 뜻하는 파냐(Panna)라는 뜻을 가지고 있다. 에스프레소에 부드럽게 휘핑한 생크림이나 가스 휘핑기를 이용한 묵직한 크림을 올려 주어 진한 에스프레소와 차갑고 달콤한 크림을 함께 즐길 수 있다. 에스프레소 잔에 제공되기 때문에 생크림을 올릴 때 커피가 솟아오르지 않도록 주의한다. 기호에 따라 우유를 첨가하거나 설탕, 시럽, 다양한 토핑으로 마무리한다.

준비물 에스프레소 1oz, 휘핑크림

만들기 ① 잔 데우기
② 에스프레소 1잔을 추출한다.
③ 휘핑크림을 올린다.

(2) 카페 비엔나(Caffe Vienna)

에스프레소 위에 크림을 올린 콘파냐와 달리 아메리카노 위에 휘핑크림을 듬뿍 얹어 달콤한 크림과 쌉싸름한 커피의 독특한 조화를 느낄 수 있는 메뉴이다. 오스트리아 빈(비엔나)에는 '한 마리 말이 끄는 마차'라는 뜻의 아인슈페너(Kaffee Einspanner)라는 메뉴가 있는데, 카페 비엔나가 오스트리아의 교통수단이었던 마차의 마부들이 설탕을 젓지 않아도 한 손을 이용해 마실 수 있도록 고안해 낸 커피라는 설이 있어 아마도 이 메뉴가 카페 비엔나로 불리게 된 것이 아닌가 짐작한다. 300년이 넘는 긴 역사를 지닌 카페 비엔나는 뜨거운 커피와 부드러운 크림, 시간이 지날수록 진해지는 단맛이 어우러져 한잔에 3가지 맛을 즐길 수 있다. 기호에 따라 물 대신 데운 우유를 넣거나 설탕을 뿌려준다.

준비물 에스프레소 1oz, 휘핑크림, 뜨거운 물

만들기 ① 잔 데우기
② 에스프레소 1잔을 추출한다.
③ 뜨거운 물에 에스프레소 1잔을 넣는다.
④ 휘핑크림을 올린다.

(3) 카페 모카(Caffe Mocha)

초콜릿과 커피의 환상적인 조합에 부드러운 우유의 맛이 더해져 단맛이 강조되는 커피이다. 예멘의 모카커피에서 영감을 얻어 에스프레소에 초콜릿 시럽이나 초콜릿 가루를 넣어 인위적으로 초콜릿 맛

을 강조하여 크림을 올려준다. 에스프레소와 우유는 1 : 3 정도의 비율로 섞고 휘핑크림을 올려 초코소스로 마무리 한다. 땅콩가루나 슬라이스 아몬드를 토핑하거나 초콜릿을 분쇄하여 넣어주어 씹는 맛을 더하기도 한다. 크림은 부드러운 것과 묵직한 것 모두 사용하지만 농도에 의해 따뜻한 커피는 부드러운 크림을, 아이스 메뉴에는 묵직한 크림을 배치하는 것이 이상적이다.

준비물 에스프레소 1oz, 휘핑크림, 스팀우유, 초코소스

만들기
① 잔 데우기
② 에스프레소 1잔을 추출한다.
③ 잔에 초코소스 1펌프를 넣고 에스프레소를 붓는다.
④ 초코가 녹게 잘 젓는다.
⑤ 데운 우유를 넣는다.
⑥ 휘핑크림을 올리고 초코 소스로 모양을 낸다.

(4) 캐러멜 마키아또(Caramel Macchiato)

카페모카와 함께 단맛을 좋아하는 손님에게 커피 전문점의 인기 메뉴 중 하나이다. 마끼아또의 변형으로 에스프레소에 은은한 캐러멜의 향과 진한 커피에 우유거품으로 살짝 점을 찍는 느낌으로 2~3스푼 정도 올려준다. 캐러멜소스가 너무 달거나 우유가 많으면 커피 맛을 덮을 수 있기 때문에 샷의 농도를 진하게 하고 소스와 우유의 양 조절에 유의해야 한다.

준비물 에스프레소 1oz, 휘핑크림, 캐러멜소스, 스팀우유

만들기
① 잔 데우기
② 에스프레소 1잔을 추출한다.
③ 캐러멜소스 1펌프를 넣고 에스프레소를 붓는다.
④ 캐러멜이 잘 녹게 젓는다.
⑤ 데운 우유를 넣는다.
⑥ 거품을 올리고 캐러멜소스로 모양을 낸다.

(5) 모카치노(Mochaccino)

에스프레소와 초코소스를 혼합해 부드러운 거품을 올린 커피로 달콤한 초코소스와 두꺼운 우유 거품이 조화롭다. 이탈리아어의 'ccino'는 영어의 'like /~처럼'이라는 뜻이다. 즉, 카페모카 처럼 만들되 휘핑크림이 카푸치노 형태이다.

준비물 에스프레소 1oz, 휘핑그림, 스팀우유, 초코소스

만들기
① 잔 데우기
② 에스프레소 1잔을 추출한다.
③ 잔에 초코소스 1펌프를 넣고 에스프레소를 붓는다.
④ 초코가 녹게 충분히 젓는다.
⑤ 데운 우유를 넣는다.
⑥ 거품을 올리고 시나몬파우더나 초코파우더를 뿌린다.

(6) 아이스 카페 비엔나(Iced Caffe Vienna)

시원한 아이스 아메리카노 위에 묵직하고 달콤한 휘핑크림을 올려 다른 느낌의 맛을 볼 수 있는 메뉴이다. 따뜻한 비엔나는 크림이 녹아 커피와 서로 섞이지만 아이스는 깔끔하게 나뉘어 있어 따로 마실 수도, 동시에 머금을 수도 있는 재미가 있다. 크림을 듬뿍 녹여 따뜻하게 마시는 것보다 한층 깔끔하고 부드러운 맛을 즐길 수 있다.

준비물 에스프레소 1oz, 휘핑크림, 물

만들기
① 에스프레소 1잔을 추출한다.
② 잔에 얼음을 넣고 차가운 물을 담는다.
③ 에스프레소를 넣는다.
④ 잔의 벽을 따라 휘핑크림을 올린다.

(7) 아이스 카페 모카(Iced Caffe Mocha)

카페 모카를 시원하게 즐기는 메뉴로 우유가 섞인 진한 농도의 에스프레소에 초코소

스와 휘핑크림이 잘 어우러져 달콤하고 고소한 맛을 느낄 수 있는 커피이다. 달콤 쌉싸래한 초코 맛이 더운 날씨와 무척 어울리며, 집에서도 간단하게 만들어 마시는 방법으로는 집에 모카 포트가 없다면 에스프레소 대신 믹스 커피를 사용하면 된다. 믹스 커피로 만들 경우에는 전자레인지에 소량의 우유를 살짝 데운 다음 커피 믹스와 초코소스를 충분히 녹인다. 그리고 얼음을 가득 넣은 우유에 부어주면 아이스 카페모카가 완성된다.

준비물 에스프레소 1oz, 휘핑크림, 차가운우유, 초코소스

만들기
① 에스프레소 2잔을 추출한다.
② 에스프레소에 초코소스를 넣고 충분히 녹인다.
③ 얼음을 넣은 잔에 차가운 우유를 준비한다.
④ 초코와 에스프레소를 잔에 붓고 잘 섞이도록 충분히 저어 준다.
⑤ 휘핑크림, 초코소스나 초코파우더를 올린다.

(8) 아이스 캐러멜 마키아또(Iced Caramel Macchiato)

캐러멜 마키아또를 차갑게 만든 커피로 에스프레소에 캐러멜 소스를 녹인 후 우유를 붓고 우유 거품으로 점을 찍는 메뉴이다. 기호에 따라 휘핑크림을 올리거나 캐러멜 소스를 장식으로 그릴 수 있고 시럽을 더해 좀 더 달게 마실 수 있다. 숙취가 있을 때 달콤한 꿀물 대신 해장용으로 마시면 좋다. 아이스메뉴는 우유, 커피, 우유거품을 넣는 순서에 따라 자연스러운 그라데이션 효과를 줄 수 있어 상품으로써 가치가 높다. 또한 우유 거품위에 소스로 다양한 모양을 내는 '드리즐' 기법을 통해 더욱 화려하고 맛있는 음료가 된다.

준비물 에스프레소 1oz, 휘핑크림, 차가운우유, 캐러멜소스

만들기
① 에스프레소 2잔을 추출한다.
② 에스프레소에 캐러멜 소스를 넣고 충분히 녹인다.
③ 얼음을 넣은 잔에 차가운 우유를 준비한다.
④ 우유 거품을 스푼으로 떠서 올려준다.

⑤ 캐러멜소스와 에스프레소를 거품 가운데 부어준다.
⑥ 거품을 올리고 캐러멜 소스로 모양을 낸다.

(9) 카페 아포카토(Caffe Affogatto)

차가운 아이스크림에 진하게 추출된 뜨거운 에스프레소를 부어 먹는 이탈리아의 대표 디저트로 이탈리아에서는 전통 아이스크림인 젤라또와 함께 곁들이는데 유지방이 적어 쫄깃쫄깃한 식감 때문에 독특한 맛을 느낄 수 있다. 시중에 파는 어떤 아이스크림과도 잘 맞지만 바닐라 아이스크림이나 호두 아이스크림처럼 향이 강하지 않은 유지방 아이스크림이 잘 어울린다. 과거에는 생소한 메뉴였으나 최근에는 화려한 모양의 아포카토를 쉽게 만나 볼 수 있다.

준비물 에스프레소 2oz, 아이스크림, 토핑 견과류

만들기 ① 에스프레소 2잔을 추출한다.
② 잔에 아이스크림을 떠 넣는다.
③ 견과류를 뿌린다.
④ 아이스크림 위에 에스프레소를 붓는다.

(10) 프라푸치노(Frappuccino)

프라푸치노는 프라페(Frappe)와 카푸치노(Cappuccino)의 합성어로 커피전문점 스타벅스 메뉴로 만들어진 음료이다. 블렌더로 얼음과 우유를 함께 갈아서 만드는 음료이며 자연스럽게 거품이 형성되어 프라푸치노라는 이름이 붙여졌다. 현재는 대부분의 카페에서도 판매되는 메뉴이며, 커피가 아닌 다양한 메뉴들이 개발되어 다양한 소스, 시럽, 파우더 등의 재료를 이용하여 만들기도 한다.

준비물 에스프레소 2oz, 우유 100㎖, 얼음

만들기 ① 에스프레소, 얼음, 우유를 넣는다.

② 블렌더로 갈아준다.

(11) 카페 깔루아(Caffe Kahlua)

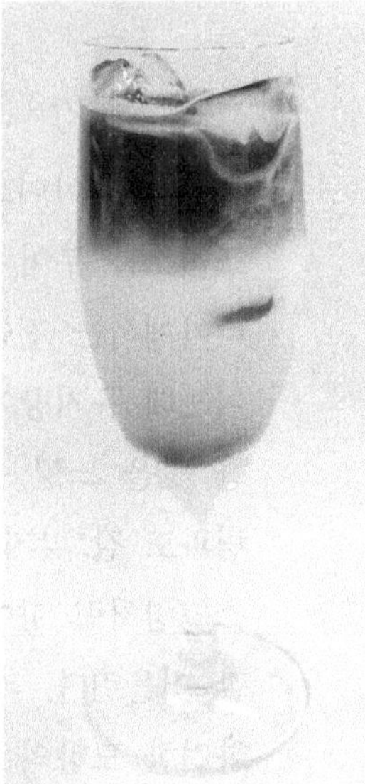

깔루아는 테킬라, 커피, 설탕을 주성분으로 만드는 대표 커피 리큐르(Liqueur)이다. 커피에 깔루아를 넣어 달달하게 만드는 칵테일 커피로 우유와 커피, 깔루아의 농도 차를 이용해 플로어딩하면 보기 좋으며, 우유를 먼저 붓고 조심히 깔루아를 흘려 넣으면 층이 난다.

준비물 에스프레소 1oz, 깔루아, 우유

만들기
① 에스프레소 1잔을 추출한다.
② 얼음 잔에 우유 100㎖를 넣는다.
③ 깔루아 1온스를 넣는다.
④ 에스프레소를 넣는다.

(12) 아이리쉬 커피(Caffe Irish)

대표적인 에스프레소 칵테일로 몸을 따뜻하게 해주는 커피이다. 제2차 세계대전이 끝난 직후, 아일랜드의 국제공항에 위치한 한 술집 주인이 위스키를 커피에 타서 팔면서 유명해졌다. 브랜디를 기본으로 하나 부드러운 맛 때문에 베일리스 리큐르를 넣고 마지막에 브랜디를 올려 불을 붙이는 레시피가 여성들에게 인기가 있다. 셰이커로 고운 우유 형태의 크림을 만들어 올리거나 묵직한 휘핑크림을 올리기도 한다.

준비물 에스프레소 2oz, 아이스크림, 토핑 견과류

만들기
① 에스프레소 1잔을 추출한다.
② 잔을 빙 돌려가며 테두리에 레몬즙을 묻힌다.
③ 잔에 뜨거운 물 180㎖를 섞은 에스프레소를 붓는다.
④ 아이리시 위스키 15㎖를 넣는다.
⑤ 설탕을 조금 넣고 저어준다.
⑥ 휘핑크림을 올린다.

4 칵테일 글라스(Cocktail Glass)

1. 스템드 글라스(Stemed Glass)

(1) 마티니 글라스(Martini Glass)

일반적으로는 칵테일 글라스라고 부르지만 사실상 마티니 스타일 칵테일의 대표적인 글라스로 인식 되면서 마티니 글라스라고 부른다. 모양은 같지만 다양한 용량의 마티니 글라스가 존재하며 간혹 스템이 없는 마티니 글라스도 있다.

(2) 샴페인 소서 글라스(Champagne Saucer Glass)

유럽인들이 즐겨 마시던 와인에 일부 남아 있는 탄산을 일부러 날려 버리고 마시기 위해 사용했던 글라스로 샴페인을 마시기 위해 고안 되었다기 보다는 샴페인의 정체성이 명확히 정해지지 못한 시대에 탄산이 남아있는 와인을 마시기 위해 만든 글라스라고 할 수 있다.

(3) 샴페인 플루트 글라스(Champagne Flute)

샴페인의 기포가 기존의 와인들과는 전혀 다른 특징을 지닌 와인으로 인식되어 발전하기 시작한 이후 기존의 소서형 글라스의 반대되는 특성을 가진 플루트형 글라스로 바뀌었다. 긴 바디는 탄산의 기포를 잘 식별 할 수 있으면서도 입구를 좁게 만들어 탄산의 손실을 최소화 할 수 있는 형태로 바뀐 결과물이다.

(4) 마가리타 글라스(Margarita Glass)

세계적인 칵테일 마가리타를 담아내기 위해 고안된 글라스로 현재는 마가리타를 포함한 프로즌 스타일(Frozen Style)의 칵테일을 담아내기에 적합한 글라스로 알려져 있다.

(5) 쉐리 글라스(Sherry Glass)

스페인의 강화주 쉐리 와인을 마실 때 사용하는 글라스로 쉐리 이외에도 다른 강화주를 마시거나 플로어팅 칵테일을 만들 때 사용하기도 한다. 마티니 글라스처럼 역삼각형의 디자인이나 작은 와인 글라스의 형태 등 다소 다른 디자인일 수 있다.

(6) 사워 글라스(Sour Glass)

사워 스타일의 칵테일에 사용되는 글라스로 얼핏 작은 사이즈의 샴페인 플루트 글라스나 큰 사이즈의 리큐어 글라스로 보이기도 한다.

(7) 리큐어 글라스(Liqueur Glass)

영어로는 코디알(Cordial)이라고도 하는 혼성주를 스트레이트로 마실 경우 제공하는 글라스로 용량이 1~2oz로 작고 마치 작은 사이즈의 사워 글라스를 연상케 한다.

(8) 필스너 글라스(Pilsner Glass)

필젠 맥주를 마실 때 주로 사용되는 입구가 좁고 긴 형태의 글라스를 말한다. 하지만 소프트 드링크나 기타 다양한 로우 알코올 스타일의 칵테일을 담아내는 글라스로도 활용된다.

(9) 스퀄 글라스(Squall Glass)

일반적으로는 허리케인 글라스라고도 부르지만 정확한 명칭은 스퀄 글라스이다. 소프트 드링크나 로우 알코올 스타일의 칵테일을 담아내는 글라스이다.

(10) 포코 글라스(Poco Glass)

스템의 길이에 따라 '포코' 또는 '비바'라고도 불리는 글라스로 튤립 모양을 하고 있는 것이 특징이다. 트로피칼 스타일의 칵테일이나 로우 알코올 스타일의 칵테일을 담아내는 글라스이기도 하다.

(11) 와인 글라스(Wine Glass)

레드, 화이트, 로제 또는 보르도, 브루고뉴 등의 차이에 따라 다양한 모양과 크기가 존재 하지만 와인의 맛과 향을 최상으로 끌어올리기 위한 모양인것 만큼은 동일한 이유일 것이다. 대체로 바디 부분이 크고 스템이 얇고 길면서 투명도가 높은 글라스를 최고로 칭한다.

⑿ 브랜디 글라스(Brandy Glass)

브랜디를 담아내는 글라스로 스니프터(Snifter) 또는 꼬냑 글라스(Cognac Glass)라고도 불린다. 브랜디는 향미를 중요하게 여기는 술이므로 바디 부분이 넓으면서 체온을 전달해 마실 수 있도록 스템은 있는 듯 없는 듯 짧다.

⒀ 고블렛

전용 물잔으로 사용되지만 다양한 용도로 각종 음료의 글라스로도 활용되기도 한다. 흡사 와인 글라스 처럼 생겼지만 와인글라스 보다는 스템이 짧다.

2. 스템 리스 글라스(Stemless Glass)

스템이 없는 글라스로 제공 받는 사람의 입장과 서비스 하는 사람의 입장 모두에서 안정감을 주는 글라스이다. 음료가 담겨져야 할 바디 부분에 체온의 전달이 되더라도 음료의 맛에 크게 영향을 미치지 않을 경우 사용된다.

(1) 올드 패션드 글라스(Old Fashioned Glass)

가장 오래된 스타일의 글라스 즉, 클레식한 글라스의 원형이라고 할 수 있다. 큐브드 아이스를 넣은 것이 마치 바위를 올려놓은 듯 하다고 하여 '온더락스'라고도 한다. 칵테일에서는 간단한 믹스 형태의 칵테일을 마시거나 향미 위주로 술을 마실 때 사용하며 얼음을 넣은 채 마시는 것이 일반적이나 최근엔 노 아이스(No Ice)로 즐길 때도 사용하는 글라스 이다.

(2) 하이볼 글라스(Highball Glass)

원형으로 길게 올라간 형태의 글라스라고 해서 하이볼이라고 하며, 텀블러(Tumbler)라고도 한다. 최근 길이나 용량 그리고 디자인상의 변화에 따라 다양화 되고는 있지만 오랜 세월 소프트 드링크나 로우 알코올 칵테일의 기본 글라스로 사랑 받고 있다.

(3) 샷 글라스(Shot Glass)

위스키를 스트레이트로 마실 때 사용하는 글라스라고 하여 위스키 글라스(Whisky Glass) 또는 스트레이트 글라스(Straight Glass)라고도 불린다. 30ml 용량은 싱글 샷, 60ml 용량은 더블 샷 글라스라고 한다.

(4) 칼린스 글라스(Collins Glass)

하이볼 글라스 보다 긴 형태로 침니 글라스(Chimney Glass) 또는 톨 글라스(Tall Glass)라고도하며, 소프트 드링크나 로우 알코올 칵테일에 사용된다. 비어 글라스로도 적합하다.

3. 머그 글라스Mug Glass

사람의 귀 모양처럼 손잡이가 달려있는 것을 머그라고 한다. 머그는 용기의 재질에 관계없이 용기에 담겨질 음료의 온도가 매우 높거나 매우 낮게 제공 되어야 할 때 손잡이를 필요로 하는데 이런 형태를 머그라고 한다.

(1) 비어 머그 글라스(Beer Mug Glass)

비어 머그는 다른 말로 비어 스테인(Beer Stein) 이라고도 한다. 맥주는 차갑게 유지되는 상태로 마실 때 그 맛이 그대로 전달 될 수 있다. 그래서 맥주의 차가운 상태가 손으로 전달되는 체온에 의해 영향을 받지 않도록 손잡이가 달린 머그에 담아 마시게 된다. 이런 글라스를 비어머그 글라스라고 한다.

(2) 아이리쉬 커피 글라스(Irish Coffee Glass)

아이리쉬 커피는 아이리쉬 위스키를 베이스로 뜨거운 커피와 휘핑크림을 얹어서 만드는 대표적인 핫 칵테일이다. 뜨거운 커피를 담아내다 보니 글라스를 통해 열이 전달되어 손으로 잡기가 힘들어진다. 이런 단점을 보완하여 만든 글라스가 아이리쉬 커피 글라스이다. 우선 머그 형태로 손잡이가 달렸으며, 뜨거운 열에도 견딜 수 있는 내구성을 갖추고 있어 쉽게 깨지지 않는 고강도 유리 제품이다.

4. 글라스 구조 및 보관시 주의점

(1) 글라스 구조 명칭

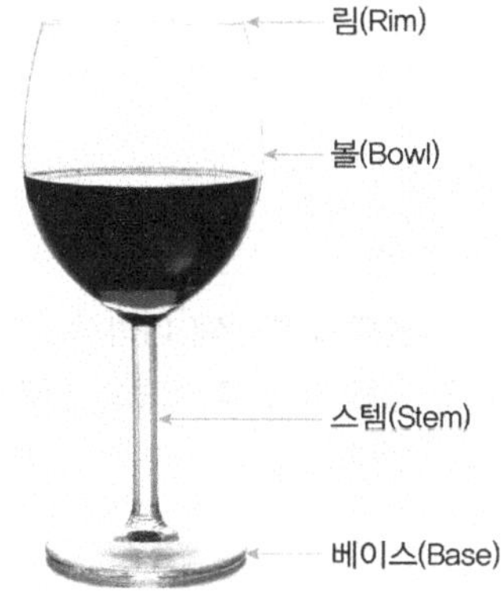

① 림(Rim)

② 보울(Bowl) or 바디(Body)

③ 스템(Stem)

④ 풋(foot) or 베이스(Base)

(2) 글라스 보관시 주의점

① 글라스는 유리제품이므로 포개어 놓지 않는다.

② 글라스는 엎어서 보관한다.

③ 열이나 직사광선, 연기, 습기, 가스, 불쾌한 냄새가 나는 곳 등을 피한다.

④ 냉동실에 넣어 오랫동안 얼려 놓지 않는다.

⑤ 글라스는 육류창고에 보관하지 않는다.

5.2 음료 제공하기

수행준거

1. 음료의 특성에 따라 적정한 온도에 맞는 상태를 유지하여 음료를 제공할 수 있다.
2. 음료 제공 후 음료의 만족여부를 고객에게 문의하고, 고객의 요구에 따른 추가 조치를 수행 할 수 있다.

1 음료 보관하기

1. 음료 보관의 정의

식음료 영업장에서 음료를 저장하는 목적은 적절한 수량의 음료를 확보하는 것과 올바른 보관법으로 저장하여 음료의 변질이나 부패에 의한 손실을 최대한 막아서 음료의 원가를 최소화하고, 영업장의 식재료 손해를 최소화하기 위함이다. 즉, 다양한 음료에 따른 일련의 보관 및 저장과정은 각각의 음료를 보관하기 위한 이상적인 보관 상태를 유지하여 귀중한 재고자산을 관리하는데 있다. 이 때 최상의 음료 서비스를 하기 위한 음료 보관의 중요한 고려사항으로는 적절한 구매체계 유지, 적절한 장소에 알맞은 온도로 저장, 저장물량의 적절한 순환 등이 있다.

2. 음료 보관의 목적

(1) 음료 보관의 목적

① 입고된 음료가 손실 없이 보관되어 영업장의 주문에 따른 출고가 원활히 이루어지도록 관리하는 데 있다.

② 음료의 고유 특성을 잃지 않도록 보존하고 위생상의 유해방지, 음료의 손실방지, 음료의 비축 및 저장창고의 적정온도를 유지하는 등의 관리를 위한 것이다.

(2) 음료 보관 시 기본 수칙

① 식음료 영업장에서 일정한 기간 동안 어떤 물품에 한 정상적인 수요를 충족시키는 데 필요한 재고량을 적정재고량(Par Stock)이라고 하는데, 적정재고량을 유지해야 수익률에 도움을 줄 수 있다.

② 각 식음료 영업장에서는 매일 일일재고조사(Daily Inventory)를 통해 적정재고량을 항상 파악하고 기록하며 보고하여야 한다.

③ 저장창고의 내부는 위생을 위해 항상 청결하게 유지하여야 하며, 선입선출이 가능하도록 정리 · 정돈되어져야 한다.

3. 음료의 종류에 따른 보관

(1) 와인의 보관

와인은 보관상의 규정이나 상태를 준수한다면 누구나 쉽게 오랫동안 보관할 수가 있다. 호텔이나 고급레스토랑에서는 와인 냉장고나 저장실을 이용하여 보관하고 있으나 만일 지하 저장고가 있다면 실용적일 것이다.

① 온도 : 약 13℃ 정도의 일정한 온도가 가장 이상적 온도이다. 7~18℃ 사이의 일정치 않은 온도라도 그 변화가 느리고 고정된 상태라면 괜찮다.

② 진동 : 진동은 와인 속의 찌꺼기가 떠오르고, 코르크가 풀어지게 할 수 있기에 이를 방지하기 위해 가능한 진동은 최소화해야 한다. 특히 레드와인이나 샴페인 등을 손으로 운반하거나, 테이블 서브할 때 흔들리지 않도록 조심하여 취급해야 한다.

③ 음지 : 와인 병을 햇볕에 노출시키면 병의 온도는 상승하면서 와인의 변질이 진행이 되어 와인의 향미를 해칠 수가 있기에 와인의 저장을 위한 상태로서 햇볕이 들지 않는 장소가 권장된다. 그러나 전등의 불빛은 와인에 영향을 주지 않는다.

④ 습도 : 일반적으로 습도의 상태는 사람이 기분이 좋을 정도면 와인에도 적당하다. 습도는 습하지도, 건조하지도 않게 적당해야 하며, 일년 내내 변하지 않아야 한다.

⑤ 와인을 저장할 때에는 코르크 마개가 와인과 접촉하여 항상 젖어 있도록 옆으로 눕혀 보관한다.

⑥ 이러한 일련의 과정은 와인을 보관하기 위한 이상적인 온도를 제공하여 와인을 서비스하는데 최상의 상태를 유지하고 귀중한 재고자산을 관리하는데 있다.

(2) 맥주의 보관

살균된 맥주인 병맥주나 캔맥주의 경우 실제 저장 온도를 맞춰 맛을 유지하는 노력이 필요하다. 지나치게 장기간 보관하거나 직사광선의 노출이나 고온의 노출은 피해야하며, 보관의 온도는 약 5℃~20℃이고 통풍이 잘되며, 직사광선이 미치지 못하는 건조한 장소에 보관한다.

① 직사광선

- ▸ 맥주는 직사일광에 노출되면 변질과 부패가 진행 된다.
- ▸ 맥주병이 갈색이나 녹색인 것은 가능한 한 직사광선을 차단시켜 맥주가 변질되는 것을 방지하기 위해서다.
- ▸ 맥주를 보관할 때에는 직사광선에 노출되지 않도록 주의해야 한다.

② 장기간 저장 금지

- ▸ 병맥주나 캔 맥주는 살균·저장되기 때문에 실온에서도 그 맛을 유지할 수 있다.
- ▸ 양조 당시의 신선도를 무한정 유지할 수 있는 것은 아니다.
- ▸ 맥주를 장기간 보관하면 비록 보관상태가 양호하다 하더라도 맥주 속의 단백질 성분이 자연 응고되어 뿌옇게 혼탁이 생길 수 있다.
- ▸ 장기간 보관 시 산화가 심하게 진행되어 맥주 본래의 맛을 잃는 경우가 생기며, 이로 인해 맛의 균형이 점차 무너져 맥주의 쓴맛만 남는다.
- ▸ 맥주 보관 온도가 30℃ 이상이 되면 혼탁이 생기는 속도가 3~4배 정도 더 빠르게 진행되고 맥주병 내부의 탄산가스 압력이 급격히 올라가서 병이 파손 될 위험도 있다.
- ▸ 맥주는 어둡고 통풍이 잘되는 서늘한 장소에 보관하는 것이 좋다.

③ 얼지 않도록 주의

- ▸ 맥주는 절대 얼려서는 안 된다.
- ▸ 급속한 냉각을 위해 냉동실에 넣어두는 것은 얼기 전의 상태를 정확히 판단하

기 어렵다.

▸ 얼지 않았다 하더라도 급격한 온도의 변화로 인해 맛의 변형이 일어나 좋지 않다.

▸ 맥주의 빙점이 -2.5℃~-1.8℃이니 이를 참고하여 겨울에는 5℃~10℃ 정도를 적정 온도를 유지하도록 한다.

④ 급격한 온도 변화 주의

▸ 맥주는 양조주로서 발효를 통해 얻어지며 제조 공정은 종료 하였으나 유통과 관리 중에도 충분히 변화가 일어날 수 있는 요소를 가지고 있다.

▸ 맥주를 상온에서 냉동실로 이동시키거나 냉장보관 되어있던 맥주를 직사광선에 장시간 노출 할 경우 급격한 온도의 변화가 일어나 맥주의 혼탁 현상 및 고형화되는 변형이 일어날 수 있으니 주의해야 한다.

▸ 15℃ 이상의 급격한 온도 변화나 30℃ 이상이 되는 것을 피해야 한다.

⑤ 진동 및 타격에 주의

▸ 맥주는 기본적으로 탄산을 함유하고 있어 떨어뜨리거나 강한 타격을 받을 경우 맥주가 터지거나 새어나올 수가 있다.

▸ 강한 타격이 아닌 경우에도 심하게 흔들리는 환경에서 장시간 보관 될 경우에도 맥주의 변형이 일어날 수 있다.

▸ 맥주를 차갑게 보관하는 쇼 케이스는 냉각기를 돌려 차가운 공기를 생산해 순환시킴으로서 쇼 케이스 안의 맥주를 차갑게 유지시켜준다.

▸ 기계에 장착된 진동 감소기가 제 역할을 못하거나 냉각기 펜(Fan)의 이상으로 거칠게 작동할 경우 미세한 진동이 맥주로 전달되어 최상의 맥주 맛을 잃게 할 수도 있기에 주의해야 한다.

⑥ 생맥주 보관

▸ 생맥주는 발효가 끝나고 숙성된 맥주를 살균하지 않고 미 살균 상태이므로 항상 온도를 2~3℃로 유지하여야 하며, 7℃ 이상일 경우 맥주의 맛이 시어지게 된다.

▸ 글라스에 서비스할 때에는 항상 3~4℃ 정도의 적절한 온도가 유지되어야 한다.

▸ 생맥주는 신선한 맛을 가지고 있다는 장점이 있으나 오래 저장하지 못하기에 병맥주나 캔맥주 보다 보관에 더 신경을 쓰고 주의해야 한다.

(3) 전통주 보관

전통주를 최적의 상태로 마시려면 전통주의 종류와 특성에 따라 적절한 보관상의 규정이나 상태를 준수하여야 한다.

① 탁주 보관

- 탁주나 막걸리는 유통기한이 있다.
- 너무 오래두면 맛이 없어지거나 변질이나 부패되기 쉽기에 유통기한을 지키는 것이 좋다.
- 냉장온도 10℃～5℃에서 보관한다.
- 살균 처리된 탁주는 유통기한이 한 달 정도 된다.
- 보통 알코올 도수가 높은 술은 잘 상하지 않는다.
- 상하지 않으면 좀 더 시간을 두고 마실 수 있다.
- 마실 때 만약 상했거나 역한 냄새가 나면 마시지 말아야 한다.

② 소주 보관

- 소주는 증류주이기에 와인이나 일반적인 전통주와는 다르게 일정한 농도의 알코올을 지니고 있어 미생물에 의한 부패나 변질의 가능성이 적으며 온도, 산소(공기), 햇빛 등에 의해 내용물이 변할 가능성은 아주 낮다.
- 소주는 와인이나 발효주에 비해서 성분의 종류가 많지 않아 보관이 까다롭지 않지만 높은 온도나 햇빛은 되도록이면 피하는 것이 좋다.
- 소주는 유통기한이 없고 오랜 기간 보관해도 마시기에 별 무리가 없다.
- 뚜껑을 개봉한 소주는 알코올이 날아가 처음 맛을 유지하기 힘들다. 만약 남았을 경우 다른 용도로 쓰거나 밀봉하여 냉장 보관하여야 한다.

(4) 커피 보관

① 커피의 생두(Green bean)는 국제적으로 60kg 단위로 포장되어 유통되지만 로스팅한 커피는 다양한 규격과 용기로 포장된다.

② 로스팅이 종료되면 충분히 냉각시켜서 이산화탄소를 날려 보낸 뒤 2~3일 후 캔이나 팩에 넣어 포장을 한다.

③ 포장 팩은 탄산가스를 충분히 방출하지 않고 포장할 경우 봉지가 터지는 현상이 발생하므로 탄산가스 배출용 밸브(Ball Check Valve)가 붙은 봉지를 사용하는

것이 좋다.

④ 로스팅한 커피는 원두상태로 빛, 공기(산소), 습기가 차단된 15℃의 상온에서 보관하는 것이 좋다.
  - 커피는 저장온도에 따라 향과 맛의 화학적 변화속도에 아주 큰 영향을 받는다.
  - 커피의 산화 속도는 5℃일 때보다 25℃에서 5배 빠르다.
  - 신선한 커피를 상온에서 보관하면 2주 정도 향과 맛이 유지된다.
  - 5℃(냉장온도)에서 보관할 경우에는 70일 정도 향과 맛이 유지된다.

⑤ 냉동실은 커피콩의 표면에 습기가 흡착되어 맛이 변질되므로 보관하지 않는 것이 좋으며 한번 개봉한 커피는 향이 급속히 소실되므로 2주 이내에 사용하는 것이 바람직하다.

⑥ 원두커피는 공기 중의 산소를 흡착하여 산화작용을 하며, 산패될 수 있다.

⑦ 커피의 수분을 유지 시킨다.
  - 원두커피의 수분은 3.5% 이하로 유지하여야 한다.
  - 활성도(Activity)가 0.3 이상 되면 가수분해(hydrolysis)가 시작된다.
  - 원두의 수분이 3.5% 이상 되면 수분의 활성이 활발해진다.
  - 수분이 6.7%인 경우에 커피는 10일 만에 완벽히 산화된다.
  - 수분이 1.9%인 경우에 커피의 산화는 25일 정도 소요된다.

3. 음료의 저장

(1) 저장관리의 목적

① 변질로 폐기에 의한 손실을 최소화함으로써 음료의 적정재고량을 유지하도록 한다.

② 음료의 출고가 분실이나 손실 없이 올바르게 이루어지도록 한다.

③ 출고된 음료에 대해 매일매일 그 총계를 내어 기록 · 관리하도록 한다.

(2) 저장관리

① 저장관리의 업무내용
  - 음료의 인수
  - 음료 인수 시 특별 음료 관리

- ▸ 출고기간에 재고음료에 대한 특별한 음료 관리
- ▸ 음료 재료의 출고 업무

② 표준재고관리와 재고관리의 목적

- ▸ 표준재고관리 : 표준재고량(Par stock)이란 일정기간 동안 특정품목에 대한 평균수요를 충족시킬 수 있는 재고량을 말한다.
- ▸ 재고관리의 목적 : 경제적 목적은 첫째 소요량보다 더 많은 음료를 구매함으로써 서류업무를 포함한 업무수행의 절차를 간소화, 둘째 대량구매에 의해 저렴한 가격이나 할인구매를 실현하려는 것이며, 방어목적으로 첫째 수요나 공급의 변화에 따른 음료 재료의 확보에 의한 불확실성과 둘째, 시간적 지연에 의한 생산성의 장애를 없애려는 것이다.

③ 저장관리

- ▸ 저장 공간은 각각의 음료의 특징과 사용에 맞추어 잘 배치되게 한다.
- ▸ 능률적인 재고관리와 출고관리를 위해서 적당한가를 점검한다.
- ▸ 폐기의 방지는 적당한 저장공간, 저장온도, 저장기간, 환기, 철저한 위생관리를 위한 저장설비를 통해 실현 · 관리가 가능하다.
- ▸ 음료 관리 시 유의사항
  - 저장 공간은 항상 깨끗하고 건조한 상태로 유지해야 한다.
  - 모든 음료는 폐기되기 전에 최대한 출고되고, 사용될 수 있도록 한다.
  - 항상 음료에 따른 적정온도를 유지한다.
  - 저장에 필요한 모든 시설이 항상 정상적인 기능을 발휘하며, 가동될 수 있도록 점검하고 관리한다.
- ▸ 냉장(Refrigerated storage) : 냉장 온도는 음료의 종류에 따라 유지하며, 1일 2회 이상 점검하고 음료 냉장 시 장점은 다음과 같다.
  - 신선도 유지
  - 부패 방지
  - 향기 보관
  - 색깔 보존

2 음료의 특성에 따른 제공방법

1. 음료 서비스(Beverage Service) 제공하기

(1) 고객이 주문한 음료를 조주한 후 음료를 담기 전에 글라스의 청결 상태와 워밍(Warming) 및 칠링(Chilling) 상태를 다시 한 번 확인한다.

(2) 주문한 차가운 음료는 차가운 잔에, 뜨거운 음료는 뜨거운 잔에 준비하여 음료의 온도가 변하지 않도록 신속하게 고객에게 이동한다.

(3) 음료는 주문을 받은 후 보통 3분 이내에 제공하며, 고객에게 이동할 때에는 음료가 흐르지 않도록 유의한다.

(4) 테이블에 글라스를 놓을 때는 절대로 소리가 나서는 안 되며, 놓은 후에는 고객 앞으로 1cm 정도 살며시 밀어드리며 "주문하신 음료입니다. 맛있게 드십시오."라고 말한다.

(5) 커피 컵(Coffee Cup)이나 티 컵(Tea Cup)의 손잡이는 고객이 잡기 편하도록 5시 방향으로 향하도록 제공한다.

(6) 음료 안의 빨대(Straw)나 머들러는 고객의 6시 방향, 가니쉬(Garnish)는 12시 방향으로 향하도록 제공한다.

(7) 칵테일 서비스 시에는 머들러(Muddler : 휘젓는 막대)를 글라스에 꽂아서 서비스한다.

(8) 고객의 우측에서 글라스의 $\frac{1}{3}$ 하단 쪽을 손끝으로 가볍게 쥐어 고객 앞에 놓는다.

(9) 코스터(Coaster) 또는 칵테일 냅킨(Cocktail Napkin)을 깔고 서브한다.

(10) 음료 제공 시 뜨거운 음료를 서비스할 때는 고객에게 뜨겁다는 말씀을 드려 주의를 환기시켜 드린다.

(11) 음료는 고객의 오른쪽에서 제공하고 픽업(Pick Up)은 왼쪽에서 실시한다.

(12) 병맥주의 경우 시원할 때에 고객의 글라스에 따라준다.

(13) 따뜻한 차(Tea)의 경우 식기 전에 음료에 대한 설명과 함께 잔에 따라 제공해준다.

(14) "맛있게 드십시오."라는 코멘트와 함께 더 필요한 것이 있으면 불러달라고 꼭 언급한다.

⒂ 손님이 세 모금 정도 드셨을 때 오늘의 음료와 음식이 어떤지 확인한다.

⒃ 손님이 업장을 떠날 때까지 고마움을 잊지 않고 늘 감사하는 마음을 표현한다.

2. 음료별 서비스

(1) 와인 서비스

와인서비스는 소믈리에가 수행하는 업무 중에서 가장 최종적인 업무에 해당된다고 할 수 있다.

① 기본 와인 서비스

- 와인 서비스 시 고객의 오른쪽에서 제공한다.
- 와인 제공 전에 주문한 와인이 맞는지 확인한다.
- 테이블의 주최자(Host)에게 먼저 테이스팅(Tasting)을 권유한다.
- 테이스팅 후에는 시계방향으로 서비스한다.
- 여성부터 서비스하고 주최자를 제일 마지막으로 서비스한다.
- 와인을 다 마시면 추가로 주문을 받는다.
- 종류가 다른 와인을 주문하면 주문에 맞는 새 와인 글라스로 바꾸어 서비스한다.
- 고객이 디캔팅(Decanting)을 원하며, 디캔터(Decanter)를 준비하여 서비스한다.
- 화이트와인 서비스 시 와인 쿨러(Wine Cooler)와 와인 스탠드(Wine Stand) 등의 화이트 와인 서비스를 위한 기물을 준비한다.
- 와인의 종류에 따른 와인 제공 온도와 서비스 방법을 숙지하고 정중하게 서비스한다.

와인의 종류 서비스	알코올 도수	서비스 제공 온도
샴페인(Champagne)	10~13°	7~9 ℃
화이트 와인(White Wine)	10~13°	7~10 ℃
쉐리 와인(Sherry Wine)	10~13°	13~15 ℃
레드 와인(Red Wine)	12~16°	18~20 ℃
브랜디(Brandy)	30~40°	18~20 ℃ 이상

② 프레젠테이션(Presentation)

- 흰색 냅킨을 2등분 접어서 오른손으로 와인 병 밑을 받친다.
- 고객의 왼쪽에 서서 오른발을 반보 앞으로 한다.
- 라벨을 고객이 편하게 볼 수 있도록 주문한 와인 병을 보여준다.
- 한 손으로 프레젠테이션 할 때는 오른손은 레드와인 병을 잡고 왼손은 등 뒤에 붙인다.
- 두 손으로 프레젠테이션 할 때는 레드와인 병 위쪽과 아래쪽을 잡는다.
- 고객에게 와인 라벨, 제조년도, 산지, 포도품종 등을 자세히 설명한다.

③ 와인 오픈(Open) 서비스

- 와인을 주문한 고객에게 와인의 상표를 확인시키기 위해 상표가 고객을 향하게 하여 좌측에서 보여 드린다.
- 코르크 스크류(Cork Screw)에 있는 칼을 이용하여 병목의 캡슐(Capsule) 윗부분을 제거한 후, 핸드 타월(Hand Towel)로 병마개 주위를 잘 닦는다.
- 코르크 스크류(Cork Screw) 끝을 코르크(Cork)의 중앙에 놓고 천천히 돌리면서 넣는다. 이때 주의할 것은 코르크를 완전히 통과하며, 코르크 조각이 병 안으로 떨어져서는 안 되기에 주의해서 시행해야한다.
- 나사를 천천히 돌려 코르크 마개가 1cm 가량 남은 위치까지 뽑은 후 핸드 타월을 받쳐 손가락으로 코르크를 잡고 천천히 돌려서 마개를 뽑는다.
- 코르크의 냄새를 맡아 이상 유 · 무를 확인하고 고객에게 확인하도록 코르크를 보여 드린다.
- 서브하기 전에 다시 한번 핸드 타월로 병목 주위를 깨끗이 닦는다.
- 주문을 한 고객에게 테이스팅 시켜 드린다.
- 와인을 따른 후 병목을 핸드 타월로 닦아 와인방울이 테이블에 떨어지지 않도록 한다.

④ 디켄테이션(Decantation)

- 코르크 스크류에 달린 칼로 캡슐을 완전히 제거한다.
- 코르크를 뽑아낸 후 병목주위를 깨끗이 닦는다.
- 촛불을 켠 다음 왼손으로 카라프(Carafe)를 잡고, 오른손으로 와인 병을 잡은 후 와인 병의 어깨쯤에 촛불의 불꽃이 비치도록 하여 와인을 따른다. 이때 찌

꺼기가 나타나면 중지한다.

⑤ 샴페인(Champagne) 오픈 요령

▸ 고객의 왼쪽에서 상표를 확인시킨다.
▸ 병목부분의 띠를 잡아 당겨 와이어 네트의 잠금쇠를 푼다.
▸ 왼손엄지로 코르크의 윗부분을 누르면서 와이어 네트를 완전히 벗겨낸다.
▸ 손을 바꾸어 오른손 엄지로 코르크가 순간적으로 튀어나오지 않도록 눌러 주며 왼손으로 병목부분을 잡고 오른손으로 약간씩 좌우로 비튼다.
▸ 오른손으로 코르크를 견고히 잡고 서서히 열어준다.

(2) 맥주 서비스

① 맥주의 기본 고객 서비스

▸ 여성고객 먼저 서비스한다.
▸ 고객의 오른편에서 서비스한다.
▸ 식사 중에는 고객의 오른쪽 위 2시 방향에서 서비스한다.
▸ 고객의 바로 앞에 코스터(Coaster : 작은 깔개)를 놓고, 그 위에 글라스를 놓는다.
▸ 라벨이 고객을 향하도록 병을 잡는다.
▸ 병이 글라스에 닿지 않도록 하지만 글라스 면 쪽으로 천천히 따른다.
▸ 맥주를 따를 때 병을 글라스에서 약 4~5cm 정도 들고 부어 7부 정도로 잔을 채운다.
▸ 거품이 일도록 붓는 것이 신선한 향미를 맛보는데 이상적이다.
  - 거품은 탄산가스가 밖으로 날아가는 것을 방지한다.
  - 거품은 맥주가 공기와 접촉해 산화되는 것을 방지한다.
▸ 내용물을 완전히 따른다.
▸ 첨잔은 금물이다.
▸ 빈 병은 서비스 쟁반 위에 놓는다.
▸ 맥주의 서비스 제공 온도는 6~8℃로 한다.

② 맥주의 서비스 온도

▸ 맥주의 서비스 온도는 기호에 따라 조금씩 달라진다.
▸ 맥주의 독특한 맛이 살아있는 온도는 일반적으로 여름에는 4~8℃, 겨울에는

8~12℃ 정도가 적당하다.

▸ 미지근한 맥주는 거품이 맛있게 생성되지 않을 뿐 아니라 맥주 특유의 향과 맛도 볼 수 없다.

▸ 맥주를 빨리 차갑게 하려고 냉동실에 넣어 두는 경우, 맥주의 향이나 성분의 조화가 깨져 쓴맛만 남게 되는 수가 있다.

③ 맥주의 거품 : 맥주의 거품은 청량감을 주는 탄산가스가 새어나가는 것은 물론 맥주가 공기 중에서 산화되는 것을 막아주므로 맥주를 따를 때에는 2~3cm 정도의 거품이 덮이도록 제공해야 한다. 다음은 맥주에 거품이 일지 않는 이유

▸ 맥주가 너무 오래 된 경우

▸ 맥주의 탄산가스가 빠져서 충분치 못한 경우

▸ 맥주가 서비스 온도보다 너무 찬 경우

▸ 제공할 컵에 기름기가 있을 경우

(3) 커피 서비스

세계적으로 대부분의 커피나무가 자라고 있는 곳은 남 · 북위 25° 사이고 연간 강수량이 1,500mm 이상의 열대 및 아열대 지역으로 지도상에 하나의 띠를 형성하고 있는데 이를 커피벨트(Coffee Belt)또는 커피존(Coffee Zone)이라고 부른다. 하지만 지구의 온난화로 인해 커피벨트의 지역영역이 점차 넓어지고 있다. 커피경작에 적합한 토양은 화성암 풍화지대로 표토층이 깊고 비옥하며, 투과성이 좋아 배수가 잘 되는 약산성 지역이 좋다. 대표적인 생산국으로는 케냐, 에티오피아, 브라질, 콜롬비아, 인도네시아, 인도, 멕시코, 자메이카 등의 60여 개국에서 전 세계에서 소비되는 커피의 대부분을 생산해내고 있다.

커피의 맛을 결정짓는 가장 중요한 요소는 어떤 품종의 생두(Green Bean)를 사용하였느냐이다. 하지만 최상의 커피 생두와 원두를 구매해서 커피를 추출한다고 해도 커피를 추출하는 과정에서 잘못 될 수 있는 여지가 많기에 최상의 커피를 서비스 하려면 세심한 주의를 기울여야 한다. 그렇지만 커피를 제대로 추출하는 것이 또 그리 어렵지만은 않다. 단, 커피 추출 시 비율, 분쇄 추출시간의 사소 한 차이가 커피마다 다른 향미를 만들어낸다는 것을 유념해야 하며, 또한 동일한 커피를 추출 방식을 달리 한다면 커피의 맛이 달라지므로 어떤 추출방식도 다른 방식보다 더 좋다고 할 수 없다. 다만 다른 결과를 낼 뿐이다.

① 커피를 서비스할 때의 적정온도는 약 88℃~96℃이며, 100℃가 넘으면 커피성분이 변화 되어 쓴맛이 발생 할 수 있다.

② 설탕과 크림을 넣으면 약 60~66℃가 되기 때문에 마시기에 가장 좋은 온도가 된다.

③ 커피를 서비스할 때는 커피 컵이나 받침도 따뜻하게 데워져 있어 커피가 충분히 뜨겁게 제공될 수 있도록 해야 한다.

④ 크림 역시 너무 차게 제공해서는 안 된다.

⑤ 컵의 손잡이는 고객의 입장에서 5시 방향으로 놓는다.

⑥ 티스푼은 고객의 입장에서 4시 방향으로 놓는다.

⑦ 여성 고객부터 먼저 서비스한다.

⑧ 오른쪽에서 서비스한다.

⑨ 커피 잔은 디저트 스푼 옆 3시 방향으로 놓는다.

⑩ 1인 서비스의 경우에는 고객의 바로 앞에 놓는다.

⑪ 쿠키 볼은 고객 앞 12시 방향으로 놓는다.

⑫ 설탕과 우유는 테이블 중앙으로 서비스한다.

⑬ 고객의 커피 컵이 비워져 있을 경우에는 반드시 더 마실 것인가를 확인한다.

(4) 차 서비스

① 차의 종류

▸ 발효 정도에 따른 분류

- 불발효차 : 발효정도 9% 이하
- 약발효차 : 발효정도 5~15%
- 반발효차 : 발효정도 15~70%
- 약후발효차 : 발효정도 15~25%
- 완전발효차 : 발효정도 70~95%
- 후발효차 : 발효정도 80~98%

▸ 형태에 따른 분류

- 잎차 : 차나무 잎을 그대로 덖거나 찌거나 발효시켜 찻잎의 모양이 변형되지 않고 그대로 보존한 차를 말한다.
- 덩이차 : 찻잎을 시루에 넣고 수증기로 익혀 절구에 넣어 떡처럼 찧어서 틀

에 박아낸 고형차를 말한다.

- 가루차 : 말차라고도 하며, 시루에서 쪄낸 찻잎을 그대로 말린 다음 맷돌로 미세하게 갈아 만든 차이다.

▸ 채엽시기에 따른 분류

- 찻잎을 채집하는 시기에 따른 분류는 국가마다 차이가 있다.
- 보통 첫물차, 두물차, 세물차로 구분한다.
- 계절에 따른 분류 : 춘차(春茶), 하차(夏茶), 추차(秋茶), 동차(冬茶)로 구분한다.
- 중국과 우리나라의 절기에 따른 분류 : 우전(雨前), 세작(細作), 중작(中作), 대작(大作)으로 구분한다.

▸ 살청 및 건조방법에 따른 분류

- 초청녹차(炒青綠茶) : 신선한 찻잎을 살청과 유념을 거친 후 최종적으로 덖음과 공정을 거쳐 건조시킨 차로서 외형에 따라 장초정(長炒青), 원초정(圓炒青), 세눈초청(細嫩炒青) 등으로 나눈다.
- 홍청녹차(烘青綠茶) : 신선한 찻잎을 살청과 유념을 거친 후 최종적으로 홍배(烘焙)를 거쳐 건조시킨 차이며, 보통홍청(普通烘青), 세눈홍청(細嫩烘青), 반초반홍(半炒半烘) 등으로 나눈다.
- 쇄청녹차(曬青綠茶) : 신선한 찻잎을 살청과 유념을 거친 후 최종적으로 햇볕에 쬐어 말려서 만든 차이다.
- 증청녹차(蒸青綠茶) : 신선한 찻잎을 증기로 쪄서 나른하게 한 뒤에 다시 비벼서 말려 제조하는 차이다.

② 차 서비스

다양한 차들이 있듯이 차는 종류별로 우려내는 법이 다르며, 그에 따라 우려내는 물과 온도 또한 다르다. 또한 차의 품질이 좋을수록 향과 맛이 좋지만 차를 제공하는 사람에 따라 차의 맛이 달라질 수 있기에 차를 제공할 때에는 차의 고유한 맛과 향이 살아있도록 세심한 주의가 필요하다.

▸ 차를 우려내는 찻물의 온도는 녹차는 70~80℃에서 3~7분, 홍차는 95℃에서 3~7분, 우롱차는 95℃에서 5~7분, 보이차는 95℃에서 5~7분이지만 차의 등급에 따라 차이가 있다. 하지만 차의 종류에 따라 찻물의 온도와 우리는 시간은 다르고 다양하다.

▸ 차를 서비스 할 때는 반드시 찻잔과 받침도 따뜻하게 데워져야 한다.

- ▸ 찻잔의 손잡이와 티스푼은 고객의 입장에서 4시 방향으로 놓는다.
- ▸ 여성 고객 먼저 서비스한다.
- ▸ 고객의 오른편에서 서비스한다.
- ▸ 찻잔은 고객의 오른편에 놓는다.
- ▸ 고객이 디저트를 먹고 있는 경우, 찻잔을 디저트 포크 옆 3시 방향에 놓는다.
- ▸ 쿠키는 작은 볼에 담아 찻잔 위 11시 방향에 놓는다.
- ▸ 고객이 티만 주문했을 경우, 고객의 바로 앞에 찻잔을 놓는다.
- ▸ 천천히 조심스럽게 티가 흘러내리지 않도록 따른다.
- ▸ 잔을 채운다.
- ▸ 티 포트를 고객 앞 12시 방향에 놓는다.
- ▸ 고객의 찻잔이 비워져 있을 경우, 반드시 고객에게 더 마실 것인가를 확인하고 고객의 요청이 있으면 리필(Refill)한다.

3 고객만족 파악 및 추가 조치

1. 고객만족(Customer Satisfaction) 파악

(1) 고객만족 파악의 정의

고객만족은 현대 기업 경영 성공의 아주 중요한 결정적인 요소이다. 또한 성공한 기업들을 살펴보면 기업들이 고객지향적인 마케팅에 치중하고 있다는 것이다. 따라서 식음료 영업장도 고객만족을 최우선 고려하는 것은 당연하고 항상 최우선 고려해야 할 점으로써 고객만족을 생각해야 한다. 고객만족 파악이란 위와 같은 기업 경영 풍토에 입각하여 서비스 종사원이 음료 서비스 제공 후에 고객에게 음료와 서비스 제공에 대한 만족도를 확인하는 것이다.

① 고객만족은 고객의 기대에 비하여 가치를 전달하는데 있어 제품에 대해 지각하는 성능에 좌우된다.

② 고객만족 파악은 서비스 종사원이 서비스 제공 후에 고객의 기대와 그 결과에

대한 만족수준을 점검하는 과정이다.

③ 고객이 서비스 경험 후에 경험한 서비스에 대한 평가결과이다.

(2) 고객만족 파악의 목적

상품을 추천하거나 고객이 주문한 음료상품에 대해 질이나 수량에 대한 문제 발생을 사전에 예방하고 양질의 서비스를 제공하는 데 의의가 있다. 이에 고객만족 향상을 위해 노력하여 만족한 고객들이 반복 구매를 하고, 그 제품에 대한 좋은 경험을 다른 사람에게 이야기하여 영업장의 매출 증대로 연결하는 것이다.

2. 추가조치

서비스 종사원이 고객의 만족도를 파악했다고 하더라도 상품의 판매행위가 끝난 것은 결코 아니다. 고객이 주문한 상품이 제대로 준비되고 있는지 또는 상품의 품질이나 양이 주문한대로 제공되었는지를 꼼꼼히 살피고 고객이 주문한 내용대로 상품이 완벽하게 제공되었다 하더라도 고객에게 더 필요한 것은 없는가, 또는 부족한 부분이 없는가를 확인하고 또 다른 추가 주문 시점을 파악한다.

이런 추가 주문 행위는 서비스 종사원의 노력에 따라서 식음료 영업장의 좋은 서비스를 고객에게 제공한다는 측면과 영업장의 유실되는 매출을 찾는다는 데 그 의의가 있다 하겠다. 즉, 음료주문과 추가주문은 매출증진과 이윤증대에 많은 비중을 차지하므로 적극적인 자세로 추천해 판매하도록 한다.

(1) 고객 의사결정 유도

고객에게 의사가 결정되었냐고 묻는 것은 고객이 그것을 원하는지 원하지 않는지 마음을 정하도록 강요하게 된다. 이때 너무 강요하지 말아야 한다.

① 어떤 것을 제안했는데 고객이 할까 말까의 반응을 보인다면, 그 때 결정하였는지를 묻는 것보다는 다른 한 가지를 제안하는 것이 낫다.

② 그 음료를 꼭 팔고 싶다면 결정되었냐고 묻는다. 여기에서 중요한 것은 강요하는 것 같지 않게 강요하는 방법이다.

③ 고객의 몸짓과 신호에 민감하여야 한다.

④ 제일 중요한 것은 고객의 기분을 상하게 하지 말아야 한다.

(2) 고객 구매의사 유도

① 고객이 좋아하는 것을 구매하도록 제안한다.

② 좋지 않은 것을 좋다고 평가하여 판매하지 말아야 한다.

③ 우리는 자연적으로 우리가 좋아하는 것을 좋게 평하고 싫어하는 것은 좋게 평하지 않는다. 그러나 종사원이 좋아하지 않는 것도 팔아야 한다.

④ 사람들에 따라 입맛과 취향이 다양하다.

⑤ 종사원은 싫어하는 음식이라도 식음료 상품 자체가 좋으면 많이 팔 수 있어야 한다.

⑥ "많은 분들이 좋아하시죠."라고 기운차고 자신감 있게 말한다.

⑦ 고객으로 하여금 '꼭 이것을 맛보고 싶다'는 충동을 느끼도록 한다.

⑧ 음료를 파는 것이 아니라 즐거움과 가치를 팔아야 한다.

(3) 고객 구매의사 신호

① 고객의 구매의사는 말로 표현하지 않더라도 서비스 종사원이라면 고객의 얼굴 표정이나 몸짓 등의 신호로 알 수 있어야 한다.

② 고객의 긍정적인 구매의사 신호

▸ 머리와 얼굴

- 쳐다본다.
- 눈을 더 크게 뜬다.
- 눈썹을 치켜뜬다.

▸ 손과 팔

- 손을 문지르거나 두 손을 꽉 조인다.
- 엄지 손가락을 세운다.
- 메뉴판을 닫는다.
- 메뉴를 다시 돌려준다.
- 유리잔 등을 치우거나 딴 자리로 옮겨 놓는다.
- 포크·나이프 등을 만진다.

▸ 긍정적인 몸 신호

- 몸을 앞으로 당긴다.
- 종사원 쪽으로 몸을 돌린다.
- 의자를 앞으로 끌어당긴다.
- 어깨를 푼다.

③ 신호가 긍정적일 때는 그 상품이 어떤 맛이고 어떻게 생겼으며, 양이 어떤지 좋은점 등 상품에 대해 설명하고 그 상품에 대해 좀 더 적극적이고 정중하게 이야기한다.

④ 고객의 부정적인 구매의사 신호

▸ 머리와 얼굴

- 머리를 휘젓는다.
- 딴 쪽을 쳐다본다.
- 코의 주름을 보인다.
- 아무런 반응이 없다는 것이다.

▸ 손과 팔

- 팔짱을 낀다.
- 손가락을 살래살래 흔든다.
- 코를 만지거나 목 뒤를 만진다.

▸ 부정적인 몸 신호

- 뒤로 기대 앉는다.
- 간격의 차를 둔다.
- 무안한 표정을 짓는다.
- 다리를 꼬아 앉는다.

⑤ 부정적인 신호 시에는 자연스럽고도 재빠르게 다른 메뉴나 다른 것을 제안한다.

(4) 추가 주문 방법

① **음료인 경우** : 게스트(Guest)와 주최자(Host)가 있는 테이블(Table)에서는 주최자에게 서비스하면서 추가 주문을 받는다.

② **음료를 마시는 고객인 경우** : 음료가 거의 끝나갈 무렵에 서비스 직원은 정중히

"더 필요하신 것은 없습니까."라고 여쭈어본다.

③ **만약에 고객이 음료를 더 주문하는 경우** : "예, 잘 알겠습니다. 곧 준비하겠습니다."라고 답을 한다.

④ **고객이 더 필요 없다고 할 경우** : 고객의 말이 끝나자마자 종사원은 곧바로 다른 품목을 추천해서 추가 주문을 하도록 한다.

연습문제

01. 다음 내용이 설명하는 것은?

> 두 종류 이상의 알코올성 음료 또는 알코올성 음료와 비알코올성 음료를 혼합하여 즐기는 술의 종류이며, 여러 가지 음료와 부재료를 혼합하여 색, 향, 맛을 조화롭게 만들어 즐기는 술이기 때문에 주재료에 따라 종류가 다양하다.

① 목테일　② 까나페
③ 칵테일　④ 가니쉬

02. 조주가 끝나고 칵테일에 아름다운 장식을 해주는 형태를 무엇이라고 하는가?

① 가니쉬　② 고명
③ 스타일링　④ 스터

03. 다음 중 식사 전 칵테일을 나타낸 것은?

① Aperitif Cocktail　② Table Cocktail
③ Digestif Cocktail　④ All-day Cocktail

04. 쇼트 드링크에 대한 설명으로 잘못된 것은?

① 4oz 미만 용량의 글라스에 제공되는 칵테일이다.
② 주정이 강한 칵테일이다.
③ 얼음이 있는 채로 제공 된다.
④ 되도록 빠른 시간 안에 마시는 것이 좋다.

05. 음료의 비중을 이용하여 층이 지도록 쌓아서 만드는 칵테일은?

① 슈터 칵테일　② 프라페 칵테일
③ 프로즌 칵테일　④ 머들링 칵테일

06. 세계적으로 유명한 마티니 칵테일은 어떤 서비스 형태에 따른 분류인가?

① 온 더 락스　② 스트레이트 업

③ 프라페 칵테일　　　　④ 프로즌 칵테일

07. 다음 내용이 설명하는 것은?

> 추위를 이기고 오한 발열 증상을 호전시키기 위해 영국에서 전통적인 방식으로 만들어 마시기 시작했던 음료가 칵테일의 형태가 되었다. 올드 패션드나 하이볼과 같은 기본 글라스에 증류주와 뜨거운 물 또는 차를 넣고 꿀과 혼합해 만드는 칵테일이다.

① 슬링　　　　② 스매쉬
③ 콜린스　　　　④ 토디

08. 생과일을 직접 짜낸 과즙에 설탕과 소다수를 넣어 과일의 신선한 느낌과 함께 청량감을 주는 칵테일은?

① 스쿼시　　　　② 에이드
③ 후르츠 칵테일　　　　④ 스무디

09. 석류열매의 색과 향을 가미시킨 붉은 색의 시럽은?

① 그레나딘 시럽　　　　② 검 시럽
③ 메이플 시럽　　　　④ 라즈베리 시럽

10. 육두구라는 열대성 식물의 종류이며 잡내를 제거하기 위한 용도로 사용되는 것은?

① 시나몬　　　　② 넛멕
③ 클로브　　　　④ 민트

11. 대패로 밀어놓은 듯이 얇게 깍은 형태로 가루얼음이라고 불리는 형태의 아이스는 무엇인가?

① 블록 아이스(Block Ice)
② 크랙크드 아이스(Cracked Ice)
③ 큐브드 아이스(Cubed Ice)
④ 쉐이브드 아이스(Shaved Ice)

12. 다음 중 부재료의 보관 기준으로 잘못된 것은?

① 부재료는 보관 기준에 따라 냉장, 냉동, 실온 보관한다.
② 허브와 스파이스류는 향내가 날아가지 않도록 밀봉하여 실온 보관한다.
③ 과일은 냉장 보관하며 바나나 등 냉장 보관이 어려운 재료는 각 보관 기준에 맞추어 보관한다.
④ 부재료의 보관 시 냉장고 온도를 정기적으로 확인하여 보관상의 문제가 없는지 점검해야한다.

13. 다음 중 밑줄 친 곳에 들어갈 내용으로 알맞은 것은?

____________이란 '휘젓다' 라는 뜻으로, 믹싱 글라스(Mixing Glass)에 얼음과 술을 넣고, 바 스푼으로 잘 저어서 잔에 따르는 방법으로 원래의 맛이 나게 섞거나 차게 할 때 이용하는 조주 방법이다.

① 스터링(Stir) ② 빌드(Build)
③ 쉐이킹(Shaking) ④ 플로팅(Floating)

14. Mai-Tai은 어떤 기법을 활용한 칵테일인가?

① 묻히기(Frost) ② 짓 이기기(Muddle)
③ 분쇄하여 혼합하기(Blend) ④ 띄우기(Floating)

15. '구르다', '굴러가다'라는 뜻의 원통형 모양의 글라스를 총칭하여 무엇이라고 하는가?

① 고블렛 ② 소서
③ 칼린스 ④ 텀블러

16. 12oz의 텀블러글라스로 '톨 하이볼'이라고도 불리는 글라스는 무엇인가?

① 하이볼글라스 ② 올드 패션드 글라스
③ 샷 글라스 ④ 칼린스 글라스

17. 음료 보관의 정의에 대한 설명으로 올바르지 않은 것은?

① 적절한 수량의 음료를 확보하기 위해서이다.
② 음료의 원가를 최대화하기 위해서이다.
③ 영업장의 식재료 손해를 최적화하기 위해서이다.

④ 올바른 보관법으로 저장하여 변질이나 부패를 예방하기 위해서이다.

18. 와인을 보관하는 방법으로 알맞은 것은?

① 햇볕이 잘 드는 장소에 보관한다.

② 코르크 마개와 와인이 젖지 않도록 세워서 보관한다.

③ 0℃~5℃ 사이의 온도가 가장 이상적 온도이다.

④ 진동은 최소화해야 한다.

19. 다음 중 저장관리의 업무내용이 아닌 것은?

① 음료의 인수

② 음료인수 시, 특별 음료 관리

③ 음료의 판매 관리

④ 음료 재료의 출고 업무

20. 고객이 주문한 음료를 조주하기 전에 글라스를 차갑게 해주는 행위를 무엇이라고 하는가?

① 칠링 ② 워밍

③ 리밍 ④ 핸들링

21. 와인의 종류에 따른 서비스 제공 온도가 알맞게 짝지어진 것은?

① 샴페인 : 0~5℃

② 화이트 와인 : 13~15℃

③ 쉐리 와인 : 7~9℃

④ 레드 와인 : 18~20℃

22. 와인을 오픈하는 방법으로 잘못된 것은?

① 와인을 주문한 고객에게 와인의 상표를 확인시키기 위해 상표가 고객을 향하게 하여 좌측에서 보여 드린다.

② 코르크 스크류에 있는 칼을 이용하여 병목의 캡슐 윗부분을 제거한 후, 핸드타월로 병마개 주위를 잘 닦는다.

③ 오픈한 코르크는 냄새를 맡아 이상 유·무를 확인하고 테이블에 올려둔다.

④ 서브하기 전에 다시 한번 핸드타월로 병목 주위를 깨끗하게 닦는다.

23. 다음 내용이 설명하는 것은?

> 세계적으로 대부분의 커피나무가 자라고 있는 곳은 남, 북위 25도, 연간 강수량이 1,500mm 이상의 열대 및 아열대 지역으로 지도상에 하나의 띠를 형성하고 있다.

① 커피라인 ② 커피월드
③ 커피플레이스 ④ 커피벨트

24. 맥주의 서비스 제공 온도로 알맞은 것은?

① 0~5℃ ② 6~8℃
③ 10~12℃ ④ 14~16℃

25. 쇄청녹차에 관한 내용으로 알맞은 것은?

① 신선한 찻잎을 살청과 유념을 거친 후 최종적으로 덖음과 공정을 거쳐 건조시킨 차이다.
② 신선한 찻잎을 살청과 유념을 거친 후 최종적으로 홍배를 거쳐 건조시킨 차이다.
③ 신선한 찻잎을 살청과 유념을 거친 후에 최종적으로 햇볕에 쬐어 말려서 만든 차이다.
④ 신선한 찻잎을 증기로 쪄서 나른하게 한 뒤에 다시 비벼서 말린 차이다.

26. 다음 중 칵테일 기본 기법에 포함되지 않는 것은?

① 흔들어 혼합하기(Shake)
② 저어서 혼합하기(Stir)
③ 짓이겨 혼합하기(Muddle)
④ 분쇄하여 혼합하기(Blend)

27. 다음 중 에스프레소 추출 과정에 포함되지 않는 것은?

① 분쇄커피 담기
② 표면 고르기
③ 다듬기
④ 포터필터 주변 잔여물 정리

28. 다음 중 글라스의 부분별 명칭에 포함되지 않는 것은?

① 링 ② 바디

③ 스템　　　　　　　　　　④ 베이스

29. 다음 중 맥주 보관 방법으로 잘못된 것은?

① 직사광선을 피한다.

② 반드시 눕혀서 보관한다.

③ 장기간 저장을 금지한다.

④ 얼지 않도록 주의한다.

정답

1	2	3	4	5	6	7	8	9	10	11	12	13	14	15
③	①	①	③	①	②	④	①	①	②	④	②	①	③	④
16	17	18	19	20	21	22	23	24	25	26	27	28	29	
④	②	④	③	①	④	③	④	②	③	③	③	①	②	

Chapter

06

음식 서비스

음식서비스는 고객이 주문한 음식을 제공하고 식사도중과 식사이후에 테이블 상황을 점검하는 능력이다.

6.1 음식 제공하기

수행준거

1 메뉴의 특성에 따라 적정한 온도에 맞는 상태를 유지하여 음식을 제공할 수 있다.
2 고객의 행동과 대화에 방해되지 않도록 물리적, 시간적 간격을 유지할 수 있다.
3 고객에게 제공된 음식의 만족도를 전체적으로 확인할 수 있다.
4 음식 서빙 시 주문서를 통해 고객이 주문한 메뉴가 누락되었는지 여부를 확인할 수 있다.
5 한식, 양식, 중식, 일식 등의 서비스 매뉴얼에 따라 음식을 제공할 수 있다.

1 한식, 중식, 일식, 양식 등의 매뉴얼에 따른 서비스

1. 한국요리

(1) 한국요리의 개요

한국요리는 우리나라의 유구한 역사와 함께 이루어진 문화유산 중의 하나이다. 우리나라의 각 지역의 기후, 지방색, 지역의 풍토 등에 따라 여러 가지 조리법에 의해 다양한 요리가 만들어졌다. 즉, 한국음식을 살펴보면 서울, 경기도, 충청도, 경상도, 전라도, 해변 지역의 요리를 비교하면 조리법에 현저한 차이가 향토성이 너무 짙은 요리들이 창출되었다. 또한 그 요리의 종류들은 시대와 외세의 침입을 통한 새로운 문물도입, 전파 된 종교 등의 영향을 받으며 향토음식, 계절음식, 발효음식, 궁중음식,

반가음식, 관혼상제음식, 민간신앙음식, 사찰음식, 떡, 과자 등 분야별로 독특한 조리 기술이 개발 되었고 그 음식들에 따라 상차림과 독창적인 식기문화가 발전되었다.

하지만 이런 향토색이 짙고 독창적인 한국요리들이 낯선 외국인에게 거부감을 줄 수 있으므로 주문 시에 항상 유의하여야 한다.

(2) 한국 요리의 특징

① 주식과 부식의 구분이 아주 뚜렷하다.
② 모든 재료를 끓여서 국물과 즙을 함께 먹는 탕반문화가 발달하였다.
③ 부식의 가지 수가 많다.
④ 식사 분량의 기준이 그릇 중심으로 되어있다.
⑤ 그릇과 밥상은 독상차림 즉, 한상차림으로 나온다. 음식은 처음부터 상위에 차려져서 제공된다.
⑥ 간을 중요시하며, 요리의 양념으로 고춧가루를 많이 사용하는 편이다.
⑦ 채소류를 많이 사용한다.
⑧ 전요리가 발달해 있다.

(3) 상차림의 형식

① 반상

- 밥을 주식으로 하는 형식의 상이다.
- 식사는 밥, 탕, 김치, 간장, 조치(찌개 · 찜) 등 기본식과 반찬류와 후식으로 이뤄지며, 반찬의 수를 첩수(牒數)라 하여 그 수에 따라 3첩 반상, 5첩 반상, 7첩 반상, 9첩 반상, 12첩 반상이라고 한다. 이때 첩이란 뚜껑이 있는 반찬그릇을 말한다.
- 첩수는 밥, 국, 찌개, 김치, 장 등을 제외한 반찬그릇에 따라 센다.
- 반상기에 반찬을 담는 그릇을 쟁첩이라고 부른다.
- 간단히 식사할 수 있는 일품반상과 복잡한 연회용으로 사용되는 교자상이 있다.
- 상의 규칙에 따라 차림표를 작성하면 자연히 반찬의 조리법이 규정되며, 어떤 반상이든지 기본 찬은 반찬수와 항상 관련을 갖게 된다.

- 5첩 반상의 기본찬인 초간장은 반찬수의 전유어를 곁들이게 된다.
- 7첩 반상의 회요리는 기본찬의 초간장을 곁들이게 된다.
- 7첩 반상 이상이면 그 조리법을 거듭하여 반찬의 수를 맞추게 된다.
- 5첩 이상의 반상은 기본찬인 찜이나 전골이 있고 반찬으로 마른 찬이나 짠 반찬이 고루 배합되어 있어 가정을 중심으로 한 식사 시에 적합하다.
- 식당 요리로 개선하는 데 있어 가정 중심의 반상과 같은 조리방법이나 재료의 중복은 피해야 한다.
- 외래 관광객의 기호에 맞도록 조리하고 아울러 색깔의 배합도 고려하여 식욕을 돋우도록 해야 한다.
- 육류요리, 어류요리, 야채류 등을 외국인의 기호에 맞게 잘 조화시켜 차림표를 작성하도록 한다.
- 후식류는 재래 후식을 개선하여 떡 종류, 한과류(다식종류, 강정류), 약과, 과일, 차종류, 화채류, 전과류 등으로 나누어 접대한다.
- 자랑할 수 있는 한국고유의 후식이 많이 있는데도 한식 식사 후에 아이스크림이나 커피 등을 후식으로 접대하는 모순이기에 이런 점들은 시급히 개선되어야 한다.
- 외래 관광객에게 후식류를 제공 시, 우리 고유의 재래 후식을 개선한 후식종류들을 나누어 접대한다.

(4) 반상 차림의 종류

① 주안상

- 주류만을 대접하기 위한 상으로 술 안주가 될 수 있는 요리를 접대한다.
- 반상의 반찬은 술 안주 요리가 될 수 없으며 술 종류에 따라 안주용 요리도 달라진다.
- 한식요리 중에서 양주에 잘 어울리는 요리는 몇 가지가 되지 않으나 개선하고 연구하면 훌륭한 요리를 만들 수 있다.
- 술 안주 요리로는 육포, 어포, 건포, 전류, 신선로, 전골 생채요리, 겨자채 등이 있다.

② 교자상

- 축하연이나 회식, 모임 등에 쓰이는 상차림이며 많은 인원이 함께 식사하는

방법이다.

- 일반용으로 작은 식기에 요리를 담는 것이 아니라 4명, 5명, 8명의 분량을 한 식기에 담는다.
- 많은 고객이 모일 때에도 각기 외상을 차려 대접하였으나 현재 이런 관습이 개량되어 교자상의 형식이 되었다.
- 교자상의 차림표 작성 시 연회의 성격에 맞는 요리를 선택하고, 고객의 식성과 기호에 맞는 조리방법과 요리를 선택해야하며, 여러 고객이 함께 식사할 수 없는 요리는 선택하지 않는다.

③ 면상

- 국수 종류를 주식으로 하는 상으로 대개 연회용으로 사용한다.
- 온면, 냉면, 떡국 등이 주식이 되므로 마른 찬, 짠 반찬 등은 사용하지 않는다.
- 큰 자극 없이 먹을 수 있는 요리를 준비한다.

(5) 궁중의 상차림

① 어상

- 나라에 경사가 있는 날에 임금님이 받던 상으로 호화스럽게 장식하여 제공한다.
- 나라님의 축하가 끝나면 퇴선한 다음 신하 집으로 골고루 나누어 보낸다.
- 음식은 가마와 비슷한 '가자'에 실어 보내면 받은 집에서는 음식을 비우고 다시 궁으로 돌려보내야 한다.
- 궁중의 음식이 대궐 밖으로 나가자 양반집에서는 궁중음식을 모방하여 사치스러운 음식이 성행하게 되었다.

② 수라상

임금과 대비(大妃)가 평소에 받는 진짓상을 말한다.

③ 진연상

- 궁중에 경사가 생겼을 때 차리는 상을 말한다.
- 잔치에는 "진연도감"을 두어 계획을 짜고 의식절차를 연습한다.
- 그 의식에 따르는 음식의 찬품단자(메뉴)를 짜고 기명과 조리기구를 점검한다.
- 음식 재료를 예상해서 주방 상궁, 생과방, 상궁들에게 지시하여 음식을 만들도

록 하였다.

- 잔칫날은 왕족에서 문지기에 이르기까지 대접을 하게 되었고 대접받는 상의 이름을 '천차만별'이라 하였다.
- 이날 초청받는 사람의 수는 보통 900여명이었고, 시중드는 사람의 수도 100여명이었으며 상화(床花 ; 잔칫상이나 전물상에 꽂는 조화) 만드는 사람만 3명이었다고 한다.

④ 진연

- 궁중의 잔치를 통틀어 진연이라 한다.
- 잔치를 앞두고 주방을 크게 지었다.
- 식당, 기명(器皿 ; 살림살이에 쓰는 그릇을 통틀어 이르는 말)을 준비하느라 많은 사람들이 동원되었다.
- 궁중의 잔치 때에는 종친이나 신하들이 음식을 장만하여 잔치에 바치는 것도 있었다.

⑤ 수렵잔치

- 왕이 수렵 행차하는 통고가 있으면 사냥터에서 잡수실 음식을 소주방에서 차려 준비해서 나가게 된다.
- 왕이 수렵에서 돌아오면 잡아오는 노루, 산돼지, 메추리, 꿩 등의 고기들을 전골로 만들어 잔치를 베풀었다.
- 수렵하여 만든 전골을 '납평전골'이라 한다.

(6) 한국 과자

① 과자는 음식의 차림에서 볼 때 후식에 속한다.

② 간이식이므로 중국 요리의 마지막에 제공되는 과자 '뗀싱'과 비슷하다.

③ 과(果)를 대별(大別 ; 크게 구별하여 나눔)하면 '실과'와 '조과'로 나누어진다.

④ 조과는 즉 과자이며, 주성분은 당분과 전분이다.

⑤ 과자가 요리에서 후식의 형태로 변하기 시작한 것은 삼국시대부터이다.

⑥ 한나라, 수나라, 송나라와 교류가 시작되면서 사신에게 후식으로 내리기 시작하면서 고려, 조선시대로 접어들어 전래되었다.

2. 중국요리

세계문명의 발상지 중의 하나인 중국에서는 약 2,000년 전에 이미 요리의 전문서적이 출판되었으며, 특히 6세기경의 「식경(食經)」이라는 책이 지금도 남아 있을 정도로 중국요리는 그 맛과 전통을 자랑하고 있다.

중국요리는 중국 대륙에서 발달한 요리의 총칭이다. 오랜 세월을 두고 넓은 영토와 바다에서 다양한 생산물과 풍부한 해산물을 얻는 혜택을 받아왔다. 이런 자연에서 준 산해진품을 이용한 요리는 불로장수를 목표로 하여 오랜 기간의 경험을 토대로 꾸준히 다듬고 연구개발되어 다양한 조리법, 갖가지 향신료를 이용한 요리를 발전시켰으며, 현재는 세계적인 요리가 되었다.

중국은 넓은 영토로 인해 지역적으로도 풍토, 기후, 산물, 습관이 완연히 다른 만큼 지방색이 두드러진 요리를 각각 특징 있고 독특한 맛을 낼 수 있는 요리로 발전시켰다. 이처럼 독특한 개성을 지니고 발달해 온 각 지방의 향토요리는 예부터 빈번하게 있어온 민족간의 이동과 더불어 상호교류와 보완을 통해서 오늘의 중국요리로 발전하게 된 것이다. 즉, 한 나라의 요리가 그 나라의 역사와 전통, 기후와 풍토의 소산인 동시에 국민들의 슬기의 총화라고 한다며, 오늘날 중국요리가 세계적인 요리로 발전하게 된 것도 우연일 수 없는 것이다.

(1) 지역적 특징

① 북경요리(京菜)

- 일명 '징차이(京菜)'라고 한다.
- 북경요리는 청조의 궁중요리가 기본이 되며, 가장 호화스러운 장식을 한 요리이다.
- 화북 평야의 광대한 농경지에서 생산되는 농산물로써 소맥, 과물 등의 풍부한 각종 농산물이 주재료로 사용 되었다.

▸ 연료로 "루메이"라는 화력이 강한 석탄을 사용하기 때문에 튀김요리, 볶음요리 등 농후한 요리가 발달 되었다.

▸ 대표적인 요리로는 오리통구이(北京烤鸭子=이징 카오야즈), 징기스칸 양통 구이(烤羊肉=카오 양러우), 떡(饼=삥, 떡) 등이 있다.

② 남경요리

▸ 중부 중국의 대표적인 요리로 난징, 상하이, 쑤저우, 양저우 등지의 요리를 말한다.

▸ 남경요리 중 구미 풍으로 국제적인 발전을 이룩한 것을 '상하이요리'라고 한다.

▸ 상하이는 따뜻한 기후와 풍부한 농산물 등 갖가지 해산물의 집산지로 다양한 요리가 개발되었다.

▸ 특히 이 지방의 특산물인 '장유'를 써서 만드는 요리는 독특하다.

▸ 상하이(上海)요리는 간장이나 설탕으로 달콤하게 맛을 내며 기름기가 많고 진한 것이 특징이기도 하다.

▸ 돼지고기에 진간장을 써서 만드는 '홍샤오러우(红烧肉)'가 유명한다.

▸ 한 마리의 생선을 머리에서 꼬리까지 조리하는 조리법과 양념을 달리해서 맛을 내는 생선요리도 일품이다.

▸ 바다가재로 만드는 '푸룽지엔지에(芙蓉煎蚧)', '푸진샤꿔떠우푸(付锦砂锅豆腐)', 꽃 모양의 빵인 '화권(花卷)' 등도 유명하다.

▸ 남경요리는 바다가 가깝기 때문에 해산물을 많이 쓰고 간장과 설탕을 많이 써서 맛을 내며 선명한 색채를 낸 화려한 음식이 많다.

③ 광동요리

▸ 남부 중국의 요리를 대표하는 광동요리는 광주요리를 중심으로 복건요리, 조주요리, 동강요리 등의 지방요리 전체를 말한다.

▸ 광동요리는 흔히 "난차이(南菜)"라고도 한다.

▸ 광조우(廣州)는 외국과의 교류가 빈번하여 16세기부터 스페인과 포르투갈의 선교사와 상인들이 많이 왕래함으로써, 특이한 요리에 국제적인 요리관이 정착되어 독특한 특성을 이룩했고 사람들은 일찍부터 "식재광주"라고 칭찬했다.

▸ 남쪽의 더운 지방인 광저우의 요리는 재료가 가지고 있는 자연의 맛을 잘 살려내는 담백한 것이 특징이다.

▸ 서유럽 요리의 영향을 받아 쇠고기, 서양채소, 토마토케첩, 우스터소스 등 서

양요리의 재료와 조미료를 받아들인 요리도 있다.

- 서양요리의 재료는 전통요리의 맛에 변화를 가져왔고, 그것을 소화하고 중화하여 서유럽풍이 섞인 다채로운 맛의 연회요리로까지 발전시켰다.

④ 사천요리

- 중국 서쪽 지방 양자강 상류의 산악지대 요리를 대표하는 사천(四川)요리는 운남, 귀주지방 요리까지를 총칭한다.
- 사천지방은 바다가 멀고 더위와 추위가 심한 지방으로 예부터 악천후를 이겨내기 위해 향신료를 많이 쓴 요리가 발달해 왔기 때문에 매운 요리와 마늘, 파, 고추를 사용하는 요리가 많다.
- 외지이기 때문에 소금절임, 건어물 등의 보존식품이 발달하여 채소를 이용한 '자차이(榨菜)' 같은 특산물을 개발했다.
- 산악지대에서 나오는 암염은 소금 절임의 밑받침이 되었고 신맛과 매운맛, 톡 쏘는 맛과 향기가 기본을 이룬다.
- 두부와 다진 고기를 이용한 '마 포떠우푸(麻婆豆腐)', 중동지방 양고기 요리인 '양러우꿔즈(羊肉锅子)', 새우 고추장 볶음인 '깐샤오밍시아(干烧明虾)' 등이 유명하다.
- 사천요리는 일명 '촨차이(川菜)'라고도 한다.

(2) 중국요리의 일반적인 특징

① 재료 선택이 자유롭고 광범위하다.

- 일반적인 식료품 거의 모두 재료로 이용되다.
- 재료의 종류가 다양하고 광범위하다.
- 제비집이나 상어 지느러미 같은 특수식품도 일품요리의 재료로 이용된다.

② 맛이 다양하고 풍부하다.

- 오미(五味)를 묘하게 배합하여 창출해내는 맛의 다양성은 세계 제일이다.
- 오미(五味)란 단맛(甘味), 짠맛(鹽味), 신맛(酸味), 매운맛(辛味), 쓴맛(苦味)의 배합이 발달되어 조화를 이루어 백미향(百味香)이라고도 한다.

③ 조리기구가 간단하고 사용이 용이하다.

- 다양한 요리 종류에 비해 요리기구는 가지 수가 적고 사용법도 간단하다.

▸ 훠궈(火锅 : 중국 냄비), 샤궈(砂锅 : 튀김 냄비), 떠우샤오(斗勺 : 그물조리), 룽(蒸笼) 외에 식칼, 뒤집개, 국자 등이 조리기구의 전부라고 할 만큼 기구가 간단하다.

④ 조리법이 간단하다.

⑤ 기름을 합리적으로 많이 사용한다.

▸ 중국요리는 대부분 기름에 튀기거나, 조리거나, 볶거나, 지진 것이다.

▸ 많이 이용되며 적은 재료로 많은 칼로리를 얻을 수 있어 합리적이다.

⑥ 조미료와 향신료의 종류가 다양하다.

⑦ 외양이 풍요롭고 화려하다.

⑧ 녹말을 많이 사용한다.

녹말을 많이 사용하는 이유는 수분과 기름이 서로 분리되는 성질이므로 이 두 가지를 융합시키는 데 녹말을 사용하기 때문이다.

⑨ 고온(강한 불)에서 조리된다.

중국 요리 조리시의 기름 온도를 구분하면 다음과 같다.

▸ 저온 : 80～120℃

▸ 저온 : 120～160℃

▸ 고온 : 160～200℃

⑩ 차가운 요리보다 따뜻한 요리가 많다.

3. 일본요리

(1) 일본요리의 특징

일본요리는 사면이 바다로 둘러싸여 있어 해산물 요리가 발달하였으며, 일본인이 일상으로 먹는 요리의 총칭을 일식이라고 한다. 일본요리의 역사는 고대 중국으로부터 한반도를 통하여 전

래되어온 문물과 함께 시작되었다. 문화가 발달함에 따라 일본인의 기호와 일본의 지역적 특성에 맞는 색깔, 향기, 맛을 위주로 하면서 일본의 고유한 특징을 지닌 요리로 발전해왔다.

일본요리는 모든 요리가 쌀밥과 일본 술에 조화되도록 만들어졌다. 같은 재료라도 4계절의 변화에 따라 맛이 좋은 제철의 것을 구분해 씀으로써 계절감을 살리며, 향신료를 진하게 쓰지 않으면서 재료의 본맛을 살려서 조리한다. 또한 양질의 식수(食水)와 신선한 어패류가 풍부하여 사시미(생선회)와 생선요리가 발달했다. 그러나 요즈음 일본요리에도 다분히 복합적인 맛을 추구하는 경향이 생겨나는데 이는 현대사회의 환경적 변화에 따른 사람들의 기호가 변화하기 때문이라고 할 수 있다.

식기는 기본적으로 1인분씩 따로 쓰며 도자기, 철기 등 변화가 많아 요리의 내용이나 계절에 따라 조화시킴으로써 요리상의 공간적 아름다움을 살리고 있다. 특히 눈으로 보는 요리라는 말을 할 만큼 외형의 아름다움을 존중하므로 조리인의 개성이나 기술에 대해서 까다로우며, 요리를 그릇에 담는 방법도 세심한 주의를 기울인다.

일본요리는 관서풍과 관동풍의 지리적인 특징을 나타낸다. 먼저 관서는 전통적인 일본요리가 발달했으며, 교토(京都)의 담백한 채소요리와 오사카(大阪)의 실용적이고 합리적인 요리가 주종을 이룬다. 관서요리에 대비해 관동요리는 에도막부(江戶幕府)가 생긴 뒤의 무가요리(武家料理)로서 일찍부터 설탕을 손에 넣을 수 있어, 설탕과 간장을 많이 사용하여 요리의 맛을 진하게 만드는 것이 특징이다.

(2) 요리 형식별 특징

① 본선요리(本膳料理)

- 본선요리는 일본 평안조 때부터 시작되었으나 당시에는 간장이 없었으므로 식사하는 사람이 적당히 소금으로 간을 맞추어 먹었다.
- 시대의 변천에 따라 조리법과 함께 간장의 발달과 병행하여 오늘날의 회식요리의 원조인 본선요리가 확립되었다.
- 식단의 기본은 일즙삼채(一汁三菜), 이즙오채(二汁五菜), 삼즙칠채(三汁七菜) 등이 있으나 일즙오채, 이즙칠채, 삼즙구채, 삼즙십일채 등으로 수정된 것도 있다.
- 일즙삼채(一汁三菜) : 汁(국), 生(생선회 종류), 燒(구이), 煮物(조림)
- 선(膳)의 수도 여러 가지가 있으며 본선(本膳), 삼선(三膳), 여선(與膳), 오선(五膳) 등으로 되어 있다.

▸ 선의 수는 단의 즙(汁)과 채(菜)의 수에 따라 결정된다.

▸ 본선요리로서 각 상에 오르는 요리는 다음과 같다.

- 본선(本膳) : 된장국(一汁), 밥(飯), 일본김치(香物), 초생채(白), 나물 및 채소 조림(煮)
- 이선(二膳) : 맑은 국(一汁), 다섯 가지를 배합한 조림(煮), 나물무침 등
- 삼선(三膳) : 된장국(一汁) 또는 생선으로 만든 국(三汁), 생선회(膾), 어패류, 닭고기, 채소 등을 재료별로 조려서 그릇에 모양을 내어 담은 요리 등이 상에 오른다.
- 여선(與膳) : 도미의 통구이(燒物) 등이 상에 오른다.
- 오선(五膳) : 고객이 집으로 가지고 갈 수 있는 요리(台引) 등이 상에 오른다.

② 회석요리(會席料理)

▸ 본선요리가 기본이며, 간편하고 즐겁게 식사할 수 있는 연회요리이다.

▸ 회석(會石)에서 차리는 회석요리(懷石料理)를 '가이세키요리'라고도 한다.

▸ 혼가이세키(本懷石)

- 본래는 선종의 승려들이 가루차(抹茶)와 함께 먹었던 간단한 식사였다.
- 수행 중의 승려들은 아침과 오후 두 번 밖에 식사를 하지 않았기 때문에 추운 밤이면 빈속으로 잠을 이룰 수가 없어 불돌을 싸가지고 배에 두어 빈속을 견뎌냈다는 데서 '회석(懷石)'이란 말이 유래되었다고 한다.
- 차도의 정식초에는 반드시 회석요리가 나오며 차도의 취지에 따라 아침, 낮, 밤 그리고 계절에 따라 메뉴가 변한다. 회석요리 후에는 짙거나 엷은 가루차(抹茶)를 드는 것이 원칙으로 되어 있다.
- 본선요리가 처음부터 요리를 전부 상에 늘어놓는 데 비해서 회석요리는 한 가지씩 고객에게 제공된다.

▸ 락쿠 가이세키(平懷石)

- 정식 회석요리의 순서를 밟지 않고 차도의 중간에 요리를 맛볼 수 있게 하였다.
- 혼회석을 양식으로 한 것이다.
- 관서에서 발달되어 이른 바 관서요리의 간판격으로 나온 것(약회석 ; 略懷石)이다.
- 요리를 내는 법, 만드는 법이 회석요리와 같지만 주인과 고객과의 까다로운

관계가 아니다.

- 한 가지씩 자신이 골라 주문할 수도 있어서 변화있게 음식을 맛볼 수 있다.

▸ 벤또(弁当 : 점심)

- 차와 같이 나오는 아주 간단한 요리이다.
- 보통 "후지다가(緣 高)" 또는 "쇼오가도오(松花堂)"라고 부르는 그릇에 밥과 요리가 함께 담겨 나온다.

③ 차회석요리(茶懷石料理)

▸ 차회석은 일본 다도의 시조라 불리는 센노리큐(天利休)가 귀족사회의 본선요리와 정진요리(사원요리)를 참고하여 창조한 것이다.

▸ 처음에는 검소한 식물성 요리였으나 시대흐름에 따라 생선도 이용되는 호화스러운 요리로 변했다.

▸ 차회석요리는 일즙삼채(一汁三菜)가 보통이며 밥, 국, 회종류(向付), 조림(煮物), 구이(燒物) 등으로 구성 된다.

▸ 약식으로 일즙이채(一汁二菜)도 있으며 일즙이채인 경우에는 구이(燒物)가 생략되고 일즙일채에는 조림과 구이가 생략된다.

▸ 차회석요리는 양보다 질을 중요시하며, 재료 자체의 맛을 최대한으로 살리는 것이 특징이다.

④ 정진요리(精進料理)

▸ 쇼진요리 또는 정신요리라고 불리운다.

▸ 다도가 보급되기 전후에 서민에게 전달되었다.

▸ 불교전래 시 중국의 불교승이 일본에 귀화하는 경우가 많아져 불교승의 독특한 요리인 정진요리가 보급되었다.

▸ 정진요리란 유정(有精 : 동물)을 피하고 무정(無精 : 식물)인 채소류, 곡류, 두류를 이용해서 만들었다는 뜻으로 미식(美食)을 멀리하고 조식(祖食)하는 것을 의미한다.

▸ 식단은 정진요리로서 일즙삼채, 일즙오채, 이즙오채, 삼즙칠채 등의 기본에 따라 구성된다.

▸ 정진요리는 주로 사원에서 발달하였고 이의 중심지는 경도이다.

▸ "정진"이라는 용어는 식물성재료만으로 만들어진 국 또는 튀김이라는 뜻으로 이용되고 있다.

⑤ 보채요리(普菜料理 ; 후카료리)

- 보채요리는 "오오바쿠요리"라고도 불리며
- 황벽산의 만복사의 법주였던 중이 중국에서 찾아오는 선종승들을 대접할 때 정진요리를 중국식으로 조리하였던 요리이다.
- 음식명도 중국식 명칭을 따른 것이 아직도 잔존하고 있다.

(3) 지역별 특징

① 관동요리(關東料理)

- 관동요리는 무가(武家) 및 사회적 지위가 높은 사람들에게 제공하기 위한 의례요리가 발달하였다.
- 맛이 진하여 달고 짠 것이 특징이다.
- 그 당시 설탕을 귀하게 여겼는데, 설탕을 많이 사용했다는 것은 관동요리가 그만큼 고급요리임을 보여준다.
- 토양이 관서지방에 비해 거칠어 요리에 농후한 맛을 이룩하게 되었다.
- 요즘 교통수단의 발달로 과거처럼 지역적 특색이 뚜렷하다고 볼 수 없다.

② 관서요리(關西料理)

- '상방(上方)요리' 혹은 '가미가타요리'라고 불린다.
- 관서요리는 재료자체의 맛을 살리면서 조리하는 것이 특징이다.
- 재료의 외양과 색깔이 거의 유지되기 때문에 모양이 아름답다.
- 관서요리에는 경도요리와 오사카요리가 있는데 경도요리는 양질의 두부, 야채, 밀기울, 말린 청어, 대구포 등을 이용한 요리가 많으며 오사카요리는 양질의 생선, 조개류를 이용한 요리가 많다.
- 관서요리는 관동요리에 비해 맛이 엷고 부드러우며, 비교적 설탕을 사용하지 않는다.
- 최근의 관서요리는 거의가 약식이며 회석요리가 중심이 되고 있다.

(4) 요리의 종류 및 특징

① 회석요리(懷石料理 : Table d'hote)

- 에도시대에 배해(俳諧)좌석의 식사로부터 발달된 것이다.

- 회석요리는 밥과 국에 중점을 둔 과거의 상차림과는 달리 현대는 술을 위주로 한 상차림으로 변하고 있다. 이는 처음에 제공되어야 할 밥과 국을 마지막으로 바꾸어 놓은 것이다.
- 회석요리는 호텔이나 전문식당 등에도 보편화되어 있으며, 다음과 같은 순서로 제공되고 있다.
  - 나마코 오야 꼬아에(なまこ亲子和之) : 식사전 별미요리
  - 젠사이(ぜんさい) : 전채요리는 다음에 나올 요리를 위해 입맛을 돋우는 역할을 하므로 재료, 맛, 모양, 색깔, 용기 등에 세심한 배려가 필요하다.
  - 스이모노(すいもの) : 다량의 즙액 속에 소량의 고형식품을 넣은 장국으로 담백한 조미와 청신한 향기로 식욕을 증진시킨다.
  - 사시미(さしみ) : 생식과 가열식으로 나뉘는데 사시미는 생식에 속하는 것으로 특히 재료의 신선도에 주의하여야 한다. 채소류, 과일류, 회류 등은 가열하지 않으므로 풍부한 비타민을 섭취할 수가 있으나 식품의 변질과 부패에 주의한다. 사시미는 독특한 향기와 맛을 주기 때문에 신선하고 위생적인 조건을 충분히 갖추어야한다.
  - 야키모노(やきもの) : 재료에 높은 열을 가하여 재료의 표면을 익히거나 지방분을 알맞게 녹이면서 익히는 조리법으로 재료가 지닌 독특한 맛의 성분이나 영양분을 상실하지 않는 조리법이다. 굽는 방법에는 석쇠나 꼬챙이를 사용하여 불에 직접 굽는 직접구이와 팬이나 오븐(oven)등을 사용하여 간접적으로 굽는 간접구이가 있다.
  - 니모노(にもの) : 식품을 약간의 장국과 함께 가열하여 조미료로 향미를 가한 요리를 말한다. 가열하면 식품의 질이 연해지므로 소화가 잘되고 조미료로 향미를 주기 때문에 식욕 증진에도 도움이 된다. 조림류는 일반적으로 반찬이나 술안주로 이용되므로 다른 요리와 조화를 이루어야 하며, 생선이나 육류가 있는 식단에는 야채류의 조림이 좋고, 맛은 지방의 전통에 따라 특성이 있는데 특히 관서요리와 관동요리는 현저한 차이가 난다.
  - 덴뿌라(あげもの) : 재료가 지닌 자연의 맛을 그대로 살릴 수 있고 영양가가 높다는 점에서 튀김은 가장 뛰어난 조리법이며, 튀김옷을 입혀 질이 좋은 식물성 기름에서 튀긴다. 재료의 맛은 튀김옷에 의해 완전히 보호되고 기름이 스며들어 맛이 한결 좋아지며 영양가도 높다.

- 스노모노(すのもの) : 신선한 생선류, 야채류, 해조류, 조수육류 등의 재료를 사용하여 양념한 것으로 새콤하고 산뜻한 맛이 입안을 개운하게 하고 식욕을 돋궈주며, 계절을 가리지 않고 많이 이용한다.

② 나베모노(なべもの)

▸ 냄비요리는 손질한 재료들을 여러 가지 방법으로 냄비에 담아서 식탁에서 직접 끓이면서 조리하여 먹는 것이다.

▸ 계절에 따라 재료를 다채롭게 사용하므로 다음과 같이 분류할 수 있다.

- 진하게 조미하여 끓이는 요리.
- 담백하게 조미하여 끓이는 요리.
- 조미하지 않은 국물에 끓이는 요리.

③ 샤브샤브(しゃぶしゃぶ)

▸ 쇠고기를 젓가락으로 잡은 후 끓는 물에 2~3번 정도 흔들어서 고객에게 제공한다.

▸ 흔드는 행위를 "샤브샤브"라고 한다.

▸ 고마다래(ごまだれ)와 본즈를 준비해서 고기는 고마다래, 야채는 본즈와 같이 들도록 한다.

④ 후구(ふぐ)

▸ 복어는 기름기가 적어 맛이 담백하고 단백질이 많은 생선이다.

▸ 복어의 맛은 11월에서 그 다음해 2월까지가 가장 좋고 봄에 꽃이 피면 복어의 독이 강해지면서 맛도 떨어진다.

▸ 복어는 허리와 다리를 튼튼하게 하고 치질에도 효과가 있다.

▸ 쇠약한 환자에게도 복어가 좋은 이유는 단백질을 많이 함유하고 있기 때문이다.

▸ 복어는 영양과 맛이 뛰어나지만 강한 독성 때문에 조리 시에 전문가가 주의를 기울여 최선을 다해야만 한다.

⑤ 스시(すし)

▸ 스시는 일본요리로서 쌀과 초(酢)는 상질(上質)의 것을 사용하며 조리방법도 지방에 따라 다르다.

▸ 스시코너 서비스 방법은 다음과 같이 수행한다.

- 지배인 또는 캡틴이 고객을 안내한다.

- 서비스 직원이 물수건을 먼저 제공한다.
- 오차를 제공하며 음료 주문을 받는다.
- 조리사와 고객과의 대화가 많기 때문에 항상 옆에 대기하고 있어 고객이 필요로 할 시에는 신속하게 응하여야 한다.
- 사시미를 들지 않고 생선초밥을 원하는 고객에게는 미소(된장)국을 빨리 내어준다.
- 식사가 끝날 때쯤 스시 트레이(Tray)를 치워주면 조리사가 과일 등을 후식으로 제공한다.

4. 양식요리

양식요리 또는 서양요리는 아세아 여러 나라의 요리를 제외한 유럽과 미국에서 발달한 요리의 총칭하여 일컫는 것이다. 유럽과 미국의 각각의 나라마다 그리고 지역에 따라 자연환경과 오랜 역사와 기후, 풍토 및 민족의 차가 많은 영향을 미치기 때문에 지형적 여건은 요리문화에 중요하게 반영되었다.

양식요리의 대표적인 요리는 프랑스요리로서 조리법이 이론적 기초를 가지고 맛의 조화를 고려하여 만들어진 요리로써 그 미묘한 맛이나 아름다운 모양은 프랑스의 풍부한 예술이라 할 수 있다. 서양요리의 특징은 아침, 저녁메뉴로 구분되어 있고 개인용 그릇, 스푼, 나이프 등이 음식에 따라서 다르므로 식사예법 또한 동양과 다른 점이 많다. 또한 간편한 조리법과 풍부한 영양을 지녀 사람들에게 만족스러운 식사를 제공할 수 있기에 국제음식이라고 불리며, 세계 어느 곳에서나 양식요리를 접할 수 있다.

(1) 양식요리의 특징

① 재료의 분량과 배합이 체계적이고 합리적이다.

② 식품의 맛과 향미, 색상을 살려 요리한다.
③ 조리법과 요리에 어울리는 다양한 소스의 종류가 발달했다.
④ 재료에 있어 수산물, 조류, 육류를 많이 사용한다.
⑤ 우유, 유제품, 유지류를 많이 사용한다.
⑥ 조미료는 소금을 사용한다.
⑦ 다양한 향신료와 주류를 이용하여 요리의 향미를 좋게 한다.
⑧ 오븐을 이용한 요리가 발달했다.
⑨ 식사 시는 일정한 절차가 있다.
⑩ 식사시간이 길다.

(2) 양식당 서비스 형태

① 테이블 서비스 식당(Table Service Restaurant)

일정한 장소에 테이블과 의자를 갖추고 고객의 주문에 따라 음식을 제공하는 식당으로 대표적인 예로 그릴(Grill), 커피숍(Coffee Shop) 등이 있다.

▸ 플레이트 서비스(Plate Service 혹은 American Service)
- 모든 음식이 주방에서 접시(Plate)에 담아, 접시 채 운반하여 서비스되는 형식이다.
- 처음부터 끝까지 접시 채로 제공되기 때문에 빠른 서비스(Quick Service)가 특징이다.
- 레스토랑에서 사용도 하지만 주로 연회장에서 많이 사용하고 있다.

▸ 프렌치 서비스(French Service 혹은 Gueridon service, Cart Service)
- 비교적 시간적 여유가 많고 우아한 서비스를 즐기는 미식가와 가족적인 서비스를 원하는 고객에게 적합한 형식이다.
- 주방에서 조리장에 의하여 음식이 실버 플레터(Silver Platter)에 담겨진 것을 서비스 직원이 테이블까지 운반하여 고객에게 왼쪽에서 시계반대방향으로 돌면서 음식이 든 실버 플레터를 제공하면 고객들이 스스로 본인이 먹고 싶은 만큼 덜어 먹는 방법이다.

▸ 게리동 서비스(Gueridon Service)
- 음식이 완전히 조리되지 않은 상태에서 식당으로 운반되어 고객의 식탁 앞에서 카트(Cart) 또는 게리동(Gueridon) 위에서 쉐프드랑(Chef de rang) 또

는 서비스 직원에 의해 요리를 완성하여 제공하는 방법이다.

- 이 서비스 방법은 쉐프드랑(Chef De Rang)이 꼬미드랑(Commis De Rang)과 한 조를 만들어 팀워크를 이루는데 쉐프드랑이 카트 위에서 음식을 완성하고 꼬미드랑이 고객에게 제공한다.

▸ 러시안 서비스(Russian Service 혹은 Platter Service) : 주방에서 조리장에 의하여 음식이 실버 플레터(Silver Platter)에 담겨진 것을 서비스 직원이 테이블까지 운반한 후, 고객의 왼쪽에서 서서 시계 반대방향으로 돌면서 일일이 서비스해주는 방법이다.

▸ 패밀리 서비스(Family Style Service 혹은 English Service) : 모든 음식이 큰 접시에 담겨져 테이블로 운반된 후, 테이블에서 주빈이 음식을 각 접시에 담아서 모든 사람에게 나눠주거나 그렇지 않으면 음식이 담겨진 큰 접시를 돌려가면서 각자 덜어서 먹는 형식이며, 이 형식은 가족적인 소연회나 칠면조가 제공되는 미국식 추수감사절 만찬(American Thanks Giving Dinner)에 적합하다.

▸ 뷔페 서비스(Buffet Service)

- 미리 차려져 있는 뷔페 테이블에서 고객이 원하는 음식을 스스로 가져다 먹는 일종의 셀프서비스이다.
- 가장 핵심적인 서비스는 고객이 음식을 먹고 난 빈 접시를 신속하게 치워주는 것이다.
- 뷔페 서비스 종사원들은 뷔페 테이블을 수시로 살펴보아 부족한 음식이 없는지를 항상 체크하여야 한다.
- 서비스 종사원은 더운 음식은 뜨거운지, 찬 음식은 적당히 냉장되어 온도를 유지하는지를 살펴야 한다.

② 카운터 서비스 식당(Counter Service Restaurant)

▸ 식당의 주방을 개방(Open Kitchen)하여 고객이 조리과정을 직접 볼 수 있다.

▸ 카운터를 식탁으로 하여 음식을 제공하는 곳이다.

▸ 이런 종류의 식당으로는 소다 화운틴(Soda Fountain), 런천니트(Luncheonett), 바이킹(Viking) 등이 있다.

③ 셀프 서비스 식당(Self Service Restaurant)

▸ 고객이 직접 기호에 맞는 음식물을 가져다 식사하는 방법이다.

▸ 뷔페(Buffet), 오픈 카페(Open Café), 유스호스텔(Youth Hostel) 등이 있다.

▸ 셀프서비스 식당의 장점은 다음과 같다.
- 식사를 신속하게 할 수 있다.
- 종업원의 인건비를 절감할 수 있다.
- 가격이 저렴하다.
- 위생적이다.
- 빠른 회전으로 매상을 올릴 수 있다.
- 팁이 필요 없다.

2 메뉴의 특성에 따른 적정온도의 음식제공

1. 음식 서비스 제공

(1) 음식 서비스의 기본 원칙

① 식음료 서비스의 기본 원칙은 뜨거운 음식은 뜨거운 접시에 차가운 음식은 차가운 접시에 담아서 서비스해야 한다.

② 고객이 주문한 식음료 제공시에 가장 중요한 것은 최적의 온도로 적시에 제공하여 최고의 맛을 서비스해야 한다는 것이다.

③ 음식서비스의 기본에 의거한 메뉴의 특성에 따라 서비스 적정온도에 맞는 상태를 유지하여 제공하기 위해서는 다음과 같이 서비스 적정온도가 필요하다.

▸ 차갑다(Cool) : 4~10℃

▸ 따뜻하다(Warm) : 30~40℃

▸ 뜨겁다(Hot) 70~90℃

(2) 메뉴의 시간별 유형

「식음료 영업장 예약 관리」 2. 메뉴추천에서 아래의 메뉴에 대하여 자세하게 다루고 있다.

① 아침식사 메뉴(Breakfast Menu)
② 브런치 메뉴(Brunch Menu)
③ 점심 메뉴(Lunch Menu)
④ 저녁 메뉴(Dinner Menu)
⑤ 축제 메뉴(Gala Menu)
⑥ 채식가를 위한 메뉴(Vegetarian Menu)

2. 애피타이저 메뉴

(1) 애피타이저(Appetizer 또는 Hors d'oeuvre : 전채요리)의 의의와 유래

전채는 일정한 순서의 차림표대로 요리가 나오기 전에 고객에게 식욕촉진제로 제공되는 소품요리이다. 오르되브르(Hors d'oeuvre)의 'Hors'는 '앞'을 의미하고 'Oeuvre'는 '식사'를 의미한다. 즉, 식사 전에 제공되는 것을 총칭하여 "Hors d'oeuvre"라고 부르는 것이다.

애피타이저는 다양한 조리법과 재치 있는 조리기술의 구사로 시각과 미각을 동시에 만족할 수 있게 아름답고 구미가 당기도록 꾸며져야 한다. 오르되브르(Hors d'oeuvre)의 기원은 러시아에서 연회를 하기 전에 별실에서 기다리는 고객에게 독한 술과 함께 자쿠스키(Zakuskl)라는 간단한 요리를 제공한 데서 시작되어 오늘날의 오르되브르(Hors d'oeuvre)가 되었다고 한다. 이 전채요리를 불어로는 오르되브르(Hors d'oeuvre), 영어로는 애피타이저(Appetizer), 러시아에서는 자쿠스키(Zakuskl), 북유럽에서는 스모가스보드(Smorgasbord), 중국에서는 렁펀(冷盆)이라고 부르고 있다.

(2) 오르되브르(Hors d'oeuvre)의 종류

① 온도에 의한 분류 : 더운 요리인 오르되브르 슈드(Hors d'oeuvre Chaud, Hot)와 찬 요리인 오르되브르 프로이드(Hors d'oeuvre Froid, Cold)로 구분한다.
② 가공 형태에 의한 분류로는 가공되지 않은 요리인 플레인 오르되브르(Plain Hors d'oeuvre)와 가공된 요리인 드레스드 오르되브르(Dressed Hors d'oeuvre)로 나눌 수 있다.

▶ 차가운 전채(Cold Hors d'oeuvre) : 차갑게 제공된다.

- 멜론(Melon)
- 굴(Oyster)
- 셀러리(Celery)
- 토마토(Tomato)
- 올리브(Olive)
- 앤초비(Anchovy)
- 햄(Ham)
- 치즈(Cheese)
- 참새우(Prawn)
- 훈제연어(Smoked Salmon)
- 살라미(Salami)
- 소시지(Sausage)
- 훈제송어(Smoked Trout)
- 캐비아(Caviar)

▶ 따뜻한 전채(Hot Hors d'oeuvre) : 따뜻하게 제공된다.

- 굴 구이(Baked Oyster)
- 노루 산적(Respiess Chen)
- 바르게트(Barquette=Boatshaped)
- 부셰(Bouchee)
- 알라 그리쿼(à la greque=Greek Style)
- 스트라스 즈와즈(Strasbourgeoise=Strasborg Style)

▶ 캐비아(Caviar)와 푸아그라(Foiegras) : 차갑게 제공된다.

- 캐비아 : 민물고기인 철갑상어(Sturgeon)의 알젓을 말하며 카나페(Canape) 또는 로마노프 스타일(Romanoff Style)로 제공되며 때로는 야채를 곁들여 내기도 한다.
- 푸아그라(Foie gras) : 거위의 간을 재료로 한 요리로 거위 간 파테(Goose liver Pate)라고도 한다.
- 카나페(Canapé=Canapés)

3. 수프(Soup = Potage) 메뉴

(1) 수프의 특징

① 수프는 식사의 시작이다. 또한 수프는 양의 부담을 주지 않는 소량으로 영양가가 많아 건강에 좋은 요리가 되어야 한다.

② 수프는 고기나 뼈, 생선이나 야채에 여러 향신료를 넣고 끓여낸 육수, 스톡을 기

반으로 만드는 국물요리이다.

③ 스톡(Stock)의 여하에 따라 수프(Soup)의 맛도 달라지며 크림수프(Cream Soup), 맑은 수프(Clear Soup), 퓌레 수프(Puree Soup) 등이 있다.

(2) 수프의 종류

보통 수프는 맑은 수프(Potage Clair 혹은 Clear Soup)와 진한 수프(Potage Lie 또는 Thick Soup) 두 가지로 나누며, 전체적으로 수프를 통칭하여 포타지(Potage)라고 한다.

① 포타지(Potage = Clear Soup = Consommé Clair)

맑은 수프는 주재료가 스톡(Stock)이나 마찬가지이며 소, 닭, 생선, 자라고기 등 어느 것이나 한 가지 재료만을 써야 한다.

- 콩소메 브뤼누와즈(Consommé Brunoise)
- 콩소메 셀레스틴(Consommé Celestine)
- 콩소메 줄리안느(Consommé Julienne)
- 콩소메 페이잔느(Consommé Paysanne)
- 콩소메 프랭타니에(Consommé Printanier)
- 콩소메 알라 로얄(Consomme a la Royale)
- 콩소메 앙 따세(Comsomme en Tasse)

② 포타지 리에(Potage Lie)

진한 수프를 말하며 야채, 쌀, 밀가루, 생선, 육류 등을 주재료로 해서 관련재료와 양념을 가해 부용(Bouillon)을 가지고 만들어 내는 탁하고 농도가 진한 수프이다.

- 포타지 퓌레(Potage Puree)
- 포타지 크렘(Potage Crème)
- 포타지 벨루테(Potages Veloute)

4. 생선요리 메뉴

(1) 특징

① 생선요리는 수프 다음에 제공되는 요리로 알려져 왔으나 오늘날에는 생략되거나 주요리(Entrée)를 대신한 주요리(Main Dish)로서의 역할이 크다.

② 카톨릭(Catholic) 신자들은 금요일 점심은 반드시 생선을 먹게 되어있어 많은 호텔의 식당이나 일반식당에서는 금요일 차림표에 생선요리가 올라가 있다.

③ 일반적으로 생선은 육류보다 섬유질이 연하고 소화가 잘되는 한편 부패하기 쉬운 결점이 있어 신선도에 주의하여야 한다.

(2) 생선의 분류

생선은 크게 바다 생선(Sea Fish), 민물 생선(Fresh water Fish) 갑각류(Crustacea) 등으로 구분할 수 있다.

① **흰색 생선** : 대구(Cod), 가자미(Flounder), 혀가자미(Sole), 농어(Sea Bass), 뱀장어(Eel), 도미(Sea Beam), 잉어(Carp), 가오리(Ray) 등이 있다.

② **황색 생선** : 다랑어(Tunny), 철갑상어(Esturion), 정어리(Sardine), 앤초비(Anchovy), 송어(Trout), 거북이(Turtle), 식용개구리 등이 있다.

③ **붉은색 생선** : 연어(Salmon), 바다가재(Lobster), 게(Crab), 새우(Shrimp) 등이 있다.

(3) 생선요리의 조리방법

① 보일드(Boil ; 삶기)

- 물이나 생선 육수에다 식초, 소금, 향초, 백포도주 등을 혼합해서 약한 불로 삶아내는 조리방법이다.
- 주로 연어, 송어, 고등어, 뱀장어, 새우 등의 요리에 사용되는 조리방법이다.

② 뽀샤즈(Pochage ; 오븐찜)

- 생선을 소량의 스톡(Stock)에 포도주를 가하여 졸이는 방법이다.
- 졸인 국물은 소스로 사용한다.

▸ 조리방법은 먼저 버터를 살짝 바른 냄비에 소금을 약간 뿌린 생선을 넣는다.
▸ 생선스톡을 생선의 1/3정도 부어 뚜껑을 덮고 적당한 온도로 오븐에 찐다.
▸ 도중에 마르지 않도록 냄비를 꺼내어 국물을 떠서 생선에 자주 끼얹어 준다.
▸ 혀넙치, 잉어, 송어에 사용되는 조리방법이다.

③ 메테로트(Matelote ; 와인조림)

▸ 생선의 포도주 조림으로 잘게 썬 양파를 버터로 조리고 생선을 넣는다.
▸ 소금, 후추, 마늘, 향초를 가하여 포도주를 생선이 잠길 정도로 붓는다.
▸ 중간불로 25분 정도 조린다.

④ 그리야드(Grillade ; 그릴구이)

▸ 석쇠나 팬에 굽는 방법이다.
▸ 버터나 올리브오일을 먼저 팬에 바른 후 뜨겁게 달군다.
▸ 생선을 올려놓는다.
▸ 석쇠구이를 할 때는 석쇠 자국이 생선에 뚜렷이 남도록 한다.

⑤ 뮈니에르(Meunier ; 버터구이)

▸ 생선을 밀가루에 버무려서 조리하는 데서 붙은 명칭이다.
▸ 생선에 후추를 뿌리고 밀가루에 버무려서 버터로 구어 익히는 방법으로 레몬즙을 치거나 레몬을 슬라이스하여 얹어 굽는다.

⑥ 프리뛰르(Friture ; 튀김)

▸ 주로 부드러운 생선, 연한 생선살(Soft Fish)에 적합한 조리방법이다.
▸ 생선에 우유를 흩 뿌린다.
▸ 밀가루에 버무려 기름(올리브유)으로 황금색이 나도록 튀긴다(프랑스식).
▸ 계란과 빵가루에 버무려서 프라이팬에 버터로 굽는다(영국식).

⑦ 그라탕(Gratin ; 오븐구이)

▸ 생선 표면에 빵가루, 버터, 치즈 등을 뿌려 겉이 누렇게 착색될 때까지 오븐으로 굽는 방법이다.
▸ 대부분 라땅 접시(스테인리스 스틸이나 철로 만듦)에 버터를 바른다.
▸ 재료를 함께 담는다.
▸ 베샤멜소스(Bechamel Sauce)를 친다.
▸ 가루치즈를 뿌려 오븐에 굽는다.

⑧ 브레사즈(Braisage ; 찜)

- 생선을 찌는 조리방법이다.
- 브레이징 팬(Braising Pan)에 얇게 자른 당근, 양파를 깔고 생선에 버터를 발라 그 위에 올려놓는다.
- 스톡이나 포도주를 부은 다음 뚜껑을 덮고 오븐에 쪄내는 방법이다.

⑨ 스모크(Smoked ; 훈제)

- 특수한 기술과 장시간의 기간을 요하는 조리방법이다.
- 양념을 한 생선에다 각종 야채와 향미초 등을 섞어 기름에 양념하여 1~2주 정도 훈제실(Smoking Room)에 저장한다.
- 이때의 저장 온도는 보통 25℃이다.
- 그 후 다시 1주일 정도 서서히 말려서 조리해 내는 조리방법이다.

(4) 생선요리의 소스(Sauce)

① 홀랜다이즈 소스(Hollandaise Sauce)
② 뉴버그 소스(New burg Sauce)
③ 모네 소스(Mornay Sauce)
④ 메트르 도델 소스(Maitre d'hotel Sauce)
⑤ 본느 펨므 소스(Bonne Femme Sauce)
⑥ 보르드레즈 소스(Bordelaise Sauce)
⑦ 콜벨트 소스(Colbert Sauce)
⑧ 카디널 소스(Cardinal Sauce)
⑨ 프로방스 소스(Provence Sauce)
⑨ 타르타르 소스(Tartar Sauce)

5. 메인 디시(Main Dish) : 주요리

(1) 앙트레(Entree)의 의미

영어로는 "Entrance"로 '입구 혹은 입장'의 뜻을 지니며, 중간에 나오는 코스라는 뜻의 "Middle Course"를 나타내기도 한다. 처음 고대에서는 정찬 중에 푸짐한 통구이로써 양의 등심, 송아지 고기의 볼깃살, 돼지고기의 햄, 쇠고기의 허벅지 또는 조소, 생선 따위를 구워서 아주 푸짐하게 내놓았던 요리인 르리브(Releve) 전에 나오는 요리를 앙트레라고 하였으나 현재는 실제의 중심 요리로 쓰이고 있다.

앙트레에 쓰이는 재료로는 흑색의 육류(Dark Meat)인 쇠고기, 양고기 등이 있고 백색의 육류(White Meat)에는 송아지고기, 어린양고기, 새끼돼지고기, 토끼고기, 새끼염소고기, 가금류 등을 들 수가 있다.

(2) 육류 앙트레(Entrée)의 종류

① 쇠고기 스테이크(Beef Steak)

- 쇠고기를 두껍게 잘라서 요리한 것을 말한다.
- 스테이크(Steak)란 두터운 살코기를 구웠다는 뜻을 지니고 있다.
- 비프 스테이크는 고기의 부위에 따라서 명칭이 다양하다.
  - 안심부분 : Filet Steak(Chateau - Briand, Tournedos)
  - 허리등심 : Sirloin Steak
  - 갈비등심 : Poter house Steak, T-bone Steak, Rib Steak, Club Steak
  - 허벅지 : Round Steak
  - 궁둥이 : Rump Steak
  - 배살 : Flank Steak
- 고기를 자르는 방법과 부위에 따라 스테이크의 명칭도 달라지는 것이다.
  - 어깨 부위 : 블래이드 스테이크(Blade Steak)
  - 갈비부위 : 리브 스테이크(Rib Steak)
  - 허리부위 : 포터하우스 스테이크(Porterhouse), 티본 스테이크(T-bone), 클럽 스테이크(Club)
  - 허리 끝 부위 : 설로인 스테이크(Sirloin Steak), 핀본 설로인 스테이크 Pinbon Sirloin)
  - 넓적다리부위 : 라운드 스테이크(Round Steak)
- 미국인들은 'T-Bone Steak'나 'Porter house Steak' 등 질기고 기름기가 많은 것을 즐긴다.

② 샤토브리앙(Chateau Briand)

- 살코기(Fillet)의 가운데 부분을 4~5cm 가량 두껍게 잘라서 굽는 방법이다.

▸ 중년이상의 고객층이 즐겨 찾는 스테이크이다.
▸ 보통 두껍게 자른 'Fillet'에 생 베이컨을 감아 석쇠구이를 하여 제공한다.

③ 또르누드(Tournedos)

▸ 살코기(Fillet)의 앞쪽 끝 부분을 잘라내어 베이컨으로 감아서 구워내는 요리이다.
▸ 빵을 얇게 썰어서 기름에 튀긴 크르통(Crouton) 위에 얹어서 서비스하면 더욱 맛이 좋다.
▸ 이 요리는 1855년 파리에서 처음으로 시작되었다.
▸ '또르누드'란 '눈 깜박할 사이에 다 된다.'는 의미이다.

④ 필레미뇽 스테이크(Filet Mignon Steak)

▸ 살코기(Fillet, 필레)의 예쁜 작은 스테이크라는 뜻이다.
▸ 필레 고기의 꼬리 쪽에 해당하는 세모꼴 부분을 베이컨으로 감아 구워내는 요리이다.

(3) 앙트레(Entrée)용 소스(Sauce)

① 베샤멜 소스(Bechamel Sauce)
② 에스파브놀 소스(Espabnole Sauce)
③ 벨루테 소스(Veloute Sauce)
④ 알망드 소스(Allemande Sauce)
⑤ 앙그레이 소스(Anglaise Sauce)
⑥ 베른 소스(Bern Sauce)
⑦ 샤르쇠르 소스(Charseur Sauce)
⑧ 샤또 소스(Chateau Sauce)
⑨ 데미글라스 소스(Demi-glace Sauce)
⑩ 토마토 소스(Tomato Sauce) : 흰색 스톡에 백포도주를 섞어 향초, 토마토, 휘레(Puree)를 넣어 끓인 것으로 갈색 소스이다.

(4) 앙트레 조리법(Entrée Cooking Methods)

① 브레사즈(Braisage)

- 냄비에 야채 종류를 깔고 그 위에 고기를 놓고 약간의 국물이나 스톡을 넣어서 익히는 방법이다.
- 주로 팬을 오븐 속에 넣어 직접 열로 익힌다.
- 주의할 점은 고기의 표면이 마르지 않도록 자주 국물이나 스톡을 고기에 끼얹어주는 것이다.
- 국물을 사용하지 않고 버터로 익히는 방법은 푸알레(Poeler)이다.

② 쏘테(Saute)

- 고기를 강한 불에 익혀서 조직의 표면을 수축시켜 내부의 영양분이 밖에 흘러나오지 않도록 하는 조리방법이다.
- 내장(간 또는 콩팥)과 같이 연한 고기에 적합한 방법이다.

③ 그릴(Grill)

- 석쇠나 꼬챙이로 굽는 조리법이며, 불고기와 비슷한 방법이다.
- 스토브 위에 굽는 것이 보통이며 건열(乾熱 ; Dry Heat)을 이용하는 조리방법이다.

④ 로스트(Roast)

- 조리할 육류가 갖고 있는 가치와 맛을 완전히 보존하는 방법으로 조리법 중 가장 힘들고 우수한 방법이다. 직접 열로 굽는데 현제는 오븐(Oven)에서 굽는다.

⑤ 브로일(Broil)

- 직접 불에 굽는 것이다.
- 석쇠로 구우면 그릴(Grill)과 같이 된다.
- 숯불에 굽는 차콜 브로일(Charcoal Broil)과 팬(Pan)에 굽는 팬 브로일(Pan Broil)의 두 가지로 많이 조리한다.

⑥ 튀기기(Friture)

- 기름에 튀기는 조리방법으로 영국식은 빵가루를 묻히고, 프랑스식은 밀가루를 뿌리고, 이태리식은 튀김처럼 튀긴다.
- 근래에는 거의 밀가루, 계란, 빵가루 등을 모두 사용하고 있다.

⑦ 굽기(Baked)

▸ 기름을 전혀 사용하지 않고 건열(乾熱 ; Dry Heat)에 굽는 방법이다.

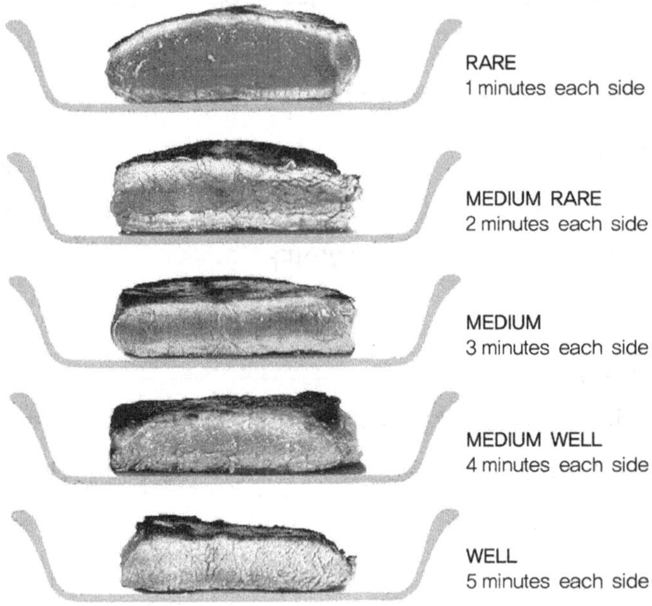

▲ 스테이크 굽기 정도 분류

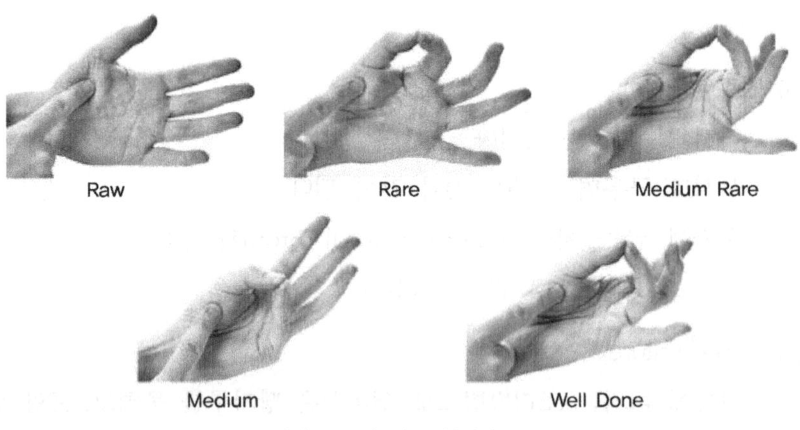

▲ 스테이크 굽기 정도 확인법

6.2 테이블 상황 점검하기

수행준거

1. 고객의 식사 완료 후, 고객의 요청에 따라 신속하게 테이블을 정리할 수 있다.
2. 식사를 마친 고객을 환송한 후, 테이블을 다시 세팅(Table Resetting) 할 수 있다.
3. 다른 고객에게 피해가 가지 않도록 신속하게 테이블을 세팅 할 수 있다.
4. 고객의 테이블에서 일어나는 상황에 대해 항상 응급조치를 할 수 있다.

1 고객의 식사 후의 테이블 정리

1. 접시 정리

(1) 접시 치우는 요령(Bussing System)

① 고객이 식사를 마쳤을 때는 나이프(Knife)와 포크(Fork)의 손잡이를 오른쪽으로 향하게 하여 나란히 놓는다.

② 고객이 식사 중일 때는 나이프와 포크를 엇갈려 놓는다.

③ 남은 음식이 접시 위에 있을 때는 트리플 시스템(Triplet System)으로 하나의 접시 위에는 은기물을 올리고, 다른 하나의 접시에는 남은 음식물을 담으며, 나머지 접시에는 빈 접시를 쌓는 방법으로 테이블을 정리한다.

④ 사용한 접시가 남은 음식 없이 깨끗할 경우에는 더블 시스템(Double System)으로 작업하며, 한 접시에는 은기물을 올리고, 다른 한 접시 위에는 빈 접시를 정리한다.

(2) 접시 치울 때 주의사항

① 기물들이 떨어지지 않도록 하기 위해 나이프는 포크의 손잡이 밑으로 끼워 넣도록 한다.

② 남은 음식들을 모아치울 때는 고객에게 보이지 않도록 고객 뒤쪽으로 물러나서 작업한다.

③ 사용한 기물을 뺄 때는 주빈이나 주빈의 여자 고객부터 시작한다.

④ 주빈은 헤드 테이블(Head Table)에 앉거나 그렇지 않으면 출입구를 보고 앉는다.

⑤ 빈 접시를 뺄 때는 고객의 오른쪽에서 빼며, 시계도는 방향으로 수행한다.

⑥ 고객의 식사가 끝났는지 확실치 않을 때는 "치워 드릴까요?"라고 반드시 문의한다.

2. 테이블클로스 정리

서비스 종사원은 테이블클로스를 취급할 때는 고객이 있을 때와 없을 경우로 나누어 수행해야 한다. 고객이 없을 때는 직원 둘이서 함께 세팅하며, 테이블 클로스의 접혀진 줄을 테이블에 잘 맞추어 좌우로 치우치지 않고 균형되게 세팅한다.

(1) 테이블클로스(Table Cloth) 취급 순서

① 테이블클로스가 깨끗하고 완전히 건조된 상태인지를 점검한다.

② 정사각형으로 접힌 테이블클로스를 테이블 위에 길이로 펴 놓는다.

③ 접힌 부분을 위로 놓으면 자신을 향하게 된다.

④ 엄지와 집게손가락으로 접힌 부분을 잡는다.

⑤ 검지와 중지로 다른 부분을 잡는다.

⑥ 클로스를 들어 올려 반쪽 가장자리에 대고 테이블클로스의 끝부분이 의자의 끝부분과 닿을 정도로 늘어뜨린다.

⑦ 접힌 부분을 펴고 마지막 부분을 자신의 앞 쪽으로 잡아당겨 놓는다.

⑧ 다림질된 주름 부분이 테이블 가장 자리에서 일정한 폭으로 놓였는지를 확인한다.

⑨ 손바닥으로 클로스의 주름을 펴지 않도록 주의한다.

3. 고객의 식사 후 테이블 세팅(Table Setting)

(1) 테이블 세팅을 위한 준비

① 청소 및 환경정리
② 식탁의 위치 고정
③ 테이블클로스 준비
④ 냅킨 준비
⑤ 센터피스(Center Pieces) 준비
⑥ 기물 준비

(2) 테이블 세팅의 순서

① 테이블과 의자를 점검한다.
② 테이블클로스를 편다.
③ 센터피스(Center Pieces ; 꽃병, 소금과 후추 통 등)를 놓는다.
④ 쇼플레이트(Show Plate)를 놓는다.
⑤ 브레드플레이트(Bread Plate)를 놓는다.
⑥ 디너나이프 & 포크(Dinner Knife & Fork)를 놓는다.
⑦ 생선나이프 & 포크(Fish Knife & Fork)를 놓는다.
⑧ 수프스푼 & 샐러드포크(Soup Spoon & Salad Fork)를 놓는다.
⑨ 애피타이저 나이프 & 포크(Appetizer Knife & Fork)를 놓는다.
⑩ 버터나이프(Butter Knife)를 놓는다.
⑪ 디저트스푼 & 포크(Dessert Spoon & Fork)를 쇼플레이트(Show Plate) 위쪽에 놓는다.
⑫ 워터글라스(Water Goblet)와 와인글라스(White & Red Wine Glass)를 놓는다.
⑬ 냅킨(Napkin)을 편다.
⑭ 전체적인 조화와 균형을 점검한다.

2 고객 테이블에서 일어나는 상황에 대한 응급조치

1. 고객 불평 해소

(1) 고객 불평 발생

고객이 제공 된 서비스에 불평불만을 표시하는 것을 식음료 영업장 경영에 큰 영향을 미칠 수 있다. 고객은 자신의 기호와 성향에 따라 여러 영업장을 이용해 보고 다른 영업장과 비교가 가능하기 때문에 고객위주 혹은 고객의 주관적인 경험에 의한 불평을 할 수 있다. 고객이 속으로는 많은 불평불만이 있지만 아무런 말도 없이 가버린다면, 그 고객은 다시는 그 영업장을 찾지 않을 것이다. 그렇기에 종사원은 더욱 고객의 마음을 읽는 요령과 고객의 작은 신호에도 주의할 필요가 있다.

(2) 고객 불평 행동

① 고객불평 행동의 원인은 주로 서비스나 주문한 음식이 기대에 미치지 못할 경우이다.

② 고객에게 음식이 제공되자마자 테이블에서 치워줄 것을 요청한다.

③ 음료수와 음식에 손도 대지 않는다.

④ 음식을 주위에 있는 다른 접시로 옮겨놓는다.

⑤ 냅킨을 접시 위에 올려놓는다.

⑥ 이유 없이 직원에게 무리한 행동을 한다.

⑦ 주위를 두리번거리며 직원을 찾는다.

(3) 불평처리 요령

① 고객 불만의 처리에서 요구되는 것은 신속하고 정성껏 처리하는 자세로 고객을 대한다.

② 고객의 지적에 항상 긍정적인 자세로 고객의 입장에서 해결방안을 강구한다.
③ 고객에게 호감을 줄 수 있는 만족한 조치가 이루어지도록 처리해야 한다.

④ 고객의 말에 경청하라(Listen).
- 정중한 태도로 고객에게 눈을 맞추어라.
- 공손한 태도로 고객의 감정을 살펴라.
- 조용히 고객에게 관심을 집중하라.
- 공감하는 몸짓을 보여라.

⑤ 고객에게 진심으로 사과하라(Apologize).
- 당황하지 말고 침착한 태도를 유지하고 정숙하라.
- 고객의 불평을 심각하게 받아들이고 개별적으로 다루어라.
- 고객에게 호감이 가도록 하라.
- 고객을 불편하게 만들지 말라.
- 고객의 탓으로 돌리지 말라.

⑥ 상황을 해결하라(Solve).
- 문제가 된 식음료를 즉시 치워라.
- 해결방안을 제시하고 그 밖의 요구사항을 확인하여 즉시 행동을 취하라.
- 고객의 만족을 확고히 하기 위해 지속적인 서비스 태도를 보여라.
- 고객 불만에 대해 책임자와 상의하여 책임자가 고객에게 사과하도록 하라.

⑦ 감사하라(Thanks).
잘못을 지적해주어 우리가 그 문제를 시정할 수 있게 된 것을 감사하라.

(4) 불평처리의 4단계

① 인내심을 가지고 고객의 불만을 끝까지 들어주며 공감하는 태도를 보인다.
② 사과와 함께 문제 해결을 위한 원인분석을 하고 적극적인 태도를 보여서 고객을 만족시킨다.
③ 직원과 고객 양자 모두에게 합리적인 해결책을 모색한다.
④ 불평이 완전히 해결되었는지 다시 한 번 확인한다.

2. 고객 불평 해소와 응급처치 방법

(1) 고객 불평 응급조치의 정의

고객에게 접객 서비스를 아무리 완벽하게 했다고 하더라도 손님으로부터의 불평은 있기 마련이다. 이유인즉, 인간은 완벽할 수 없으며, 주관적인 사고를 갖고 있으므로 모든 고객의 욕구와 상황이 똑같을 수 없기 때문이다. 따라서 고객으로부터 불평이나 지적이 발생했을 경우 종사원은 항상 긍정적인 자세로 불평의 정확한 원인을 파악하여 불평에 대한 해결 방안을 강구하여야 한다. 그래서 고객이 만족할 수 있는 조치가 신속하게 이루어져야 한다. 따라서 고객 불평응급조치란 서비스 직원의 서비스 자세와 제공된 음식에 대한 고객의 불만에 대하여 서비스 직원의 응급조치를 하는 것을 말한다.

(2) 고객 불평 응급조치의 목적

고객 불평 해소는 현장에서 즉시 해결하는 것이 최상의 서비스로 고객 테이블에서 해결하고자 하는 것을 목적으로 하며, 응급조치가 신속하게 처리되어 고객의 불만해소와 더불어 만족감을 높이고 호감을 주어 고객이 생각하는 영업장 이미지를 향상시키며, 고객이 재방문을 하게 하거나 고정 고객으로 유치하는 것이 궁극적인 목적이라고 할 수 있다.

6.3 계산하기

수행준거

1. 고객이 주문한 메뉴를 확인하고 정확하게 계산할 수 있다.
2. 신용카드와 현금영수증, 수표 사용 요청 시 처리할 수 있다.

1 계산확인

식음료 영업장에서는 고객을 영접에서 환송하는 시간까지 긴장감을 유지하며 고객 서비스를 제공해야 한다. 만약 고객이 아무리 훌륭하고 완벽한 서비스를 받았다고 하더라도 마지막 계산을 잘 못하거나 환송을 제대로 하지 못할 경우 고객의 재방문은 어려워진다. 그렇기에 계산은 무엇보다 정확히 수행해야 하는 업무이다.

▲ 계산 과정

(1) 계산(Cashiering Service)

계산을 받을 때는 고객이 식사한 아이템과 최종 계산서에 기록된 수량과 가격이 정확한지 확인해야 한다. 최종적으로 지배인이 확인한 후 지배인이나 캡틴이 직접 고객에게 계산서를 가져다 드리면 된다.

또한 제공되는 계산서는 고객의 확인을 받은 후에야 지불처리를 진행하게 된다.

(2) 계산 서비스의 기본 원칙

① 고객이 테이블에서의 식사가 최종적으로 종료된 후 계산서를 발행한다.
② 업장에서 지정한 빌 홀더(Bill Holder)에 계산서를 넣어 호스트(Host)에게 제공한다.
③ 고객의 요청에 따라 지불 방법에 따라 계산을 수행한다.
④ 영수증을 발행하고 거스름돈을 드린다.

(3) 계산업무 프로그램

일반적으로 식음료 영업장에서는 포스(POS : Point Of Sales) 프로그램을 이용하여 계산업무를 처리하고 있다. 현재 다양한 포스(POS) 프로그램의 개발로 인하여 식음료 영업장마다 사용되는 시스템이 다르기 때문에 사용하는 포스(POS) 프로그램별 매뉴얼을 정확히 숙지하여 계산확인 과정이 지체되지 않고 원활하게 이루어질 수 있도록 한다. 또한 포스(POS)의 작동오류 같은 만약의 상황에 대비하여 전자계산기를 준비하여 계산업무 데스크에 비치하여야 한다.

2 지불처리

1. 지불처리 안내

식음료 영업장의 지불처리는 주로 업장의 계산원(Cashier)이 담당하는 업무로 신속하고 정확하게 이루어져야 한다. 지불처리 전 담당자는 식음료 영업장에서 통용되는 쿠폰이나 할인카드 서비스 등에 대한 안내를 해야 하며, 고객에게 혜택을 줄 수 있는 서비스를 적극적이고 정중하게 설명하여 할인과 혜택을 적용하는 것으로 고객만족을 높이고 고객의 재방문을 유도하여 식음료 영업장의 이윤 창출에 도움이 되도록 한다.

(1) 지불을 하는 고객에게 감사의 인사와 함께 만족도를 확인한다.
(2) 주문내역과 합계액을 고객에게 알린다.
(3) 멤버십, 쿠폰, 할인카드 서비스 및 혜택에 대해 안내한다.
(4) 비 멤버십 회원에게 멤버십 가입을 권유할 수 있다.

2. 결제방법에 의한 지불처리

(1) 현금 지불 시

고객이 현금 지불 시 고객이 준 돈의 금액과 계산서상의 합계액을 비교 체크하여 계산서와 현금을 계산원(Cashier)에게 가져간다. 계산원은 회계처리가 끝나면 Bill Folder에 영수증과 거스름돈을 넣어 고객에게 다시 갖다 드린다. 이때 서비스 담당자는 고객에게 영수증과 정확한 거스름돈을 드리는 것이 아주 중요하다.

① 고객이 지불하는 현금을 공손히 두 손으로 받는다.
② 현금 받침대로 받는 경우에도 두 손으로 공손히 받도록 한다.
③ 받은 금액은 고객 앞에서 즉시 확인하고 "고맙습니다. 현금 「ㅇㅇ원 받았습니다."라고 복창한다.
④ 수표의 경우,
- ▸ 고객의 신분증 제시를 요구할 수 있다.
- ▸ 수표 뒷면에 성함과 연락처를 받는다.
- ▸ 이지체크(Easy Check)기를 이용하여 수표의 정상여부를 확인하는 과정을 거친다.

⑤ 현금계산의 경우, 반드시 현금영수증 발행 희망 여부를 묻는다.
⑥ 포스(POS)로 지불처리를 한다.
⑦ 받은 현금 및 수표는 수납함에 넣는다.
⑧ 거스름돈을 정확히 챙겨 현금 받침에 정돈된 모양으로 담는다.
⑨ 고객에게 거스름돈의 금액을 "고맙습니다. 영수증과 거스름돈 ㅇㅇ원입니다"라고 알린다.
⑩ 고객에게 영수증과 거스름돈을 담은 현금 받침대를 두 손으로 들어 공손하게 전달한다.
⑪ 고객에게 할인이 적용된 경우 할인된 내역에 대해 간략하고 명료하게 설명한다.

⑫ 고객이 거스름돈을 확인하는 동안 정중한 자세로 대기한다.

⑬ 고객이 거스름돈을 확인하고 나면 진심어린 감사의 인사를 건넨다.

(2) 카드 지불 시

고객이 카드 지불을 요청 시 담당자는 먼저 고객에게 계산서를 제시하고 카드를 요구한다. 카드와 계산서를 계산원에게 가져가면, 계산원은 신용카드 슬립(Slip)의 작성을 한다. 신용카드 슬립(Slip) 작성이 끝나면, 담당자는 슬립과 카드를 빌 홀더에 넣어서 고객에게 돌려 드리며, 고객에게 서명확인을 받는다. 이 때 고객의 서명확인을 받는 것은 카드 지불 처리 시 중요한 요소 중 하나이며, 더불어 카드 뒷면에 동일한 서명이 기재 된 영수증을 업장에서 보관한다.

① 고객의 카드를 두 손으로 정중히 받으며, "고맙습니다. 카드 받았습니다."라고 말한다.

② 영업장에서 사용하는 신용카드 조회기를 이용하여 승인번호를 받아 지불처리를 한다.

③ 포스(POS)로 지불 처리 시 신용카드를 단말기에 인식시킨다.

④ 카드 승인 시 문제가 발생 시

- ▸ 승인 거절(Decline) : 다른 카드나 현금제시 요청
- ▸ 사용가능 한도 부족(Not Sufficient Fund) : 다른 카드나 현금제시 요청
- ▸ 재차 승인 요청(Re-enter Request)
  - 재차 승인시도
  - 동일한 결과 출력 시 카드사에 전화로 승인 요청
- ▸ 카드사 앞 연락 요망(Call Issuer) : 카드사에 전화연락 승인요청
- ▸ 압수요망(Pick Card) : 카드를 압수하고 카드사에 연락
- ▸ 위조 카드(Incorrect CVV)
  - 재차 승인시도
  - 동일 결과 출력 시 카드 압수 또는 접수 거절
  - 카드사에 연락
- ▸ 발행은행 전산장애(Bank Down) : 카드사에 전화 승인요청 또는 다른 카드나 현금제시 요청

⑤ 영수증 상의 금액과 청구금액이 일치하는지 꼼꼼히 확인한다.

⑥ 출력된 영수증 혹은 전자서명 스크린 위에 서명해 줄 것을 고객에게 요청한다. 영수증 서명 요청 시 필기도구를 같이 제공한다.
⑦ 정중한 감사의 인사와 함께 서명된 영수증을 받는다.
⑧ 영수증의 서명과 카드 뒷면의 서명이 동일한지 꼼꼼하게 확인한다.
⑨ 카드와 회원용 영수증을 현금 받침에 담아 두 손으로 공손하게 건넨다.
⑩ 영수증 원본과 사본 1부는 영업장과 카드업체 보관용으로 구분하여 정확히 고객에게 건네도록 한다.
⑪ 고객에게 할인이 적용된 경우 할인된 내역에 대해 간략하고 명료하게 설명한다.
⑫ 고객이 거스름돈을 확인하는 동안 정중한 자세로 대기한다.
⑬ 진심어린 감사의 인사를 한다.

연습문제

01. 한국요리의 특징으로 알맞은 것은?

① 주식과 부식의 구분이 아주 뚜렷하지 않다.

② 식사의 분량의 기준이 그릇 중심으로 되어있다.

③ 부식의 가지 수가 많지 않다.

④ 볶음요리가 발달 되어있다.

02. 우리나라 궁중의 상차림 중 궁중의 잔치를 통틀어 의미하는 것은?

① 수렵잔치　　② 수라상

③ 어상　　④ 진연

03. 중국요리의 일반적인 특징이 아닌 것은?

① 재료의 선택이 자유롭고 광범위하다.　　② 조리기구가 간단하고 사용이 용이하다.

③ 외양이 풍요롭고 화려하지 않다.　　④ 기름을 합리적으로 많이 사용한다.

04. 다음 내용이 설명하는 일본의 요리형식은?

> • 이것은 본선요리와 정진요리를 참고하여 창조한 것이다.
> • 처음엔 검소한 식물성 요리였으나 시대흐름에 따라 생선도 이용되는 호화스러운 요리로 변했다.
> • 양보다 질을 중요시하며 재료 자체의 맛을 최대한으로 살리는 것이 특징이다.

① 차회석요리　　② 정진요리

③ 회석요리　　④ 본선요리

05. 다음 내용이 설명하는 요리의 종류는?

> • 신선한 생선류, 야채류, 해조류, 조수육류 등의 재료를 사용하여 양념한 것이다.
> • 새콤하고 산뜻한 맛이 입안을 개운하게 하고 식욕을 돋궈준다.
> • 계절을 가리지 않고 많이 이용한다.

① 야키모노　　② 스노모노

③ 덴뿌라　　④ 니모노

06. 일본의 관서요리에 대한 특징이 아닌 것은?

① 무가 및 사회적 지위가 높은 사람들에게 제공하기 위한 의례요리가 발달하였다.
② 재료의 외양과 색깔이 거의 유지되기 때문에 모양이 아름답다.
③ 맛이 엷고, 부드러우며, 비교적 설탕을 사용하지 않는다.
④ 최근 들어 거의가 약식이며 회석요리가 중심이 되고 있다.

07. 양식요리의 특징에 대한 설명을 고른 것으로 알맞은 것은?

㉠ 재료의 분량과 배합이 체계적이고 합리적이다. ㉡ 눈으로 보는 요리라는 말을 할 만큼 외형의 아름다움을 존중한다. ㉢ 오븐을 이용한 요리가 발달했다. ㉣ 탕반문화가 발달하였다. ㉤ 우유, 유제품, 유지류를 많이 사용한다.

① ㉠, ㉣　　② ㉣, ㉤
③ ㉠, ㉢, ㉤　　④ ㉡, ㉣, ㉤

08. 다음 내용이 설명하는 테이블 서비스는?

주방에서 조리장에 의하여 음식이 실버 플레터에 담겨진 것을 서비스 직원이 테이블까지 운반한 후, 고객의 왼쪽에서 서서 시계 반대방향으로 돌면서 일일이 서비스해주는 방법.

① 러시안 서비스　　② 게리동 서비스
③ 플레이트 서비스　　④ 프렌치 서비스

09. 셀프 서비스 식당의 장점이 아닌 것은?

① 식사를 신속하게 할 수 있다.
② 가격이 저렴하다.
③ 종업원의 인건비를 절감할 수 있다.
④ 위생적이지 않다.

10. 애피타이저 중 차가운 전채에 해당되는 것끼리 묶인 것은?

㉠ 멜론	㉡ 치즈
㉢ 노루산적	㉣ 햄
㉤ 알라 그리퀘	㉥ 훈제송어
㉦ 스트라스 즈와즈	㉧ 캐비아

① ㉠, ㉡, ㉣, ㉧　　② ㉠, ㉢, ㉦, ㉧
③ ㉡, ㉤, ㉥, ㉦　　④ ㉣, ㉤, ㉥, ㉦

11. 오르되브르(Hors d'oeuvre)는 무엇을 뜻하는가?

① 셀프 서비스　　② 메인 디시
③ 생선요리　　④ 애피타이저

12. 블래이드 스테이크는 어느 부위의 스테이크를 칭하는가?

① 갈비부위　　② 어깨부위
③ 넓쩍다리부위　　④ 허리부위

13. 다음 중 육류 앙트레의 종류가 아닌 것은?

① 쇠고기 스테이크　　② 샤토브리앙
③ 브레사즈　　④ 필레미뇽 스테이크

14. 1855년 파리에서 처음 시작되었고, 살코기의 앞쪽 끝 부분을 잘라내어 베이컨으로 감아서 구워내는 요리이며, 크르통과 잘 어울리는 이 요리는?

① 또르누드　　② 샤토브리앙
③ 필레미뇽 스테이크　　④ 프리뛰르

15. 생선요리의 조리방법 중 주로 부드러운 생선, 연한 생선살에 적합한 조리방법으로 생선에 우유를 뿌린 후 밀가루에 버무려 기름으로 튀기거나 계란과 빵가루에 버무려서 프라이팬에 버터로 굽는 것은?

① 그리야드　　② 그라탕
③ 프리뛰르　　④ 뽀샤즈

16. 다음 중 생선요리의 소스가 아닌 것은?

① 홀랜다이즈 소스　　② 벨루테 소스
③ 보르드레즈 소스　　④ 카디널 소스

17. 앙트레 조리법중 고기를 강한 불에 익혀서 조직의 표면을 수출시켜 내부의 영양분이 밖에 흘러나오지 않도록 하는 조리방법이며 내장과 같이 연한 고기에 적합한 방법인 이 조리법은?

① 브레사즈 ② 브로일
③ 쏘테 ④ 굽기

18. 다음 중 앙트레용 소스가 아닌 것은?

① 베른 소스 ② 샤또 소스
③ 토마토 소스 ④ 타르타르 소스

19. 다음 중 접시 치우는 요령으로 틀린 것은?

① 사용한 접시가 남은 음식 없이 깨끗할 경우에는 더블시스템으로 작업하며, 한 접시에는 은기물을 올리고, 다른 한 접시 위에는 빈 접시를 정리한다.
② 빈 접시를 뺄 때는 고객의 왼쪽에서 빼며 반시계 방향으로 수행한다.
③ 고객이 식사를 마쳤을 때는 나이프와 포크의 손잡이를 오른쪽으로 향하게 하여 나란히 놓는다.
④ 고객이 식사 중일 때는 나이프와 포크를 엇갈려 놓는다.

20. 고객이 불평을 가질 때의 대처로 잘못된 것은?

① 공감하는 몸짓을 보여야 한다.
② 고객의 탓으로 돌리지 말아야 한다.
③ 당황하지 말고 환한 미소를 유지하며 고객의 불평을 경청한다.
④ 해결방안을 제시하고 그 밖의 요구사항을 확인한다.

21. 계산 서비스의 기본 원칙 중 잘못된 것은?

① 고객이 테이블에서의 식사가 최종적으로 종료된 후 계산서를 발행한다.
② 업장에서 지정한 빌 홀더에 계산서를 넣어 호스트에게 제공한다.
③ 고객의 요청에 따라 지불 방법에 따라 계산을 수행한다.
④ 영수증은 고객이 원할 때 발행한다.

22. 다음 중 중국 요리의 일반적인 특징으로 옳지 않은 것은?

① 재료의 선택이 자유롭고 광범위하다.
② 저온에서 조리된다.
③ 기름을 많이 사용한다.
④ 녹말을 많이 사용한다.

23. 다음 중 일본 요리의 형식별 특징으로 옳지 않은 것은?

① 본선요리 ② 후식요리
③ 회석요리 ④ 락쿠 가이세키

24. 다음 중 양식 요리의 특징으로 옳지 않은 것은?

① 식품에 맛과 향미,색상을 살려 요리한다.
② 오븐을 이용한 요리가 발달 했다.
③ 재료의 분량과 배합이 합리적이다.
④ 우유, 유제품, 유지류를 거의 사용하지 않는다.

25. 다음 중 양식 테이블 서비스 식당의 서비스로 옳지 않은 것은?

① 플레이트 서비스 ② 게리동 서비스
③ 아메리칸 서비스 ④ 패밀리 서비스

26. 다음 중 에피타이저에 대한 설명으로 옳지 않은 것은?

① 최상의 요리를 에피타이저라고 한다.
② 식욕촉진제로 제공되는 소품요리이다.
③ '오르되브르' 라고도 한다.
④ '식사'를 의미하는 말이다.

27. 다음 중 에피타이저의 종류로 옳지 않은 것은?

① 소고기(Beef) ② 굴(Oyster)
③ 훈제연어(Smoked Salmon) ④ 철갑상어알(Caviar)

28. 다음 중 수프에 대한 설명으로 옳지 않은 것은?

① 수프는 식사의 시작이다.
② 스톡을 기반으로 만드는 국물요리이다.
③ 우유나 크림을 기초로 하여 만든다.
④ 고기나 뼈, 생선이나 야채에 향신료를 넣고 끓인 육수이다.

29. 다음 중 육류 앙뜨레의 조리법으로 옳지 않은 것은?

① 스모크 ② 소테
③ 그릴 ④ 로스트

30. 다음 중 계산서에 기재되는 내용으로 옳지 않은 것은?

① 테이블 번호 ② 직원명
③ 메뉴명 ④ 수량

정답

1	2	3	4	5	6	7	8	9	10	11	12	13	14	15
②	④	③	①	②	①	③	①	④	①	④	②	③	①	③
16	17	18	19	20	21	22	23	24	25	26	27	28	29	30
②	③	④	②	③	④	②	②	④	③	①	①	③	①	②

Chapter 07

식음료 영업장 마감

식음료 영업장 마감은 다음 영업일의 원활한 운영을 위해 영업장 정리, 일일재고를 점검하고 마감하는 능력이다.

7.1 영업장 정리하기

수행준거

1. 사용한 장비와 기물의 위치를 파악하여 정리할 수 있다.
2. 청결상태 점검표에 따라 영업장의 청결 상태를 점검할 수 있다.
3. 예약 장부에 따라 익일 영업을 위해 테이블 및 기물을 재배치할 수 있다.
4. 시설물 점검표에 따라 업장 내 제반 시설물의 작동 종료 상태를 확인할 수 있다.

1 영업장 정리하기

1. 영업장 마감 정리하기

다음 영업일의 원활한 운영을 위해 영업장을 정리해야 한다. 영업장 마감정리는 「식음료 영업준비」에서 다뤘던 영업장 정리와 같이 모든 기물과 부자재 등을 정리한다. 만일 영업장 마감 정리를 마감 당일에 하지 않는다면, 다음 영업일에 영업이 어려울 수도 있게 되므로 절대 미루거나 소홀히 해서는 안 된다.

2. 영업장 마감 내용

(1) 영업 종료 후 사용한 기물 및 비품의 위치를 파악하여 점검하고 정리한다. 이때 기물 재고목록표로 점검 · 기록 · 관리한다.

(2) 은기물류(Silver Ware)는 깨끗이 닦아서 서비스 스테이션(Service Station)에 위치해 있는지 점검한다.

(3) 글라스는 파손되거나 얼룩이 없는지 확인한다.

(4) 도자기류는 사용상의 이상이 없는지 점검한다.

(5) 서비스 스테이션(Service Station)은 항상 깨끗하고 모든 비품류가 정리되어 있는지 점검한다.

(6) 음료 및 와인은 제자리에 공급되고 적정재고량이 준비되어 있는지 파악한다.

(7) 테이블과 의자는 규정대로 정리되어 있는지 점검한다. 영업장 배치도에 따라 테이블과 의자의 위치를 조정한다.

(8) 의자는 깨끗하고 파손되지 않았는지 확인한다.

(9) 예약 장부의 예약 사항을 확인하여 익일 영업에 필요한 사항을 준비한다.

(10) 린넨류를 점검한다.

식음료 영업장의 린넨류 취급법을 숙지하여 청결하게 관리한다.

(11) 테이블 클로스를 점검한다.

① 원형테이블 클로스(Round Table Cloth)
② 사각테이블 클로스(Square Table Cloth)
③ 냅킨 & 테이블매트(Napkin & Table Mat)
④ 테이블 러너(Table Runner)

7.2 일일재고 점검하기

수행준거

1. 식음료 판매수량을 파악하여 영업보고서에 기록할 수 있다.
2. 식재료의 재고를 파악하고 적정재고를 유지할 수 있다.
3. 적정재고량을 분석하여 다음영업에 필요한 수량을 추가 구매요청 할 수 있다
4. 유통기한과 원산지 표기 이상 유무를 확인하고 이상 있을시 조치할 수 있다.

1 적정 재고량 관리

1. 재고 장부(Inventory Sheet)

앞서 「식음료 영업준비」에서 재고관리와 재고관리의 중요성에 대해서 다뤘었다. 재고는 불확정적인 미래의 수요를 시간적으로 즉시 충족시키기 위해서 필요한 것으로 만약 수요가 확정적이거나 수요예측을 정확히 할 수 있으며, 수요에 맞추어 제때에 물품과 식자재들 등이 조달될 수만 있다면 재고를 보유할 필요는 없다.

현대 사회에서는 고객의 다양한 욕구를 충족시키기 위하여 영업장의 다양화를 강조하는가 하면, 메뉴 아이템(Menu Item)의 다양성을 강조하기도 한다. 그러나 현실적으로 식음료 영업 경영에서 우리는 다양한 모든 고객을 만족시킬 수 없다는 것을 알고 있기에 비용-효익(Cost-Benefit) 측면에서 재고관리를 고려해야 하는 것이다.

(1) 재고조사

① 재고조사는 실사를 통하여 장부상의 내용과 실사의 결과가 일치하는지를 확인한다.

② 표준원가와 실제원가를 비교분석하여 실제원가가 설정한 목표에서 크게 벗어나지 않는지를 점검하는 것이다.

③ 벗어나면 원인이 무엇인가를 밝히고 월말 손익계산서를 작성할 때 참고한다.

④ 적정재고가 유지되고 있는지 점검한다.

⑤ 과장(過藏 : Over Stock)되거나 사장(死藏 : Dead Stock)되는 것은 없는지 확인한다.

⑥ 판매저조품목(Slow Moving Items)에 대해서 살펴본다.

⑦ 재고조사를 통해 재고회전율과 잔존일수(또는 재고보유일수)도 어느 정도인지 파악하고 알도록 한다.

(2) 저장고의 재고조사

① 특정 달의 마지막 날 영업이 종료되고 나면 각 창고(넓은 의미의 저장고), 생산부서(주방, 바), 판매부서(각 영업장)등에 남아 있는 식음료 재료에 대한 실사를 실시한다.

② 창고에 보관되어 있는 식음료 재료에 대한 실사는 무게나 단위의 측정이 비교적 용이한 편이기 때문에 정확하게 실사할 수 있다.

③ 재고조사는 일반적으로 한 사람은 숫자를 파악하고, 동시에 다른 한 사람은 장부상의 수량과 대조하는 과정을 거친다.

④ 만약, 실제의 수량과 장부상의 수량이 일치하지 않을 시에는 재확인한다.

⑤ 재확인된 수량을 장부상에 기록하고 그 차이에 대한 확인은 그 달의 송장(Invoices), 청구서 그리고 입 · 출 사항을 재확인하여 실사가 끝난 다음에 그 원인을 규명하어야 한다.

⑥ 재고 조사 방법

- 실지재고조사법 : 총식자재비 = 총재고량(기초재고량 + 당기구매량) - 기말재고량
- 계속기록법 : 창고(저장고)로 유입되는 식자재의 입고와 출고되는 식자재를 지속적으로 기록함으로써 정확한 재고량을 파악하기 위하여 사용되는 재고방법이다. 최소 · 최대보유량, 구매소요기간, 재주문시점, 재주문량 등이 속한다.

(3) 재고관리 담당자의 직무분장

① 영업장에 필요한 식음재료의 재고를 파악 · 확인하여, 당일 영업에 사용할 수량을 확보한다.

② 영업 전 당일의 식음료의 재고를 파악하여 부족한 수량을 보충해 놓는다.

③ 음료 관리와 판매는 물론 음료서비스도 한다.

④ 고객이 주문한 알코올 음료(와인, 위스키, 코냑, 칵테일 등)는 정확하게 서비스 될 수 있도록 한다.

⑤ 바(Bar) 내의 청결 및 제반 기물 등을 항상 깨끗하게 유지한다.

⑥ 영업 종료 시 그 날의 판매량을 점검 · 확인하고, 전산 입력하여 재고에 차질이 없도록 한다.

(4) 재고관리 담당자 / 소믈리에(Sommelier) 혹은 바텐더(Bartender) 서비스

재고관리 담당자 및 소믈리에와 바텐더는 현재 영업장의 모든 음료 보유 종류와 품목에 대하여 파악하고 있어야 한다.

즉, 스카치 위스키(Scotch Whisky), 코냑(Cognac), 와인(Wine), 맥주(Beer), 비알코올성 음료(Soft Drink) 등을 영업에 차질이 없도록 보유하고 있음을 점검하고 관리해야 한다.

① 음료관리

- 음료관리의 제1원칙은 일일 재고관리 원칙으로 재고의 실사가 정확해야 하는 것이다.
- 원가관리의 재고량과 업장에서 보유하고 있는 음료의 재고량이 정확히 일치해야 한다.
- 파손 및 훼손의 경우 절차를 걸쳐 보고를 한다.
- 변질 부분은 버리지 말고 음료 담당자에게 보고하고 점검을 받은 후 지시대로 처리한다.
- 파손 부분은 원가관리부서에서 작성된 파손보관서와 함께 제출한다.

② 음료수령

- 음료의 수령은 업장에서 사용되는 재료의 적정재고량을 영업장의 경우 평일 3일 분량, 주말 및 연휴 때는 5일 분량인지 확인한다.
- 사용할 부분을 음료창고에 청구한다.
- 음료 수령 시에는 음료품목과 수량을 확인하여 차후에 문제가 일어나지 않도록 한다.

③ 음료 실사보고

▸ 현재 매달 10일, 20일, 월말 단위로 3번씩 실사보고를 한다.

▸ 음료리스트 품목이나 파손율(Breakage) 품목 등을 보고한다.

④ 음료 재고조사

▸ 담당 종사원은 음료 판매보고서로 당일의 음료판매량(일일 판매량), 병 판매량(Bottle Sale) 및 글라스 판매량(Glass Sale) 등을 정확히 확인한다.

2. 식재료 구매

식음료의 구매, 검수, 저장, 출고에 관련된 업무활동은 식음료원가의 흐름에 있어 제일 첫 단계라고 볼 수 있다. 이것은 식음료 관리의 기초 단계로서 이러한 제반 활동이 효율적으로 수행 될 수 있어야만 최소의 비용으로 최고의 품질의 식음료를 준비할 수 있는 기반이 마련된다. 따라서 식음료 영업장 종사원은 구매방법을 파악하고 숙지하여 구매 관리를 할 수 있어야 한다. 즉, 생산부서인 주방 또는 판매부서인 홀의 식자재 요청을 바탕으로 직접 구매하는 구매방법과 구매청구서에 의해 이루어지는 구매방법을 파악하고 확인하여야 하며, 소요품 요건에 대한 기술을 확인하고 숙지해야 하며, 공급처 선정의 고려 사항과 선정 후 공급처의 능력을 배양할 수 있도록 지도·육성하는 방법을 확인하고 숙지하여 구매 관리를 할 수 있어야 한다.

(1) 구매의 기본 요건

① 자격을 갖춘 구매자

② 훌륭한 표준구매규격 명세서

③ 효과적인 구매방법과 과정

④ 구매와 관련된 관리 활동

(2) 구매절차

① 식재료의 구매방법

▸ 구매청구서와 구매발주서에 의한 정식구매방법

▸ 일정기간동안 계약조건하에서 계약기간 내에 동일가격으로 구매하는 방법인 일일시장리스트에 의한 구매방법

▸ 소액현금(Petty Cash) 구매방법

② 구매 절차

▸ 구매요구서 접수

▸ 계약 방법 결정

▸ 입찰 계약 시

- 입찰공고
- 응찰
- 개찰
- 낙찰
- 업체표
- 제품 · 생산
- 중간검사 및 납품검사
- 납품 순으로 진행된다.

▸ 수의 계약 시

- 제품 · 생산
- 중간검사 및 납품검사
- 납품 순으로 진행된다.

3. 일일 영업보고서 작성

(1) 영업장 회계원(Cashier)

① **업무** : 식음료 영업장 회계원(Cashier)은 영업부문에서 영업 활동을 돕는 영업실무 회계담당자이다. 최근에는 인건비 절감과 영업장의 효율적인 운영을 위해 따로 회계원을 두지 않고 영업장에서 근무하는 전 종사원 즉 지배인, 웨이터, 웨추레스 등 모두가 회계원의 역할을 담당하는 식음료 영업장이 늘어나고 있다.

하지만 어느 종사원이 업무를 담당하든 회계원의 기본적인 주된 업무는 첫째 식음료 영업장에서 발생하는 매출액에 대한 계산서를 발행하고 둘째 고객에게 정산을 받으며 셋째 하루의 영업을 마감하면서 근무 중 발생한 매출액에 대한 일일 영업보고서를 작성해야 한다.

② 일일 점검 / 정산

- 일일점검 : 업무 개시 이후 현재까지 생산된 보고서를 점검하고 작성한다.
- 일일정산 : 업무 개시부터 영업시간 종료 지점까지의 보고서를 출력하고 일일 정산작업을 하여 보고서를 작성한다.
- 일괄정산작업 : 업무를 마감하기 위한 정산작업이다.

2 부재료의 유통기한 확인

1. 유통기한 표시 기준

유통기한 표시는 식품위생법 제10조의 규정에 따라 식품, 식품첨가물, 기구 또는 용기 · 포장(이하 "식품 등"이라 한다)의 표시기준에 관한 사항 및 같은 법 제11조 제1항의 규정에 따른 영양성분 표시대상 식품에 대한 영양표시에 관한 필요한 사항을 규정함으로써 식품 등의 위생적인 취급을 도모하고 소비자에게 정확한 정보를 제공하며 공정한 거래의 확보를 목적으로 한다.

(1) "제품명"이라 함은 개개의 제품을 나타내는 고유의 명칭을 말한다.

(2) "식품의 유형"이라 함은 식품위생법(이하 "법"이라 한다) 제7조의 규정에 의한 식품 등의 기준 및 규격의 최소분류단위를 말한다.

(3) "제조연월일"이라 함은 포장을 제외한 더 이상의 제조나 가공이 필요하지 아니한 시점(포장후 멸균 및 살균 등과 같이 별도의 제조공정을 거치는 제품은 최종공정을 마친 시점)을 말한다. 다만, 캅셀제품은 충전 · 성형완료시점으로, 소분판매하는 제품은 소분용 원료제품의 제조연월일로, 원료제품의 저장성이 변하지 않는 단순 가공처리만을 하는 제품은 원료제품의 포장시점으로 한다.

(4) "유통기한"이라 함은 제품의 제조일로부터 소비자에게 판매가 허용되는 기한을 말한다.

(5) "품질유지기한"이라 함은 식품의 특성에 맞는 적절한 보존방법이나 기준에 따라 보

관할 경우 해당식품 고유의 품질이 유지될 수 있는 기한을 말한다.

(6) "원재료"는 식품 또는 식품첨가물의 제조·가공 또는 조리에 사용되는 물질로서 최종 제품 내에 들어있는 것을 말한다.

(7) "성분"이라 함은 제품에 따로 첨가한 영양성분 또는 비영양성분이거나 원재료를 구성하는 단일물질로서 최종 제품에 함유되어 있는 것을 말한다.

(8) "영양성분"이라 함은 식품에 함유된 성분으로서 에너지를 공급하거나 신체의 성장, 발달, 유지에 필요한 것 또는 결핍 시 특별한 생화학적, 생리적 변화가 일어나게 하는 것을 말한다.

(9) "당류"라 함은 식품 내에 존재하는 모든 단당류와 이당류의 합을 말한다.

(10) "트랜스지방"이라 함은 트랜스구조를 1개 이상 가지고 있는 이중결합형의 모든 불포화지방을 말한다.

(11) "1회 제공량"은 4세 이상 소비계층이 통상적으로 1회 섭취하기에 적당한 양으로서 1회 제공기준량에 따라 산출한 양을 말한다. 이 경우 1회 제공기준량은 『별지 3』과 같다.

(12) "영양성분표시"라 함은 제품의 일정량에 함유된 영양성분의 함량을 표시하는 것을 말한다.

(13) "영양강조표시"라 함은 제품에 함유된 영양성분의 함유사실 또는 함유정도를 무, 저, 고, 강화, 첨가, 감소 등의 특정한 용어를 사용하여 표시하는 것으로서 다음의 것을 말한다.

① **영양성분 함량강조표시** : 영양성분의 함유사실 또는 함유정도를 무○○, 저○○, 고○○, ○○함유 등과 같은 표현으로 그 영양성분의 함량을 강조하여 표시하는 것을 말한다.

② **영양성분 비교강조표시** : 영양성분의 함유사실 또는 함유정도를 덜, 더, 강화, 첨가 등과 같은 표현으로 같은 유형의 제품과 비교하여 표시하는 것을 말한다.

(14) "영양성분 기준치"라 함은 소비자가 하루의 식사 중 해당식품이 차지하는 영양적 가치를 보다 잘 이해하고 식품간의 영양성분를 쉽게 비교할 수 있도록 식품표시에서 사용하는 영양성분의 평균적인 1일 섭취 기준량을 말한다.

(15) "주표시면"이라 함은 용기·포장의 표시면 중 상표, 로고 등이 인쇄되어 있어 소비

자가 식품 또는 식품첨가물을 구매할 때 통상적으로 소비자에게 보여지는 면을 말한다.

(16) "주원료"라 함은 법 제7조의 규정에 의한 식품의 기준 및 규격에서 정한 성분배합 기준이상의 원재료 또는 각각의 식품의 주용도, 제품의 특성 등을 고려하여 다른 식품과 구별, 특징짓게 하기 위하여 사용되는 원료를 말한다.

(17) "복합원재료"라 함은 2종류 이상의 원재료 또는 성분으로 제조 · 가공한 식품으로써 다른 식품의 원료로 사용되는 것을 말한다.

(18) "품목보고번호"라 함은 식품위생법 제37조에 따라 제조 · 가공업 영업자가 관할기관에 품목제조를 보고할 때 부여되는 번호를 말한다.

2. 제조연월일의 표시 기준

제조연월일은 이하 "제조일"로 표시할 수 있다.

(1) 표시대상 식품

① 즉석섭취식품 중 도시락, 김밥, 햄버거, 샌드위치
② 설탕
③ 식염
④ 빙과류
⑤ 주류(다만 맥주, 탁주 및 약주는 제외한다)

(2) 표시방법

① 제조일은 "○○년 ○○월 ○○일", "○○.○○.○○", "○○○○년 ○○월 ○○일" 또는 "○○○○.○○.○○"의 방법으로 주표시면 또는 일괄표시면에 표시하여야 한다.
② 제조일을 주표시면 또는 일괄표시면에 표시하기가 곤란한 경우에는 해당위치에 제조일의 표시위치를 명시하여야 한다.
③ 수입되는 식품 등에 표시된 수출국의 제조일의 "연월일"의 표시순서가 기준과 다를 경우에는 소비자가 알아보기 쉽도록 "연월일"의 표시순서를 예시하여야 한다.

(3) 표시대상 식품별 세부표시기준

① 즉석섭취식품 중 도시락, 김밥, 햄버거, 샌드위치

제조일과 제조시간을 함께 표시하여야 한다.

② 음료류(유산균음료 및 살균유산균음료는 제외한다)

병마개에 표시하는 경우에는 제조 "연월" 만을 표시할 수 있다.

③ 빙과류

제조 "연월" 만을 표시할 수 있다.

④ 주류

제조번호 또는 병입연월일을 표시한 경우에는 제조일자를 생략할 수 있다.

⑤ 자연상태의 농 · 임 · 수산물 등 제조일자 표시대상 식품이 아닌 식품에 제조일자를 표시한 경우에는 표시된 제조일자를 지우거나 변경하여서는 아니 된다.

7.3 영업장 마감하기

수행준거

1. 일일 마감장부를 작성할 수 있다.
2. 현금을 마감할 수 있다.
3. 습득물 발생 시 보관하고 습득물 대장을 작성할 수 있다.
4. 안전수칙에 따라 출입문의 장금 상태를 설정할 수 있다.

1 영업 정산 보고서 작성

1. 영업 정산 보고서(Log book)

(1) POS(Point of Sales : 판매시점 관리 시스템) 시스템의 특징 및 기능

판매시점에서 영업장의 메뉴 리스트 정보를 입력함으로써 신속성, 간편성, 정확성을 갖춘 정보를 분석하고 활용 가능하며, 개별 메뉴리스트에 대한 메뉴명, 매출금액, 매출수량 등을 실시간 처리할 수 있다. 또한 포스(POS) 터미널로부터 수집된 정보는 영업매장이나 본부로 보내져 취합된 후 가공되어 상품의 메뉴별 영업장 재고를 파악하고 손실관리, 원가를 확정하는 등의 경영전반의 의사결정에 중요한 자료로 활용되어지기도 하며, 점포에 내점 구매하는 고객의 성향을 파악하여 판매정책 수립에 활용, 프로모션 정책 수립 등의 판매정책 수립의 근거를 마련한다.

현재 포스는 종합정보시스템으로서 영업정보 외에 구매, 인사 데이터, 재무 · 회계, 등을 포함하고 있고 인터넷을 기반으로 하여 진보화된 시스템이 지속적으로 등장하고 있어 종합정보시스템으로의 발전 가능성이 높다. 더 자세한 내용은 「식음료주문」의 '주문내용 POS 입력 및 확인'에서 포스 시스템의 정의와 광의적 역할, 특징, 포스 시스템의 기기 및 주요 용어, 포스 시스템 사용 키 등에 대해서 자세히 다루고 있다.

(2) 포스(POS) 시스템의 지원 기능

다양한 포스 시스템 제품이나 회사에 따라 그 기능은 다양할 수 있다. 그래서 식음료 영업장에서 사용하고 있는 포스 시스템의 매뉴얼을 학습하고 숙지하여 맡은 부서의 업무에 차질이 없도록 해야 한다.

① **예약관리** : 예약 접수, 예약자 관리, 인원수 조정, 주문메뉴 등록, 예약 테이블 지정, 예약 알림시간지정 등을 관리한다.

② **정산관리** : 매출 집계표, 매출내역, 카드 매출내역, 시재확인, 테이블 집계, 시간별 집계, 주문취소 내역, 원가대비 매출현황, 주간판매 시재점검 등을 관리한다.

③ **계산관리** : 현금 계산, 신용카드 계산, 현금 + 카드 계산, 외상 계산, 청구 계산서 출력, 할인율(DC : Discount) 처리 등을 관리한다.

④ **통계관리** : 일일 집계표, 매입처 현황, 미결재 현황, 회원별 판매 현황, 재고 현황, 부족재고 현황, 품목별 현황, 시간별 집계표 등을 관리한다.

⑤ **시재관리** : 시재입금, 시재정산, 시재 입출입내역, 출금, 경비지출 등을 관리한다.

⑥ **일반관리** : 인건비 등록, 근무자별 인건비 등록, 인건비 처리, 경비과목 등록, 경비처리, 자재 등록, 자재매입, 자재매입 정산 등을 관리한다.

⑦ **주문관리** : 메뉴등록, 메뉴주문, 포장주문, 배달주문, 선불주문, 테이블 이동, 순번표 발행, 주문시간 체크 등을 관리한다.

⑧ **회원관리** : 회원카드, 포인트(Point) 적립, 할인회원, 생일 기념일 관리, 이메일서비스, 봉투출력, 회원 광고 우편물(DM : Direct Mail) 라벨, 회원별 매출 실적, 회원별 매출 순위 등을 관리한다.

⑨ **신용카드관리** : 다중사업자 사용승인, 각 카드결재 행사(신용카드 부가 통신 사업자), VAN(Value Added Network)사별 모듈(Module)지원, 카드사별 매출 현황, 카드사별 수수료 등을 관리한다.

⑩ **종사원 관리** : 영업장 종사원의 사원카드 관리, 출퇴근 관리, 외출 및 복귀 관리, 근무자별 일일 근태내역, 기간별 근태내역 등을 관리한다

2. 식음료 부문의 계산서(Bill)

(1) 계산서(Bill)의 개념

① 영업장의 계산서가 갖는 의미는 고객에게 식음료 상품을 판매한 후 금액을 청구하기 위한 영수증의 개념이다.

② 계산서는 식음료 영업장에서 거래되는 모든 거래 내역과 금액을 기록하고 기업의 재무 보고서를 작성하는 데 필요한 기초 자료로서의 기능을 가지고 있기 때문에 중요한 의미를 가진다.

(2) 계산서의 내용

① 레스토랑명
② 계산서 번호(Bill No.)
③ 테이블 번호(Table No.)
④ 고객 수
⑤ 사원 번호
⑥ 메뉴명
⑦ 수량
⑧ 메뉴코드(Menu Code)
⑨ 봉사료(Service Charge)
⑩ 부가세(VAT), 합계
⑪ 지불 방법 : 현금, 신용카드, 후불(City Ledger), 객실 이체(Room Charge) 등
⑫ 호텔의 경우에는 후불 처리 시 객실 번호, 고객 서명, 거래처 기입란 등이 구성되어있다.

(3) 계산서(Bill)의 관리

① 계산서는 고객 영수증으로도 중요하지만 호텔 혹은 레스토랑 내부의 관리를 위한 감사용으로도 사용되며 세무용으로써 매출의 근거 자료가 되기 때문에 보다 철저한 관리를 해야 한다.

② 식음료 계산서를 관리하는 가장 중요한 목적은 계산서가 재무 자료의 기초 자료가 됨으로써 회계의 근본이 되기 때문이다.

③ 계산서의 오용으로 인한 수익의 결손을 방지하는 것이다.

④ 식음료 계산서의 발행, 사용 및 기록에 대한 적절한 통제와 감독에 대한 절차가 수립되어야 한다.

⑤ 최근에는 종합정보 시스템의 연구와 개발로 발전이 급속도로 되어, POS 시스템의 다양한 기능으로 메인 서버에 계산서의 매출 기록이 자동으로 저장 관리되기 때문에 사용된 카본지 중 호텔 경우 객실로 이체한 계산서(Room Charge)와 신용카드로 계산된 계산서, 후불(City Ledger) 처리된 계산서 등의 관리만을 필요로 하는 경우가 대부분이다.

(4) 식음료 업장 회계원(Food & Beverage Cashier)

식음료 업장 회계원(Food & Beverage Cashier)은 영업 부분에서 영업 활동을 돕는 영업 실무 회계 담당자이며, 수행업무는 다음과 같다.

① 모든 식음료 매출액에 대한 계산서 작성

② 현금 및 후불 정산 매출액 회계 처리

③ 현금 및 시재금(House Fund) 관리

④ 일일 영업보고서

⑤ 완료된 계산서 또는 미사용 계산서 관리

⑥ 매출액 할인 보고서와 종업원 공무 / 접대 계산서(Entertainment Expenses Receipt)의 보고서 작성 등의 업무

- ▸ 영업을 위한 준비
- ▸ 시재금(House Fund) 관리
- ▸ 수납 업무에 필요한 시재금 및 잔돈 준비

4. 영업마감 장부(수납원 직무분장)

(1) 주문서 체크(Order Slip Check), 입력(Posting)

① 테이블(Table)별 주문서(Order Slip) 분류

② 입력(Posting) : 메뉴, 가격, 테이블(Table) 확인

③ 입력(Posting) 확인

(2) 계산

① 서비스 직원들이 고객의 테이블(Table) 번호를 확인시켜주면 테이블 번호를 픽업(Pick-Up)

② 고객에게 지불방법(Cash, Card) 문의

③ 계산 서비스

5. 수납 서비스

(1) 판매시점 관리 시스템(POS : Point of Sales), 오픈(Open)

① POS(Point of Sales)를 오픈(Open)할 경우에는 POS 맨 하단에 있는 키(Key)를 누른다.

② 담당자 코드 : 비밀번호를 눌러 확인을 누른다.

(2) 주(Main) 화면은 테이블(Table) 현황 화면이다.

① 현재 사용 중인 테이블(Table)은 파란색, 사용할 수 없는 테이블(Table) 빨간색으로 표시된다.

② 기능키(Key)

- 좌석 이동 : 이동하고자 하는 테이블(Table) 선택(From), 이동할 테이블(Table) 선택(TO)
- 사용해제 : 테이블(Table) 선택
- 메뉴 이동 : 이동하고자 하는 테이블(Table) 선택(From), 이동할 테이블(Table) 선택(TO)

③ 현재 사용 중인 테이블(Table)을 선택하면 메인(Main) 화면에서 그 상세 내역을 볼 수 있으며, 새로 추가 주문을 받을 수 있다.

(3) 테이블(Table) 입력 시 기본적인 입력사항

① 인원수를 정확하게 입력(Posting)한다.

② 내 · 외국인을 구분한다.

③ 메뉴에 없는 품목인 오픈 푸드(Open Food) 사용 시, 계산서(Bill) 상에 메뉴품목(Item)을 적어준다.

6. 영업보고서 작성하기

(1) 영업 마감장부 작성요령을 숙지한다.

(2) 영업 종료 후 매출 마감 보고서에 따라 일일영업 마감에 적용한다.

(3) 영업 마감 시 식음료 서비스 매뉴얼에 따라 전표를 정리한다.

(4) 매출 금액과 실제 정산 금액이 일치하는지 여부를 꼼꼼하고 정확하게 확인한다.

(5) 식음료 서비스 매뉴얼의 지정된 양식에 따라 매출 마감 보고서를 작성한다.

(6) 전표와 매출금을 재무담당부서나 회계부서 및 경리부서에 이관 및 입금한다.

(7) 식음료 서비스 매뉴얼에 따라 당일 영업 및 전달 사항을 로그 북에 작성한다.

2 습득물 처리 관리

1. 습득물 대장의 정의

고객이 놓고 간 습득물은 사소하고 보잘 것 없는 것이라도 절대로 소홀히 다루거나 관리해서는 안 된다. 만일 고객의 소지품을 습득했다면 종사원은 반드시 고객에게 신속, 정확, 안전하게 전해지도록 최선을 다해 조치하여야 하며, 습득물 처리 절차 순서는 첫번째 보관, 두번째 문서처리, 세번째 주인 불명의 습득물 처리 순이다. 이때 습득물 대장을 기록해야 하는데 습득물 대장은 영업장 내에서 고객이 소지품을 분실하였거나 두고 간 모든 물건들에 대하여 문서화하여 안전하게 보관 · 처리하고, 본인에게 반환하거나 법에 따라 처분하는데 그 목적이 있다.

(1) 절차

① 고객이 놓고 간 모든 물건들은 가격 고하를 막론하고 습득일로부터 일정기간 일반적으로 보통 3개월 보관해야 하며 그 이전에는 처분할 수 없다.

② 모든 식음료 종사원은 식음료 영업장 내에서 발견하고 습득한 물건에 관하여 반드시 습득경로와 함께 관리 책임자에게 전달한다.

③ 습득물에 대한 문의전화는 모두 관리 책임자에게 일임되어야 하며 그 이외의 사람은 이에 대한 정보나 회답을 해서는 안 된다.

(2) 보관

① 모든 습득물에 한 보관소는 안전 자물쇠로 항상 채워 놓아야 한다.

② 현금 및 고가의 귀중품은 영업장의 안전금고에 보관하도록 한다.

(3) 문서처리

① 모든 분실물 및 습득물은 분실물관리대장(L/F : Lost & Found) 전표(Slip)를 작성하도록 한다.

② 습득물은 각각 꼬리표(Tag)에 자료를 기입하여 분별할 수 있게 한다.

③ 물품 반환 후 담당 직원은 습득물 인계부서에 전표(Slip)를 작성 날인 후에 전표를 통하여 장부를 정리한다.

④ 전표는 물건 반환 후 6개월 이상을 보관한다.

⑤ 고객으로부터 받은 분실물 및 습득물에 대한 문의 및 회답은 관리 책임자가 하도록 한다.

⑥ 관리 책임자는 식음료 영업장에 비치된 분실물 및 습득물 장부에 기록하여 추후 해당 종사원에게 환기시켜 물품 발견의 유 · 무를 확인한다.

⑦ 습득물은 본인이 날인한 우송 청구서가 있기 전에는 임의로 우송하면 안 된다.

⑧ 우송은 등기우편을 원칙으로 한다.

(4) 주인 불명의 습득물 처리

① 주인 불명으로 인계된 분실물 및 습득물은 관계법령에 의거하여 처리하여야 한다.

② 법이 허용하는 범위 내에서 발견 보고한 서비스 종사원에게 되돌려 준다는 것은

정직을 장려하는 뜻으로 포상의 대가로 간주할 수 있다.

2. 분실물과 습득물 처리요령

(1) 고객의 분실물 신고가 있을 때는 이를 관리 책임자에게 즉시 보고하고 관리 책임자는 분실 당시의 시간, 장소, 상황 등을 구체적으로 확인한다.

(2) 분실물이 즉시 발견되지 않을 때는 추후 연락을 취할 수 있도록 고객의 연락처를 받아둔다.

(3) 분실물을 발견 시 관리 책임자에게 보고하고, 고객과 연락이 곧바로 되면 즉시 알려주거나 전달하도록 조치하며, 고객과의 연락이 불가능할 때는 습득물 보관 절차에 따라 관리한다.

(4) 습득물은 식음료 영업장에서 규정한 장소에 보관해야 하며, 습득한 시간이나 장소, 발견자 성명 등을 정확히 기록하여 고객이 찾아갈 경우에는 이를 확인 대조하여 차후 불미스러운 일이 발생되지 않도록 철저하게 기록을 유지 · 관리해야 한다.

연습문제

01. 재고조사할 때 점검해야 할 사항이 아닌 것은?

① 장부상의 내용과 실사의 결과가 일치하는지를 확인한다.

② 예약 장부의 예약 사항을 확인하여 익일 영업에 필요한 사항을 준비한다.

③ 재고회전율과 잔존일수도 어느 정도인지 파악한다.

④ 적정재고가 유지되고 있는지 점검한다.

02. 식음료 영업장 회계원의 주된 업무가 아닌 것은?

① 적정재고가 유지되고 있는지 점검한다.

② 매출액에 대한 계산서를 발행한다.

③ 일일 매출액의 영업보고서를 작성한다.

④ 고객에게 정산을 받는다.

03. 표시대상 식품별 세부표시기준으로 잘못된 것은?

① 즉석섭취식품 중 도시락, 김밥, 햄버거, 샌드위치 : 제조일과 제조시간을 함께 표시하여야한다.

② 음료류(유산균, 살균유산균음료는 제외) : 병마개에 표시하는 경우에는 제조 "연월" 만을 표시할 수 있다.

③ 빙과류 : 제조 "연월" 만을 표시할 수 있다.

④ 주류 : 제조번호 또는 병입연월일을 표시한 경우에도 제조일자를 생략할 수 없다.

04. POS시스템의 특징 및 기능에 대하여 잘못 설명한 것은?

① 신속성, 간편성, 정확성을 갖춘 정보를 분석하고 활용 가능하다.

② 개별 메뉴리스트에 대한 메뉴명, 매출금액, 매출수량 등을 실시간 처리할 수 있다.

③ 점포에 내점, 구매하는 고객의 성향, 고객의 개인정보 등을 파악하여 판매정책 수립에 활용, 프로모션 정책 수립 등 판매정책 수립의 근거를 마련할 수 있다.

④ POS터미널로부터 수집된 정보는 경영전반의 의사결정에 중요한 자료로 활용될 수 있다.

05. 다음은 POS의 기능 중 어떤 기능에 대한 설명인가?

> 인건비 등록. 근무자별 인건비 등록, 인건비 처리, 경비과목 등록, 경비처리, 자재 등록, 자재 매입, 정산 등을 관리한다.

① 일반관리 ② 회원관리
③ 종사원 관리 ④ 통계관리

06. 계산서의 내용에 포함되지 않는 것은?

① 레스토랑명 ② 봉사료
③ 지불방법 ④ 고객성함

07. 고객이 놓고 간 모든 물건들은 가격 고하를 막론하고 습득일로부터 얼마의 기간 동안 보관해야하는가?

① 1개월 ② 2개월
③ 3개월 ④ 4개월

정답

1	2	3	4	5	6	7
②	①	④	③	①	④	③

Chapter 08

식음료 영업장 위생·안전 관리

식음료 영업장 위생 안전 관리는 식음료서비스 활동의 수행에 있어서 필요한 개인위생 점검, 시설위생 관리, 안전 관리를 하는 능력이다.

8.1 시설위생 관리하기

수행준거

1. 자외선 살균기 등 위생기기를 작동할 수 있고, 위생관리에 활용할 수 있다.
2. 다양한 위생기기를 사용하여 식음료영업장의 전반적 청결 및 위생관리를 할 수 있다.
3. 테이블, 의자, 창문, 바닥, 상품, 진열장, 수납공간, 화장실의 청결 및 위생관리를 할 수 있다.

1 영업장 시설 위생 관리

1. 위생관리(Sanitary Supervision)

(1) 위생관리

위생관리란 사람에게 안전한 음식물을 제공하기 위한 중요한 관리업무의 하나라고 정의 한다. 또한 기업의 노동력과 생산력의 유지 및 노동자의 복지문제를 해결하기 위해서 노동자의 질병방지, 노동 작업으로 인한 건강장애 등의 예방과 치료 등과 같은 건강관리를 위생적인 입장에서 하는 관리기법이다. 위생관리의 유의점 등에 대해서는 식품위생법 및 노동안전위생법 등의 관계법령으로 규정되어 있고 위생관리의 대상은 사람과 물건 및 식품과 시설·설비 등을 들 수 있다. 또한 위생관리의 내용은 질병의 조기 발견과 치료, 건강진단, 발병할 우려가 있는 사람에 대한 적절한 처치 및 예방 등과 동시에 위생적 관점이나 노동조건 관점에서 본 노동환경의 개선을 포함하는 종합적인 계획과 실행의 내용이 포함 되어 있다.

(2) 멸균과 소독

① 살균

미생물을 사멸시키는 것을 살균 작용이라고 한다. 살균 작용은 균체의 기계적

파괴, 단백질의 변성 등 균체 구성 성분의 비 특이적인 물리적 · 화학적 변화에 의한 것이 많다.

② 멸균

멸균은 목표로 하는 물체 중에 함유되어 있는 모든 미생물을 제거하여 완전히 무균 상태로 하는 것을 말한다.

③ 소독

소독은 대상물 중의 병원 미생물만을 제거하여 감염 될 위험성을 제거하는 것으로 비병원균이나 세균포자는 살아 있는 경우가 많다.

2. 식음료 영업장의 위생관리

(1) 소독 관리

「감염병 예방 및 관리에 관한 법률」 제51조 소독의 의무에 따르면 식품접객업소(연면적 $300m^2$ 이상)는 법 규정에 의하여 정기적으로 소독을 실시하여야 하며, 법 규정에 따른 식음료 영업장에 해당되는 소독은 질병매개곤충의 방제, 쥐의 방제, 소독약품사용법 등이 있다.

① 소각

적극적 소독 행위로써, 오염되었거나 오염이 의심되는 소독대상 물건 중 소각해야 할 물건을 불에 완전히 태운다.

② 증기소독

유통증기를 사용하여 소독기 안의 공기를 빼고 1시간 이상 섭씨 100° 이상의 습열 소독을 하는 것을 증기소독이라고 한다. 만약 증기소독을 할 경우 대상 물품이 더럽혀지고 손상될 우려가 있다면 다른 방법으로 소독을 해야 한다.

③ 끓는 물 소독

소독할 물품을 30분 이상 섭씨 100° 이상의 물속에 넣어 살균하는 방법이다.

④ 약물소독

약품을 소독대상 물건에 직접 분무하여 소독하는 방법으로 대상 물건에다 약품을 뿌린다.

⑤ 일광소독

침구, 의류, 용구, 서류, 도서 등과 같은 물품들을 ①부터 ④까지에 따른 소독 방법을 따를 수 없는 경우 햇빛을 이용하는 일광소독을 해야 한다.

(2) 자외선 살균기

자외선 살균기란 자외선을 이용하여 미생물을 사멸시키는 방법의 기구를 말한다. 특히 자외선의 파장에 따라 살균효과가 달라지는데 250~260nm 자외선 파장이 가장 살균효과가 있고, 이는 근자외선 파장인 300~400nm 보다 1000배에서 10000배까지 살균효과가 있다. 이 원리를 이용하여 식품위생관리에 이용되도록 만들어진 기구가 자외선 살균기라고 부른다.

자외선 살균은 실질적으로 자외선이라는 빛을 쬐어야 균이 죽게 된다. 즉, 살균되어야 할 부분에 자외선이 비쳐야 하기에 접시, 컵 등과 같이 살균할 물품을 뒤집어 놓으면 실제 사람이 이용해야 하는 부분은 살균이 되지 않으므로, 컵 등과 같이 굴곡이 있는 식기는 자외선이 쬐일 때, 자외선이 골고루 쬐일 수 있도록 신경 써야 한다. 이때 회전되도록 고안된 자외선 살균기를 사용하면 소독 대상 물건에 골고루 자외선이 쬐어져서 효과적인 살균이 가능하다.

(3) 질병매개곤충 방제(防除)

살충제 처리가 된 창문스크린이나 모기장을 사용하여 방제해야 한다. 또한 창문스크린이나 모기장에 손상이나 파손이 없는지 항상 점검해야 한다.

(4) 쥐의 방제

일차적으로 음식물 찌꺼기 통이나 쓰레기통의 용기를 밀폐하거나 뚜껑을 덮어 먹이 제공을 방지해야 하며, 이차적으로 건물의 출입문, 외벽, 외벽과 창문, 환기통, 배관 및 전선 등을 통하여 쥐가 침입하지 못하도록 방서처리(防鼠處理)를 해야 하며, 관리에 소홀하지 않도록 정기적으로 점검해야 한다.

(5) 살균 살충제의 사용

살균·살충·구서 등의 소독에 사용하는 상품화된 약품은 「약사법, 2015」 제2조제7호 다목에 해당하는 의약외품으로써, 식품의약품안전처장의 허가를 받은 제품을 용법 · 용량에 따라 안전하게 사용해야 한다.

3. 식음료 영업장내 주요 시설 및 장소의 위생관리

(1) 테이블 위생관리

① 테이블 클로스는 항상 깨끗이 세척 된 새것을 깔아야 한다.
② 테이블에 식음료가 떨어졌을 경우, 물걸레로 닦아낸다.
③ 오염의 위험이 있을 경우, 83% 이상 에탄올을 묻혀 오염물질을 완전히 제거한다.
④ 오염이 진행된 것은 먼저 차아염소산 나트륨 1% 용액으로 소독한 후, 용액을 완전히 닦아낸다.

(2) 의자 위생관리

① 의자커버는 항상 깨끗이 세척된 새것을 씌워야 한다.
② 의자에 식음료가 떨어졌을 경우, 물걸레로 닦아낸다.
③ 오염의 위험이 있을 경우, 83% 이상 에탄올을 묻혀 오염물질을 완전히 제거한다.
④ 오염이 진행된 것은 먼저 차아염소산나트륨 1% 용액으로 소독한 후, 용액을 완전히 닦아낸다.

(3) 창문, 바닥 위생관리

① 창문 틈에 먼지와 이물질이 없도록 물걸레로 깨끗이 청소한다.
② 창은 마른걸레와 유리세정제를 이용하며, 청소하여 맑게 유지한다.
③ 바닥은 청소기를 이용하여 먼지가 나지 않게 오물을 제거한 후, 깨끗한 물걸레로 닦아낸다.
④ 바닥에 오물이 떨어졌을 경우, 오물을 완전히 제거한다.
⑤ 오염의 위험이 있을 경우, 에탄올이나 차아염소산 나트륨을 이용해서 소독한다.

(4) 상품 진열대 위생관리

① 상품진열대에 먼지가 없도록 물걸레로 청소한다.

② 물걸레 청소 시, 상품 진열대에 물걸레의 물기가 남아있지 않도록 조심한다.

③ 유리로 된 상품진열대는 유리세정제와 마른걸레를 이용하며, 맑고 깨끗한 표면을 유지해야 한다.

(5) 수납공간 위생관리

① 수납공간에 먼지가 없도록 물걸레로 청소한다.

② 물걸레 청소 시, 수납공간에 물걸레의 물기가 남아있지 않도록 조심한다.

③ 수납공간에는 음식물 재료 등은 보관하지 않는다.

④ 오랫동안 쓰지 않는 물품은 일정기간 한정을 두며, 선입선출법(FIFO)에 의해 폐기한다.

(6) 화장실 위생관리

① 화장실은 대장균과 같은 병원균 등에 의해 오염이 생길 수 있는 곳 이므로, 각별히 신경 써서 청결을 유지해야 한다.

② 화장실 출입구에는 세척, 소독, 건조, 설비를 구비하여 항상 청결을 유지할 수 있도록 한다.

③ 화장실 소독에 사용하는 약제는 의약외품으로써 식품의약품안전처장의 허가를 받은 제품이어야 하고 사용 시, 사용 용법과 용량에 따라 안전하게 취급해야 한다.

④ 가능하면 고객과 서비스 종사원의 화장실을 구분한다.

8.2 영업장 안전관리하기

수행준거

1. 식음료 영업장에 불필요한 이물질 흡입을 사전에 차단하여 안전성을 확보할 수 있다.
2. 병원균 오염 등 다양한 위급한 상황으로부터 영업장을 안전하게 보호 관리 할 수 있다
3. 식음료 영업장에서 발생할 수 있는 화재를 방지하고 소방시설, 방화시설 설치기준을 알 수 있다.
4. 식음료 영업장에서 발생할 수 있는 응급상황으로서 화상, 베임사고, 낙상을 예방, 응급조치 할 수 있다.
5. 심폐소생술, 하인리히법, 지혈법 등을 써서 응급상황에 대한 조치를 할 수 있다.

1 안전 관리

1. 이물질 흡입 차단을 통한 식음료 영업장 안전관리

(1) 이물질 흡입의 정의

이물질 흡입이란 사전적의미로 “정상적이지 아닌 다른 물질이 일정한 장소로 들어오는 것”이라고 정의 할 수 있다.

(2) 이물질 흡입 경로와 차단 방법

식음료 영업장 및 영업장에서 사용하는 물품을 보관하는 장소는 쓰레기 야적장, 공중 화장실 및 가축사육시설 등에서 충분히 떨어진 곳에 위치하여야 하고 시설과 설비는 설치 후에는 거의 고정적이므로 설계과정에서부터 이물질 흡입 차단과 오염 방지나 방제 등과 같이 위생의 위해가 없도록 고안되어져야 한다. 또한 작업 과정을 위생적으로 관리할 수 있도록 하기 위해 불결한 작업과 청결한 작업이 상호 교차하지 않도록 설계하여야 한다.

① 식품위생을 고려한 설계란 식음료 영업장, 식음료 재료 보관, 가공장 등의 식품과 관련된 시설을 일반적인 청소방법으로도 효과적으로 제거할 수 있게, 또한 위생상의 위해가 없도록 설계함을 의미한다.

② 작업동선을 설계 할 때의 원칙

- 서비스 종사원이 움직이는데 가장 짧은 거리가 되게 한다.
- 서비스 종사원의 움직임의 소요시간이 가장 적게 들어야 한다.
- 서비스 종사원이 식음료를 접대 후, 접대하는 장소에서 원위치로 돌아오는 길에 위험이 교차하지 않도록 설계한다.

③ 영업장 바닥

- 식음료영업장의 바닥은 물건이 떨어졌을 시 충격을 잘 견딜 수 있게 견고해야 한다.
- 바닥의 표면은 오물을 제거하는 데 용이하여야 한다.
- 전기 청소기 사용 시 오물이나 오염물 제거에 효과적이어야 한다.
- 화제의 위험을 막을 수 있는 방염처리를 해야 한다.
- 바닥면은 이물질이 끼지 않도록 매끄럽고 균일하게 설비되어야 한다.

④ 영업장 벽과 천정

- 시멘트로 메운 곳은 매끈하고 틈이 없어야 쥐나 바퀴벌레 등과 같은 위생동물의 침투를 막을 수 있다.
- 청소 시 오물이 효과적으로 제거되도록 재질이나 구조가 고안되어야 한다.
- 화제의 위험을 막을 수 있는 방염처리를 해야 한다.
- 방수성이 강하게 시공을 해야 한다.

⑤ 식음료 접대 용기 보관 창고

- 출입구는 빈틈이 없어야 한다.
- 출입구와 문은 서로 견고하게 짜여 있어야 한다.
- 문은 자동적으로 닫히는 문 또는 위에서 내려오는 차단 문(Screen Door)으로 되어 있어야 한다.
- 바닥은 방수성이고 미끄럽지 않아야 하며, 세척제에 잘 견뎌야 한다.

⑥ 벽 선반

- 벽은 에폭시수지, 스테인레스 스틸, 에나멜 페인트 및 광택 타일로 마감되어야 한다.
- 선반과 탁자의 상판은 부식성이 없는 재료로 만들어진 것을 사용하며, 식품과 접촉된 후에도 물과 세제로 쉽게 청소할 수 있어야 한다.

⑦ 화장실

- 식품위생법에 규정된 대로 내수성 자재로 설비한다.
- 내수성 자재는 식품위생법의 규정을 따른다.
- 화장실의 모든 시설은 내수성 재질로 하여 청결하게 유지 및 관리에 편리해야 한다.
- 가능하다면 고객용과 종사자용의 화장실을 분리하여 설치한다.

2. 병원균 오염 차단을 통한 식음료 영업장 안전관리

(1) 병원균 오염의 정의

병원균 오염의 정의는 질병을 유발하는 세균과 바이러스 등의 병원성 미생물에 의해 감염되는 것을 말한다.

(2) 병원균 오염의 경로와 차단 방법

① 물

- 물은 병원균을 전파하는 매개체가 되고 미생물 증식 환경 조건 중 하나이다.
- 깨끗하여 음용 가능하여야 하며, 미생물 등에 감염되지 않은 상태여야 한다.
- 충분한 수압을 유지하여야 하며, 청소설비에 사용 가능하여야 한다.
- 정기적으로 수질관리와 점검이 필요하다.

② 배관

- 잘못된 수도관련 배관은 물을 오염시켜 장티푸스, 콜레라, 이질 등과 같은 전염성 질병을 유발시키는 원인이 될 수 있다.
- 수도관련 배관의 교차 연결에 의한 역류 및 하수가 병원균 오염의 위험요소가 된다.

교차연결이란 깨끗한 물의 수도꼭지가 싱크대에서 너무 낮게 설치되어 있으면, 깨끗한 물의 압력이 더러운 물의 압력보다 낮은 조건이 되어, 깨끗한 물 쪽으로 더러운 물이 빨려 들어가는 역류 현상이 발생할 수 있는 연결을 말한다.

③ 하수

- 모든 하수관 용량을 충분히 한다.
- 하수 찌꺼기를 제거하여 하수가 넘쳐흐르지 않도록 한다.
- 깨끗하지 못한 물이 흐르는 관들, 화장실이나 싱크대에서 나오는 관들은 구별되어야 한다.
- 냉장고와 냉동고 등에서 바깥으로 나오는 응축수의 배출구는 직접 하수라인에 접촉되게 해서는 안 된다.
- 하수 발생원에서의 처리가 중요하고 필요하다.

④ 조명

- 조명등이 깨졌을 때 유리조각이 사람인체와 관계되는 곳이나 식음료나 식기 등에 떨어지지 않도록 위치를 잘 설정하여 설계 및 설비 되어져야 한다.
- 조명등을 식품 근처에 부득이 설치해야 할 경우, 부서지지 않는 전구를 사용하거나 조명등 커버를 한다.

⑤ 환기

- 외부공기가 유입되게 할 때는 벌레나 균의 침입을 막기 위해 미세한 망을 통과하여 들어오게 한다.
- 식음료 조리장은 반드시 환기 시설을 설치해야한다.
- 식음료 조리장에는 외부의 바람이 조리장을 가로질러 가는 일이 없도록 한다.
- 주변이 청결하지 못한 곳에서 설비 된 식음료 조리장의 경우, 외부공기가 유입되어 식품 및 조리장을 오염시킬 수 있으므로 공기 여과시설을 설치하여 여과된 깨끗한 공기를 조리장에 송풍하도록 한다.

2 응급상황 조치

1. 식음료 영업장 법적 안전 관리 기준

(1) 다중 이용 업소

「다중이용업소의 안전관리에 관한 특별법 시행령(약칭 : 다중이용업소법 시행령), [시행 2016.1.21.] [대통령령 제26916호, 2016.1.19., 타법개정]」 제2조에서 다중 이용업소에 대해 휴게 음식점, 단란주점 영업, 유흥주점영업, 비디오물 소극장업, 복합영상물 제공 등 불특정 다수인이 이용하며, 영업 중 화재 등 재난 발생 시 생명, 신체, 재산상의 피해가 높은 곳으로서 이 중 하나에 해당하는 것이라고 정의하고 있다. 이 중 식품 접객업은 제2조 1항에 의거 「식품위생법 시행령」 제21조제8호에 따른 식품접객업 중 다음 각 목의 어느 하나에 해당하는 것이라고 정의하고 있다.

(2) 비상 피난 안내도 및 피난 영상물의 상영

「다중이용업소의 안전관리에 관한 특별법 시행령」 제12조 '피난안내도의 비치 또는 피난안내 영상물의 상영'에 의거 다중이용업주는 화재 등 재난이나 그 밖의 위급한 상황의 발생 시 이용객들이 안전하게 피난할 수 있도록 피난계단, 피난통로, 피난설비 등이 표시되어 있는 피난안내도를 갖추어 두거나 피난안내에 관한 영상물을 상영하여야 한다. 이에 따라 피난안내도를 갖추어 두거나 피난안내에 관한 영상물을 상영하여야 하는 대상, 피난안내도를 갖추어 두어야 하는 위치, 피난안내에 관한 영상물의 상영시간, 피난안내도 및 피난안내에 관한 영상물에 포함되어야 할 내용과 그 밖에 필요한 사항은 총리령으로 정한다.

피난 안내도의 크기 및 재질 설치 기준은 다음과 같다.

① **크기** : B4(257mm×364mm) 이상.(다만, 각 층별 영업장의 면적 또는 영업장이 위치한 층의 바닥 면적이 각각 400m^2 이상인 경우에는 A3(297mm×420mm) 이상)

② **재질** : 코팅 처리한 종이, 아크릴, 강판 등

(3) 다중 이용 업소 소방 시설

「다중이용업소의 안전관리에 관한 특별법 시행령」 제12조 제14조 '다중이용업소의 소방안전관리'에 의거 다중이용업주는 「소방시설 설치 · 유지 및 안전관리에 관한 법률」 제20조 제6항 제3호 및 제5호부터 제7호까지의 규정에 따른 소방안전관리업무를 수행하여야 한다.

① 소화설비

▸ 소화기 또는 자동 확산 소화기 : 영업장 안의 구획된 실(룸)마다 한 개씩 설치한다.

▸ 간이스프링클러설비(캐비닛형 간이스프링클러설비를 포함한다).

② 경보설비

▸ 비상벨설비 또는 자동화재탐지설비. 다만, 노래반주기 등 영상음향장치를 사용하는 영업장에는 자동화재탐지설비를 설치하여야 한다.

▸ 가스누설경보기. 다만, 가스시설을 사용하는 주방이나 난방시설이 있는 영업장에만 설치한다.

③ 피난설비

▸ 피난 기구 : 위치와 구종에 따라 적정한 기구를 비치한다.

- 미끄럼대
- 피난사다리
- 구조대
- 완강기

▸ 피난유도선. 다만, 영업장 내부 피난통로 또는 복도가 있는 영업장에만 설치한다.

▸ 유도등, 유도표지 또는 비상조명등 : 주 출입구 및 비상구에 유도등을 설치한다. 구획된 실에는 유도등, 유도표지, 비상조명등 중 하나를 설치한다.

▸ 휴대용 비상조명등 : 영업장 안의 구획된 실(룸)마다 한 개씩 설치한다.

(4) 다중 이용 업소 방화 시설

대통령령으로 정하는 용도 및 규모의 건축물의 안전 · 위생 및 방화(防火) 등을 위하여 필요한 용도 및 구조의 제한, 방화구획(防火區劃), 화장실의 구조, 계단 · 출입구, 거실의 반자 높이, 거실의 채광 · 환기와 바닥의 방습 등에 관하여 필요한 사항은 국토교통부령으로 정한다.

(5) 다중이용업의 실내장식물

「다중이용업소의 안전관리에 관한 특별법 시행령」 제10조 '다중이용업의 실내장식물'에 의거하면 다중이용업소에 설치하거나 교체하는 실내장식물(반자돌림대 등의 너비가 10센티미터 이하인 것은 제외한다)은 불연재료(不燃材料) 또는 준불연재료로 설치하여야 한다. 앞서 언급한 내용에도 불구하고 합판 또는 목재로 실내장식물을 설치하는 경우로서 그 면적이 영업장 천장과 벽을 합한 면적의 10분의 3(스프링클러설비 또는 간이스프링클러설비가 설치된 경우에는 10분의 5) 이하인 부분은 「소방시설 설치 · 유지 및 안전관리에 관한 법률」 제12조제3항에 따른 방염성능기준 이상의 것으로 설치할 수 있다. 또한 소방본부장이나 소방서장에 의해 다중이용업소의 실내장식물이 제1항 및 제2항에 따른 실내장식물의 기준에 맞지 아니하는 경우에는 그 다중이용업주에게 해당 부분의 실내장식물을 교체하거나 제거하게 하는 등 필요한 조치를 명하거나 허가관청에 관계 법령에 따른 영업정지 처분 또는 허가 등의 취소를 요청할 수 있다.

(6) 다중 이용 업소 그 밖의 안전시설

① 영상음향차단장치
② 누전차단기
③ 창문

(7) 식음료 영업장의 안전관리

식음료 영업장 업주는 해당 영업장에 설치된 「건축법」 제49조에 따른 피난시설, 방화구획과 같은 법 제50조부터 제53조까지의 규정에 따른 방화벽, 내부 마감재료 등을 「소방시설 설치 · 유지 및 안전관리에 관한 법률」 제10조제1항에 따라 유지하고 관리하여야 한다. 또한 「다중이용업소의 안전관리에 관한 특별법 시행령」 제9조 '다중이용업소의 안전관리기준 등'에 의거 다음의 내용의 안전관리 기준을 지켜야 한다.

① 다중이용업주 및 다중이용업을 하려는 자는 영업장에 대통령령으로 정하는 안전시설 등을 총리령으로 정하는 기준에 따라 설치 · 유지하여야 한다. 대통령령으로 정하는 영업장에는 소방시설 중 간이 스프링클러 설비를 총리령으로 정하는 기준에 따라 설치하여야 한다.

② 소방본부장이나 소방서장은 안전시설 등이 총리령으로 정하는 기준에 맞게 설치 또는 유지되어 있지 아니한 경우에는 그 다중이용업주에게 안전시설 등의 보완 등 필요한 조치를 명하거나 허가관청에 관계 법령에 따른 영업정지 처분 또는 허가 등의 취소를 요청할 수 있다.

③ 다중이용업을 하려는 자(다중이용업을 하고 있는 자를 포함한다)는 다음 각 호의 어느 하나에 해당하는 경우에는 안전시설 등을 설치하기 전에 미리 소방본부장이나 소방서장에게 총리령으로 정하는 안전시설 등의 설계 도서를 첨부하여 총리령으로 정하는 바에 따라 신고하여야 한다.

- ▸안전시설 등을 설치하려는 경우
- ▸영업장 내부구조를 변경하려는 경우로서 다음 각 목의 어느 하나에 해당하는 경우
  - 영업장 면적의 증가
  - 영업장의 구획된 실의 증가
  - 내부통로 구조의 변경
- ▸안전시설 등의 공사를 마친 경우
  - 소방본부장이나 소방서장은 제3항제1호 및 제2호에 따라 신고를 받았을 때에는 설계도서가 총리령으로 정하는 기준에 맞는지를 확인하고, 그에 맞도록 지도하여야 한다.
  - 소방본부장이나 소방서장은 제3항제3호에 따라 공사완료의 신고를 받았을 때에는 안전시설 등이 총리령으로 정하는 기준에 맞게 설치되었다고 인정하는 경우에는 총리령으로 정하는 바에 따라 안전시설 등 완비증명서를 발급하여야 하며, 그 기준에 맞지 아니한 경우에는 시정될 때까지 안전시설 등 완비증명서를 발급하여서는 아니 된다.

2. 안전사고에 대한 응급조치

(1) 화상사고에 대한 응급조치

① 화상의 정의

불이나 뜨거운 물, 화학물질 등에 의해 피부와 조직이 손상된 것을 화상이라고 하며, 일반적으로 증상에 따라 1도에서 4도로 구분한다. 화상의 정도를 파악

할 때는 화상을 입은 넓이와 깊이에 따라 중증도를 결정하며, 화상을 입은 부위와 연령적인 요소를 고려한다.

② 화상의 응급조치

▸ 화상의 정도와 깊이에 따라 응급조치가 달라진다.

▸ 열상 화상

- 화상이 더 이상 진행되지 않도록 환자를 안전한 곳으로 옮긴다.
- 환부를 흐르는 찬물로 15~30분 정도 식힌다.
- 수포가 발생하였거나 아기들의 경우에는 반드시 병원으로 즉시 후송한다.

▸ 흡입 화상

- 환자를 안전한 곳으로 옮긴다.
- 의복을 느슨하게 열고, 신선한 공기를 마실 수 있도록 한다.
- 호흡 또는 심장 정지가 발생한 경우에는 심폐소생술을 시작한다.
- 병원으로 이송한다.

▸ 화학 화상

- 즉시 흐르는 물이나 생리식염수로 화학물질을 제거한다.
- 화학화상은 3도 이상의 화상으로 간주하여 응급실을 방문한다.

▸ 전기 화상

- 상처 부위가 크고 작은 것과 달리 모든 전기 화상은 3° 화상이다.
- 전기로 인한 화상은 외견상 보이는 화상보다 심한 내상을 흔히 동반한다.
- 전기 감전 발생 시 함부로 환자를 직접 떼어내지 말고 일단 전기 스위치를 내려 전기공급을 중단하여야 한다.
- 화상이 더 이상 진행되지 않도록 환자를 안전한 곳으로 옮긴다.

(2) 베임 사고에 대한 응급조치

① 베임의 정의

베임이란 '예리한 물체에 의해 피부나 점막이 손상된 상태'라고 정의한다. 베임은 창상의 일종으로 가볍게 피부가 긁히는 정도에서 피부전체는 물론 신경, 근육, 혈관까지 파괴되는 등 증상의 정도와 유형이 매우 다르다. 창상관리의 기본원칙은 첫째는 지혈과 쇼크 예방이고, 둘째는 감염 가능성의 최소화라고 한다.

② 베임의 응급조치

▸ 비눗물로 절개부위를 세척한다.
▸ 깊은 상처인 경우에 세척하지 않는다.
▸ 멸균드레싱으로 덮는다.
▸ 깊은 상처로 인해 다량의 출혈과 지혈이 되지 않을 경우 119에 신고한다.
▸ 119응급조치에 인계될 때까지 최대한 지혈한다.
▸ 멸균드레싱으로 상처를 덮은 후 119 응급조치에 인계한다.

(3) 낙상 사고에 대한 응급조치

① 낙상의 정의

낙상이란 자신의 의지와 관계없이 갑자기 넘어져서 뼈와 근육 즉, 근골격계 등과 같은 신체에 상해를 입는 사고를 말한다. 낙상 사고는 주로 노인들에게 많이 발생하지만 젊은 사람들도 자주 낙상 사고를 당하여 해마다 발생률이 늘어나고 있는 추세이다.

② 낙상의 응급조치

▸ 고객이 낙상한 장소에 그대로 두고 심하게 다친 곳이 없는지 살핀다.
▸ 의식이 없으면 즉시 119나 구급차를 부른다.
▸ 의식이 있으면 아픈 곳이 있는지 묻고 머리, 팔, 다리, 엉덩이를 차례로 보면서 부위가 이상하거나 형태가 변한 곳이 있는지 잘 살핀다.
▸ 멍든 부분은 얼음주머니를 대어준다.
  - 비닐주머니에 얼음을 넣고 수건으로 감싸 만든다.
  - 여분의 얼음주머니를 항상 비치한다.
▸ 환자를 최대한 편안하게 해주며 안심을 시켜준다.
▸ 통증이나 출혈이 없다면 침대나 의자로 옮기고, 가능하면 두 사람이 고객을 지지해 옮겨준다.

(4) 이물질에 의한 기도폐쇄의 응급처치

기도폐쇄는 흔히 일어나지는 않지만, 즉각적인 처치가 없으면 사망할 수도 있기에 기도폐쇄 환자를 목격했을 경우 즉각 처치를 하면 사망을 방지할 수 있다.

① 하임리히법(Heimlich Maneuver 또는 Abdominal Thrusts)

하임리히법은 부분 기도 폐쇄 시 주로 사용하는 응급처치 방법으로 시초자인 해리 하임리히 박사의 이름을 딴 응급처치법이다. 또한 환자가 의식이 있고, 기침을 할 수 없는 경우에는 다음과 같은 하임리히법을 시행한다.

▸ 환자를 세우거나 앉힌 뒤, 뒤에 서서 환자의 허리를 팔로 감고 한손은 주먹을 쥡니다.

▸ 주먹 쥔 손 엄지손가락 부분이 환자의 배꼽 위와 명치끝 가슴뼈 아래쪽 사이의 정중앙에 오도록 한다.

▸ 주먹 쥔 손을 나머지 한 손으로 포개어 감싸 쥐고 환자의 복부를 안쪽으로 주먹을 누르며, 위를 향해 빠르게 복부를 밀쳐 올린다. 이때 명치 부위를 압박해서는 안 된다.

▸ 이물질이 제거되거나, 환자가 숨을 쉬거나 혹은 기침을 하면, 복부 밀쳐 올리기를 중단한다.

▸ 환자가 다시 자유롭게 호흡을 하는지 지켜본다.

▸ 시행 중에도 중간에 환자가 의식을 잃으면 중단한다.

▸ 막힌 이물질이 밖으로 나와 의식이 돌아왔더라도 장기가 손상됐을 가능성이 있기에 환자는 반드시 병원으로 이송 시킨다.

② 변형 된 하임리히법

기도가 완전히 폐쇄 되어 환자의 의식이 없어진 경우, 환자를 눕힌 상태에서 다음과 같은 변형된 방법의 하임리히법을 시행한다.

▸ 환자를 바닥에 반듯이 눕힌다.

▸ 환자의 허벅지 쪽에 구조자가 무릎을 꿇고 앉는다.

▸ 구조자의 한 손을 환자의 배꼽과 명치 사이에 놓고 그 위에 다른 한 손을 포갠다.

▸ 환자의 위쪽을 향해 빠르게 복부를 밀쳐 올린다.

③ 영아 기도 폐쇄 시 응급 처치 방법

1세 이하, 또는 2세라도 체중이 10kg 이하인 경우에는 다음과 같은 방법을 시행합니다.

▸ 먼저 구조자의 팔 위에 아이의 얼굴이 아래를 향하도록 올려 떠받친다.

- ▸아이의 얼굴이 가슴보다 낮은 위치에 오도록 한다.
- ▸손바닥으로 아이의 등을 5번 정도 연속 두드린다.
- ▸다시 아이를 앞으로 돌린다.
- ▸양쪽 젖꼭지 있는 선의 가운데 지점보다 안 2cm 정도 아래 부분을 두 손가락으로 5번 정도 압박한다.
- ▸이물질이 나올 때까지 반복하고 이물질이 확인되면 제거한다.

(5) 지혈법에 의한 응급처치

① 직접압박

- ▸손바닥으로 상처를 압박한다. 이때 손을 댐으로써 환자의 상처에 병원균이 들어갈 위험이 있어도 생명을 구한다는 생각으로 출혈이 되는 곳을 손바닥으로 상처를 강하게 압박한다.
- ▸손바닥으로 강하게 압박하여 출혈을 막는다.
- ▸손으로 막은 곳을 소독된 거즈를 두텁게 접어서 대어 상처에서 나는 혈액을 막는다.
- ▸두텁게 댄 거즈위에 붕대로 단단히 감는다.

② 지압법

- ▸신체의 양쪽에 각각 6개의 지압점이 있는데 그 지압점을 찾아 손바닥 또는 손가락으로 동맥을 압박한다.
- ▸지압법은 일시적인 동맥 출혈막음으로 손바닥 또는 손가락으로 동맥을 압박함으로써 동맥출혈을 잠시 막을 수 있다.
- ▸동맥압박 지점을 찾아 압박한다. 즉, 이를 동맥압박이라고 하는데 손상된 곳과 심장사이에서 동맥이 뼈 가까이 지나는 곳에서 압박하는 것을 말한다.

③ 지혈대사용

- ▸팔이나 다리에 심한 출혈이 있을 때 또는 직접 압박이나 지압대를 사용해도 출혈이 멎지 않을 경우 최후에 사용한다.
- ▸오랫동안 지혈대로 묶어두거나 사용하면 지혈대를 사용한 말초 부분이 더 손상되거나 괴사로 인해 절단해야 하는 경우가 생길 수 있기에 조심해야 한다.

3. 심폐 소생술(Cardiopulmonary Resuscitation ; CPR)

(1) 심폐 소생술의 정의

심폐 소생술은 호흡이나 심장박동이 멈추었을 때 인공적으로 호흡을 유지하고 혈액 순환을 유지해 주는 응급처치법이라고 정의한다.

(2) 심폐소생술의 단계

① 반응 및 호흡 확인

- 환자에게 접근하기 전에 종사원은 현장 상황이 안전한지를 우선 확인한다.
- 안전하다고 판단되면 환자에게 다가가 어깨를 가볍게 두드리며 "괜찮으세요?" 라고 물어본다.
- 환자의 반응은 있으나 진료가 필요한 상태이면, 119에 연락을 한 다음 환자의 상태를 자주 확인하면서 응급의료상담원의 지시를 따르며, 환자의 반응은 없으나 호흡을 정상적으로 하고 있다면, 119에 연락을 한 다음 환자를 옆으로 눕힌다.

〈반응 및 호흡 확인〉 〈구조 요청〉

- 환자가 반응이 없고, 호흡이 없거나 심정지 호흡처럼 비정상적인 호흡을 보인다면 심정지 상태로 판단한다.
  - 심정지 호흡은 심정지 환자에게서 첫 수 분간 흔하게 나타나는데, 호흡의 빈도가 적으면서 하품을 하듯이 깊게 숨을 들이쉬는 것처럼 보이는 경우가 흔하다.
  - 이러한 심정지 호흡의 징후를 놓치게 되면, 심정지 환자의 생존 가능성은 낮아지게 된다.

② 회복자세

환자의 한쪽 팔을 머리 밑으로 받쳐주는 자세를 취하게 함으로써, 기도로 이물질이 들어가는 것을 방지해 주어야 한다. 이 자세를 회복 자세라고 부릅니다.

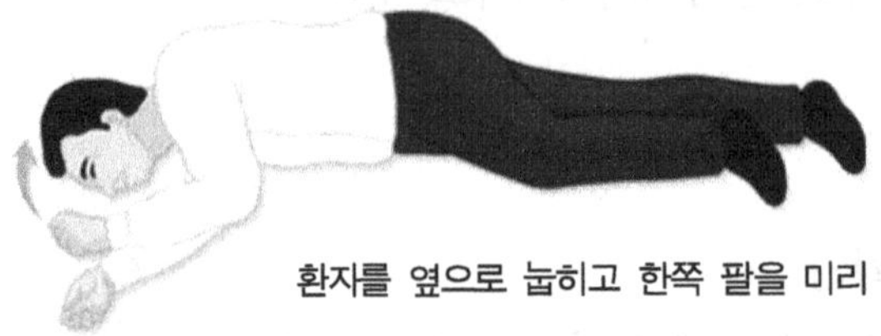

환자를 옆으로 눕히고 한쪽 팔을 머리 밑으로 받쳐 준다.

▲ 회복자세

③ 구조 요청

- 심정지 상태가 의심된다면 바로 119에 신고를 한다.
- 현장에 사람이 두 명 이상이 있다면 한 명은 심폐소생술을 시작하면서, 동시에 다른 한 명은 119 신고와 자동제세동기를 가져오는 역할을 맡도록 한다.
- 119에 신고할 때 응급의료 상담원의 발생 장소와 상황, 환자의 숫자와 상태, 필요한 도움 등 질문에 대해 침착하고 명료하게 답한다.
- 구조자가 심폐소생술 교육을 받은 적이 없거나 심폐소생술 시행에 자신이 없다면, 응급의료상담원의 지시를 따라 심폐소생술을 시행할 수 있도록 준비한다.
- 구조자인 종사원은 응급의료상담원이 전화를 끊어도 된다고 할 때까지 전화지시를 따르며 심폐소생술을 계속한다.

④ 가슴압박

- 구조를 요청한 후 가장 먼저 시행해야 하는 것은 가슴 압박을 30회 시행하는 것이다.
- 환자의 생존을 위해서 다음과 같은 요령으로 심폐소생술을 시행하는 내내 강하게, 그리고 빠르게 압박해야 한다.
- 가슴의 중앙인 흉골의 아래쪽 절반 부위에 한 쪽 손꿈치를 대고, 다른 한 손을 그 위에 포개어 깍지를 낍니다.

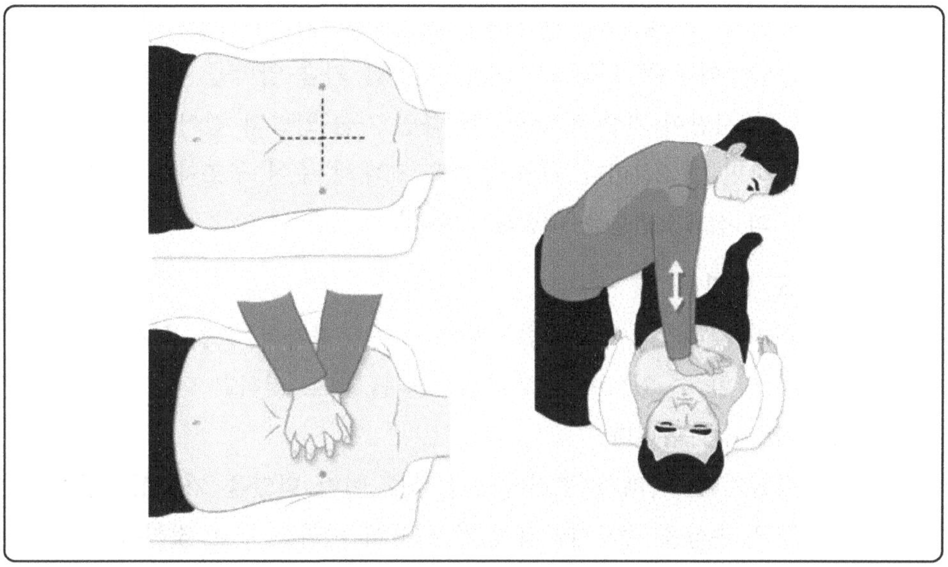

▲ 성인 흉부 압박

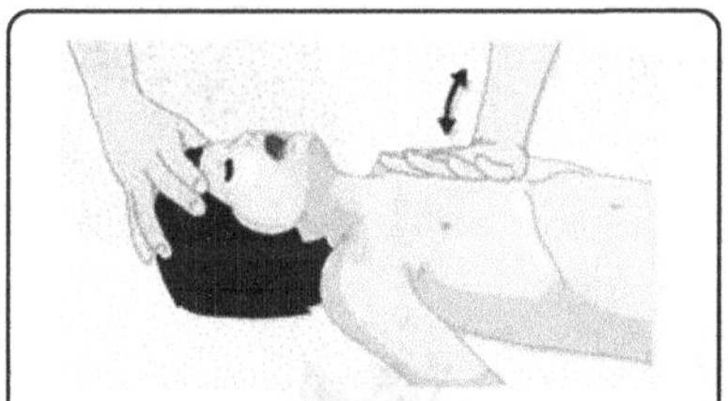

〈한손 흉부 압박법〉

▲ 소아 흉부 압박

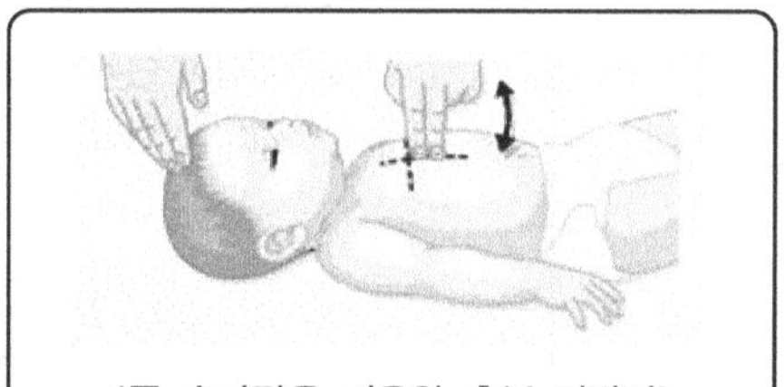

〈두 손가락을 이용한 흉부 압박법〉

▲ 영아(1세 미만) 흉부 압박

▸ 가슴압박

- 구조자의 팔꿈치를 곧게 편다.
- 구조자의 체중이 실리도록 환자의 가슴과 구조자의 팔이 수직이 되도록 한다.
- 가슴 압박의 깊이는 성인은 최소 5cm이상, 최대 6cm이하로 압박하며, 소아는 가슴 깊이의 3분의 1 정도 깊이가 눌릴 수 있도록 압박한다. (1세~8세는 약 5cm, 1개월~1세는 약 4cm)
- 압박 속도는 1분에 최저 100회 이상, 최고 120회 미만으로 해야 한다.
- 다음 압박을 위한 혈류가 심장으로 충분히 채워지도록, 각각의 압박 이후 가슴의 이완이 충분히 이루어지도록 해야 한다.
- 가슴 압박이 최대한으로 이루어지기 위해 가슴 압박이 중단되는 시간과 빈도를 최소한으로 줄여야 한다.

- 소아 및 영, 유아의 경우 성인과 체구가 다르므로, 한 손만을 이용한 가슴 압박이나 두 개의 손가락을 이용한 가슴 압박을 시행한다.
- 한 사람이 가슴 압박을 계속하면 가슴 압박의 깊이가 얕아지기 때문에, 가능하면 매 2분마다 가슴 압박을 교대해 주어 구조자의 피로도를 줄이고 양질의 심폐소생술을 제공해야 한다.

⑤ 기도 열기

▸ 머리 젖히기 - 턱들기법 : 의식이 없는 환자의 경우 혀가 뒤로 말리면서 기도가 막힐 수 있으므로, 환자의 머리를 뒤로 젖히고 턱을 들어주어서 기도를 열어주어야 합니다.

▸ 턱들기법 : 목뼈가 부러지는 손상을 이미 받았을 가능성이 높은 사고 환자의 경우 손상을 증가시키지 않기 위하여 머리를 뒤로 젖혀서는 안 되며, 턱만 살며시 들어주어서 기도를 열어주어야 합니다.

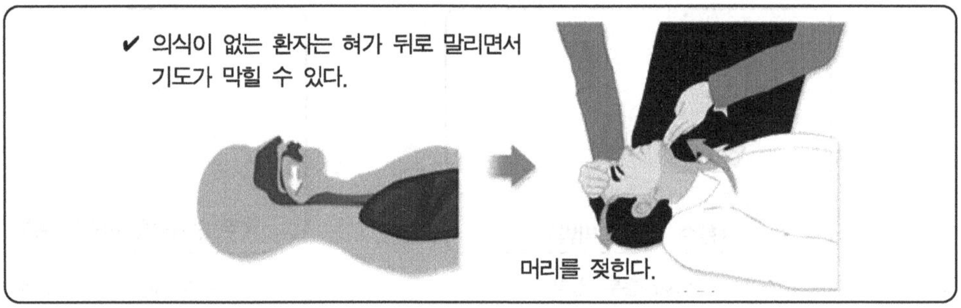

▲ 기도 열기(머리 젖히기 - 턱들기법)

⑥ 인공호흡

▸ 기도를 연 상태에서 2회의 인공호흡을 실시합니다.
- 가장 많이 사용하는 방법은 구강 대 구강 호흡법을 한다.

▸ 머리 젖히기 - 턱 들기법으로 기도를 열어준 상태에서 환자의 입을 벌려준다.
- 머리를 젖힌 손의 엄지와 검지를 이용하여 환자의 코를 막는다.
- 자신의 입을 환자의 입에 밀착 시킨다.
- 영아의 경우는 구조자의 입으로 아이의 입과 코를 한꺼번에 막고 시행할 수도 있다.

▸ 한쪽 눈으로 환자의 가슴을 주시하면서, 환자의 가슴이 팽창해 올라올 정도로 공기를 서서히(1~2초) 불어 넣는다.

- 입을 떼고 환자의 입에서 불어 넣었던 공기가 다시 배출될 수 있도록 한다.
- 같은 방법으로 1회 더 인공호흡을 시행한다.
- 인공호흡이 실패하는 흔한 원인은 환자의 기도가 잘 열리지 않은 상태에서 인공호흡을 시도하기 때문이다.
- 만일 첫 번째 인공호흡을 시도했는데 환자의 가슴이 팽창되지 않는다면, 두 번째는 머리 젖히기-턱 들기를 정확히 다시 한 다음에 시도해 본다.
- 과도하게 인공호흡을 하는 것은 불필요하고, 많은 합병증을 유발할 수 있다.
- 과도한 인공호흡은 환자의 생존율을 오히려 감소시킬 수 있어 피해야 한다.

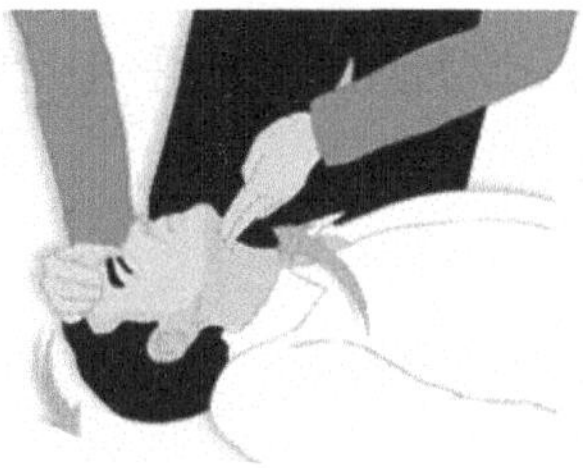

① 머리 젖히기 - 턱 들기법 상태

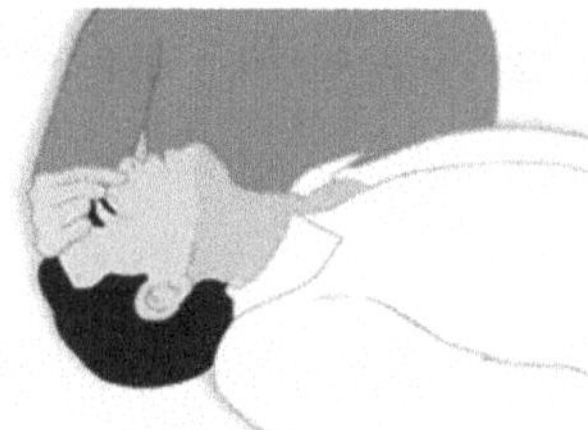

② 환자의 코를 막는다.

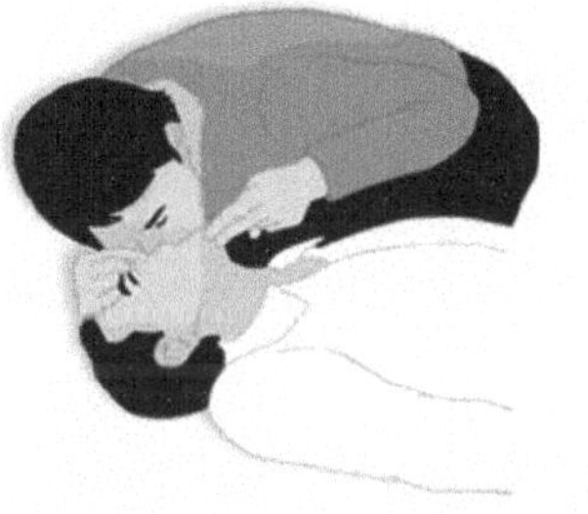

③ 환자의 가슴이 올라올 정도로 서서히(1~2초) 공기를 불어 넣는다.

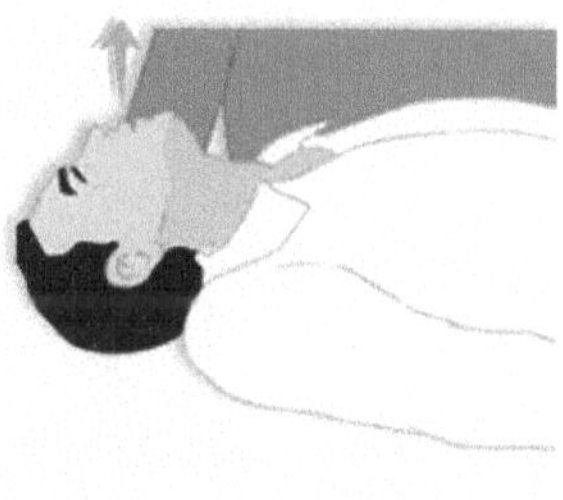

④ 저절로 공기가 배출되게 한다.

▲ 인공 호흡(성인)

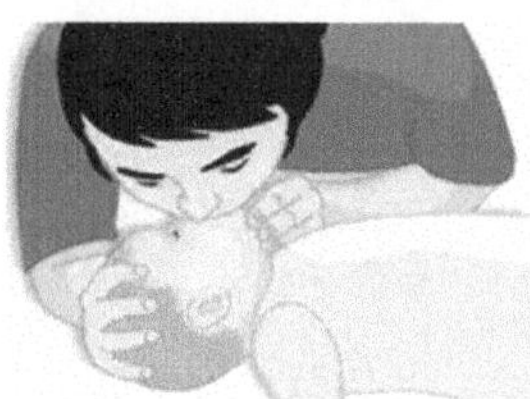

1세 이하 영아의 경우 구조자의 입으로 아이의 입과 코를 한꺼번에 막고 시행할 수도 있다.

▲ 인공 호흡(영아)

⑦ 가슴 압박과 인공호흡의 반복

119 구조대 혹은 전문 응급 구조자가 도착할 때까지 “가슴 압박 30회 : 인공호흡 2회”의 비율로 계속 심폐소생술을 한다.

⑧ 가슴 압박 소생술

심폐소생술 교육을 받은 적이 없거나 받았더라도 자신이 없는 경우, 혹은 인공호흡에 대해 거부감을 가진 경우에는 심폐소생술을 시도조차 하지 않는 경우가 많다. 인공호흡을 하지 않고 가슴 압박만 하더라도 아무 것도 하지 않는 경우에 비하여 심정지 환자의 생존율을 높일 수 있기에 심폐소생술 교육을 받은 적이 없거나 심폐소생술에 대한 자신감이 없는 종사원은 인공호흡 과정을 생략하고 가슴 압박만 하는 ‘가슴 압박 소생술’을 하도록 권장한다.

연습문제

01. 다음 내용은 소독방법 중 어떤 방법을 설명한 것인가?

유통증기를 사용하여 소독기 안의 공기를 빼고 1시간 이상 섭씨 100도 이상의 습열 소독을 하는 것

① 소각　　② 끓는 물 소독
③ 일광소　　④ 증기소독

02. 자외선 살균기에 대한 설명으로 맞지 않는 것은?

① 자외선 살균기란 자외선을 이용하여 미생물을 사멸시키는 방법의 기구를 말한다.
② 300~400nm파장이 250~260nm파장보다 1,000배에서 10,000배까지 살균효과가 있다.
③ 컵 등과 같이 굴곡이 있는 식기는 자외선이 골고루 쬐이도록 신경을 써야 한다.
④ 회전되도록 고안된 자외선 살균기를 사용하면 소독 대상 물건에 골고루 자외선이 쬐어져 효과적이다.

03. 병원균 오염의 경로와 차단 방법으로 잘못 설명한 것은?

① 물은 정기적으로 수질관리와 점검이 필요하다.
② 하수 찌꺼기를 제거하여 하수가 넘쳐흐르지 않도록 한다.
③ 식음료 조리장에는 외부의 바람이 조리장을 가로질러 통하도록 한다.
④ 조명등이 깨졌을 때 유리조각이 사람인체와 관계되는 곳이나 식음료나 식기 등에 떨어지지 않도록 위치를 잘 설정하여 설계 및 설비 되어져야 한다.

04. 다중 이용 업소 소방 시설에 관한 설명으로 알맞은 것은?

① 노래반주기 등 영상음향장치를 사용하는 영업장에는 비상벨설비를 설치하여야 한다.
② 가스누설경보기는 가스시설을 사용하는 주방이나 난방시설이 있는 곳에만 설치한다.
③ 피난유도선은 영업장 내부 피난통로 또는 복도가 있는 영업장뿐만 아니라 반드시 모든 영업장에 설치를 하여야 한다.
④ 휴대용 비상조명등은 영업장 안에 최대한 많이 설치해야만 한다.

05. 예리한 물체에 의해 피부나 점막이 손상되었을 때 응급조치로 잘못된 것은?

① 비눗물로는 절개부위를 절대 세척해서는 안 된다.

② 깊은 상처인 경우에 세척하지 않는다.

③ 멸균드레싱으로 덮는다.

④ 119응급조치에 인계될 때까지 최대한 지혈한다.

06. 낙상의 응급조치로 잘못된 것은?

① 멍든 부분은 얼음주머니를 대어준다.

② 환자를 최대한 편안하게 해주며 안심을 시켜준다.

③ 낙상 사고가 나게 되면 즉시 다른 곳으로 이동시키고 심하게 다친 곳이 없는지 살핀다.

④ 의식이 없으면 즉시 119나 구급차를 부른다.

07. 다음 중 식음료 영업장 내 위생관리 사항으로 알맞지 않는 것은?

① 테이블 위생관리

② 화분 위생관리

③ 상품진열대 위생관리

④ 화장실 위생관리

정답

1	2	3	4	5	6	7								
④	②	③	②	①	③	②								

Chapter 09

식음료 고객 관리

식음료 고객 관리란 식음료 이용 고객의 요구에 효과적으로 부응하고 만족감을 증대시키기 위해 고객의 기호 파악, 의견 접수, 고객 불평처리, 고객 관계유지 등을 수행하는 능력이다.

9.1 고객 기호 파악하기

수행준거

1. 개인정보보호법에 따라 고객의 동의를 얻은 후 고객 정보를 수집할 수 있다.
2. 예약 시 식음료 서비스 매뉴얼에 따라 고객의 기호나 요구 사항을 미리 문의하고 이를 통해 고객 기호를 파악할 수 있다.
3. 식음료 주문 및 서비스 제공 시 고객의 행동이나 요구 사항을 관찰하고 고객의 기호를 파악할 수 있다.
4. 고객 분석을 통해 서비스 제공에 활용할 수 있다.

1 고객정보 수집

1. 고객정보 수집하기

식음료 기업이 식음료 서비스 이용 고객을 대상으로 고객의 정보를 수집하는 것은 고객에게 고객의 요구와 기호 및 가치에 부응하는, 보다 질 높은 다양한 고객 맞춤형 서비스를 제공할 수 있는 기회가 된다. 하지만 강화된 개인정보보호법에 따라 온라인 또는 오프라인을 통해 정보를 수집할 때는 반드시 고객의 동의를 얻은 후에 정보를 수집하여야 하며, 수집 된 정보는 규정에 적합한 용도로 활용해야 한다. 또한, 고객 마케팅이 수동적 구매자 관점에서 능동적 파트너 관점으로 바뀌면서 고객관계관리(CRM : Customer Relationship Management)의 중요성이 강조되고 있다. 이에 보다 효율적인 고객정보관리와 활용을 위해 고객정보시스템(CIS : Customer Information System)을 사용하고 있기 때문에 각 식음료 영업장 CIS의 구성과 형식을 익혀 업무에 활용할 수 있도록 한다.

(1) 개인정보보호법

당사자의 동의 없는 개인정보 수집 및 활용하거나 제3자에게 제공하는 것을 금지하는 등 개인정보보호를 강화한 내용을 담아 제정한 법률로써, 개인정보 보호를 위한 법체계를 일원화하고 개인의 권익 보호를 강화하기 위한 법이다. 2011년 3월 29일 제정된 이 법은 개인정보의 수집 · 유출 · 오용 · 남용으로부터 사생활의 비밀 등을 보호함으로써 국민의 권리와 이익을 증진하고, 나아가 개인의 존엄과 가치를 구현하기 위하여 개인정보 처리에 관한 사항을 규정함을 목적으로 한다. 여기서 개인정보란 살아있는 개인에 관한 정보로써 성명, 주민등록번호 및 영상 등을 통하여 개인을 알아볼 수 있는 정보 즉, 해당 정보만으로는 특정 개인을 알아볼 수 없더라도 다른 정보와 쉽게 결합하여 알아볼 수 있는 것을 포함하는 것을 말한다.

(2) 개인정보수집활용동의서

개인정보수집활용동의서(The Collection of Personal Information Utilization Agreement)란, 자신의 개인정보를 수집하여 활용해도 된다고 본인이 직접 동의를 하기 위하여 작성하는 문서이다. 본인은 작성 시 본인의 개인정보가 수집이 되어 어디에 어떻게 활용이 되는지 정확하게 알아본 후에 작성을 할 수 있도록 한다. 특히 불법으로 본인의 개인정보가 활용이 될 수도 있기 때문에 신중하게 작성하여야 하고, 작성이 완료가 되면 차후에 문제발생을 대비하여 본인이 문서를 직접 보관할 수 있도록 한다.

개인정보수집에 대한 고지사항

○○○ 은/는 고객님의 개인정보보호를 중요시하여, 개인정보보호법과 개인정보처리방침에 따라 고객님의 개인정보를 관리하고 있습니다. 고객님의 멤버십 회원가입 서비스 제공을 위하여 아래와 같이 개인정보의 수집 · 이용에 관한 사항을 안내하오니 동의하여 주시기 바랍니다.

1. 개인정보수집 및 이용주체
   본 회원가입서는 당사가 접수하고 관리하여 향후 이에 대한 관리책임은 당사에 있습니다.
2. 동의를 거부할 권리 및 동의 거부에 따른 불이익
   고객님은 아래의 필수 및 선택 개인정보제공 등에 관해 동의하지 않을 권리가 있습니다. 다만 이 경우, 멤버십 회원가입이 제한될 수 있습니다. 자세한 내역은 아래 사항을 참고해주시기 바랍니다.

'개인정보수집에 대한 고지사항'을 읽어보았으며 내용에 동의합니다.

□ 동의하지 않음 □ 동의함

개인정보수집 및 이용 동의

1. 수집 · 이용목적 : 멤버십 회원가입
2. 필수 수집항목 : 한글 성명, 영문 성명, 주민등록번호 앞 6자리, 주소, 핸드폰, 이메일
3. 보유 및 이용기간
   - 보유기간 : 회원탈퇴 후 3년
     (단 특정 분쟁 발생 시 해당 법령 및 내부 방침에 의거해 최장 5년 동안 보유)
   - 보유근거 : 회원 재가입 이용 시 정보 확인
4. 동의거부 권리 및 불이익 고지
   필수 개인정보수집 및 이용에 대해 동의하지 않을 권리가 있으나, 멤버십 회원가입이 제한될 수 있음.

개인정보수집 및 이용에 동의합니다.

□ 동의하지 않음 □ 동의함

수집된 개인정보의 위탁에 관한 사항

1. ○○○ 은/는 원활한 서비스 제공을 위해 다음과 같이 제3자에게 개인정보를 제공함.
   - 제공받는 자 :
   - 이용목적 :
   - 제공하는 개인정보 항목 :
   - 보유 및 이용기간 :
2. 동의거부 권리 및 불이익 고지
   상기 개인정보 제공 등에 관해 동의하지 않을 권리가 있으며, 멤버십 회원가입이 제한 될 수 있음.

개인정보의 위탁에 관한 사항에 동의합니다.

□ 동의하지 않음 □ 동의함

(3) 온라인에서 고객정보 수집하기

① 전화를 이용해 고객이 서비스 이용을 원할 경우, 홈페이지를 통해 회원가입을 추천한다.

② 식음료 영업장 홈페이지를 통해 개인정보제공동의를 얻은 후에 고객정보를 수집하고 회원가입 서비스를 이용할 수 있도록 하고 있다.

회원 가입서

가입날짜			
한글성명			
성 별	남 □		여 □
생년월일			
주 소	우)		
유선전화			
핸드폰			
이메일			
회사명			
부서 및 직함			
결혼기념일		미혼 □	기혼 □
배우자 및 자녀 성명			
선호 이벤트	□ 가격할인	□ 쿠폰지급	□ 마일리지
	□ 축하이벤트	□ 부대시설서비스	

(4) 오프라인에서 고객정보 수집하기

온라인으로 회원가입을 하지 않은 고객이 직접 영업장으로 찾아올 경우에는 고객정보수집절차와 다음과 같은 순서에 의해 고객정보를 수집할 수 있도록 한다.

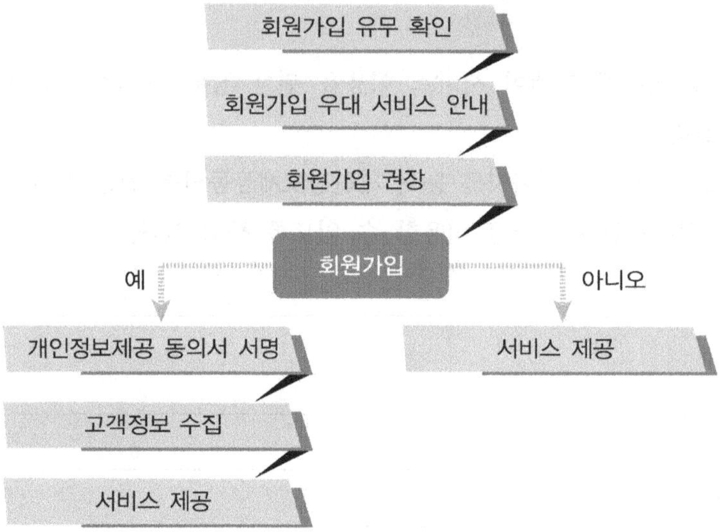

▲ 오프라인 고객정보수집 순서

2. 고객정보수집 절차

(1) 자리를 안내

① 고객이 영업장을 방문했을 경우에는 정중한 인사와 함께 자신을 소개한다.

② 고객의 기호를 확인하고 원하는 자리로 안내하도록 한다.

③ 종사자는 회원가입 서비스 안내 대본을 작성하고 사전 연습을 통해 세련된 언어와 품격 있는 동작을 할 수 있도록 한다.

(2) 회원가입 유·무를 확인

① 고객에게 영업장의 서비스 이용 경험과 회원가입 유·무를 확인한다.

② 서비스 초기에 회원가입여부를 물을 경우, 일반고객과 차별한다고 느끼는 경우가 있으므로 정산 시 회원가입권유를 하는 경우도 있다.

(3) 회원우대 서비스를 안내

① 영업장의 회원 가입 시 이용 가능한 서비스 및 혜택에 대해서 친절하며 정확하게 안내한다.

② 서비스 제공자로서 회원가입 서비스 정보에 대한 정확한 이해와 인지 및 숙지가 필요하다.

(4) 회원가입을 권장

① 회원가입을 통해 영업장의 우수고객이 될 수 있으므로 영업장의 서비스 장점을 최대한 부각시켜 회원가입을 할 수 있도록 유도한다.
② 서비스 제공자의 자질을 함양할 수 있으며, 대인관계능력 및 문제해결능력을 발달시킬 수 있는 좋은 기회이기에 적극적으로 노력할 수 있도록 한다.
③ 종사자는 경영자의 마음가짐을 가지고 고객에게 서비스하는 모습이 필요하다.

(5) 회원가입 및 개인정보제공 동의서에 서명

고객이 회원가입에 동의할 경우, 개인정보제공 동의서 및 회원가입서에 동의 및 서명을 받고 고객정보를 수집해야 한다.

(6) 감사 인사

최초 회원가입에 따른 밝고 진심어린 감사의 인사와 함께 향후 영업장 이용 시 고객을 위한 최상의 맞춤형 서비스 및 프로모션을 제공할 것을 고객에게 설명한다.

2 고객 기호 파악

1. 예약서비스를 통해 고객 기호 파악하기

고객이 예약을 원할 경우에는 식음료 영업장의 예약 매뉴얼을 이용하고, 고객의 요구 사항을 미리 문의해 고객의 기호를 파악하도록 한다. 예약서비스는 전화, 인터넷, 직접 방문을 통해 이루어진다. 모든 예약서비스는 중복확인 즉, 재확인을 통해 최종 예약현황을 꼭 확인하는 것이 바람직하며, 확인 시 변동사항이 없는지 체크하고 점검 확인해야 한다.

(1) 기호파악

고객에게 예약서비스를 제공할 때는 예약카드를 이용해 고객의 기호를 파악할 수 있도록 한다. 예약카드는 기본사항과 추가사항으로 구분하고, 기본사항은 예약을 하기 위해 반드시 필요한 사항으로 구성한다. 추가사항은 고객서비스를 위한 특별한 사항을 기록하는 것으로 추가 사항 기록 시 고객의 기호에 대해 정중하게 질문을 하여 다양하고 자세하게 기록한다면 고객의 기호를 파악하는 데 많은 도움이 된다.

(2) 서비스 제공을 통해 고객기호파악하기

고객이 식음료 영업장에 직접 방문했을 경우 서비스 직원이 서비스 매뉴얼에 따라 영업장을 직접 방문한 고객에게 주문과정이나 서비스를 제공하면서 고객의 요구사항과 행동을 관찰해 고객의 기호를 파악할 수 있도록 한다. 이 때 종사자는 밝고 적극적인 태도로 고객을 대한다.

다음은 서비스 제공을 통한 고객기호 파악 방법의 내용이다.

① 모임의 성격, 선호 좌석, 음식의 기호, 요구사항 등을 관찰하고 특이사항이 있는지 파악한다.
② 특이사항이 있을 경우 로그 북(Log book)에 기록하고 서비스 제공 시 공유한다.
③ 서비스 제공을 위한 이동 시 신체적 불편함을 파악한다.
④ 고객의 언행을 통해 특이사항을 파악할 수 있도록 한다.
⑤ 고객의 주문 및 요청사항에 대해 추가되거나 고객의 기호를 파악하는 데 도움이 될 수 있다고 판단되는 사항들은 빠뜨리지 말고 기록해 업무에 활용하는 것이 좋다.
⑥ 서비스 종료 후에는 서비스 제공과정을 돌이켜보며 고객의 언행을 기억해 본다.
⑦ 파악한 고객의 정보를 로그 북을 정리해 차후에 있을 서비스에 활용한다.

3 고객서비스 제공

1. 고객 서비스 제공

회원가입 서비스에 따른 개인정보, 예약서비스에 의한 예약카드, 식음료 서비스를 제공하면서 작성된 로그 북을 활용해 고객의 특성과 기호를 파악하고 고객을 분석한다. 먼저 로그 북(Log Book)이란 영업장에서 의사전달의 수단으로 회의 내용의 기록과 월별, 일별의 영업 목표, 근무인원, 영업상 특이사항, 직원의 건의사항, 실제매출, 다음 근무조(Shift)에게 인계인수사항 등에 대하여 자세히 적어 놓은 의사전달을 하는 기록일지로 다양한 정보가 담겨있다. 앞서 회원가입, 예약카드, 로그 북을 활용하여 고객의 기호가 파악되면 주방과의 서비스 협조사항 및 홀 서비스 준비사항 등을 점검하고 고객에게 최상의 제공할 수 있게 서비스를 준비할 수 있도록 한다. 이렇게 고객 분석에 의한 서비스의 준비와 제공은 영업장의 이용 만족도를 높여 고객의 재방문과 그에 따른 영업 매출 상승에 긍정적인 영향을 주게 된다.

(1) 비회원 서비스 제공

비회원의 경우 고객의 기호와 특징을 분석할 고객 정보와 자료가 부족하기 때문에 예약카드와 로그 북을 활용해 고객을 분석하고 파악하여 신속히 고객의 요구와 기대에 부합하는 서비스를 제공할 수 있어야 한다.

(2) 회원 서비스 제공

회원일 경우 비회원보다 고객의 기호와 특성을 파악할 자료가 많기 때문에 서비스 전에 반드시 고객의 정보를 확인하여 고객의 기호와 요구에 부합하는 서비스를 할 수 있도록 하는 것이 바람직하다.

① 고객 카드의 정보를 검색한다.
② 과거 식음료 서비스 이용 경력을 확인한다.
③ 예약카드 및 로그 북을 이용한다.
④ 이렇게 수합된 고객정보를 이용해 서비스 계획을 세우고, '고객파악 서비스제공 과정'을 통해 고객에서 최선의 서비스를 제공 한다.

9.2 고객 의견 접수하기

수행준거

1. 고객의 의견을 수렴할 수 있다.
2. 수집된 자료의 분석을 통해 고객의 의견을 유형별로 정리하고 문서화 할 수 있다.
3. 분석된 고객 의견 보고서를 근거로 하여 새로운 영업 프로모션의 기획 및 업장 서비스 문제점 개선에 활용할 수 있다.

1 고객 의견 수렴

1. 고객 의견

(1) 정의

고객의 의견(VOC : Voice Of Customer)은 일반적으로 관리 시스템으로 콜 센터에 접수되는 고객 불만사항을 접수부터 처리가 완료될 때까지 처리상황을 실시간으로 관리하고 처리결과를 관서별로 지표화하여 관리·평가함으로써 고객의 체감서비스를 향상시키는 고객관리시스템이라고 정의하고 있지만 외식 산업인 식음료 영업장에서는 식음료 영업장 서비스에 대한 의견을 듣는 것을 말한다. 이 제도는 서비스에 대한 고객의 만족과 불만족뿐 아니라 문의와 건의까지 수렴할 수 있기 때문에 식음료 영업장에서 제공하는 서비스에 대한 개선에 적극 활용할 수 있다. 또한 고객의견 수렴은 고객만족과 고객감동으로 이어져 충성고객을 확대할 수 있다. 고객의 의견을 수렴할 수 있는 방법은 현장조사, 온라인조사, 오프라인조사가 있다.

(2) 고객 의견 수렴 조사 목적

① 서비스에 대한 고객 요구와 고객 기대를 찾아낸다.

② 서비스 성과를 모니터하고 추적한다.
③ 경쟁자와 비교해서 전반적인 기업의 성과를 평가한다.
④ 고객기대와 고객지각 간의 갭을 평가한다.
⑤ 서비스 회복을 위해 불만족 고객을 찾아낸다.
⑥ 서비스 제공 변경의 효과를 측정한다.
⑦ 평가, 인정, 보상을 위한 개인이나 팀의 서비스 성과를 평가한다.
⑧ 새로운 서비스에 대한 고객기대를 결정한다.
⑨ 산업 내의 변화하는 고객기대를 모니터한다.
⑩ 고객의 미래기대를 예측한다.

2. 고객 의견 수렴 방법

(1) 온라인 조사

온라인을 통해 고객의 의견을 수렴하는 방법은 홈페이지와 블로그 또는 SNS가 있다. 온라인 조사는 고객을 기다리지 않아도 되고 언제 어디서나 의견을 수렴할 수 있는 장점이 있다. 면대면이 아니기 때문에 고객이 성의 없이 조사에 임하거나 무관심으로 일관할 수 있기에 고객이 관심을 가지고 온라인으로 접속할 수 있도록 지속적인 자료의 업데이트와 홍보가 필요하다. 이에 온라인 시스템을 관리하는 전담인력이 요구된다.

(2) 오프라인 조사

① **고객의 소리함** : 고객의 소리함은 고객이 잘 볼 수 있는 곳에 비치해 고객이 사용하기 쉽도록 해야 한다. 또한 서비스 종료 후 서비스 이용 고객에게 고객의 소리를 자연스럽게 작성할 수 있도록 유도하는 방법을 통해 고객의 의견을 수렴할 수 있다. 반면 고객의 소리함은 불만증가의 요인이 되거나 미관상 좋지 않은 단점을 가지고 있다.

② **전화 조사** : 일정한 시간을 정해 고객에게 직접 전화를 걸어 고객의견을 수렴하는 방법으로 서비스 이용 평가 및 만족도, 건의사항 등 다양한 의견을 수렴할 수 있다. 통화가 되었다 하더라도 고객이 전화조사에 임할 수 없는 상황에 처해

있을 수 있기에 고객에게 통화 가능여부를 꼭 정중하게 물어봐야 한다.

③ **현장조사** : 현장 조사는 고객과 직접 만나 면담을 하는 방법으로 일 대 일과 일 대 다수의 방법이 있다. 다소 시간이 필요한 방법이지만, 가장 신뢰할 수 있는 자료를 얻을 수 있는 방법이다. 고객의견 수렴 양식을 통해 고객의 의견을 수렴할 수 있도록 한다. 이때 고객이 강요의 느낌을 받지 않도록 조심스럽고 정중하며, 밝게 미소로 고객을 대해야 한다.

▼ 고객 의견 수렴 양식

고객의 소리

영업장					
상담유형	칭찬 □	불만 □	질문 □	건의 □	기타 □
작성일자	년 월 일				
제목					
내용					
성명					
연락처					
이메일					
개인정보 수집동의	1. 정보수집 및 이용 목적 : 상담유형에 따른 후속처리를 위해 사용 2. 수집항목 : 성명, 연락처, 이메일 3. 보유 및 이용기간 : 정보수집 목적이 달성된 경우 지체 없이 파기함을 원칙으로 하고 후속처리를 위해 필요한 경우 관계법령, 규정에 의해 일정기간 보유함. 4. 정보수집 및 이용에 동의하지 않을 경우 원활한 후속처리가 이루어지지 않을 수 있음. 동의함 □ 동의하지 않음 □				

2 고객자료 정리 및 분석

1. 고객 의견 유형

다양한 방법으로 수집된 고객의 의견을 유형별로 구분하고 정리해 일목요연하게 정리할 수 있도록 한다. 고객의 의견은 칭찬, 불만, 질문, 건의, 기타 5가지 유형으로 구분할 수 있다.

(1) 칭찬 유형

고객의 칭찬은 긍정적 효과를 볼 수 있다. 특히 서비스 우수 사례로써 영업장 및 담당자에게 인센티브를 주어 더 긍정적인 서비스가 이루어질 수 있도록 독려하고, 다른 직원에게도 자극을 주어 서비스 발전에 좋은 계기가 된다.

(2) 불만 유형

고객의 불만은 직원들의 사기를 떨어뜨릴 수 있지만 서비스 개선을 위한 좋은 출발점이 될 수 있다. 부정적 의견을 더 적극적으로 분석하고 문제점과 해결책을 찾는 자료로 사용한다. 이때 즉각적인 분석과 해결책이 필요하겠지만 신중하게 오랫동안 고민해야 하는 불만유형도 있다.

(3) 질문 유형

서비스 제공자로서 서비스 사용자의 필요와 욕구를 보다 정확하게 이해할 수 있는 좋은 자료로써 고객에게 고객 맞춤형 서비스를 제공하기 위한 자료가 된다.

(4) 건의 유형

식음료 영업장 서비스 개선을 위한 고객의 적극적인 발언에 귀를 기울일 수 있도록 해야 한다. 서비스 사용자가 원하는 서비스를 적극적으로 수용하고 개선할 때만이 영업이익을 추구 할 수 있기 때문이다.

(5) 기타 유형

칭찬, 불만, 질문, 건의 외에 기타 식음료 영업장 서비스와 관련된 유형으로 향후 서비스 개선에 도움이 될 수 있기 때문에 간과하거나 묵살해서는 안 된다.

2. 고객 의견 정리 및 분석

온라인 조사, 오프라인 조사, 현장조사의 다양한 방법으로 수렴된 고객의 의견을 고객의견 수렴 양식지를 통해 유형별로 정리해 문서화할 수 있도록 한다.

문서화 정리만 잘 되어있다고 고객의 의견이 잘 수렴된 것이 아니다. 수집 된 고객의 자료를 데이터화 하여 분석할 줄 알아야 한다. 그 자료가 제대로 분석 관리되어야 수집 된 정보와 자료의 분석결과를 용도에 맞게 잘 사용할 수 있으며, 또한 그 분석결과로 다양한 고객의 요구와 가치가 무엇인지 파악하여 경영관리와 마케팅 등에 접목하여 영업장의 수익 증대에 이바지할 수 있다.

3 고객서비스 개선

1. 고객의견 보고서를 통해 영업 프로모션 기획하기

분석된 고객의견 보고서는 식음료 영업장의 새로운 마케팅 기획의 중요한 자료가 된다. 고객의견 보고서를 통해 영업장에 활기를 불어 넣을 수 있는 프로모션을 기획할 수 있다. 프로모션의 전략적 목표는 마케팅 영업의 목표와 같다. 시장 조사를 통해서 분석한 맞춤형 프로모션의 전략 프레임을 짜는 것이다. 반복 구매를 유발하는 것인지, 시험 구매를 유도하는 것인지, 브랜드 애호도를 향상하고자 하는지, 기존의 광고 프로모션을 지원하기 위한 것인지 등 확실하고 분명한 목표를 설정해야 한다. 이는 목표의 대상이 되는 타깃 설정과 함께 진행되어야 하는데, STP 전략을 기반으로 대상층을 정확하게 유형화하여 설정해야 한다. 프로모션의 대상이 되는 타깃 고객들에게 자사의 브랜드 만족도를 고취하고 제품의 실질 구매를 유도해서 자사의 이윤과 매출이 증가하고 브랜드 파워가 강화될 수 있어야 한다.

타깃의 설정은 목표 상황에 따라서 각각 맞춤형으로 진행되어져야 하고, 유동적이고 변화가 가능할 수 있도록 늘 준비가 되어 있어야 하는데 실제로 제품을 구입할 수 있는 불특정 다수의 소비자를 어떻게 선별하고 구성해야 하는가가 중요한 과제다.

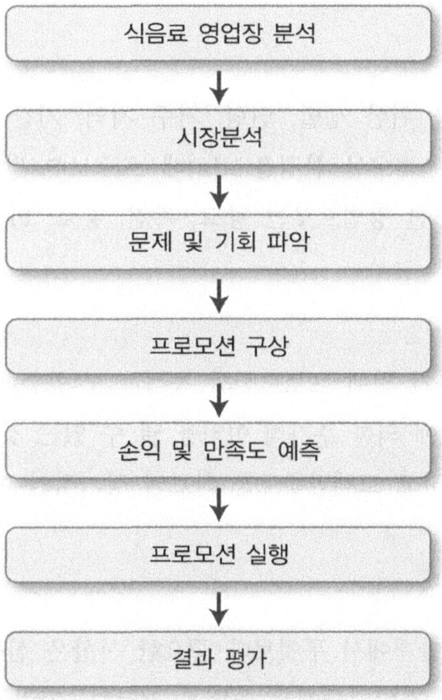

▲ 프로모션 기획 절차

(1) 식음료 영업장 분석

고객의견 보고서를 토대로 식음료 영업장을 객관적으로 평가할 수 있도록 한다. 영업장 평가에서는 강점과 약점 등을 명확하게 표기해 효율적인 자료가 될 수 있어야 한다.

(2) 시장 분석

매출 현황을 기초로 고객의 성향 및 일 / 주 / 월 단위의 고객 방문 유형 등을 점검한다. 또한 내부 환경, 음식, 서비스 등의 수준을 확인하다. 외부에서는 새로운 시장 경쟁자 및 마케팅 방법 등을 분석하여 기회요인과 위험요인을 찾아 영업에 활용한다.

(3) 문제 및 기회 파악

시장 분석을 통해 내외적으로 발생한 문제점을 파악하고 이를 바탕으로 위기를 극복할 수 있는 기회를 포착할 수 있어야 한다.

(4) 프로모션 구상

새로운 프로모션을 위한 성별, 연령, 거주 지역, 기간 등을 설정한다. 그리고 계절, 경제, 사회 같은 특수한 환경을 고려해 프로모션 방법을 결정할 수 있도록 한다. 대표적인 프로모션 방법으로는 광고, 촉진, 홍보, PR(Public Relation)이 있다.

(5) 손익 및 만족도 예측

프로모션을 진행하기 전에 프로모션의 목적과 모니터링을 위한 기준을 세울 수 있도록 한다. 프로모션에 의한 추가적 이익을 낼 수 있는 것이 목적이지만 경우에 따라 단기적 손실을 감안하고 고객만족도를 확보해 장기적인 이익을 추구할 수도 있다.

(6) 프로모션 실행

프로모션 실행의 단계에서 무엇보다 중요한 사항은 심사숙고 끝에 정해진 프로모션 프로그램을 타깃 소비자들에게 어떻게 전달하는가라는 점이다. 이를 위해서 다양한 매체를 활용한 매체 계획과 세일즈 스케줄링을 결정해야 하며, 기획된 프로모션이 목적 달성을 위해 효과적으로 진행될 수 있도록 계속 모니터링을 하면서 수정 · 보완할 수 있도록 한다.

(7) 결과 평가

프로모션의 기획과 실행 결과가 어떠한 차이가 있는지 또 효과는 무엇이었는지 분석하고 평가해야 한다. 즉, 마무리 단계에서는 진행되고 있는 프로모션의 효과도를 측정해 분석한 후 평가된 내용을 토대로 후속 프로그램 전략 수립의 완성도를 강화해야하며, 결과 평가를 바탕으로 더 발전적이고 새로운 프로모션을 기획할 수 있기 때문이다.

2. 고객 의견 보고서를 통해 서비스 개선하기

고객 의견 보고서는 영업장의 프로모션뿐 아니라 서비스를 개선하는 데 사용할 수 있다. '서비스 6 시그마'를 도입해 고객의 의견이 반영된 서비스 개선이 이루어질 수 있도록 한다. 먼저, '6 시그마(six sigma)'란 모든 프로세스에 적용할 수 있는 전 방위 경영혁신 운동으로 오늘날 기업에서 품질은 필수적인 요소가 되었다. 이는 제품을 잘 만드는 일뿐 아니라 서비스를 포함한 기업 전반적인 활동 곳곳에서 잘 관리해야 하는 요소로서 품질 경영이라는 경영적 측면으로 이해되기에 이르렀다. 이러한 상황에서 기업들이 품질 관리에 관심을 기울이게 되었으며, 이로 인해 나오게 된 것이 바로 품질 혁신과 6 시그마다.

6 시그마는 제조업을 위해 고안된 모델이지만 서비스업에도 적용이 가능하므로 6 시그마를 이용하여 서비스의 개선 및 향상이 이루어질 수 있도록 계획을 세운다.

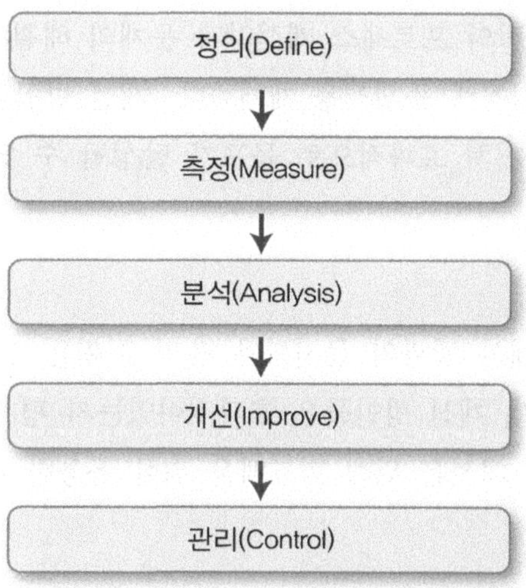

▲ 서비스 6 시그마 절차

(1) 정의 (Define)

고객 요구 사항 파악과 프로젝트 목표와 정의 단계이며, 고객의견서를 통해 서비스의 문제점을 정확하게 정의하고 파악하는 과정이다. 고객의견서의 분석을 통해 영업장 및 서비스에 대한 세세한 문제점을 찾아내는 것이 필요하다.

(2) 측정(Measure)

종속변수의 현 수준 파악과 잠재 원인 변수 요인을 발견하는 단계이며, 식음료 영업장의 현재 이루어지고 있는 서비스 수준을 명확하게 파악하고 측정하는 과정이다. 정확한 측정이 이루어져야 서비스 개선을 위한 시작이 이루어질 수 있다.

(3) 분석(Analysis)

수집된 데이터를 근거로 문제의 근본 원인인 핵심인자를 확인하는 단계로써, 서비스의 측정과 분석된 고객의견서를 통해 식음료 영업장의 문제점을 파악한다. 서비스 개선에 따른 목표를 설정하고 파악한 문제점을 개선하고 목표 달성을 위한 방안을 마련한다.

(4) 개선(Improve)

개선(Improve) 최적의 프로세스 개선안과 문재의 해결책을 도출하는 단계로 계획된 개선 방안들을 실천해 문제점을 제거한다. 개선 방안들을 실천과정 중 지속적인 수정 · 보완 과정을 거쳐 효과적으로 목표가 달성될 수 있도록 한다.

(5) 관리(Control)

관리(Control)란 개선 결과의 문서화와 유지 계획을 수립하는 단계로 문제점들이 얼마나 제거되었는지, 개선 방안들은 효과적이었는지 평가하고 결과를 도출한다. 향후 지속적인 서비스 개선을 위해 피드백을 위한 유용한 자료가 될 수 있도록 한다.

9.3 고객 불평 처리하기

수행준거

1. 고객의 불평 사항을 접수할 수 있다.
2. 고객 불평 처리 절차에 따라 고객의 불편을 처리할 수 있다.
3. 고객 불평 사항 처리 분석을 통해 재발 방지 대책을 수립할 수 있다.

1 고객 불평 사항 접수

1. 고객 불평 사항 접수

식음료 영업장에서는 다양한 고객을 상대해야 하기에 고객의 불평 · 불만은 빈번하게 발생할 수 있다. 또한 고객의 불평 · 불만은 자칫 식음료 영업장 서비스에 대한 불신을 만들고 평가를 절하해 식유료 영업장에 큰 타격이 될 수도 있다. 하지만 고객 불평 · 불만은 식음료 영업장에 대한 고객의 관심과 애정이 있을 때 발생하는 것으로 부정적인 것으로만 치부하지 말고 고객의 불평을 적극적으로 긍정적으로 받아들여 서비스를 개선한다면 향후 더 많은 단골고객을 만들어 내며, 이익을 만들어 낼 수 있는 자극제가 될 수 있다.

고객이 불평 사항을 접수할 때에는 고객이 불평 · 불만을 이야기할 수 있도록 편안한 분위기를 제공하고 경청하는 자세를 취할 수 있도록 한다. 고객의 불평에 적극적으로 호응하고 반응하면서 가감하지 않고 기록한다.

(1) 고객 불평 요인

식음료 영업장에서 고객들의 불평 · 불만요인은 여러 가지 있다. 불평 · 불만요인의 대부분은 현장에서 신속하게 처리를 해야 하는 것이 원칙이다. 하지만 시간을 두고 오랜 시간동안 불평 · 불만의 요인을 분석하여 처리하는 경우도 종종 발생한다. 그렇다 하더라도 어떠한 상황이든 고객의 불평·불만은 오래 두면 안 되고, 가능한 신속하고 정확하게 처리하는 것이 매우 바람직하다. 그래서 종사원들은 고객 불평 요인을 정확히 확인하고, 불평 상황을 접수할 수 있어야 한다.

① **식음료 서비스** : 음식 가격, 맛, 음식 품질, 서비스 기물 상태
② **서비스 환경** : 영업장 인테리어, 영업장 위생상태, 실내환경, 편리성
③ **종사원 서비스** : 종사원의 친절성, 종사원의 위생상태, 서비스 전문성, 신속성
④ **기타 서비스** : 분실사고, 편의 시설, 주차 서비스

(2) 불평을 하는 사람들의 유형

① **수동적 불평자(Passives)** : 소극적으로 불평하는 사람이라고도 불리며, 이러한 유형의 고객은 어떤 조치를 취할 가능성이 가장 적다.

② **표현 불평자(Voicers)** : 불평을 표현하는 사람인 이 유형은 서비스 제공자에게 적극적으로 불평하고자 한다. 그러나 이 유형의 고객들은 부정적 구전을 퍼뜨리거나 전환하거나 제3자에게 불평을 하려 하지는 않을 것이다. 이들은 서비스 제공자에게 최고의 친구로 여겨질 수 있는데 그 이유는 적극적으로 불평하여 기업에게 두번째 기회를 주기 때문이다.

③ **행동 불평자(Activists)** : 행동으로 불평하는 사람이라고 불리는 행동 불평자들은 모든 차원에서 평균 이상의 불평성향을 갖는다. 이들은 서비스 제공자에게 불평을 하고 다른 사람에게 말하며, 제3자에게도 불평을 한다.

(3) 불만고객의 행동 유형

① 약 95% 고객은 불만을 표현하지 않는다.
② 서비스에 불만을 갖는 고객의 90% 이상은 재방문 하지 않는다.
③ 불만 고객 한 사람은 적어도 주위의 9명에게 이야기 한다.
④ 불만 고객 중 13%는 이를 주위의 20명에게 이야기 한다.
⑤ 고충을 신속하게 처리 받은 고객의 90% 이상은 고정 고객 즉, 단골고객이 된다.

2 고객 불평 처리

1. 고객 불평 처리

(1) 고객 불평 처리 시 종사원의 자세

① 고객의 불평 처리는 담당자가 아니어도 회피하지 말고 적극적으로 임하는 자세가 필요하다.

② 여러 가지 이유와 사정을 이야기하고 고객을 기다리게 하거나 회피하는 것은 식음료 영업장 전체에 악영향을 줄 수 있기 때문이다.

③ 주인 의식을 가지고 책임감을 다할 때 고객의 믿음과 신뢰를 얻을 수 있다.

④ 고객의 불평처리에서 종사원의 자세와 화법은 고객의 불평을 완화시킬 수 있지만 반대로 악화시킬 수도 있기 때문에 종사원은 평소에 긍정적 자세와 쿠션언어를 몸에 익힐 수 있어야 한다.

(2) 고객 불평 처리 절차

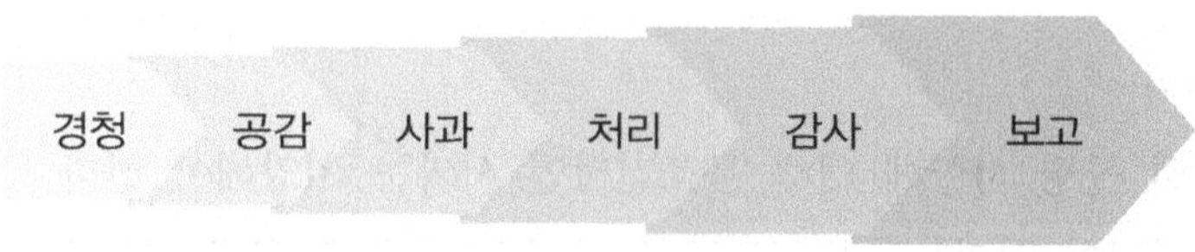

① 경청하기

- 불평을 이야기하는 고객을 상대할 때 가장 중요한 것은 침착하게 대응하는 것이다.
- 어떤 상황에서도 고객과 같이 흥분해 대응하지 말고 고객의 불평 사항을 경청하는 자세가 요구된다.
- 서비스 불만족에 대한 오해나 고객의 실수에 정면으로 반박하기보다는 고객의 불평사항을 끝까지 들어야 한다.
- 불평 사항을 이야기하면서 오해가 풀리거나 화가 누그러지는 경우도 있다.

② 공감하기

- 고객이 불평 사항을 이야기할 때, 담당자는 고객의 의견에 공감할 수 있어야 한다.

▸ 시시각각 고객의 마음을 공감하고 있다는 반응을 보여주어 고객이 신뢰할 수 있도록 하는 것도 중요하다.

▸ 나란히 서기
- 고객과 정면으로 맞서면 적대감이 높아질 수 있기 때문에 고객의 정면에 서 있기보다는 고객과 나란히 서거나 앉아서 이야기하는 것이 좋다.
- 고객의 눈높이를 고려해 다가가는 것도 필요하다.

▸ 서두르지 않기
- 고객의 입장에서 존중하고 이해하려는 태도를 유지하면서 기다려야 한다.
- 고객이 흥분을 가라앉힐 때까지 기다리는 자세가 필요하다.
- 섣부르게 고객의 마음을 결론짓거나 단정하는 것은 오히려 고객의 불평을 더 크게 만들 수 있다.

▸ 표현하기
- 고객의 불평에 대해 지나치게 과장되게 표현하지 않도록 한다.
- 고객의 불평 사항을 듣고 되도록 부정적인 표현보다는 긍정적인 표현을 사용하며 자신이 느낀 점을 표현하도록 한다.
- 단정 짓기보다는 의문문을 이용해 고객의 의도를 정확하게 파악할 수 있어야 한다.

③ 사과하기

▸ 고객의 불평 사항에 대해 무조건적인 사과는 지양해야 한다.

▸ 무조건적인 사과는 자칫 고객의 잘못된 행동에 대해서도 옳은 것으로 착각해 사태를 더 복잡하고 장기적으로 만들 수 있다.

▸ 식음료 영업장 또는 담당자가 실수한 사항에 대해서는 회피하거나 핑계를 대기보다는 정직하게 사과하고 고객의 이해를 바라는 것이 좋다.

▸ 사과는 구체적이고 완곡한 표현을 사용하도록 한다.

④ 처리하기

▸ 고객 불평 처리는 고객이 납득하고 수긍할 수 있는 해결책을 제시할 수 있도록 해야 한다.

▸ 불평 처리를 위해 최선을 다해 노력하고 있다는 느낌을 줄 수 있도록 한다.

▸ 고객 불평 처리 양식에 기록된 불평사항을 분석해 경미한 사항은 담당자가 재량으로 처리할 수 있다.

- 혼자 처리하기 어려운 경우에는 현장의 동료나 상급자와 상의한 후에 적절한 대책을 마련하는 것이 좋다.
- 단독으로 불평 처리를 하는 경우에 다른 문제가 발생할 수 있기 때문이다.
- 불평 처리를 위해 부서 또는 담당자에게 미루는 경우 고객이 불성실하다고 느낄 수 있기 때문에 장기적인 처리를 요구하는 사항이 아닌 경우 즉시 처리를 원칙으로 한다.

⑤ 감사하기

- 고객이 식음료 영업장 서비스에 불평을 이야기하는 것은 서비스가 기대치에 미치지 못해 실망했기 때문이다. 하지만 역으로 그것은 일반적인 고객과 다르게 식음료 영업장에 대해 관심과 애정이 있기 때문이라고 볼 수 있다.
- 불평 사항을 전달한 고객에게 진심어린 더 깊은 감사의 표현을 할 수 있어야 한다.
- 단기적 관점에서는 고객의 불평이 식음료 영업장에 좋지 않은 영향을 줄 수도 있지만 장기적 관점에서 생각하면 서비스를 수정 · 보완하며 새로운 서비스를 개발할 수 있는 좋은 계기와 기회가 될 수 있다.
- 고객의 불평을 긍정적인 측면으로 바라볼 수 있어야 한다.

⑥ 보고하기

- 고객 불평 사항 처리와 재발 방지를 위해 '고객의견 수렴 양식'을 이용해 보고서를 작성한다.
- 고객 불평 사항, 처리 과정, 처리 결과를 보고서로 작성해 상급자에게 보고한다.
- 영업장의 상급자에게 보고해 향후 유사한 불만이 생기지 않도록 조치할 수 있는 자료로 활용한다.

(3) 고개 불평 기록

① 기록일지 작성 요령

고객의 불만을 상급자에게 보고한 후, 모든 사항을 6하 원칙에 준하여 일지를 기록한다.

- 누가(Who) : 주체적 인물
- 언제(When) : 시간
- 어디서(Where) : 장소

▸ 무엇을(What) : 내용
▸ 왜(Why) : 발생 이유
▸ 어떻게(How) : 처리 방법

② 작성 의의
▸ 같은 종류의 실수나 성격이 다른 기타 원인을 미연에 방지할 수 있다.
▸ 종사원 교육 시 자료로 활용한다.
▸ 고객의 기호 파악을 용이하게 해주는 자료가 된다.
▸ 기업의 발전을 뒷받침하는 귀중한 자료로써의 역할을 할 수 있다.

3 재발 방지 대책 수립

1. 재발 방지 대책 수립

서비스 실패(Service Failure)는 일반적으로 서비스 불만족을 일컫는 것으로 고객의 서비스 기대 이하의 성과로 정의할 수 있다. 서비스 회복(Service Recovery)은 서비스 실패에 대응하여 조직이 취하는 조치를 말한다. 또한 이보다 중요한 사항은 바로 고객불평의 재발을 방지하는 대책을 수립하는 일이다.

(1) 고객 불평 재발 장지 대책 위원회 구성

① 식음료 영업장 서비스의 관리자부터 서비스를 책임지고 있는 담당자가 함께 할 수 있는 고객 불평 재발 방지 대책 위원회(이하 위원회)를 구성한다.
② 정기적 모임의 시간을 정하고 일정한 기간 동안 발생한 고객 불평 사항과 처리를 안건으로 재발 방지를 위한 거시적인 관점의 대책 회의를 진행한다.
③ 경영자의 입장뿐 아니라 서비스 제공자의 입장에서 현실적인 어려움과 문제점에 대한 논의를 통해서 실제적인 토론이 이루어질 수 있도록 한다.
④ 위원회에서는 고객 불평의 근본적인 발생 이유와 처리를 위한 다각적인 논의를

통해 고객 불평의 원인을 제거할 수 있도록 한다.

⑤ 식음료 영업장의 고객서비스 개선과 개발을 위한 노력도 게을리 해서는 안 된다.

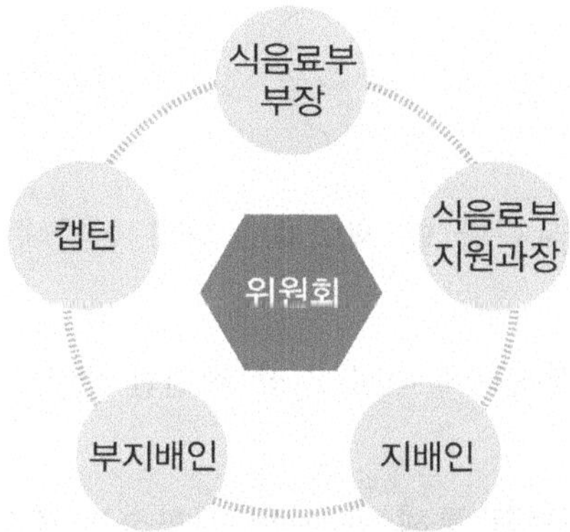

▲ 고객 불평 재발 방지 대책 위원회 구성의 예

(2) 교육 및 훈련 실시

고객 불평 재발 방지를 위한 실제적인 방법으로 식음료 서비스 종사원의 교육과 훈련이 있다. 다양한 교육과 훈련 과정을 개발하고 실시해 서비스를 개선할 수 있다. 이러한 교육과 훈련 방법으로는 강의법, 시청각 교육법, 토의법, 사례연구법, 역할 연기법 등이 있다. 교육과 훈련 내용에 따른 적합한 교육법을 이용해 똑같은 서비스 실패가 일어나지 않도록, 고객 불평 재발 방지 교육을 실시할 수 있도록 한다.

(3) 서비스 칭찬 제도 운영

고객 불만 처리 보고서를 통해 우수 처리 사례는 칭찬 및 포상을 한다. 또한 정기적 기회를 통해 서비스 종사원에게 우수 처리에 대한 포상으로 전달 연수를 할 수 있는 기회를 제공한다. 또한 고객 칭찬 카드를 활용해 고객에게 우수 서비스 사례 같은 방법으로 운영하여 식음료 서비스의 질적 개선을 이룰 수 있도록 한다.

2. 고객 불평 재발 방지 대책 수립 수행 절차

(1) 고객 불평 내용을 선정한다.

(2) 고객 불평 재발 방지를 위한 대책 사례를 조사한다.

국내외 사례 조사를 통해 가장 합리적이고 적절한 대처 방법을 찾아본다.

(3) 고객 불평 재발 방지 대책 위원회 구성, 교육과 훈련, 서비스 칭찬 제도 중 한 가지 방법을 선택한다.

① 위원회 구성은 실무 담당 및 책임자가 맡아 현장에 피드백이 될 수 있도록 하는 것이 바람직하다.

② 교육과 훈련은 불평내용에 따라 가장 적절한 방법은 어떤 것인지 충분히 논의할 수 있도록 한다.

③ 칭찬제도는 인센티브를 통해 유지 및 강화하는 것이 좋다.

(4) 선택한 방법을 통해 구체적인 실행 계획을 세운다.

① 고객 불평 재발 방지 대책 위원회 구성, 서비스 칭찬 제도는 구체적인 운영 방법에 대해 논의하고 실천 가능한 방안을 마련한다.

② 서비스 종사원의 교육과 훈련은 보다 세부적인 매뉴얼을 구성할 수 있도록 한다.

③ 실제 고객의 불평을 가장 많이 처리하는 것은 접점에 있는 서비스 종사원이기 때문에 이들에 대한 고객 불평 대처를 위한 서비스 매뉴얼을 만드는 것이 필요하다.

④ 음식에 대한 불평, 종사원의 불친절, 예약미확인 등 불평 사례에 대한 연구와 대처 방안을 마련한다.

(5) 고객 불평 재발 방지 대책 발표 및 역할 연기를 한다.

발표와 역할 연기를 통해 피드백하고 작성된 자료를 수정 · 보완해 점검할 수 있도록 한다.

9.4 고객 관계 유지하기

수행준거

1. 방문고객에게 감사를 표시하기 위해 전화를 하거나 문자 메시지를 전송할 수 있다.
2. 고객에게 각종 매체를 이용하여 영업장의 홍보물을 발송할 수 있다.
3. 고객 정보를 통해 고객의 기념일 등을 확인하여 축하 표현을 전할 수 있다.
4. 매출기여도에 따라 우수고객에게 특별 사은품 제공 등의 혜택을 제공할 수 있다.

1 고객 관계 유지

1. 고객 관계 관리(CRM ; Customer Relationship Management)

고객 관계 관리는 기업이 고객과 관련된 내 · 외부 자료를 분석 · 통합해 고객 중심 자원을 극대화하고 이를 토대로 고객특성에 맞게 마케팅 활동을 계획 · 지원 · 평가하는 과정을 말하며, 최근에 등장한 데이터베이스 마케팅(DB Marketing)의 일대일 마케팅(One-to-One Marketing), 관계 마케팅(Relationship Marketing)에서 진화한 요소들을 기반으로 등장하게 되었다. 고객데이터의 세분화를 실시하여 신규고객획득, 우수고객 유지, 고객가치증진, 잠재고객 활성화, 평생 고객화와 같은 사이클을 통하여 고객을 적극적으로 관리하고 유도한다.

기존 마케팅이 단발적인 마케팅 전술이라면 고객 관계 관리는 기업과 고객과의 지속적인 관계를 유지하면서 '한 번 고객은 평생고객'이 될 수 있는 기회를 만들며, 고개의 평생 고객화를 통해 고객의 가치를 극대화하는 것이라고 볼 수 있다. 또한 고객 관계 관리는 고객의 정보, 즉 데이터베이스를 기초로 고객을 세부적으로 분류하여 효과적이고 효율적인 마케팅 전략을 개발하는 경영전반에 걸친 관리체계이며, 이를 정보기술이 밑받침돼 구성된다. 고객 관계 관리를 구현하기 위해서는 고객 통합 데이터베이스(DB)가 구축돼야 하고 구축된 DB로 고객 특성(구매패턴 · 취향 등)을 분석하고 고객 개개인의 행동을 예측해 다양한 마케팅 채널과 연계돼야 한다.

2. 방문 고객에게 감사 표시하기

(1) 전화로 감사 표시하기

전화로 방문 고객에게 식음료 영업장 방문과 서비스 이용에 대한 감사 인사를 전달할 때에는 고객을 직접 마주하는 경우보다 더 신중하고 친절하게 서비스를 제공해야 한다.

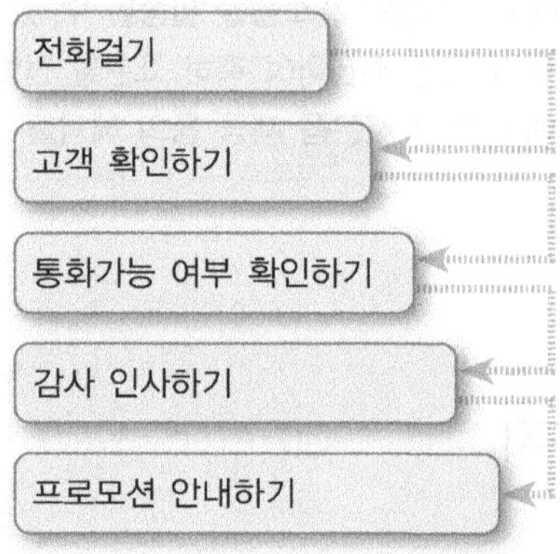

▲ 전화 감사 인사 절차

① 전화 걸기

- 고객에게 전화를 걸기 전에 통화 내용과 순서를 확인하고 목소리를 점검한다.
- 고객이 전화를 받으면, "안녕하십니까? ○○○영업장 (직위) ○○○입니다."라고 인사를 하고 신분을 밝힌다.

② 고객 확인하기

- 인사와 소개를 한다.
- 고객에게 '○○○(직위) 맞으십니까?'라고 확인한다.
- 만약 본인이 아니라고 하며 "○○○(직위) 고객님 연결 부탁드립니다."라고 전달한다.
- 통화를 할 수 없다는 것을 알게 되면 다시 전화할 것을 전달하고 전화를 끊는다.
- 전화가 잘 들리지 않을 경우 고객에게 양해를 구하고 다시 한 번 이야기해줄 것을 요청한다.
- 그럼에도 불구하고 통화 품질이 매끄럽지 못할 경우에는 고객에게 다시 전화할 것을 전달하고 전화를 끊는다.

▸ 전화를 끊고 다시 전화해 통화 상태를 확인한다.

③ 통화 가능 여부 확인하기

▸ 전화가 연결되면 고객이 전화를 편하게 받을 수 있는지 확인한다.

▸ "ㅇㅇㅇ(직위) 고객님, 지금 통화 가능하십니까?"라고 확인한다.

통화가 어렵다고 하면 언제쯤 통화를 할 수 있는지 확인하고 시간에 맞춰 다시 전화를 한다.

④ 감사 인사하기

▸ 고객에게 식음료 영업장 방문과 서비스 이용에 대해 감사의 인사를 한다.

▸ 서비스에 대한 만족도 및 불편한 사항은 없었는지 확인한다.

▸ 고객의 요청 또는 문의 사항이 있는 경우, 바로 처리하는 것이 좋다.

즉시 처리가 어려울 경우 확인 후 바로 조치할 것을 약속하고 반드시 결과를 알려준다.

⑤ 프로모션 안내하기

▸ 방문고객에게 서비스 이용에 대한 감사 표시를 하는 것은 결국 고객의 재방문을 촉진하기 위한 활동이다.

▸ 감사 인사를 표현한 후에 서비스 이용을 위한 행사나 프로모션을 안내해 고객의 재방문을 유도한다.

⑥ 전화 끊기

▸ 전화를 끊기 전 전화 통화에 대한 감사의 인사를 한다.

▸ 고객이 전화 끊는 것을 확인한다.

▸ 수화기를 가볍게 내려놓는다.

⑦ 전화 서비스의 예시

▸ 안녕하십니까? ㅇㅇ영업장 매니저 ㅇㅇㅇ입니다.

▸ ㅇㅇㅇ부장님 맞으십니까?

▸ ㅇㅇㅇ부장님, 지금 통화 가능하십니까?

▸ 항상 저희 ㅇㅇ영업장을 이용해주셔서 감사의 인사를 드립니다.

▸ 최근 저희 매장을 방문해주셨는데 이용에 불편은 없으셨습니까?

▸ 서비스에 만족하셨다니 매우 감사드립니다.

▸ 앞으로도 고객님의 만족을 위해 노력하겠습니다.

▸ 봄을 맞이해 저희 ㅇㅇ영업장에서는 '딸기와 함께'라는 이벤트를 준비했습니다.
▸ 봄에만 만나볼 수 있는 엄선된 재료를 이용해 고객님의 사랑과 감사의 마음을 전할 수 있도록 준비했습니다.
▸ 미리 연락 주시면 고객님께서 원하시는 맞춤형 서비스가 가능합니다.
▸ 궁금하신 내용은 언제든 연락 주시기 바랍니다.
▸ 다시 한 번 감사 인사를 드리며 빠른 시일에 만나 뵙기를 기대하겠습니다.
▸ 감사합니다.

(2) 문자 메시지로 감사 표시하기

식음료 영업장 방문 고객에게 문자서비스를 이용해 간단하게 감사의 표시를 할 수 있다. 문자 서비스는 고객이 편리한 시간에 볼 수 있기 때문에 제공자의 입장에서도 시간에 구애받지 않고 이용할 수 있는 장점이 있다. 문자 서비스는 한 눈에 볼 수 있도록 너무 길게 작성하지 않도록 하고 간결하고 정중하며, 명료한 문장을 사용하도록 한다.

① 문자 서비스 작성 순서

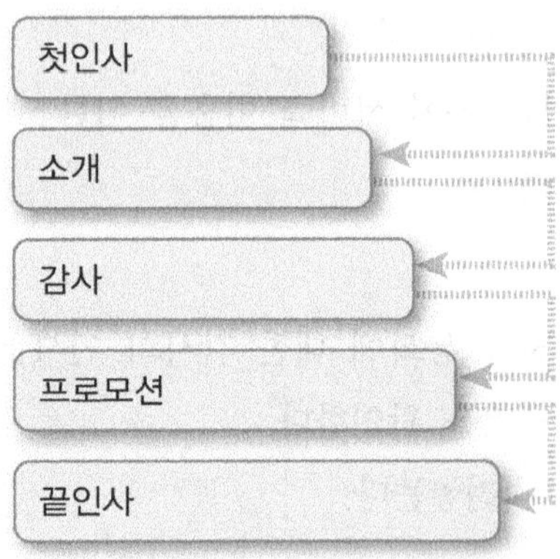

② 문자 서비스 예시

예시 1

ㅇㅇ영업장 고객감사 이벤트 진행!

1. 가격 할인이벤트(20~30%)
2. 1+1 이벤트 05.01(화)~05.31(수)까지 많은 이용바랍니다.

예시 2

안녕하십니까?
○○○고객님 ○○영업장 매니저 ○○○입니다.
한결같은 고객님의 사랑에 깊은 감사의 인사를 올립니다.
봄 맞이 이벤트를 진행 중입니다.
고객님의 많은 관심과 방문을 부탁드립니다.
자세한 사항은 홈페이지 및 전화상담을 부탁드립니다.
좋은 하루 보내십시오.

3. 고객에게 축하 표현하기

식음료 영업장을 방문하거나 개인정보 수집에 동의 한 고객의 개인 정보를 통해 고객이 특별히 기념하거나 축하할 일이 있는 날에는 고객관리 차원에서 고객에게 축하 표현을 하는 것이 필요하다. 고객의 생일, 결혼기념일과 그 밖에 기념일에 문자, 전화, 이메일, DM(Direct mail)과 같은 방법을 활용해 축하 표현을 전달할 수 있다. 이러한 과정이 고객과의 관계 마케팅의 일환이라고 할 수 있다.

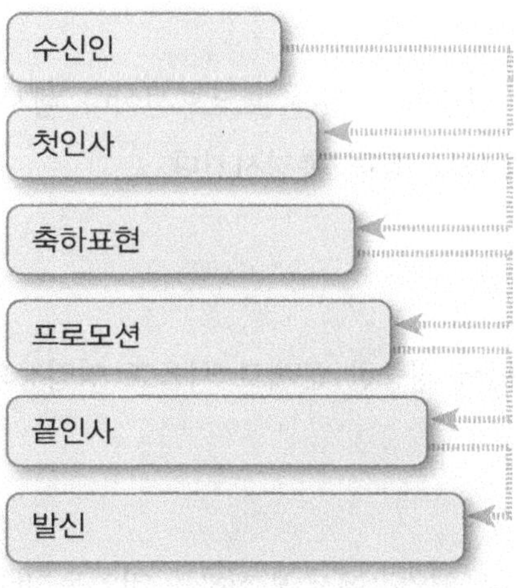

▲ DM 작성 순서

(1) 수신인 표시하기

① 안내문을 작성할 때 가장 먼저 해야 할 것이 수신인을 표시하는 것이다.

② '○○○(직위) 고객님께', '존경하는 ○○○(직위) 고객님께' 같은 표현이 일반적이다.

(2) 첫인사하기

① 첫인사는 계절이나 안부를 묻는 정도가 좋다.

② "무더운 날씨에 특별히 건강에 주의를 기울이시기 바랍니다."

③ "장마로 인해 많은 비가 내리고 있습니다. 고객님께는 비 피해가 없으시기를 바랍니다." 등의 때와 시기에 적절한 인사를 한다.

④ 첫인사 후에는 식음료 영업장을 대표해 작성하는 것을 밝히도록 한다.

(3) 축하 표현하기

① 고객의 기념일에 맞추어 적절한 표현을 사용한다.

② 고객의 생일에는 '○○○(직위)님의 생일을 진심으로 축하드립니다.' 같은 문구를 작성하는 것도 좋다.

(4) 프로모션 안내하기

식음료 영업장에서 진행하고 있는 프로모션이나 행사소식 및 이벤트 행사를 함께 안내해 고객의 재방문과 관심을 촉진시킨다.

(5) 끝인사하기

안내문을 마무리하면서 정중한 문체로 식음료 영업장의 재방문을 부탁하도록 한다.

(6) 발신

작성한 날짜와 식음료 영업장에서 발신하는 것임을 반듯이 알리고, '올림, 배상' 같은 표현을 마지막에 붙여 사용함으로써, 고객에 대한 감사와 존경심을 나타내도록 한다.

2 영업장 프로모션

1. 영업장 홍보물 발송하기

식음료 영업장의 홍보물을 발송하기 전에 고객정보 수집에 동의한 고객정보를 검색해 홍보물 발송 동의사항을 확인한다. 홍보물 제공에 동의한 고객에게만 홍보물을 발송해야 하기 때문이다. 만약 홍보물 제공에 동의하지 않은 고객에게 홍보물을 발송한다면, 오히려 식음료 영업장에 부정적인 영향을 끼칠 수 있기에 반듯이 홍보물 제공 여부 동의를 확인해야 한다.

홍보물을 발송하는 방법에는 이메일과 DM 등을 활용할 수 있다. 제작된 홍보물을 이메일과 DM을 통해 발송하고 전화나 문자를 이용해 발송 안내와 확인을 한다.

2. 우수고객에게 혜택 제공하기

우수고객 프로그램은 전체 매출에 매우 긍정적인 영향을 줄 수 있다. 구매력이 있는 고객을 대상으로 우대 혜택을 활용해 다양한 소비활동을 촉진할 수 있다. 또한 차별화된 우수고객 혜택 이용을 위해 비우수고객의 소비활동도 기대할 수 있기 때문이다.

식음료 영업장의 우수고객에게 혜택을 제공하기 위해서는 먼저 우수고객을 선정해야 한다. 매출기여도와 사용기간을 토대로 전체 몇 %의 고객을 우수고객으로 선정할 것인지 기준을 정한다. 이외에도 이용기간, 구매 잠재력, 서비스이용 실적 등 식음료 영업장의 특수성에 따라 다양하고 적합한 기준을 토대로 우수고객을 선정할 수 있다.

(1) 할인혜택

할인혜택은 고객이 지불해야 하는 서비스 이용요금에 대해 일정부분 할인혜택을 줌으로써 식음료 영업장 서비스에 대한 금전적 혜택을 제공하는 것이다. 우수고객의 등급에 따라 차등한 할인혜택을 제공한다면 고객만족을 통해 추가 매출을 기대할 수 있다.

(2) 서비스 혜택

서비스 혜택은 우수고객에게 식음료 영업장과 연관된 서비스 이용 혜택을 제공하는 것이다. 대표적으로 식음료 영업장 주차시간 이용 혜택, 단품 메뉴 서비스 이용권 등 직접적인 할인혜택은 아니지만 서비스 혜택을 통해 추가적인 이용과 매출을 발생시킬 수 있다.

(3) 우수고객 관리대장

우수고객 관리대장은 판매금액, 선호메뉴 등을 기입하여 우수고객 관리 시 사용하는 관리대장이다. 외식업 뿐 아니라 다른 분야에서도 활용할 수 있다. 고객관리대장은 고객명, 직업, 선호메뉴 등의 다양한 항목으로 구성되어 있다. 우수고객 관리대장을 작성할 때는 고객의 기본정보와 함께 선호하는 메뉴나 기호 주의사항을 작성하여 어떤 관리를 해야 할지 파악해 두는 것이 좋다. 구매 누적에 따라 고객의 등급을 정한다면 고객 관리에도 도움이 될 수 있을 것이다. 이렇게 작성한 서식은 지속해서 업무를 추진할 수 있도록 도와주고 업무의 효율성을 높여준다. 이후 좋은 고객관련 교육자료가 될 수 있다.

3. 우수고객 프로그램 발표하기

(1) 우수고객 분류 기준을 정한다.

① 우수고객 선정을 위한 분류 기준을 정한다.
② 매출기여도를 중심으로 타당한 기준을 선정해 우수고객을 선정한다.

(2) 우수고객 등급을 정한다.

① 우수고객에게 차등적으로 혜택을 적용한다.
② 추가적인 매출발생을 위해 우수고객의 등급을 구분한다.

(3) 우수고객의 혜택을 설정한다.

등급별 할인혜택과 서비스 혜택을 설정하고 구분한다.

(4) 우수고객 프로그램 발표 자료를 제작한다.

컴퓨터를 이용하여 고객이 이해하기 쉽도록 우수고객 프로그램 발표 자료를 제작한다.

(5) 우수고객 프로그램을 발표한다.

발표 후 질의응답을 통해 우수고객 프로그램을 수정하고 보완한다.

연습문제

01. 영업장에서 의사전달의 수단으로 회의 내용의 기록과 월별, 일별의 영업목표, 영업상 특이 사항 등을 적어 놓는 기록일지를 무엇이라 하는가?

① Account Book

② Log Book

③ Face Book

④ Rule Book

02. 프로모션의 전략적 목적으로 알맞지 않은 것은?

① 반복구매 유발

② 시험구매 유도

③ 시장상권 분석

④ 브랜드애호도 향상

03. 다음은 프로모션 기획의 절차 순서이다. 빈칸에 들어갈 절차로 알맞은 것을 고르시오.

(㉠) → 시장분석 → (㉡) → 프로모션 구상 → (㉢) → 프로모션 실행 → 결과평가

① ㉠ 문제 및 기회 파악　㉡ 식음료 영업장 분석　㉢ 손익 및 만족도 예측

② ㉠ 식음료 영업장 분석　㉡ 문제 및 기회 파악　㉢ 손익 및 만족도 예측

③ ㉠ 손익 및 만족도 예측　㉡ 식음료 영업장 분석　㉢ 문제 및 기회 파악

④ ㉠ 식음료 영업장 분석　㉡ 손익 및 만족도 예측　㉢ 문제 및 기회 파악

04. 다음 중 프로모션 기획 절차에 해당하지 않는 것은?

① 시장분석　② 손익 및 만족도 예측

③ 문제 및 기회 파악　④ 고객 불편 기록

05. 서비스의 개선 및 향상이 이루어질 수 있도록 6시그마를 도입한다. 이 6시그마에 해당되지 않는 것은?

① 공감　② 정의

③ 분석 ④ 개선

06. 고객 불평 사항 접수에 대해 내용으로 잘못된 것은?

① 불평 · 불만은 자칫 식음료 영업장 서비스에 대한 불신을 만들고 평가를 절하해 영업장에 큰 타격이 될 수 있다.

② 고객이 불평 사항을 접수할 때에는 고객이 불평 · 불만을 이야기할 수 있도록 편안한 분위기를 제공하고 경청하는 자세를 취할 수 있도록 한다.

③ 불평 · 불만을 적극적이고 긍정적으로 받아들이고 개선한다면 더 많은 단골고객을 만들어 내며, 이익을 만들어 낼 수 있는 자극제가 될 수 있다.

④ 고객의 불평 처리는 반드시 담당자가 처리해야 한다.

07. 고객정보수집 절차를 옳게 나열한 것은?

㉠ 고객정보수집,	㉡ 회원가입권장,
㉢ 개인정보제공동의서 서명,	㉣ 회원가입 유무 확인,
㉤ 회원가입 우대 서비스 안내	

① ㉣ - ㉤ - ㉡ - ㉠ - ㉢ ② ㉣ - ㉤ - ㉠ - ㉡ - ㉢

③ ㉡ - ㉣ - ㉠ - ㉢ - ㉤ ④ ㉣ - ㉤ - ㉡ - ㉢ - ㉠

08. 고객 의견 수렴 조사의 목적이 아닌 것은?

① 서비스 성과를 모니터하고 추적한다.

② 평가, 인정, 보상을 위한 개인이나 팀의 서비스 성과를 평가한다.

③ 과거 식음료 서비스 이용 경력을 확인한다.

④ 산업 내의 변화하는 고객기대를 모니터한다.

09. 고객의견 유형 중, 아래 설명에 해당되는 유형은?

부정적 의견을 더 적극적으로 분석하고 문제점과 해결책을 찾는 자료로 사용하며 신중하게 오랫동안 고민해야 하는 유형이다.

① 질문 ② 불만

③ 건의 ④ 칭찬

10. 개인 정보 보호법에 대한 설명으로 알맞지 않는 것은?

① 당사자의 동의 없는 개인정보 수집 및 활용 또는 제3자에게 제공하는 것을 금지한다.

② 개인정보 보호를 위한 법체계를 일원화하고 개인의 권익 보호를 강화하기 위한 법이다.

③ 개인의 존엄과 가치를 구현하기 위하여 개인정보 처리에 관한 사항을 규정함을 목적으로 한다.

④ 불법으로 본인의 개인정보가 활용이 될 수도 있기 때문에 신중하게 작성하여야 한다.

정답

1	2	3	4	5	6	7	8	9	10					
②	③	②	④	①	④	④	③	②	④					

Chapter 10

식음료 영업장 관리

식음료 영업장 관리는 전반적인 영업의 관리단계로써
경영상의 영업현황을 파악하고 계획을 수립하여
효율적으로 영업장을 운영 관리하는데 필요한 능력이다.

10.1 직원 관리하기

수행준거

1. 직원들의 근무일정을 관리할 수 있다.
2. 직원들의 근무능력에 따라 업무분장을 할 수 있다.
3. 직원의 직무교육훈련을 실시할 수 있다.
4. 사원의 근무태도와 근무능력 등을 평가할 수 있다.

1 직원 근무 일정 관리 및 업무분장

1. 직원 근무일정 관리하기

공정하고 합리적으로 편성된 직원 근무일정은 직원에게 좋은 동기부여가 될 수 있다.

특히 식음료 업장은 평일근무, 일요일 및 공휴일 등과 같은 근무조건과 영업시간에 따라 24시간 2~3교대로 인원을 운영하므로 각 업장의 근무 편성을 고려하여 모든 직원이 스케줄 일정에서 동등하게 대우를 받을 수 있도록 하는 것이 필수적이다.

직원들의 월차 혹은 휴무 및 근무시간 조정과 같은 요청을 존중해주고 허용할 수 있도록 노력해야 하며, 매니저는 영업장이 필요로 하는 시간에 종사원들의 스케줄이 명확하게 정해져 있는지 확인할 책임이 있고, 직원들의 근무일정에 대한 불만족한 상태가 지속되면 일에 대한 능률이 저하될 수 있고 이로 인해 불만족스러운 서비스를 받은 고객들이 증가하여 잠재적인 경영손실을 가져올 수 있기에 각별히 신경써야 한다.

(1) 식음료 영업장 근무편성(Shift)하기

식음료 업장의 영업시간은 특수한 경우인 '24시간 영업'을 제외하고 조식 '06 : 00~10 : 00', 중식 '12 : 00~15 : 00', 석식 '18 : 00~22 : 00'으로 하고 있으며 바(Bar)

는 보통 '17 : 00~익일 02 : 00'까지 영업을 하는 경우가 대부분이다. 또한 식음료 영업장에서는 일반적으로 종업원을 정기적으로 바꾸어서 교대로 근무하는 교대 근무제 제도를 많이 시행한다.

① 오전 근무편성(Shift) : 06 : 00~15 : 00

보통 식음료 업장에서 조식과 중식을 제공하기 위한 식음료 영업장 근무편성으로 테이블 세팅과 주변 정리정돈, 예약확인이 필수업무이다.

② 오후 근무편성(Shift) : 14 : 00~23 : 00

중식과 석식을 제공하기 위한 근무편성이다. 근무는 업무 인수인계를 받고 영업 준비를 위한 회의, 물품수령, 영업마감, 다음날 아침 근무를 위한 준비까지라고 할 수 있다.

③ 야근 근무편성(Shift) : 18 : 00~03 : 00

새벽까지 근무하는 바(Bar)를 위주로 영업하는 영업장의 업무편성이다.

(2) 주간(Weekly) 직원 근무편성 관리하기

주간 직원 근무편성은 요일별, 계절별, 특수상황을 고려하여 직원들의 스케줄(Schedule)에 관한 요구사항과 영업상황, 예약사항과 총인원을 고려하여 주간 스케줄을 짜서 발표한다.

근무편성 시 직원들의 건강 및 개인 상태를 파악하고, 요일별로 영업상황이 많은 차이가 날 수 있으므로 영업상황에 따라 인원을 적절히 배치할 수 있어야 하며, 또한 식음료 영업장은 계절별과 비성수기 영업상황의 차이가 클 수 있다. 그래서 바쁜 영업상황에는 많은 인원을 배치하며 비성수기 등에는 휴가소진 등을 통해 직원을 관리하여야 한다. 근무편성 관리자는 앞서 언급한 각각의 영업 특수상황에 맞게 직원의 근무일정을 관리하여야 한다.

▼ 주간(Weekly) 직원 근무편성

Staff Schedule

Year : 2015

Pay No	Hire Date	DL	AL	Day / Name	월	화	수	목	금	토	일	DL TL	AL TL	Remark
				Manager & Captain										
112	88/06/02	0	18	이순신								0		
												0		
												0	0	
												0	0	
				Waiter/Waitress										
114	94/04/01	1	22	홍길동								1	22	
												0	0	
												0	0	
												0	0	
												0	0	
												0	0	
												0	0	
												0	0	
												0	0	
												0	0	
												0	0	
												0	0	
												0	0	
												0	0	
												0	0	
				Casual										
130	14/12/08	0	0	이소룡								0	0	
												0	0	
												0	0	
												0	0	
												0	0	
												0	0	
				Arbeit										
								2	5	5				
				work manning	0	0	0	2	5	5	0			
				Minimum Manning	12	12	13	17	23	23	7			
				Reception										
150	94/05/16	0	19	심청이								0	19	
151	96/02/12	0	9									0	9	
152	97/11/10	0	17									0	17	
153	99/08/09	0	7									0	7	
												0	0	
				Cloak										
140	00/12/12	0	7									0	7	
146	00/12/13	0	0		육아휴직	육아휴직	육아휴직	육아휴직	육아휴직	육아휴직	육아휴직	0	0	
500	12/11/20	0	2									0	2	
												0	0	

*** Schedule 은 부서의 사정에 따라 변경될 수 있습니다

주간 휴가 사용 현황(DL , AL) : 0 0

MGR :

(3) 연장근로시간 관리하기

현행 근로기준법에 의한 법적 근로시간은 만 18세 이상의 성인근로자인 경우에 1일 8시간, 1주일 40시간을 의미하며(「근로기준법」 제50조), 당사자 간에 합의하면 1주간에 12시간을 한도로 제50조의 근로시간을 연장할 수 있다(동법 제53조제1항). 당사자 간에 동의 또는 희망이 있는 경우라 하더라도 '법정 연장근로시간'을 초과할 수 없다. 그러나 당사자 간에 합의하면 1주간에 12시간을 한도로 제51조의 근로시간을 연장할 수 있고 제52조제2호의 정산기간을 평균하여 1주간에 12시간을 초과하지 아니하는 범위에서 제52조의 근로시간을 연장할 수 있다(동법 제53조제2항). 사용자는 특별한 사정이 있으면 고용노동부장관의 인가와 근로자의 동의를 받아 법 제53조제1항과 제2항의 근로시간을 연장할 수 있다(동법 제53조제3항). 따라서 연장근로에 대해서는 종사원의 급여는 1.5배 가산하여 지급되어야 한다.

(4) 식음료 영업장의 당일 스테이션(Station) 근무편성 관리하기

당일 스테이션(Station) 근무 편성 시, 당일 출근 직원들의 건강상태를 확인하고, 영업현황과 예약사항을 확인한 후 각 스테이션별로 적절하게 직원을 배치한다. 한 스테이션 당 필요한 직원의 수는 주방에서부터 서비스 스테이션 간의 동선 거리 및 위치 등에 따라 할당되어야 하는데, 적어도 두 명 이상의 팀을 이루어야하는데 그 이유인즉, 다른 직원이 다른 일을 하는 동안 다른 한 사람은 서비스를 할 수 있도록 해야 하기 때문이다.

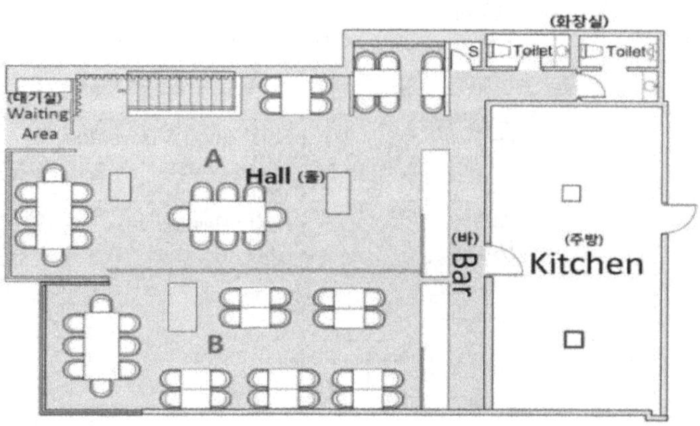

▲ 당일 스테이션 근무편성을 위한 식음료 영업장 평면도

2. 직원 업무능력에 따른 업무분장(Job Assignment) 하기

직원관리는 식음료 업장의 경영목표를 달성하기 위해서 직원선발과 배치, 업무능력을 얼마나 향상시킬 수 있는가가 주요 과제이다. 직원들이 직무능력을 발휘하고 업무효율을 높이기 위해서는 직원들의 자질이나 특성, 목표 및 관심사에 적합한 직무를 부여 배치하는 것이 매우 중요하다. 이는 직무 설계를 시작할 때부터 고려되어야 한다. 지배인은 직원의 업무능력을 항시 파악하여 적절한 업무분장을 통한 관리효율을 높여야 한다.

▼ 호텔의 식음료부서 조직도(2010년 이전)

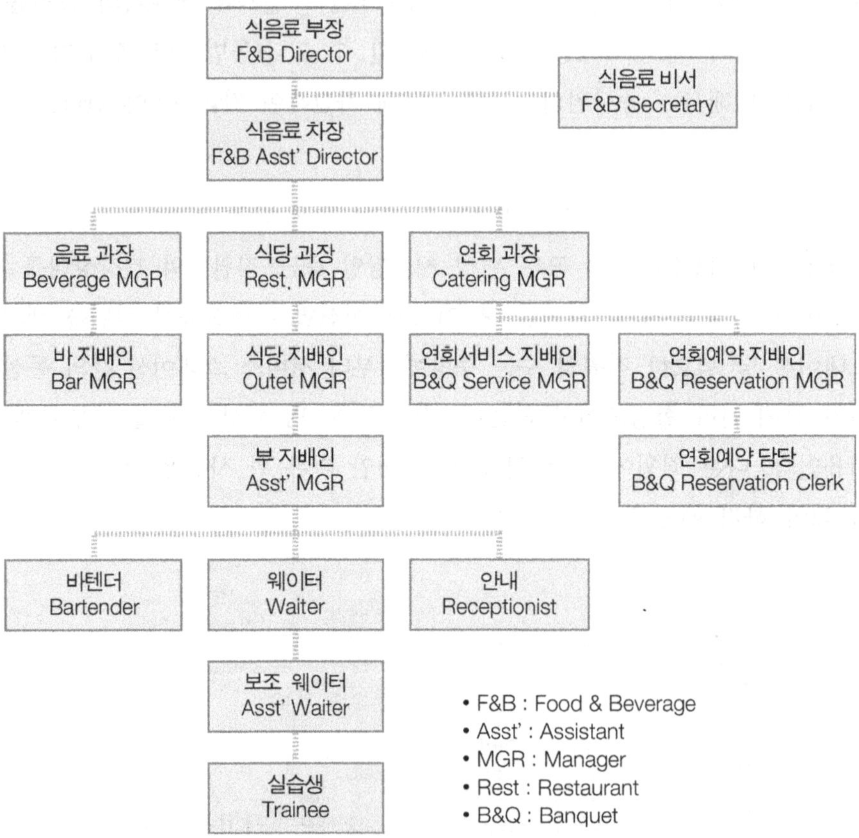

- F&B : Food & Beverage
- Asst' : Assistant
- MGR : Manager
- Rest : Restaurant
- B&Q : Banquet

▼ 호텔의 식음료부서 조직도(2010년 이후)

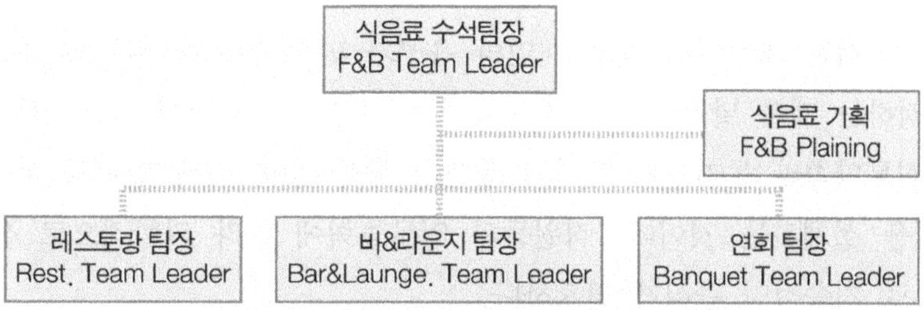

* 연회 예약 업무는 과거 식음료 부서 조직에서 세일즈&마케팅 부서 산하로 이관하여 운영하고 있다.

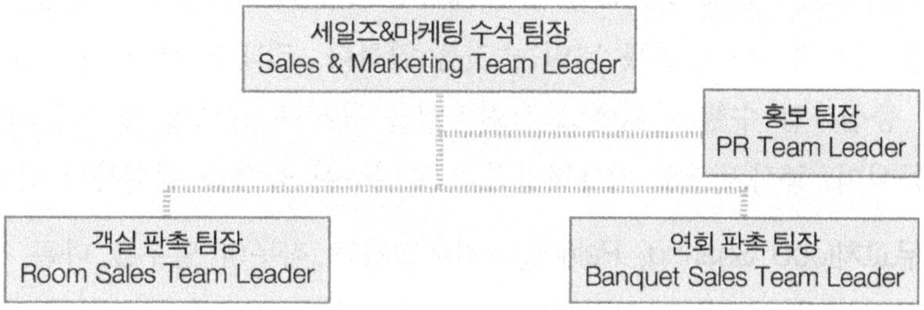

▼ 식음료 영업장 업무분장표

업 무 분 장

	이순신	홍길동	심청이
지배인 Manager	근태사항기록	직원교육	직원스케줄
	위상관리	자재관리	직원휴가관리
	영업계획	구매	고정자산관리
	안전관리	고객만족도관리	택시비관리

	Kim,CJ	Lee,CJ	Park,CJ	Seo,CJ
주임 Team Leader	식기관리	고정자산	은기류관리	위생관리
직원	Hae,MJ	Ke,MJ	Song,MJ	Ko,MJ
	전관리	비품관리	린넨	음료관리
	Kim,SJ	Lee,SJ	Koo,SJ	Jang,SJ
	택시비	소모품관리	수리신청	글라스웨어/메뉴

(1) 직무설계(Job Design)

직무 설계란 조직의 목표와 개인의 욕구가 만족 되도록 직무의 내용과 작업방법을 결정하는 것을 말한다. 즉, 직무설계는 직원들의 능력에 따른 업무분장 후 직원들의 직무만족과 동기부여 조직의 생산성 향상 등을 위해 일련의 직무내용이나 작업방법을 설계하는 것이다. 직원들의 업무능력에 따라 과학적으로 설계해야 하는 활동으로 지속적인 관리가 필요하다.

① **직무확대(Job Enlargement)** : 직무확대는 전문화 되어 있는 일을 적절한 범위로 통합시켜 직무의 범위를 넓히는 것을 말한다. 권태감 감소, 도전감, 동기유발 향상, 중심과업 수행 이외에도 관련과업을 동시에 수행할 수 있도록 하는 일련의 활동이며, 종사자에게 의사결정권을 부여하여 능력을 발휘하게 한다.

② **직무교차(Job Sharing, Pairing)** : 직무교차는 직무의 일부를 다른 작업자와 공동으로 수행하는 것으로 상호협동, 단조로움 감소, 직무범위 확대 등의 효과가 있다.

③ **직무순환(Job Rotation)** : 직무순환은 직무 수행자를 다양한 직무에 두루 돌아가면서 근무하도록 함으로써 그 직무 수행장의 권태감을 줄여주는 제도이다. 즉, 사전계획에 의해 여러 직무를 여러 작업자가 순환하여 수행하는 것으로 오래 수행하기에 스트레스가 많은 특정업무에 적용된다. 이러한 직무순환은 작업수행의 권태와 스트레스를 줄여주고, 매너리즘을 극복하는 등의 효과가 있다.

④ **준 자율적 작업진단(Team Building)** : 직무들 간의 상호의존성이 높거나 심리적인 스트레스를 많이 야기시킬 때, 몇 개의 직무를 하나의 작업집단으로 형성하여 자율성을 부여함으로써 직무의 효율성을 높이도록 한 것이다.

(2) 종사원의 직무 업무분장 시 유의사항

① 근무일정 관리에는 직원들의 불만이 항상 있을 수 있다. 상호간의 커뮤니케이션이 얼마나 이루어지냐에 따라 직원들의 불만을 잠재울 수 있을 것이다.

② 매니저는 직원들의 개별 특수상황을 수시로 파악하고 있어야 한다.

③ 직급에 따른 업무분장으로 각자의 업무를 성실히 이행하면 조직의 전체업무를 원활히 수행할 수 있다.

④ 최근에 사용하는 직원 인사시스템(Mate)에 관한 기술도 파악하고 있어야 한다.

⑤ 저녁 근무자의 야간 근무 시 택시비 등이 별도로 지급됨을 알아야 한다.

2 직무교육훈련

1. 직무교육훈련

(1) 직무교육훈련

직무교육훈련은 기업의 신입직원이나 일반직원의 재교육, 관리자의 리더십교육 등으로 정의할 수 있다. 교육은 직에 관한 전문적 지식, 일반교양 등 다양한 지식을 습득시키는 과정이며, 훈련이란 어떤 특정 직무에 대한 기술과 기능을 체득 또는 향상시키는 과정이며, 산업체에서는 교육과 훈련을 따로 분리하지 않고 붙여서 직무교육훈련이라고 쓰이며, 직무교육훈련이란 지식, 기술, 기능 등을 습득시켜 직무를 성공적으로 수행할 수 있는 자질을 기르는 과정이라고 정의할 수 있다.

현재 산업의 빠른 변화와 그에 따른 고객들의 요구와 가치 역시 빠르게 변화하고 있다. 이에 기업들은 기업의 매출 향상과 고객만족, 직원 스스로의 개발을 위한 교육 또한 수시로 변하고 있는 상황이다. 또한 IT기술의 발달로 인해 과거 텍스트 위주의 교육에서 이제는 인터넷 온라인 교육, 최근에는 첨단 스마트 교육으로 이동하고 있으며, 여러 나라에 지점을 둔 프랜차이즈 본사는 스마트폰을 이용하여 종사원들에게 직접교육을 실시하고 있다. 이러한 직무교육의 목적은 빠르게 변해가는 고객기호에 맞는 서비스 개발을 위해 직원들에게도 재빠른 교육을 실시하여 고객만족을 이루도록 하는 데 있다.

(2) 직무 교육 훈련의 목적

① 서비스 종사자로서의 기본적인 정신자세와 태도를 확립시킨다.
② 식음료 서비스에 관한 지식과 기술 및 기능을 습득시킨다.
③ 직무수행에 직·간접적으로 영향을 미치는 각종 정보를 교환한다.

④ 사내 또는 업장 내의 여러 가지 문제를 해결한다.
⑤ 기업과 사회에 유익한 참다운 종사원을 육성한다.
⑥ 각 종사원이 개인으로서의 삶의 보람을 갖도록 한다.
⑦ 직장 내 직무교육훈련은 평생교육의 도장(道場)이다.

2. 훈련장소에 따른 분류

직무교육훈련의 훈련장소가 어디냐에 따른 분류라고 할 수 있다.

(1) 사내교육(OJT : On the Job Training)

사내교육은 직장 내 훈련이다. 이 방법은 가장 일반적인 내부교육의 형태이며, 용이하게 실시 가능한 직무교육방법으로써, 업무시간에 직접 업무를 수행하면서 실시하는 교육으로 상급자가 하급자에게 실시하는 교육훈련 방식이다.

사내교육으로는 어학 및 각종 교양교육, 소방 및 안전교육, 위생교육, 사내강사 양성교육, 임원 및 부서장 교육, 간부교육, 중견직원교육, 일반 직원교육, 실습생교육, 매출증대 및 서비스 향상교육, 식음료의 상품 및 제도교육, 의사소통 관련교육, 부서별 교환 근무교육 등이 있다.

(2) 사외교육(OffJT : Off the Job Training)

사외교육에는 최고경영자 교육, 노조간부 교육, 조직 활성화 교육, 교육담당자 교육, 노동부 주관 위탁보수 교육, 관광공사 및 협회 주관 위탁보수 교육, 기타 교육 관련기관 위탁교육 등이 있다.

(3) 해외연수

우수 직원 인센티브 제도로써 단기연수 및 장기연수가 있다.

(4) 인터넷 스마트 교육

현 시대는 최신 기술이 접목되어 시간과 공간을 뛰어넘는 글로벌 시대이기에 그에 발맞춰 기업의 사내 인터넷 교육과 함께 최근에는 스마트폰 기술 발달과 보급으로 스마트폰 앱을 활용한 교육도 시행되고 있다(www.hyattconnect.com).

3. 훈련 대상에 따른 분류

직무교육훈련의 한 분류로 교육받는 직원의 대상에 따른 분류를 말한다.

(1) 신입직원의 교육훈련

신입직원교육이란 신입 정규직 채용 직원뿐만 아니라 파트타이머(Part Timer)를 포함하며, 직무수행상 필요한 지식과 기술을 연마시키고 식음료 영업장의 가치관과 태도를 개선시키고자 하는 교육이다. 교육방법으로는 강의, 세미나, 현장실습(OJT), 그룹토의, 역할연기 등이 있다.

(2) 보수교육 실시

보수교육이란 변화된 시장의 상황과 최신 기술의 도입 등으로 인해 변화되고 새로 개발된 어떤 기술이나 학문에 대해 보충하여 행하는 일련의 교육을 말한다.

(3) 일반직원 교육훈련

정기적인 교육프로그램으로 구성되는 교육훈련으로써, 시장 상황의 변화에 따른 마케팅 교육, 위생법규 및 새로운 기술도입 등과 같이 직원들에게 새로 습득할 수 있도록 하는 교육을 말한다.

(4) 중간관리자 교육훈련

직원들에게 동기부여를 할 수 있는 중간관리자의 리더십 교육으로 직원과 회사 간의 소통역할을 하는 교육이라고 할 수 있다.

(5) 전문교육훈련

최근 식음료 업장에서는 와인과 커피, 차 등 전문인을 요구하는 경우가 많아서 전문가 초청 및 외부 전문교육기관에 위탁하여 직원들에게 전문적인 교육을 실시하고 있다.

4. 부서교육

부서교육에는 부서 내 신입생 교육, 고객 예절교육, 매출증진교육, 식음료 이해교육, 기물 및 장비취급교육, 용모 및 복장관리교육, 소방 · 안전 · 위생교육, 전화응대교육, 추천판매, 사내 직무교육, 영업회계 관리교육, 서비스 표준교육, 서비스 과정교육, 외국어 교육 등이 있다.

3 직원 근무태도와 근무능력 평가

1. 근무평가(Working Assessment)

(1) 근무평가서

회사는 정기적으로 직원들의 근무 태도나 업무 성과에 대한 공정한 평가를 실시한다. 이는 인사고과에 중요한 기준이 되기 때문에 공정하고 투명한 방법으로 이루어져야 한다. 보통 1년에 1회~2회 정도 직원에 대한 근무평가가 이루어지고 있다. 근무평가의 목적은 승진, 급여인상, 포상 등에 참고하기 위하여 직원들의 근무태도와 개인의 목표, 관심사에 대한 정보를 수집하는 데 있다. 회사는 직원들에게 근무평가서를 작성하게 하여, 본인 혹은 상관이 각각 해당 업무를 얼마나 잘 수행했는지에 대해 정기적, 공식적으로 평가를 하고 이를 다시 구성원들에게 피드백 시킨다. 근무평가서에 벌점 및 주당근무시간을 기재하는 것은 근무자의 근면성을 평가하는 척도가 되고, 성적 평가 방법은 직무의 중요도와 난이도를 고려하여 정한다. 또한, 승진이나 임금인상, 교육훈련 등의 평가 목적을 제시하여 평가 목표를 세운다. 근무성적의 상대적 가치를 평가하고 점수화하므로 무엇보다 공정성, 객관성이 요구된다.

따라서 근무평가서의 세부 내용을 정확하게 작성하여 인사고과에 불이익이 없도록 주의한다. 평가자는 업무목표, 중점사항, 리더십 등의 요소들을 참고해야 하며 평가에 대한 기록을 계속 유지하여야 한다.

(2) 근무태도와 근무능력 평가

① **직무 평가자는 일정을 피 평가자에게 공지** : 날짜, 시간, 장소 등을 공지한다.

② **1차 평가는 피 평가자 스스로 자기평가를 기입** : 업무목표, 중점사항, 리더십 등을 구체적으로 작성한다.

③ **피 평가자와 평가자 동의하에 목표를 설정** : 목표는 완료시점 등 상세하게 작성한다.

④ **업무목표는 기업의 목표와 개인의 목표가 조화를 이루도록 설정** : 외국어와 컴퓨터 능력 등 개인의 역량이 곧 업무성과로 이루어지도록 설정한다.

⑤ **사원, 관리자 모두 달성 가능한 목표를 수립** : 개인의 현재 능력을 파악하고 달성 가능한 구체적인 목표를 수립한다.

⑥ **중점사항을 두어 구체적으로 수행** : 회사의 현재 중점사항을 숙지한 후 개인의 역량을 중점사항에 맞추어 구체적으로 작성한다.

⑦ **리더십을 확인** : 직원 상호간의 소통과 업무수행에 있어 리더십의 수행정도를 평가한다.

⑧ **개별 고과 점수산정을 실시** : 업무목표, 중점사항, 리더십 등 산술적인 점수를 산정한다.

⑨ **보고** : 단계별 결제를 위하여 팀장의 승인을 받은 후 인사관리부서에 보내 최종 승인권자에게 결제를 요청한다.

2. 직무평가(Job Evaluation)

(1) 정의

직무 평가란 각 직무가 차지하고 있는 상대적 가치를 결정하는 것을 말한다. 근무평가와 더불어 직무에 대한 평가가 먼저 이루어져야 한다. 또한 직무의 중요도, 수행상의 난이도, 작업환경의 위험도 등을 고려하여 어느 직무가 더 가치 있는지 없는지 판별하는 작업이다. 즉, 직무평가란 동일 노동시장의 다른 식음료 기업과 비교하여, 임금 조건을 공평하게 해서 직원들의 불만을 최소화시키고, 직무가 조직 속에서 갖는 상대적 가치를 과학적으로 평가하고 결정하는 과정이다.

(2) 직무평가의 방법

직무평가의 방법으로는 비계량적 방법과 분석적 방법이 있다.

① 비계량적 방법

- ▸ 서열법(Ranking Method) : 각 직무가 가지고 있는 중요도와 곤란도 등을 포괄적으로 평가하여 그 직무들의 가치를 결정하고 순위를 매기는 방식이다. 즉, 가장 중요하고 가치 있는 직무를 최상위 순위로 두는 것으로 복잡 다양한 직무는 적용이 불가하다.
- ▸ 분류법(Job Classification Method) : 직무의 가치를 적절히 판정한 다음 그 직무를 미리 정해 놓은 등급에 맞추어 넣는 방법이다. 이렇게 하기 위해서는 각 등급의 정의를 명확히 해놓아야 한다. 직무의 수와 복잡도 등에 따라 분류하되, 분류 자체의 객관성이 중요하다.

② 분석적 방법

- ▸ 점수법(Point Ranking Method) : 평가 요소를 선정하여 그 요소별로 중요도에 따라 가중치를 고려한 점수를 부여한 다음 이들 점수를 합하여 직무의 가치를 결정하는 방법이다. 즉, 직무의 중요도에 따라 결정하는 방법으로 계량적·가치적 표현으로 이해와 신뢰도가 높다. 평가 요소에 대한 등급 결정 등이 어렵고 평가자의 전문적 기술이 필요하며 준비기간과 경비상의 소요가 단점이다.
- ▸ 요소비교법(Factor Comparison Method) : 기준직무를 정하고 각 직무의 평가요소를 정한다음 그 요소를 기준직무의 요소와 비교하면서 점수를 부여함으로써 각 직무의 가치를 결정하는 방법이다. 즉, 몇 개의 핵심 기준 직무를 선정하여 각 직무의 평가 요소와 비교함으로써 직무의 상대적 가치를 평가하는 방법이다. 기준 직무 선정의 어려움이 있다. 하지만 이 방법이 점수법에 비해 좀 더 하기 쉽게 개선된 방법이다.

직원근무평가서

부 년 월 일

1. 평가자 의견 【40자 이내】

1차 평가자 :

2차 평가자 :

1차 평가자	직위		성 명	인
2차 평가자	직위		성 명	인

자 기 평 가 서

평가기간	-			
인적사항	기 관		부 서	
	직, 급		직 종	
	입 사 일		성 명	

구 분	평 가 항 목	내 용
Ⅰ. 업무추진		
Ⅱ. 자기개발		
Ⅲ. 외국어능력		
Ⅳ. 직무만족도		
Ⅴ. 기타		

Ⅵ. 지난 1년간의 업무수행에 대한 자기평가

업 무 수 행 과 제		평 가				
		매우 만족	만족	보통	불만	매우 불만
업무의 양과 질						
근무태도						
연구태도						
업무개선도						
주인의식						
종합평가						

* 해당란에 ○표 할 것.

10.2 영업계획 수립하기

수행준거

1. 동종업계의 트렌드를 파악하고 경쟁업소에 대한 비교 분석을 실시할 수 있다.
2. 매출현황 자료를 분석할 수 있다.
3. 분석결과를 바탕으로 영업계획을 수립할 수 있다.

1 동종업계 트렌드 파악과 경쟁업소 분석

1. 경쟁업계 분석

(1) 마케팅(Marketing)

마케팅이란 전통적 개념으로 소비자의 니즈(Needs)와 원츠(Wants)를 충족 시켜주는 과정이라고 코틀러(Kotler P.)가 정의하였으나 현대에 와서는 소비자의 니즈와 원츠를 충족시켜줄 뿐만 아니라 새로운 원츠의 창출 즉, 가치창출이 포함되었다. 따라서 마케팅은 일반적으로 상품이나 서비스를 소비자에게 유통시키는 데 관련된 모든 경영활동을 말하며, 제품, 아이디어, 서비스에 대한 개념, 가격, 촉진, 유통을 계획하고 집행하는 과정의 총칭이라고 말할 수 있다. 마케팅 활동 개념은 생산지향적 → 제품지향적 → 판매지향적 → 고객지향적으로 변화되어 왔고 식음료 기업 또한 고객지향적인 마케팅이다.

▲ 마케팅 이론의 발달

▼ 마케팅에 필요한 호텔 내 식음료부서 매출 비율 (단위 : 억원, %)

구 분	제30기		제29기	
	금액	비율	금액	비율
객실	789	39.67%	739	40.87%
식음	401	20.16%	389	21.52%
연회	398	20.01%	315	17.42%
기타(봉사료 포함)	401	20.16%	365	20.19%
합계	1,989	100%	1,808	100%

※ 상기 수치는 한국채택국제회계기준(K-IFRS)의 연결 재무제표 기준임.

(2) 경쟁업계 분석

식음료 기업 경쟁업계 분석은 식음료분야의 동종업계의 경쟁업소 분석이다. 현재 식음료 산업은 빠른 성장과 더불어 종류가 다양해지고, 그 규모가 커지고 있으며, 그에 따라 식음료 마케팅의 중요성이 대두되고 있다. 특히, 식음료 산업의 양적 팽창에 맞게 식음료 경영의 질적 발전 또한 이루어져야 하는데, 현재 식음료 경영 부재로 인해 전반적으로 수익성의 부진을 면치 못하고 있다. 이에 식음료 기업은 수익성 향상을 위한 내부환경과 외부환경을 분석하여 고객만족과 가치를 극대화하고 경쟁기업과 경쟁하여 최대의 이익을 추구하여야 하는 해결 과제를 안고 있다.

이에 식음료 기업들은 다양한 경쟁업계 분석방법을 통해서 해결과제들을 풀어나가야 한다. 즉, 경쟁업계 분석 방법은 식음료 업장 경영에 있어 트렌드의 변화 등과 같은 식음료 마케팅 활동과 관련된 환경 요인 분석과 경쟁업체의 분석을 통한 시사점을 면밀하게 분석하여 기업이 사전에 충분한 준비를 할 수 있게 하는 데 목적이 있기에 식음료 기업들은 경쟁업계분석을 매일매일 하되 정기적으로 시행하는 것이 좋다.

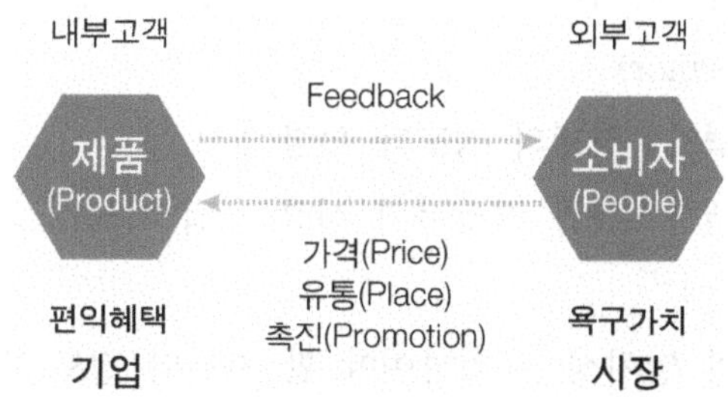

▲ 마케팅 개념도

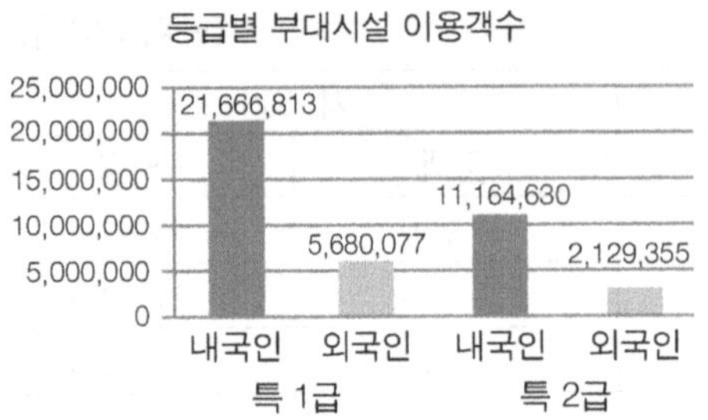

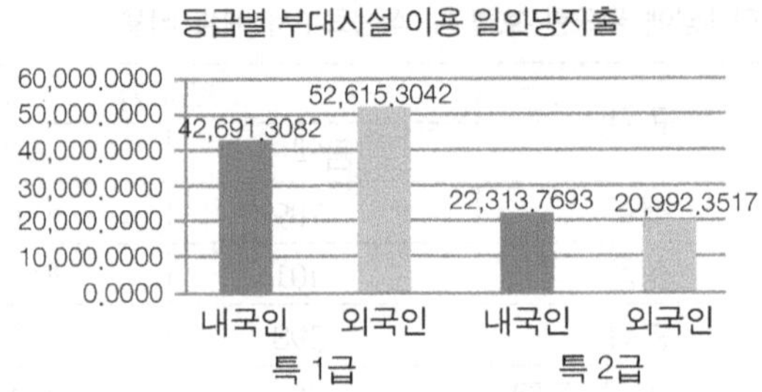

▲ 경쟁업계 분석(내 · 외국인 부대시설 이용현황)

(3) 3C 분석

① 일반적으로 마케팅 전략 수립 과정 중 가장 먼저 시행되는 분석방법으로써, 각 시장의 고객(Customer), 경쟁자(Competitor), 회사(Company)를 대상으로 표적 시장을 선정하는 환경 분석을 3C 분석이라 한다.

기업의 최대의 목표는 이익추구이다. 판매할 제품이 선정되었다면 그 선정된 제품을 어느 시장에서 판매하여야 이익을 극대화할 수 있는가를 알아보는 과정이 3C 분석이라고 말할 수 있다. 또한 이를 위해 각 시장의 규모, 성장력, 경쟁 우위성 및 회사에서 투입 할 자원의 조합과 타당성 여부 등을 분석하고 이를 각 시장별로 비교하여 회사와 적합하고 효율이 높으며 이익을 극대화할 수 있는 시장을 선정하게 되는데 이를 '표적 시장(Target Market) 선정'이라고 한다. 따라서 통상적으로 기업에서는 회사의 목표, 제품의 종류 및 투입 자원의 방법에 따라서 3C 분석 항목을 설정하고 이를 계량화(점수화)하여 표적 시장을 선정하게 된다.

② 3C 분석의 대표적인 평가 기준

▸ 고객(Customer)
- 시장 규모 : 시장 규모의 적절성 및 잠재 수요.
- 시장 성장률 : 과거와 미래의 시장 성장률 및 잠재 성장률의 추이.

▸ 경쟁자(Competitor)
- 현재의 경쟁자 : 경쟁의 정도와 활발성.
- 잠재적 경쟁자 : 신규 경쟁자의 시장 진입 가능성.

▸ 자사(Company)
- 회사 목표와 일치성, 투입하여야 할 자원의 정도 및 보유 여부.
- 시너지 효과 : 기존의 마케팅 전략과 일관성 여부.

- 회사의 강점, 약점, 기회, 위협 분석.

(4) 마케팅 정보 시스템(Marketing Information System)

① 의사결정이 필요한 마케팅 정보를 기업의 내부 및 외부에서 지속적으로 수집하고 관리 및 조정하는 역할을 수행하는 상시적인 시스템이다.

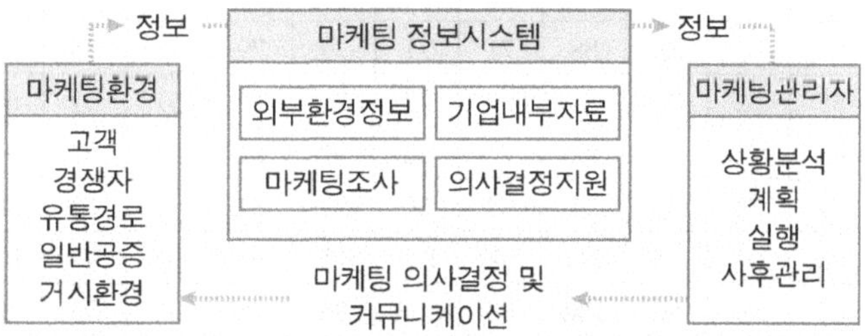

*자료 : Kotler,P(1991)

② 마케팅정보 시스템의 필요성

- ▸ 통합적 마케팅의 대두
- ▸ 마케팅활동의 다양화와 복잡화
- ▸ 기업환경의 불확실성과 위험성
- ▸ 마케팅 의사 결정의 위험성 증가
- ▸ 마케팅 정보의 다양화 및 대량화
- ▸ 마케팅 조사의 한계

(5) 거시환경 분석

① 거시환경 분석(PEST : Political, Economic, Social and Technological Analysis)은 장기적 방향설정을 위한 시장 환경요인을 분석하는 방법을 말한다.

② 'PEST분석'의 구분

- ▸ 정치적 환경(Political Environment)
- ▸ 경제적 환경(Economical Environment)
- ▸ 사회 · 문화적 환경(Social-cultural Environment)
- ▸ 기술적 환경(Technological Environment)

▼ 등급별 호텔 및 숙박업체 매출 전망(2017년 분기별 자료)

구 분	응답 사업체 수	업황 BSI		매출액 BSI		수익성 BSI		인력사정 BSI		자금사정 BSI		시설투자 BSI		홍보 BSI	
		1분기 현황	2분기 전망	1분기 현황	2분기 전망	1분기 현황	2분기 전망	1분기 현황	2분기 전망	1분기 현황	2분기 전망	1분기 현황	2분기 전망	1분기 현황	2분기 전망
전체	396	59	77	74	87	71	80	79	81	64	73	94	95	96	97
여행업	167	56	70	74	81	67	75	83	86	56	71	89	89	92	92
국내여행업	62	61	85	94	97	85	103	89	90	69	95	92	90	98	95
국외여행업	81	48	59	56	68	52	54	80	85	46	51	85	88	88	90
일반여행업	24	67	67	83	88	71	71	79	79	58	75	96	92	88	88
호텔업	110	55	82	70	85	60	73	70	75	57	69	102	94	98	99
특급호텔	36	61	100	72	106	75	86	47	61	72	67	103	92	111	117
1~급 호텔	74	51	73	69	76	53	66	81	81	50	70	101	95	92	91
휴양업	35	83	97	100	111	100	103	71	66	97	97	103	120	109	114
국제회의업	36	69	89	86	106	89	108	83	78	81	89	83	86	92	94
카지노업	11	82	73	64	45	82	55	91	100	82	64	91	91	100	100
유원시설업	37	43	65	57	84	76	78	84	86	65	59	100	111	97	97

출처 : 호텔&레스토랑

(6) SWOT 분석

① SWOT 분석은 기업의 내부 환경과 외부 환경을 분석하여 강점, 약점, 기회, 위협 요인을 규정하고 이를 토대로 경영 전략을 수립하는 기법이다.

미국의 경영컨설턴트인 알버트 험프리(Albert Humphrey)에 의해 처음으로 고안되었고, SWOT 분석의 가장 큰 장점은 기업의 내·외부 환경 변화를 동시에 파악할 수 있다는 것이고, 문제점으로는 조사자의 주관적인 편견이나 낙관주의가 분석결과에 대한 신뢰성을 결여시킬 수 있다는 것이다. 하지만 SWOT 분석은 방법론적으로 간결하고 응용범위가 넓은 일반화된 분석 기법이기 때문에 여러 분야에서 널리 사용되고 있다.

② SWOT

- 강점(Strength) : 내부 환경(자사 경영 자원)의 강점
- 약점(Weakness) : 내부 환경(자사 경영 자원)의 약점
- 기회(Opportunity) : 외부 환경(경쟁, 고객, 거시적 환경)에서 비롯된 기회
- 위협(Threat) : 외부 환경(경쟁, 고객, 거시적 환경)에서 비롯된 위협

③ SWOT 분석에 의한 경영 전략

- SO전략(강점-기회 전략) : 내부 강점을 활용하여 기회를 적극 활용하는 전략을

선택한다. 이에 시장 기회 선점 전략, 시장 제품 다각화 전략 등이 있다.

- ST전략(강점-위협 전략) : 시장의 위협에 대비하기 위해 강점으로 위협을 제거하는 전략을 선택하는 것으로 시장침투전략, 제품확충 전략 등이 있다.
- WO전략(약점-기회 전략) : 약점을 보완하고 기회를 활용하는 것으로 핵심역량 강화 전략, 전략적 제휴 등이 있다.
- WT전략(약점-위협 전략) : 약점을 보완하여 위협을 회피하는 전략으로써 시장의 위협에 대비하기 위해 약점을 보완하는 것으로 철수전략, 제품과 시장집중화 전략 등이 있다.

외부환경요인 \ 내부환경 요인	강점 (Strengths)	약점 (Weaknesses)
기회 (Opportunities)	**SO** 내부강점과 외부기회 요인을 극대화	**WO** 외부기회를 이용하여 내부약점을 강점으로 전환
위협 (Threats)	**ST** 외부위협을 최소화하기 위해 내부 강점을 극대화	**WT** 내부약점과 외부 위협을 최소화

▲ SWOT 기법

(7) 시장세분화(S-T-P)

시장세분화는 전체 시장을 소비자 및 구매자 특성에 따라 동질적인 집단을 나누는 것 즉, 비슷한 요구의 소비자를 묶어서 몇 개의 집단으로 구분하는 것을 말한다. 따라서 식음료 기업의 시장세분화는 식음료 시장을 적정기준에 맞추어 몇 개의 시장으로 나누어 식음료 마케팅의 목적을 달성하는 데 있다.

① 시장 세분화의 동기

각 세부 집단들의 각각의 욕구를 충족시킴으로써 목표한 세분시장에서 경쟁우위를 확보하고자 한다.

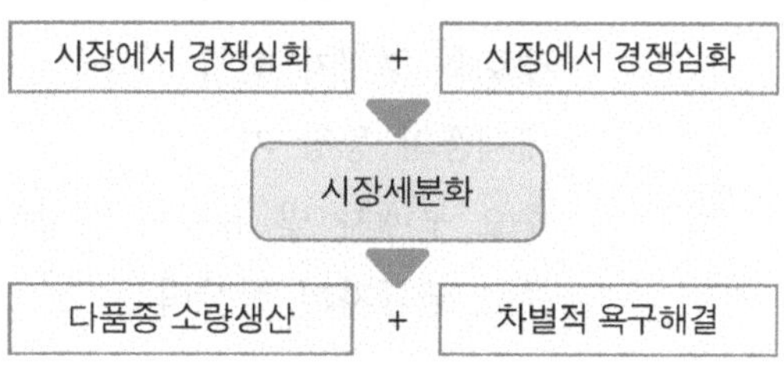

▲ 시장세분화의 동기

② 시장 세분화의 특징

▸ 시장 세분화의 이점

- 시장 기회를 보다 정확히 탐색할 수 있다.
- 효율적인 마케팅믹스 개발로 소비자 욕구를 충족할 수 있다.
- 시장수요에 능동적으로 대처할 수 있다.
- 경쟁기업에 보다 쉽게 대응할 수 있다.

▸ 시장 세분화의 요건

- 구체적으로 측정 가능하여야 한다.
- 내적 동질성과 외적 이질성을 가지고 있어야 한다.
- 개발된 기업마케팅이 세분화된 시장에 접근 가능하여야 한다.
- 세분된 시장에서 수익이 발생하고 지속되어야 한다.
- 기업의 전략이 실행 가능하여야 한다.

(8) 시장 표적화

표적세분화 된 개념을 근거로 평가된 세분시장들 중 어떤 세분시장을 목표로 정할 것인가를 결정하는 과정으로 시장 표적화를 통한 기업의 마케팅활동을 집중하는 고객집단인 표적시장에 집중할 수 있는 장점이 있다.

① 세분시장 평가 기준

▸ 기업의 사업목표 및 마케팅 목적과 일치

▸ 세분시장을 공략할 수 있는 기술과 자원 및 자금의 보유

▸ 세분시장의 적절한 규모 및 성장성

▸ 세분시장에서 수익성 확보 가능성

② 표적시장 선정 시 고려사항

▸ 기존 경쟁자의 위협성

▸ 새로운 경쟁자 진입 가능성

▸ 대체품의 등장 가능성

▸ 주요 구매자 및 유통의 협상력

▸ 주요 공급자의 협상력

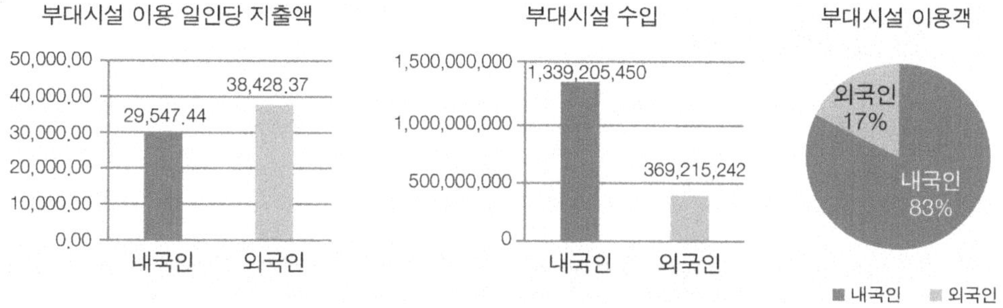

▲ 호텔 식음료 및 부대시설 운영형황

(9) 포지셔닝(Positioning)

포지셔닝이란 표적시장 내에서 경쟁기업들과 효율적으로 경쟁하기 위하여 소비자들의 마음 속에 자사제품의 차별적 인식과 이미지를 심어주는 과정이다. 즉, 포지셔닝은 식음료 기업의 이미지가 고객들의 의식 속에 상품이 인식되어 각인되는 것으로 브랜드이미지에 따라 가격이 결정되어지는 중요한 마케팅 분석이다. 이때 소비자가 각각의 기업이나 제품에 대하여 인진하고 있는 차원을 선별적으로 도면으로 작성하는데 이를 포지셔닝 맵(Positionting Map)이라고 한다. 포지셔닝 맵은 일반적으로 제품의 다양한 이미지 및 구매기준으로 작성되어야 하며, 명쾌하고 간결해야 한다. 따라서 서비스에 대한 소비자의 지각 정도를 속성에 대한 경쟁 서비스와 비교해서 두 가지 중요한 기준으로 놓고 비교했을 때 소비자의 인식을 나타낼 수 있어야 하며, 이는 심리적 좌표이기도 하다.

〈외식 레스토랑 포지셔닝〉

▶ 식음료 영업장 포지셔닝 맵

2 영업계획 수립

1. 식음료 서비스 마케팅 믹스(7P)

마케팅 믹스(Marketing Mix)란 '마케팅 목표의 효과적인 달성을 위하여 마케팅 활동에서 사용되는 여러 가지 방법을 전체적으로 균형이 잡히도록 조정 · 구성하는 일'이라고 일반적으로 정의한다. 식음료 마케팅은 목표고객을 이해하고, 소비자들을 설득하기 위한 다양한 마케팅 믹스를 창출하여 지속적인 수익성을 확보하는 활동이다. 이에 따라서 서비스 마케팅 믹스란 식음료 기업의 매출증대, 고객만족, 이익증대 등 서비스 마케팅 목표를 달성하기 위한 방법이라고 할 수 있다.

마케팅 믹스는 통상 4P 즉, 상품(Product), 가격(Price), 경로(Place), 촉진(Promotion)이라 칭하지만 여기에 3P인 과정(Process), 물리적 증거(Physical Evidence), 사람(People)을 더해 확장된 서비스 마케팅 믹스인 7P로 구분해 본다.

(1) 상품(Product)

상품이란 식음료 고객들에게 가치를 창출할 수 있는 모든 서비스 수행 요소를 말한다. 소비자의 욕구를 충족시킬 수 있는 상업적인 재화의 총칭으로써, 물질적인 재화뿐 아니라 서비스, 사람, 장소, 아이디어 등이 포함되는 포괄적인 개념이다. 메뉴에 상품기획의 모든 부분이 함축되어 있다. 예를 들면, 메뉴관리(Menu Management)에는 메뉴 머천다이징(Menu Merchandising : 수익과 이익의 극대화를 위한 메뉴관리)과 메뉴 엔지니어링(Menu Engineering : 메뉴의 수익성을 관리하기 위하여 메뉴를 평가하는 것)을 들 수 있다.

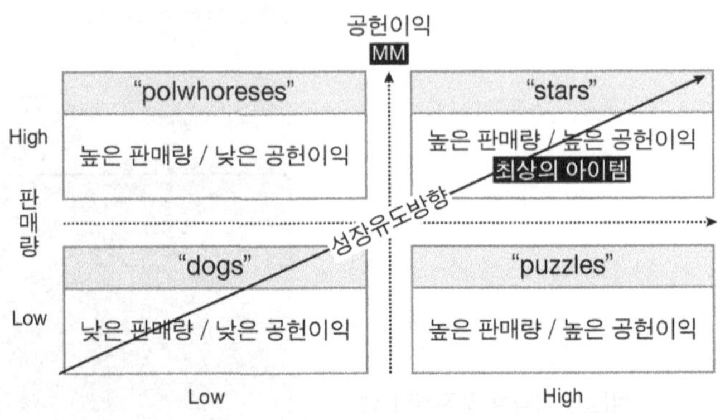

▲ Menu Engineering 분석

(2) 가격(Price)

가격이란 제품이나 서비스 제공에 따른 대가로 표현된 제품의 가치라고 할 수 있다. 즉, 식음료 상품이나 서비스에 대한 고객 즉 소비자들이 지불하는 돈, 시간, 노력 등을 총칭한다. 경쟁상황이나 희소성 등의 복합적인 판단에 따라 가격이 책정되며, 기업의 이윤과도 밀접한 관계가 있다. 특히나 시장 상황에 따라 다양한 가격 전략이 존재한다.

(3) 경로(Place)

경로란 유통이라고 말하기도 한다. 제품이나 서비스를 생산자로부터 최종 소비자에게 판매되는 경로이다. 식음료 산업에서도 식음료 고객들에게 언제, 어디서, 어떻게 서비스를 전달할 것인가에 관한 내용이다. 입지와 상권, 입지의 분산성, 접근가능성, 전달과정의 관리 등이 포함된다. 따라서 기업은 자사의 제품에 맞는 최적의 유통경로를 파악하고, 그것에 다른 효율적인 마케팅 전략 수립이 필요하다.

(4) 촉진(Promotion)

촉진이란 식음료 기업들이 고객들 즉 소비자에게 촉진 상품을 알리고 구매할 수 있도록 실행하는 모든 커뮤니케이션 활동을 말한다. 촉진 믹스로는 인적판매, 광고(Advertising), 홍보, 판매촉진(견본제공, 전시회) 등이 있다.

(5) 과정(프로세스 ; Process)

프로세스란 식음료 기업의 상품과 서비스는 여러 가지 과정을 통하여 생산되고 소비자들에게 전달되는 일련의 과정으로 레스토랑에서 서비스 프로세스 관리는 서비스 품질관리를 통하여 고객만족과 재방문 의사결정에 향을 미친다.

(6) 물리적 증거(Physical Evidence)

물리적 증거란 주변적 요소인 실내인테리어, 색상, 온도, 소음 등과 공간적 배치 및 기능성, 상징물, 조형물, 표지판 등이 포함되어 고객과 구성원들이 인지적 · 심리적 · 정서적 반응을 일으켜 외적행동에 영향을 미치는 것으로 정의할 수 있다.

(7) 사람(People)

식음료 기업의 서비스는 직원들의 행위를 통해 고객들에게 전달되기 때문에 종사원들은 서비스의 생산자이자 전달자이다.

2. 식음료 업장의 프로모션

(1) 식음료 업장의 프로모션 목적

식음료 업장에서의 프로모션(Promotion)행사, 이벤트(Event) 등의 행사들을 진행하는 목적은 판매촉진을 도모하기 위해서이다. 이때 판매촉진은 식음료 업장을 이용하는 고객들에게 각 업장의 상품에 대해 알리고 수요를 환기시키려는 목적이 있고, 식음료 업장의 마케팅활동의 성공여부는 그 해당 업장의 판매촉진활동에 의해 크게 좌우될 것이다. 따라서 판매촉진의 목적은 경쟁 식음료 업장의 상품과 서비스가 그 해당 업장과의 차별화를 주어 식음료 업장을 이용하는 고객에게 다른 업장과의 차별성을 부각시키는 것이다. 이러한 이유 때문에 최근 대부분의 업장들은 나름대로의 차별화를 지닌 판매촉진활동에 대해 예산을 늘리며, 다양한 이벤트나 프로모션을 기획 · 실행하고, 이에 비해 광고비용을 줄이고 있는 실정이다.

(2) 식음료 업장의 프로모션 종류

① **계절 메뉴 프로모션** : 계절 메뉴 프로모션은 말 그대로 계절별 그 계절의 신선재료를 이용한 프로모션이다. 예를 들어 봄에는 '딸기 페스티벌'이라는 이름으로 딸기 뷔페, 딸기로 만든 애피타이저 · 디저트, 딸기 에이드 등 딸기로 만든 음식을 판매를 하는 경우와 겨울에는 '감귤 페스티벌'이라는 이름으로 감귤과 관련된 음식을 판매하는 경우이다.

② **특별한 날 프로모션(Special Day Promotion)** : 식음료 업장에서는 특별한 날에 그 날의 특성에 맞는 프로모션을 진행한다. 예를 들면 크리스마스, 밸런타인데이, 화이트데이, 빼빼로 데이, 입학식, 졸업식 등 이외에도 프러포즈, 기념일 이벤트와 관련된 프로모션을 진행하여 고객들에게 새롭고 특별한 경험을 제공하고자 한다. 이에 고객들은 특별한 날에 새롭고 특별한 경험을 만들고 느끼기 위해서 프로모션을 진행하고 있는 업장을 이용하게 된다.

③ **행사 메뉴 프로모션** : 몇 개 구역에 서빙 장소를 설치하는 행사에서, 각 스테이션마다 특색 있는 요리를 제공하는 것으로써 행사 메뉴 프로모션이라고 일컫는

다. 이런 프로모션은 주로 각각 다른 나라의 민속·지역 요리를 활용하는데, 예를 들면 한 곳에서 프랑스 음식을, 다른 곳에서는 중국 음식을, 또 다른 곳에서는 디저트나 와인과 같은 주류를 제공하기도 한다.

④ 해피 아워(Happy Hour) : 해피 아워는 호텔 식음료 업장(라운지, 칵테일 바 또는 펍)에서 비교적 하루 중 한가한 오후 4시에서 6시 사이시간을 이용하여, 무료 또는 할인으로 저렴한 가격의 식음료를 제공, 매출을 증대시킬 수 있는 판매촉진의 방법이다. 대부분의 호텔 바에서 해피 아워를 실시하고 있지만, 호텔마다 음료가격할인과 무료안주 제공 등의 행사내용이 비슷해 차별화를 두기 어려워 성공하는 경우가 흔하지 않은 편이다.

▶ 호텔의 와인 프로모션

3. 인터넷 마케팅

인터넷 마케팅이란 기업이 마케팅의 목적을 달성하기 위하여 인터넷을 활용하여 쌍방향 미디어를 이용하는 것이다. 인터넷 이용자의 증가와 매체 환경과 정보 활용에 대한 고객의 변화 등으로 고객의 구매행동이 변하고 있음을 엿볼 수 있다. 인터넷 마케팅 도구로는 홈페이지, 인터넷광고, 이메일, 온라인 커뮤니티(페이스북, 트위터, 카페, 블로그, 미니홈피, 채팅서비스) 등이 사용되고 있고, 최근 사용하게 된 모바일 마케팅과 SNS(Social Network Marketing) 마케팅 등 마케팅의 중요도구로 사용되어지고 있어 관심 있는 분석과 연구가 필요하다

(1) 마케팅 융합(Convergence)

마케팅 환경은 끊임없이 변화하며 기업이나 브랜드간의 경쟁은 심화되어 기업이나 브랜드들은 살아남기 위해 다양한 변화를 모색해야 했다. 1980년대부터 논의 된 통합마케팅은 20세기가 지난 21세기인 현재에 더더욱 큰 영향력을 발휘 하고 있고, 사회는 점차 더 복잡해지고 소비자들은 더욱 스마트(Smart)해져왔다. 디지털미디어의 발달로 정보는 더 이상 일부의 권력자가 지닌 것이 아닌 대중들에게 공개되었고 다양한 방식으로 소통되고 유통되고 있으며 재창조되어지고 있다. 이러한 상황 속에 기업이나 브랜드가 고객들에게 소비되어지기 위해서는 다양한 방식의 커뮤니케이션을 통해 관계구축이 반드시 필요하게 된 것 이다. 이 관계구축에서 중요한 것이 바로 네트워킹(Networking)이다. 기업은 이 네트워킹을 잘 활용할 필요가 있다.

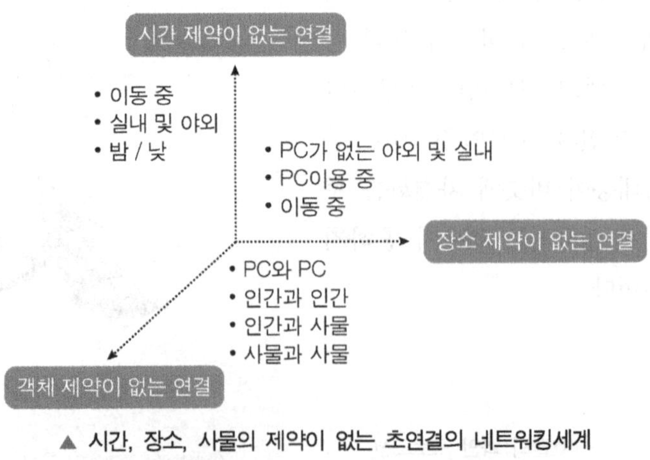

▲ 시간, 장소, 사물의 제약이 없는 초연결의 네트워킹세계

〈출처 : ITU, "The Internet of Things"(2005)〉

(2) 모바일 마케팅

모바일 마케팅이란 이동통신 단말기를 이용하여 고객에게 문자, 음성, 그래픽, 음악 등 의 다양한 방법으로 광고메시지를 발송하여 고객으로부터 기대하는 반응을 얻고자하는 광고를 의미하며, 광고의 종류는 크게 모바일 검색광고, 문자형광고, 애플리케이션 제작 및 광고, QR코드 등으로 나눌 수 있다. 모바일을 이용한 마케팅의 특징은 다음과 같다.

① 타깃팅이 가능한 대인 매체 광고로써 연령, 지역, 성별에 따른 노출이 가능하며, 개인 데이터베이스(Database)를 통해서 일대일 광고 메시지 전달이 가능하다.
② 시간과 공간의 한계를 극복할 수 있다. 고객이 24시간 휴대하는 모바일 미디어를 통해서 24시간 고객에게 실시간 정보를 제공해 줄 수 있다.
③ 개인화된 메시지를 전달하는 데 유리하다.
④ 상호작용인 특성을 가지고 있으며, 결제도구로써의 기능을 가진다.

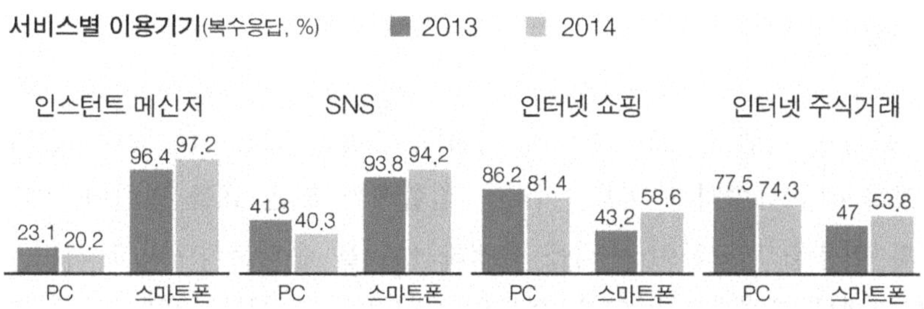

10.3 매출 손익 관리하기

수행준거

1. 매출 손익을 항목별로 분석할 수 있다.
2. 효율적인 원가관리를 할 수 있다.
3. 원가 항목을 검토하고, 개선의 필요성과 방향을 설정할 수 있다.

1 매출 손익 분석

1. 매출 손익 분석

매출 손익 분석은 기업이 어느 정도의 이익과 손실을 냈는지를 일정기간의 영업성과로 표시한 회계보고서이며 수익과 비용, 이익을 집합시켜 놓은 표를 말한다. 여기서 손익 분석이란 수익과 비용을 비교하여 손익을 산정하는 것을 손익분석이라고 하며, 손익은 경영활동의 과정 중에서 발생하는 이익과 손실을 의미한다. 손익분석에는 연간 혹은 분기별로 기간을 설정하여 기록해야 한다. 또 매출 시 원가와 매출 총이익, 사용한 경비금액, 영업이익, 경비부담 등을 모두 분석하여 순매출액과 손실액을 파악하고 이를 표 형식으로 기재하도록 한다. 매출 손익 분석에서 경영 성과는 수익에서 비용을 차감하고 남은 이익으로 평가할 수 있으며, 월 단위와 연 단위로 표기된다.

궁극적인 모든 기업의 목표는 수익의 극대화일 것이다. 이에 마케팅 노력으로 총수입을 극대화시키거나 비용절감을 통한 이익 극대화로 기업의 목표를 달성할 수 있을 것이다. 특히 식음료산업은 전체 비중 중 원가가 차지하는 비율이 높아 비용관리보다는 원가관리라는 용어가 주로 사용되고 있다.

(1) 수익(Revenue)

수익이란 생산적 활동에 의한 가치의 형성 또는 증식을 뜻하며, 생산적 급부인재화 또는 용역의 제공에 의하여 기업이 받는 대가인 매출액 측정되며, 따라서 기업의 이익은 수익을 근원으로 한다. 즉, 기업이 재화나 용역을 고객에게 판매하여 얻은 수입액의 총계를 표시한 것으로써, 총매출액, 음식 매출액, 음료 매출액, 영업외 수익, 특별이익으로 구분되어 있다. 목표수익률이 수립되려면 경영자, 매니저, 직원, 경리부 관리자, 구매자 등 여러 계층의 직원들이 참여하여 목표수익률을 설정하여 세부사항을 계획한다.

(2) 비용(Expense)

비용이란 소비된 가치의 크기를 말하며 회계학 · 경제학상으로는 기업의 상품을 생산하는 데 필요한 여러 생산요소에 지불되는 대가라고 정의한다. 즉, 수익을 얻기 위해서 발생된 비용이다. 이때 손익계산서에 기록되어지는 비용으로는 매출원가, 판매비와 관리비, 영업외 비용, 특별손실, 법인세비용 등으로 구분되며, 컴퓨터 시스템을 활용하여 목표원가, 예상원가, 실제원가를 정확하게 예측하고 계산한다. 비용이 적게 들수록 이익이 많아지므로 적절한 비용 관리 통제가 중요한 경영관리사항이다.

① **직접비용** : 직접비용이란 생산에 직접 필요한 원자재비 · 노임 등을 말한다.

② **간접비용** : 감가상각비, 동력비 등 직접 생산에 관여하지 않는 종업원의 급여 등을 간접비용라고 한다.

③ **고정비용** : 고정비용과 가변비용은 생산량과의 관련에서 나온 개념으로, 고정비용이란 생산량의 대소에 관계없이 일정액으로 발생하는 급료 · 토지세 · 이자 · 관리비 등을 가리킨다.

④ **가변비용** : 가변비용 또는 주요비용이라고도 하며, 원자재비, 동력비 등 생산량에 비례하여 증가하는 변동비 즉, 비례적 가변비용과 급료 · 보수비 등과 같이 생산량의 증대와는 비례하지 않는 증가율을 갖는 준변동비 즉, 비례하지 않는 가변비용가 있다.

(3) 이익(Profit)

이익이란 총매출에서 총비용을 차감하여 계산된 금액이다. 기업회계기준으로 매출총이익, 영업이익, 경상이익, 법인세 차감전순이익, 당기순이익 등으로 구분된다.

이익 = 총매출 - 총비용

(4) 수익경영(Revenue Management)

수익경영이란 식음료 제품을 고객에게 적절한 시기에 적당한 가격으로 판매하여 수익을 극대화하는 경영기법이다.

수익경영의 핵심개념을 살펴보면 다음과 같다.

① 수요와 공급에서 비용보다는 가격에 비중을 둔다.
② 비용에 관한 가격 결정을 시장에 관한 가격 결정으로 한다.
③ 제품을 대중시장이 아니라 세분화된 시장에 판매한다.
④ 고가 구매 소비자를 위해 재고를 남겨둔다.
⑤ 전문지식에 기반을 둔 의사결정을 한다.
⑥ 제품의 가치 주기를 효과적으로 사용한다.
⑦ 수익창출 기회를 주기적으로 확인 · 점검한다.
⑧ 시간당 평균 객 단가와 좌석점유율, 시간별, 요일별, 고객회전율을 고려한다.
⑨ 효율적인 테이블 믹스(Table Mix)를 확인한다.

2 원가관리와 개선

1. 식음료 원가관리의 개념과 목적

원가(Cost)란 특정한 목적을 달성하기 위하여 잠재적으로 소모될 경제적 자원인 상품의 제조, 판매, 배급 등에 든 각종 재화와 용역서비스를 화폐단위로 표시한 것이다. 이에 원가관리(Cost Control)란 원가절감을 목적으로 경영활동에 의해 발생될 원가를 계획하고 추정 산출하여 수립하는 것이다. 경영활동으로 실제 발생된 실제원가를 계획했던 계획원가와 비교하여 차이 난 부분의 원인을 분석하여 수정 · 보완하는 경영 관리기법이다.

(1) 식음료 원가관리

식음료 원가관리란 레스토랑 등의 상품 구성 중 원가요소가 가장 높은 비중을 차지하는 식음재료의 경영관리로서 음식과 음료의 생산과 관련된 식음료 재료를 통제하는 일련의 경영기법으로 식음료 경영 방침이다. 이때 결정된 각각의 품목들의 품질과 양을 구매, 검수, 저장, 출고, 조리, 분량, 판매가격결정 등과 관련된 일련의 사항들로써 기업의 이익의 극대화를 위한 전반적인 경영관리라고 할 수 있다.

식음료원가관리는 원가기준을 만드는 것부터 시작되고, 원가기준이 세워진 후에야 판매분석, 요일, 식사시간, 부석에 따른 원가관리보고서, 재무제표를 할 수 있다. 그러나 원가기준은 영업장의 실제 운영 조건 아래서 일어나는 관찰과 계산을 통해서만 결정되어야 하기에, 식음료 상품은 타 상품에 비해 규격화와 균일화가 어려워 생산계획에 따라 과학적이고 효율적인 원가관리가 되도록 노력해야 한다.

(2) 식음료 원가관리의 목적

식음료 원가관리의 목적은 식음료 기업의 경영에 있어서 식음료 상품 품목에 필요한 식음재료의 구매, 생산, 판매의 원가관리를 하여 경영 방침에 의해 결정된 적정 원가율 유지와 원가를 통제함으로써 그 관리의 목적을 추구하는 것보다 오히려 올바른 원가계산을 통한 정확한 자료수치나 정보에 의해 계획의 기능을 강화하는 방향으로 관리의 목표를 가진다. 이때 식음료 기업의 궁극적인 원가관리 목적은 원가절감으로 경영이익을 극대화하는 데 있으며, 효율적인 원가관리를 통하여 고객 선호도가 높은 메뉴 개발을 할 수 있고, 메뉴 품질개선과 수익성이 좋은 메뉴 판매가격 결정으로 활용할 수 있다.

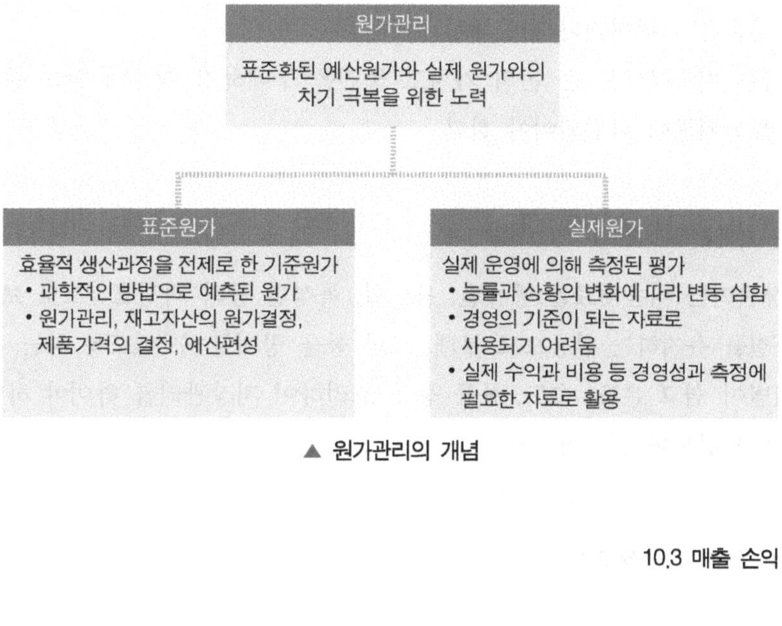

▲ 원가관리의 개념

2. 식음료 원가관리 과정

▲ 식재료 단계별 원가관리

▲ 식음료 원가관리 과정

(1) 구매관리(Purchasing Management)

구매관리란 최적의 식음재료를 적기에 가장 경제적인 가격으로 구매하는 것, 즉 과학적인 경관리 활동으로 원가절감의 최적화를 통한 경영이익의 극대화를 위해서는 아주 중요한 업무임을 인식해야 한다. 업장의 컴퓨터 구매시스템을 통하여 재고를 파악한 후 필요한 양만 주문한다.

(2) 검수관리(Receiving Management)

검수관리란 주문한 식음재료를 수령할 때 주문서 내용과 배달된 식음재료와의 일치 여부를 검사하여 일치한 경우에만 식음재료를 수령하는 것이다. 식음재료 검수는 품목별로 육류, 채소류, 과일류, 해산물, 냉동식품 등의 검수기준에 근거하여 수령한다. 또한 브랜드와 품질의 대체 손상된 물품, 부정확한 가격, 기준에 미치지 못하는 상품은 기록하거나 반품해야 한다.

기업은 지속적으로 큰 돈의 가치로 물건을 구매하기 때문에 받는 분야에서는 적절한 보안기준이 마련되어야 한다.

(3) 저장관리(Storing Management)

저장관리는 식음재료를 종류별, 용도별, 특성별 등의 적정조건으로 보관하여 최상의 품질을 유지하는 활동으로 부패, 도난 등을 방지할 수 있도록 하는 것이다. 위치와 식별이 쉽고 온도, 습도, 통풍 등을 고려하여 저장관리를 하여야 하며, 제품들은 바르게 보관되어 있어야 한다.

(4) 출고관리(Issuing Management)

출고관리는 식음재료를 각 업장의 영업책임자나 주방책임자의 출고 의뢰서의 요청에 의하여 출고하는 일련의 과정으로 가장 바람직한 선입선출법(FIFO)으로 관리하는 것이 가장 효율적인 원가관리를 할 수 있는 방법으로, 적절한 출고관리 없이는 정확한 가격이 책정될 수 없다.

(5) 재고조시(Inventory Investigation)

재고조사란 업장에 보관된 식음재료를 장부상 기록과 대조하여 차이를 파악하여 원인을 규명하고 해결하는 원가관리 활동이다. 따라서 품목별 수량, 상태, 위치 등을 정확하게 파악하여야 한다. 재고조사로는 정기재고조사, 특별재고조사, 월말재고조사, 일일재고조사 등이 있다.

▼ 외식기업의 운영원가의 예

항 목		비용(원)	비율(%)
매출(Revenue)	식료 매출(Tood)	115,740,000	90.0
	음료 매출(Beverage)	12,860,000	10.0
총매출(Total Revenue)		128,600,000	100.0
식재료 원가	식료 원가(Food)	34,722,000	30.0[1)]
	음료 원가(Beverage)	1,929,000	15.0[2)]
식재료 총 원가		36,651,000	28.5
공헌 이익(Gross Profit)		91,949,000	71.5
비용(Expenses)	직원 인건비	29,900,000	23.3
	직접 운영비	3,858,000	3.0
	관리비	6,944,400	5.4
	임대료	10,000,000	7.8
	마케팅	1,028,800	0.8
	총비용	51,731,200	40.2
감가상각비(Deprecation)		3,600,800	2.8
수익(부가세 포함)		36,617,000	28.5

1) 식료원가비율(Food Cost Ratio) 30% = $\frac{\text{Food Cost}}{\text{Food Revenue}} \times 100 = \frac{34{,}700{,}000\text{원}}{115{,}740{,}000} \times 100$

2) 음료원가비율(Beverage Cost Ratio) 10% = $\frac{\text{Beverage Cost}}{\text{Beverage Revenue}} \times 100 = \frac{1{,}929{,}000\text{원}}{12{,}860{,}000} \times 100$

3. 표준원가관리

(1) 표준원가(Standard Costs)

표준원가란 효율적인 경영합리화를 위해, 식음료 영업장의 경영활동 단계를 대상으로 표준원가를 설정하고 실제원가(Actual Costs)를 측정하여 비교한 후 그 차이를 측정하여 원인분석 후 해결함으로써 영업자의 원가절감을 위한 경영관리기법이다.

(2) 표준화 대상 업무

① **표준구매명세서(Standard Purchase Specification)** : 표준구매명세서란 표준화 된 요리법에 사용되는 재료를 상세하게 설명하고 있으며, 구매책임자, 업장 관리자, 조리책임자, 원가관리책임자 등의 상호협조 구매정책에 따라 구매 전에 구매하고자 하는 식음재료에 대한 품질, 품목명, 상표, 규격, 단위, 수량, 포장, 산지 등이 기록된다. 따라서 표준 구매명세서는 품질관리의 단위이자 비용관리 단위 역할도 한다.

② **표준수율(Standard Yield)** : 표준수율은 구매한 식음재료를 다듬은 후 실제로 조리에 직접 사용할 수 있는 순 중량을 말하며 다시 말해서 식자재가 가공되어 고객에게 판매될 수 있게 된 상태에서의 수 또는 중량을 의미하며, 주로 생산성 지표로 쓰인다. 이와 반대로 발생하는 식음료 재료 손실을 감손율(Waste)이라고 한다.

표준수율의 목적은 식자재 원가산출에 사용되는 원가인수(Cost Factor), 원가배수(Portion Cost multiplier) 등의 산정과 소질 과정에서 자재손실의 최소화 및 높은 산출률 획득을 위한 각종 조리 방법의 강구에 있다.

③ **표준 조리법(Standard Recipe)** : 표준조리법은 사내 표준으로써 메뉴의 동일한 품질을 위한 세부적인 품목과 양, 조리법, 서비스 방법 등에 포함되어 있는 조리의 표준에 관한 기술서이다. 따라서 조리사들은 표준 조리법을 숙지하여 언제, 어디서나 동일한 품질의 메뉴를 만들어내야 한다.

또한 표준조리법은 표준식자재원가의 산정에 기여하며, 요리에 대한 식자재원가 산정의 기준이 되고, 판매가격 산정에도 기여한다.

④ **표준분량규격(Standard Portion Size)** : 표준분량규격은 영업의 일관성을 위해 메

뉴의 품목별 크기나 수량, 무게 등 정확한 양을 제공할 수 있도록 작성된 표준 분량표로 재료절감과 식음료 원가를 적정하게 유지하여 원가상승과 모든 고객에게 공평한 양의 제품을 제공함으로써 고객 불만을 막고 이익을 창출할 수 있게 한다.

⑤ **표준분량원가(Standard Portion Size Cost)** : 표준분량원가는 표준조리법에 따라 조리되는 상품에 소요되는 비용을 말한다.

▼ 메뉴 레시피 표준화 예

새우아큐밀			스캔핏새우			칠리새우			갈릭세우		
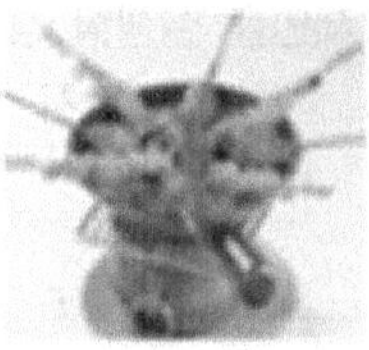											
재료	양	가격	재료	양	가격	재료	양	가격	재료	양	가격
감자말이 새우	3마리	1800	새우	8마리	4000	칠리소스	7ts	120	마늘	10g	150
코코넛 밀크	100g	200	참기름	1T	80	피망	80g	100	크림칠리 소스	5T	300
밀가루	120g	50	호유소스	1T	100	당근	69g	50	감자말이 새우	8마리	4800
다진마늘	5g	50	로스소스	1T	100	전분가루	100g	50	당면	10g	100
피망	20g	50	피망	20g	50	튀김기름	100g	100	쪽파	10g	200
새우꼬치	8개	100	체리 토마토	1개	30	새우 (대하)	8마리	4000			
TOTAL		2250	TOTAL		4360	TOTAL		4420	TOTAL		5550
5가지 채소에 감자말이 새우를 꼬치에 꽂아 튀기고 코코넛 밀크소스를 볶은 채소와 함께 곁들인다.			새우를 튀겨서 준비한다. 각종 채소로 장식한다. 호유, 로스소스로 소스를 만들어 뿌린다.			새우에 전분가루를 입혀 튀긴 후 피망, 당근을 볶아 칠리소슬 넣어 소스를 만들어 뿌린다.			감자말이 새우를 튀기고 마늘을 슬라이스하여 튀겨서 준비한 후 크림칠리소스를 뿌린 후 튀긴 당면과 다진 쪽파로 장식한다.		

4. 식음재료 낭비 관리(Controlling Waste)

식음재료 낭비 관리는 잘못 사용되어 수익에 아무런 가치 없이 낭비되는 식음료원가를 말한다. 식음료 재료낭비는 훼손된 식음재료 및 서비스 직원이 고객에게 전달하는 과정 에서 실수로 못쓰게 된 식음재료 등이다. 식음재료 낭비를 점검하기 위해서는 항상 관리자는 쓰레기통 등을 잘 살펴봐야 하고, 식음재료 손실을 관리 방법으로 식음료 재료손실관리 양식을 작성하면서 낭비관리를 위한 계획을 수립하고 점검 · 관리한다.

▼ 식음료 재료 손실 관리 양식

질 문	Yes/ No	제안에 대한 설명	제안을 실행할 경우 절감 예상치
낭비와 산출량의 차이를 없애기 위해 1년 내내 재료의 품질이 일정할 수 있는가?			
만일, 일정하지 못한다면 그 이유는?			
해당 항목의 적은 비용을 위해 제안할 수 있는 방법은?			
기존의 재료들을 취급하는 다른 방법들이 있는가?			
추가 부분을 없애거나 혹은 줄일 수 있는가?			
원가를 줄이거나 분량을 간소하게 할 수 있는 방법은?			
이 제품을 같은 만족을 주면서 대체할 수 있는 것이 있는가?			
있다면 그것은 무엇인가?			
대체물의 비용은 얼마인가?			
USDA에 만족하는 혹은 적정한 것인가?			

연습문제

01. 다음 중 직원 근무일정을 관리하는 사항으로 올바르지 않은 것은?

① 공정하고 합리적으로 편성된 직원 근무일정은 직원에게 좋은 동기부여가 될 수 있다.

② 직원들의 월차 혹은 휴무 및 근무시간 조정과 같은 요청을 존중해주고 허용할 수 있도록 노력해야한다.

③ 매니저는 영업장이 필요로 하는 시간에 종사원들의 스케줄까지 명확하게 정해져 있는지 확인할 책임은 없다.

④ 직원들의 근무일정에 계속해서 불만을 갖는 상태가 되면 잠재적으로 경영손실을 가져올 수 있다.

02. 현행 근로기준법에 따라 법적 근로시간은?

① 1일 8시간, 1주일 40시간　② 1일 8시간, 1주일 50시간

③ 1일 9시간, 1주일 50시간　④ 1일 9시간, 1주일 40시간

03. 다음 내용이 설명하는 것은?

> 전문화 되어 있는 일을 적절한 범위로 통합시켜 직무의 범위를 넓히는 것을 말한다. 권태감 감소, 도전감, 동기유발 향상, 중심과업 수행 이외에도 관련과업 동시에 수행할 수 있도록 하는 일련의 활동이며, 종사자에게 의사결정권을 부여하여 능력을 발휘하게 한다.

① 직무확대　② 직무교차

③ 직무순환　④ 준 자율적 작업진단

04. 다음 중 밑줄 친 곳에 들어갈 내용으로 알맞은 것은?

> ____________이란 변화된 시장의 상황과 최신 기술의 도입 등으로 변화되고 새로 개발된 어떤 기술이나 학문에 대하여 보충하고 행하는 일련의 교육을 말한다.

① 일반직원 교육훈련　② 중간관리자 교육훈련

③ 신입직원의 교육훈련　④ 보수교육

05. 다음 중 근무평가의 목적이 아닌 것은?

① 승진 ② 급여
③ 포상 ④ 휴가

06. 다음 내용에서 설명하는 직무평가의 방법은?

직무의 가치를 적절히 판정한 다음 그 직무를 미리 정해 놓은 등급에 맞추어 넣는 방법이다. 이를 시행하기 위해서는 각 등급의 정의를 명확히 해놓아야 한다. 또한 직무의 수와 복잡도 등에 따라 분류하되, 분류 자체의 객관성이 중요하다.

① 서열법 ② 점수법
③ 분류법 ④ 요소비교법

07. 마케팅 활동 변화에 대한 설명으로 알맞은 것은?

① 생산지향적 → 제품지향적 → 판매지향적 → 고객지향적
② 생산지향적 → 제품지향적 → 고객지향적 → 판매지향적
③ 제품지향적 → 생산지향적 → 판매지향적 → 고객지향적
④ 판매지향적 → 제품지향적 → 생산지향적 → 고객지향적

08. 마케팅 전략 수립 과정 중 3C분석이 아닌 것은?

① 고객 ② 경쟁자
③ 회사 ④ 판매자

09. SWOT분석의 약자를 잘못 나타낸 것은?

① 강점 S : Strength ② 무게 W : Weight
③ 기회 O : Opportunity ④ 위협 T : Threat

10. 다음 중 표적시장 선정 시 고려사항에 대한 내용으로 알맞지 않은 것은?

① 기존 경쟁자의 위협성 ② 대체품의 등장 가능성
③ 세분시장에서 수익성 확보 가능성 ④ 주요 구매자 및 유통의 협상력

11. 다음 중 매출 손익 분석에서 직접비용에 대한 설명으로 알맞은 것은?

① 생산에 필요한 원자재비, 노임 등을 말한다.
② 생산량의 대소에 관계없이 일정액으로 발생하는 급료, 토지세, 이자 등을 말한다.

③ 생산에 관여하지 않는 종업원의 급여 등을 말한다.

④ 원자재비, 동력비 등 생산량에 비례하여 증가하는 변동비를 말한다.

12. 다음 내용이 설명하는 것은?

표적시장 내에서 경쟁기업들과 효율적으로 경쟁하기 위하여 소비자들의 마음속에 자사제품의 차별적 인식과 이미지를 심어주는 과정이다.

① 포지셔닝　② 시너지닝

③ 포인트닝　④ 스케일닝

13. 식음료 기업의 궁극적인 원가관리 목적이 아닌 것은?

① 원가절감　② 경영이익 극대화

③ 고객만족　④ 고정비절감

14. 다음 중 식재료 단계별 원가관리 과정으로 알맞은 것은?

① 검수 → 구매 → 재고관리 → 생산 → 분배

② 구매 → 검수 → 재고관리 → 생산 → 분배

③ 재고관리 → 검수 → 구매 → 생산 → 분배

④ 재고관리 → 검수 → 생산 → 구매 → 분배

15. 다음 밑줄 친 곳에 들어갈 내용으로 알맞은 것은?

＿＿＿＿＿＿란 효율적인 경영합리화를 위해, 식음료 영업장의 경영활동 단계를 대상으로 ＿＿＿＿＿＿를 설정하고 실제원가(Actual costs)를 측정하여 비교한 후 그 차이를 측정하여 원인분석 후 해결함으로써 영업자의 원가절감을 위한 경영관리기법이다.

① 표준원가　② 경영원가

③ 절감원가　④ 비교원가

정답

1	2	3	4	5	6	7	8	9	10	11	12	13	14	15
③	①	①	④	④	③	①	④	②	③	①	①	④	②	①

참고문헌

- 고재용(2005). 『호스피탈리티산업 재무관리』. 대왕사
- 김기영, 하경희(2010). 『식음료 경영론』. 현학사
- 김연선, 송영석, 이두진, 김영은(2013). 『호텔식음료 레스토랑 실무』. 백산출판사
- 김진수(2013). 『호텔외식식음료관리론』. 새로미
- 남택영(2007). 『호텔식음료 실무론』. 새로미
- 박영제, 강인호, 최용석(2015), 『환대산업 서비스 경영』. 한올출판사
- 박한, 양웅식, 유윤종, 박경연, 이혁준, 박정훈(2015). 『The Bartender's Basic』. 도서출판 신화
- 박한, 양웅식, 박경연, 김귀영(2016). 『호텔음료 주장관리론』. 도서출판 신화
- 송기헌(2006). 『호텔 인적자원관리』. 일진사
- 신형섭(2013). 『호스피탈리티 경영실무』. 백산출판사
- 유경민, 박원수(2004). 『식음료 실무』. 대왕사
- 이준재, 원유석, 임미라(2015). 『호텔경영론』. 한올출판사
- 최병호, 유도재(2009). 『호텔식음료 실무론』. 백산출판사
- 최영준(2000). 『호텔식음료 서비스론』. 기문사
- 최정길(2007). 『원가관리』. 무역경영사
- 최정길(2011). 『호텔경영학』. 백산출판사
- 하동현, 이상태, 김성미, 조규태(2007). 『현대호텔식음료 경영론』. 한올출판사
- Valarie A. Zeithaml, Mary Jo Bitner, Dwayne D. Gremler(2013). 『서비스 마케팅』. 청람

참고사이트

- 네이버 지식백과 http://terms.naver.com
- 두산백과 http://terms.naver.com/list.nhn?cid=40942&categoryId=40942
- 대한의학회 http://www.kams.or.kr
- 법제처 국가법령정보센터 http://www.law.go.kr
- 보건복지부 http://m.mohw.go.kr
- 서울아산병원 http://www.amc.seoul.kr
- 시사경제용어사전 http://terms.naver.com/list.nhn?cid=43665&categoryId=43665
- 시사상식사전 http://terms.naver.com/list.nhn?cid=43667&categoryId=43667
- 식품과학기술대사전 http://terms.naver.com/list.nhn?cid=42412&categoryId=42412
- 식품의약품 안전처 http://www.mfds.go.kr
- 한국위키피디아 https://ko.wikipedia.org

저자소개

박 한

- 세종대학교 일반대학원 호텔관광경영학 박사
- 전)호텔리츠칼튼서울 식음료팀 수퍼바이저
- 현)한국외식음료협회 회장
- 현)전남도립대학교 호텔항공관광과 교수

박경연

- 경희대학교 일반대학원 호텔관광학 박사
- 현)한양여자대학교 호텔관광과 교수
- 전)앰배서더호텔그룹 본부 교육팀장
- 현)호텔전문경영인협회 NCS 학술이사

정강국

- 경기대학교 일반대학원 호텔경영학 박사
- 현)계명문화대학교 호텔항공외식관광학부 교수
- 전)호텔신라 식음료팀 지배인
- 현)한국관광산업학회 이사

김임경

- 경희대학교 일반대학원 호텔관광경영학 박사 과정
- 전)국제호텔전문학교 와인바리스타과 교수
- 전)프리미엄 전통상차림 '수수' 대표
- 현)한국외식음료협회 부회장

하진영

- 경기대학교 일반대학원 이벤트국제회의학 박사
- 현)연성대학교 관광중국어과 교수
- 전)호텔롯데 식음료팀 청와대 국빈서비스 담당
- 현)한국외식음료협회 외식서비스위원회 위원장

김애경

- 세종대학교 일반대학원 호텔관광경영학 박사
- 현)세종대학교 호텔관광경영학과 전임 연구원
- 전)피자헛 한국지사 수퍼바이저
- 현)호텔관광학회 학술이사

이영주

- 세종대학교 일반대학원 호텔경영학 박사 수료
- 현)경민대학교 호텔경영과 교수
- 전)풀무원 R&D팀 과장

박창석

- 청운대학교 산업대학원 호텔경영학 석사
- 현)한국호텔직업전문학교 외래교수
- 현)인터시티서울호텔 지배인
- 현)한국외식음료협회 외식서비스위원회 부위원장

이혁준

- 세종대학교 일반대학원 호텔관광경영학 박사 과정
- 전)청강문화산업대학교 푸드스쿨 외식경영과 외래교수
- 현)신라스테이호텔 식음료팀 팀장
- 현)한국외식음료협회 와인&워터위원회 부위원장

NCS 식음료접객 직무 기준에 맞춘

호스피탈리티 식음료관리론

인쇄 2019년 8월 26일
발행 2019년 8월 31일

공저자 박 한 · 박경연 · 정강국 · 김임경 · 하진영
김애경 · 이영주 · 박창석 · 이혁준

발행인 임 영 철

발행처 도서출판 신화전산기획
주소 / 서울특별시 성동구 마조로3나길 28
전화 / (02) 833-5145~6
팩스 / (02) 848-2498
등록 / 301-2010-034
홈페이지 / www.shj.co.kr

값 23,000원 ISBN 978-89-5534-202-4 93590